Name	
Registration Number	

KB084315

TOEIC

Test of English for International Communication

TEST 1

◀ 해설 강의 바로 보기

시원스쿨 LAB

LISTENING TEST

In the Listening test, you will be asked to demonstrate how well you understand spoken English. The entire Listening test will last approximately 45 minutes. There are four parts, and directions are given for each part. You must mark your answers on the separate answer sheet.
Do not write your answers in your test book.

PART 1

Directions: For each question in this part, you will hear four statements about a picture in your test book. When you hear the statements, you must select the one statement that best describes what you see in the picture. Then find the number of the question on your answer sheet and mark your answer. The statements will not be printed in your test book and will be spoken only one time.

Statement (D), "They are taking photographs," is the best description of the picture, so you should select answer (D) and mark it on your answer sheet.

1.

2.

GO ON TO THE NEXT PAGE →

3.

4.

5.

6.

GO ON TO THE NEXT PAGE

PART 2

Directions: You will hear a question or statement and three responses spoken in English. They will not be printed in your test book and will be spoken only one time. Select the best response to the question or statement and mark the letter (A), (B), or (C) on your answer sheet.

7. Mark your answer on your answer sheet.

8. Mark your answer on your answer sheet.

9. Mark your answer on your answer sheet.

10. Mark your answer on your answer sheet.

11. Mark your answer on your answer sheet.

12. Mark your answer on your answer sheet.

13. Mark your answer on your answer sheet.

14. Mark your answer on your answer sheet.

15. Mark your answer on your answer sheet.

16. Mark your answer on your answer sheet.

17. Mark your answer on your answer sheet.

18. Mark your answer on your answer sheet.

19. Mark your answer on your answer sheet.

20. Mark your answer on your answer sheet.

21. Mark your answer on your answer sheet.

22. Mark your answer on your answer sheet.

23. Mark your answer on your answer sheet.

24. Mark your answer on your answer sheet.

25. Mark your answer on your answer sheet.

26. Mark your answer on your answer sheet.

27. Mark your answer on your answer sheet.

28. Mark your answer on your answer sheet.

29. Mark your answer on your answer sheet.

30. Mark your answer on your answer sheet.

31. Mark your answer on your answer sheet.

PART 3

Directions: You will hear some conversations between two or more people. You will be asked to answer three questions about what the speakers say in each conversation. Select the best response to each question and mark the letter (A), (B), (C) or (D) on your answer sheet. The conversations will not be printed in your test book and will be spoken only one time.

32. What product are the speakers discussing?

(A) A digital camera
(B) A flat-screen television
(C) A tablet computer
(D) A mobile phone

33. Why is the woman disappointed with the product?

(A) The screen is not bright enough.
(B) The menus are too complicated.
(C) The battery life is too short.
(D) The monthly fee is too high.

34. What does the man say will happen on Saturday?

(A) A product will be launched.
(B) A new store will open.
(C) A review will be published.
(D) A sale will begin.

35. What is the man interested in learning about?

(A) Foreign languages
(B) Healthy eating
(C) Hair styling
(D) Massage therapy

36. What does the woman say is provided after the training course?

(A) A job placement
(B) A cash bonus
(C) A certificate
(D) A membership card

37. What information does the woman ask for?

(A) A phone number
(B) A mailing address
(C) Credit card details
(D) Directions to a business

38. Why did the man arrive late?

(A) He missed his bus.
(B) His car broke down.
(C) He went to the wrong location.
(D) He had another appointment.

39. Why will the coffee shop close temporarily?

(A) A training session will be held.
(B) Some furniture will be replaced.
(C) A safety inspection will take place.
(D) Some lighting will be installed.

40. What does the man say he will do next?

(A) Contact the staff
(B) Post a work schedule
(C) Make a payment
(D) Review some documents

41. What kind of business does the man work for?

(A) A packaging company
(B) A catering firm
(C) A food manufacturer
(D) A security agency

42. What does the woman mean when she says, "we're struggling to keep up"?

(A) There is a lot of competition in her field.
(B) Her monthly profits are decreasing.
(C) Her business cannot cope with the demand.
(D) Several employees have been absent.

43. What does the man offer to do?

(A) Reschedule a delivery
(B) Send a catalog
(C) Visit the woman's business
(D) Prepare an estimate

GO ON TO THE NEXT PAGE ➤

44. What type of product does the man want to exchange?

(A) A laptop computer
(B) A mobile phone
(C) A set of speakers
(D) A pair of headphones

45. What was the problem with the item?

(A) The battery life
(B) The performance
(C) The size
(D) The color

46. What does the woman offer to do?

(A) Issue a partial refund
(B) Provide store credit
(C) Have a product modified
(D) Present alternative items

47. Who is the man?

(A) A journalist
(B) An author
(C) A talk show host
(D) A college professor

48. What does the man remember during the interview?

(A) His prior meeting with the woman
(B) A vacation he went on with his family
(C) His time spent studying at a local college
(D) A previous employment experience

49. What does the man recommend the listeners do?

(A) Read many books
(B) Create a portfolio
(C) Attend job fairs
(D) Enroll in a class

50. Why is the man calling?

(A) To point out an invoice error
(B) To report a product defect
(C) To add an item to an order
(D) To inquire about a delivery

51. What information does the woman ask the man for?

(A) His phone number
(B) His home address
(C) His credit card number
(D) His e-mail address

52. What will the man do tomorrow?

(A) Move into a new house
(B) Leave for a vacation
(C) Attend a business meeting
(D) Visit the woman's workplace

53. What did the woman do this morning?

(A) She interviewed job candidates.
(B) She purchased materials.
(C) She compared prices.
(D) She revised a document.

54. What does the man suggest the woman do?

(A) Conduct a survey
(B) Visit a business premises
(C) Reschedule an appointment
(D) Request estimates

55. What does the woman want to do first?

(A) Speak with a colleague
(B) Make a payment
(C) Send invitations
(D) Visit some Web sites

56. Why is the man at the hotel?

(A) To discuss a merger
(B) To deliver supplies
(C) To arrange an event
(D) To have an interview

57. What will take place at the hotel in April?

(A) A live performance
(B) A renovation project
(C) A business convention
(D) A training session

58. What does Joanna want to see?

(A) A work schedule
(B) Some blueprints
(C) A budget proposal
(D) Some references

59. Where do the speakers work?

(A) At a restaurant
(B) At a gym
(C) At a university
(D) At a factory

60. Why is the man unable to help?

(A) He is going on vacation.
(B) He misplaced an ID card.
(C) He is not experienced.
(D) He has a schedule conflict.

61. Why does the man say, "I did that during my first week"?

(A) To explain why he is qualified
(B) To confirm that a deadline was met
(C) To disagree with a viewpoint
(D) To volunteer for a role

The 7th Technology Trade Show

Main Hall – Vendors

Display Zone A – Digitech

Display Zone B – Photon

Display Zone C - Trident

Display Zone D – Quasar

---

62. According to the speakers, what is different about this year's technology trade show?

(A) The start time
(B) The venue
(C) The registration fee
(D) The duration

63. Look at the graphic. Which display zone will the speakers probably visit?

(A) Display Zone A
(B) Display Zone B
(C) Display Zone C
(D) Display Zone D

64. What does the man remind the woman to do?

(A) Arrange accommodations
(B) Confirm a spending allowance
(C) Purchase event tickets
(D) Speak to a supervisor

Step 1.	Connect to our WiFi
Step 2.	Enter your credit card details
Step 3.	Select data amount and rate
Step 4.	Click 'Confirm'

Date	Hotel Service	Fee
July 12	Dry Cleaning	$35.00
July 13	Pay-Per-View Movie	$11.50
July 14	Room Service	$27.98
July 15	Late Check Out	$40.00

65. Where is the conversation most likely taking place?

(A) In an airport
(B) In an office
(C) In a hotel
(D) In an electronics store

66. Look at the graphic. Which step does the man need to do next?

(A) Step 1
(B) Step 2
(C) Step 3
(D) Step 4

67. What will the woman probably do next?

(A) Contact a coworker
(B) Replace an item
(C) Provide a password
(D) Give a demonstration

68. What information is the man asked to provide?

(A) A room number
(B) His surname
(C) His credit card details
(D) An invoice number

69. Look at the graphic. Which amount does the man say should be removed?

(A) $35.00
(B) $11.50
(C) $27.98
(D) $40.00

70. What does the woman advise the man to do?

(A) Complete a form
(B) Call a number
(C) Send an e-mail
(D) Change a reservation

PART 4

Directions: You will hear some talks given by a single speaker. You will be asked to answer three questions about what the speaker says in each talk. Select the best response to each question and mark the letter (A), (B), (C), or (D) on your answer sheet. The talks will not be printed in your test book and will be spoken only one time.

71. What is the radio show mainly about?

(A) Finance
(B) Careers
(C) Health
(D) Parenting

72. According to the speaker, why does Ms. Morrison travel?

(A) To train employees
(B) To raise money
(C) To speak at events
(D) To create new businesses

73. What will be launched this spring?

(A) A documentary
(B) A class
(C) A new Web site
(D) A book

74. Who most likely is the speaker?

(A) A landscaper
(B) A chef
(C) A mayor
(D) An event promoter

75. What event is the speaker preparing for?

(A) A concert
(B) A food fair
(C) A convention
(D) A grand opening

76. Why does the speaker tell the listener to call him?

(A) To request additional supplies
(B) To confirm his arrival at a location
(C) To arrange a site inspection
(D) To receive further instructions

77. Who is Ray Wilson?

(A) A painter
(B) A tour guide
(C) A sculptor
(D) An art critic

78. Why does the speaker say, "Admission is half-price until the end of the month"?

(A) To apologize for an earlier inconvenience
(B) To inform the listeners of a pricing error
(C) To announce the closure of the art gallery
(D) To encourage the listeners to visit a museum

79. What will happen in July?

(A) An outdoor festival will take place.
(B) A talk will be given.
(C) An art class will begin.
(D) A business will be relocated.

80. Who is the speaker?

(A) A business owner
(B) A tour guide
(C) An award winner
(D) A city official

81. What did Mr. Bennett do three years ago?

(A) He quit his job.
(B) He opened a store.
(C) He moved to a new country.
(D) He founded an organization.

82. According to the speaker, what is Mr. Bennett knowledgeable about?

(A) Money management
(B) Property prices
(C) Community needs
(D) Consumer trends

GO ON TO THE NEXT PAGE

83. What kind of activity is the speaker leading?

(A) A product demonstration
(B) A job interview
(C) A press conference
(D) A staff orientation

84. What does the speaker imply when he says, "my office is on the third floor"?

(A) He would prefer to work on a different floor.
(B) He is unable to attend an event.
(C) He is available to offer assistance.
(D) He will distribute materials to the listeners.

85. What does the speaker say he will do in December?

(A) Move to a different branch
(B) Recruit additional employees
(C) Revise a company handbook
(D) Post a seasonal work schedule

86. Where is the speaker?

(A) At a grand opening event
(B) At a software convention
(C) At a training workshop
(D) At a shareholders meeting

87. What feature does the speaker mention about a product?

(A) It can be purchased online.
(B) It comes with a warranty.
(C) It updates automatically.
(D) It won an industry award.

88. What should the listeners do to get a discount?

(A) Take a product catalog
(B) Apply for a membership
(C) Make an advance order
(D) Use a gift certificate

89. According to the speaker, how should the listeners leave a message?

(A) By visiting a Web site
(B) By calling a different number
(C) By sending an e-mail
(D) By staying on the line

90. What is Pro Form Gym most likely known for?

(A) Offering the lowest prices
(B) Providing the newest exercise machines
(C) Employing the best instructors
(D) Having the most locations

91. What is Pro Form Gym offering until the end of this month?

(A) Free exercise classes
(B) Complimentary gifts
(C) Discounted equipment
(D) Reduced membership fees

92. What kind of event is taking place?

(A) An awards show
(B) An orientation session
(C) A retirement meal
(D) A press conference

93. Who is Joshua Park?

(A) An actor
(B) A director
(C) A camera operator
(D) A talent agent

94. Why does the speaker say, "It's still on Channel 7 today"?

(A) To indicate that a show remains popular
(B) To propose a new work project
(C) To suggest changing a programming schedule
(D) To congratulate the listeners on their success

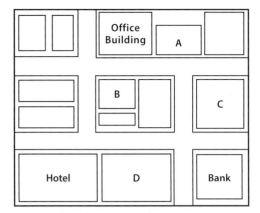

West Air	$275
Easy Wings	$295
DC Airlines	$300
Smart Jet	$315

95. What kind of business is the speaker planning to open?

(A) A clothing store
(B) A real estate agency
(C) An art gallery
(D) A bakery

96. Look at the graphic. Which location is the speaker interested in?

(A) Location A
(B) Location B
(C) Location C
(D) Location D

97. What does the speaker want to find out about?

(A) The parking availability
(B) The building size
(C) The cost of rent
(D) The local transportation

98. Who is the message intended for?

(A) A client
(B) A supervisor
(C) An airline employee
(D) An accountant

99. Look at the graphic. How much will the speaker's ticket cost?

(A) $275
(B) $295
(C) $300
(D) $315

100. What does the speaker ask the listener to send?

(A) A travel itinerary
(B) A client's contact details
(C) An authorization form
(D) A payment receipt

This is the end of the Listening test. Turn to Part 5 in your test book.

GO ON TO THE NEXT PAGE

READING TEST

In the Reading test, you will read a variety of texts and answer several different types of reading comprehension questions. The entire Reading test will last 75 minutes. There are three parts, and directions are given for each part. You are encouraged to answer as many questions as possible within the time allowed. You must mark your answers on the separate answer sheet. Do not write your answers in your test book.

PART 5

Directions: A word or phrase is missing in each of the sentences below. Four answer choices are given below each sentence. Select the best answer to complete the sentence. Then mark the letter (A), (B), (C), or (D) on your answer sheet.

101. Chef Harrington likes the food ------- cooks for hotel guests, but would prefer to create more complex dishes.

(A) he
(B) him
(C) his
(D) himself

102. Luxo Cosmetics is seeking female consumers between the ages of 18 ------- 35 for its market research study.

(A) or
(B) for
(C) and
(D) but

103. The bank manager is so busy that clients typically wait at least one week for an ------- with her.

(A) appoint
(B) appointment
(C) appointed
(D) appoints

104. Situated in the heart of the tourist district, York History Museum displays the ------- collection of tapestries in the UK.

(A) lightest
(B) partial
(C) creative
(D) oldest

105. The white earphones are the only ------- in stock at our High Street branch at the moment.

(A) shipping
(B) several
(C) there
(D) ones

106. Mr. Burns was presented with a gold wristwatch in ------- of his 30 years of service to the company.

(A) recognition
(B) authorization
(C) decision
(D) proposition

107. Once ------- probationary period ends, the new employees will attend a performance review at head office.

(A) them
(B) their
(C) theirs
(D) themselves

108. Astrid Financial Services is hoping to expand its business ------- opening new branches throughout Europe.

(A) as
(B) of
(C) at
(D) by

109. Many record stores have gone out of business because of the ------- demand for CDs and other physical formats of music.

(A) limitation
(B) limits
(C) limited
(D) limit

110. Printing on both sides of each sheet of paper will result in fewer sheets being required, ------- reducing waste.

(A) consequently
(B) formerly
(C) once
(D) more

111. Before he relocated to the New Zealand office, Mr. Marlowe spent several weeks training his -------.

(A) replacement
(B) replace
(C) replacing
(D) replaced

112. DCA Web Design provides price ------- to business owners who wish to strengthen their online presence.

(A) addresses
(B) estimates
(C) industry
(D) markets

113. There were ------- 75 dishes on the restaurant menu when the owner added a new range of vegetarian options.

(A) every
(B) already
(C) so that
(D) just as

114. To attract more visitors, Mount Jefferson National Park developed numerous hiking trails ------- for a wide range of fitness levels.

(A) successful
(B) historical
(C) appropriate
(D) probable

115. Alford Dental Clinic allows patients to arrive up to 15 minutes late, after which the appointment -------.

(A) rescheduled
(B) is rescheduled
(C) had been rescheduled
(D) be rescheduled

116. The employee break room will be inaccessible to staff ------- the walls are being painted.

(A) even
(B) yet
(C) although
(D) while

117. Ms. Gupta recommended sending information packets to convention participants ------- after their registration is confirmed.

(A) immediate
(B) more immediate
(C) immediately
(D) most immediately

118. Arnold Schneider will be ------- employee absences over the Christmas period and reporting them to the HR Director.

(A) developing
(B) recruiting
(C) providing
(D) monitoring

119. ------- tenants must hand in their door entry keycard to the security office at the main entrance.

(A) Depart
(B) Departed
(C) Departing
(D) Departure

120. ------- Mr. Dawson graduated from university, he began working as an architect with Raleigh & Associates.

(A) Either
(B) As soon as
(C) Because of
(D) In order to

GO ON TO THE NEXT PAGE

121. The first sales representative ------- the monthly target will be awarded with three extra paid vacation days.

(A) reach
(B) for reaching
(C) to reach
(D) is reached

122. After a customer has purchased a laptop from Digital Direct, the business will perform repairs free of charge at any time ------- a six-month period.

(A) except
(B) around
(C) during
(D) close

123. The interviewer felt that Ms. Howden's experience working in Asia was ------- to the job duties and responsibilities of the position.

(A) apply
(B) applicable
(C) application
(D) applicator

124. Lowden Corporation ------- its social media ban on all departments in its head office.

(A) appraises
(B) obeys
(C) instructs
(D) enforces

125. Now that the company has employed several part-time office assistants, our workload is ------- lighter.

(A) consider
(B) consideration
(C) considering
(D) considerably

126. Hotels in the city's Old Town district have experienced a boom in popularity lately thanks to an ------- of tourists.

(A) influx
(B) intrigue
(C) intention
(D) induction

127. After ------- Internet providers, Mr. Moss noticed regular disruptions to his wireless connection.

(A) switching
(B) switch
(C) to switch
(D) has switched

128. Most snack food manufacturers ------- design their advertisements to appeal to young children.

(A) formerly
(B) abruptly
(C) severely
(D) purposely

129. Interior King furniture is popular among consumers for its simple design and ------- of assembly.

(A) ease
(B) easy
(C) easier
(D) eased

130. Ironman Nutritional Supplies will ------- its shipping fee for anyone who spends at least $300 on an order.

(A) prevent
(B) concede
(C) waive
(D) exceed

PART 6

Directions: Read the texts that follow. A word, phrase, or sentence is missing in parts of each text. Four answer choices for each question are given below the text. Select the best answer to complete the text. Then mark the letter (A), (B), (C) or (D) on your answer sheet.

Questions 131-134 refer to the following e-mail.

To: Feltman Corporation Employees
From: Lee Durst
Subject: Cafeteria trash
Date: June 19

To All Staff,

The board of directors has decided to implement a new policy ------- the serving of food and
              131.

disposal of trash in the staff cafeteria. Starting from next Monday, all meals served in the cafeteria

will come on new stainless steel trays, instead of the typical disposable plastic trays. These should

be returned to the kitchen after use, where they will be cleaned and sanitized for reuse. This policy

will ------- the amount of trash created. -------, all drinking cups will be replaced with metal ones that
  132.   **133.**

can be reused for many years. This will help our company to be more eco-friendly. -------. Should
                              134.

you have any questions or suggestions, feel free to contact me.

Best wishes,

Lee Durst
General Operations Manager

---

131. (A) regards
     (B) regardless
     (C) regarding
     (D) regarded

132. (A) promote
     (B) cease
     (C) minimize
     (D) estimate

133. (A) As a result
     (B) Instead
     (C) In addition
     (D) However

134. (A) Please let us know what you think of the new menu items.
     (B) During this renovation work, some foods will be unavailable.
     (C) This project has been successful thanks to your hard work.
     (D) We would appreciate your cooperation with this effort.

GO ON TO THE NEXT PAGE

Questions 135-138 refer to the following letter.

Dear Valued Customer,

Do you think there is an error in your monthly electricity bill? If so, ------- it to Northern Electric's
135.
customer service department as soon as possible, either by mail or by e-mail. We encourage our
customers to alert us of any billing errors within 3 days of receiving their bill so that we can address
the matter immediately. -------. Our representatives will evaluate and make a decision on all -------.
136. **137.**
If we determine that you have been mistakenly overcharged on your monthly bill, the appropriate
------- will be deducted from the next monthly bill you will receive.
138.

---

135. (A) sends
(B) sent
(C) send
(D) sending

136. (A) Northern Electric has recently launched a
new payment plan.
(B) Northern Electric hopes to fill several
positions in the department.
(C) The electricity supply will be temporarily
disrupted this week.
(D) Please also clearly state the nature of the
problem.

137. (A) claims
(B) properties
(C) installations
(D) applications

138. (A) currency
(B) amount
(C) replacement
(D) solution

Questions 139-142 refer to the following memo.

To: Horizon Hotel Front Desk Staff
From: Mike Rowan
Subject: Conference Halls
Date: August 4

I am delighted to announce that construction of our new conference halls will be finished by the end of next week. The two halls will be ------- from the hotel lobby.
139.

The new halls can each accommodate up to 600 people, and are intended for company training sessions and business presentations. -------. Ms. Tennant will be temporarily responsible for taking
140.
event bookings between now and the end of September. -------, she will resume her typical duties
141.
as Guest Services Coordinator. We plan to create a brand new position for an Events Coordinator, and this will be advertised internally by the end of this month. This successful applicant will be responsible for ------- reservations for the conference halls.
142.

139. (A) accessible
(B) acceptable
(C) attainable
(D) approved

140. (A) Many of the events have boosted the hotel's reputation.
(B) Rita Tennant has given several business presentations.
(C) Both rooms must be booked in advance.
(D) Interviews will be carried out in early September.

141. (A) Likewise
(B) Nevertheless
(C) After that
(D) In short

142. (A) oversee
(B) oversees
(C) overseen
(D) overseeing

GO ON TO THE NEXT PAGE

Questions 143-146 refer to the following e-mail.

To: pkilroy@amerimail.net
From: mwagstaff@marksmotors.com
Subject: Bronco Meridian
Date: December 14

Hi Peter,

Thank you for asking about the Bronco Meridian sedan we advertised in the local newspaper. I'm sorry to tell you that I just spoke with my head salesperson, and -------, this car was sold this morning.

143.

If you could give me some specific details about what type of car you would like to purchase, I ------- you in finding something suitable for you. When it's convenient for you, get back to me by

144.

e-mail with your spending budget, the brand and type of car you'd like, and any specific features you are looking for. -------.

145.

You also have the option to receive regular -------. By signing up for these, you will receive text

146.

messages informing you of new additions to our list of vehicles. Please let me know if you're interested.

Best regards,

Mark Wagstaff
Mark's Motors Used Car Lot

---

143. (A) apparently
(B) mainly
(C) briefly
(D) frequently

144. (A) am assisting
(B) can assist
(C) have been assisting
(D) assist

145. (A) Of course, you will need to fulfill the job requirements.
(B) I will be receiving these new vehicles at the lot on Monday.
(C) It is a recent trend in the automotive industry.
(D) Then, I will search for vehicles that match your preferences.

146. (A) notifications
(B) repairs
(C) appointments
(D) upgrades

PART 7

Directions: In this part you will read a selection of texts, such as magazine and newspaper articles, e-mails, and instant messages. Each text or set of texts is followed by several questions. Select the best answer for each question and mark the letter (A), (B), (C), or (D) on your answer sheet.

Questions 147-148 refer to the following information.

It's Never Been Easier to Book With Air Transnat!

Looking for a convenient way to book flights, but don't have quick access to a computer? Simply install our new application on your cell phone, and you can do everything in a matter of minutes! All prices for flights are updated every thirty seconds on the application, so the information you see is always accurate.

That's not all! We offer the same perks to application users that we do to Web site users. When making your booking, you can select your seat, choose what you would like to eat on the plane, and even request additional items such as pillows, blankets, and headphones.

Once your booking is complete, you will receive a special reservation code that you can use to make changes to your seat and meal preferences up to one week prior to your departure date.

147. What is true according to the information?

(A) A meal can be selected via an application.
(B) Reservations are confirmed by e-mail.
(C) Flight information is updated hourly.
(D) A Web site was recently redesigned.

148. What is the purpose of the special code?

(A) To speed up a check-in procedure
(B) To receive a discount on flights
(C) To sign up for an Internet service
(D) To allow modification of a booking

GO ON TO THE NEXT PAGE ➤

Questions 149-150 refer to the following product description.

Enhance Your Health Today!

With a capacity of 0.65L, this blender can accommodate more ingredients than most similar models on the market can. Designed by electrical engineer Manuel Vega, this device is perfect for use both in the home and in a professional setting. The 1000-Watt motor provides impressive power and efficiency, so you can mix ingredients quicker than ever before. And the detachable stainless steel blades cut both horizontally and vertically! Available in white, silver, and black, this product comes with a recipe book and two different sizes of juice cups!

149. What type of product is being described?

(A) A software package
(B) A construction tool
(C) A kitchen appliance
(D) A piece of furniture

150. What is mentioned about the product?

(A) It is powerful.
(B) It is lightweight.
(C) It is affordably priced.
(D) It is easy to use.

Questions 151-152 refer to the following e-mail.

To:	William Stuckman
From:	Magdalena Horowitz
Date:	April 26
Subject:	Update

Hello, William,

I need you to update our proposal for the landscaping contract at Marston Country Park. The client just told me that they'd like some picnic areas in the park, so I'd like you to add some potential sites to our diagram and include them in the presentation notes. I have my own ideas about the best locations for these, but I'd like to see which sites you choose first.

Also, because Matthew Wilkinson is running behind schedule on the landscaping work at City Hall, he'll not be able to take charge at Marston Country Park until Monday, May 13, one week later than we originally scheduled. You'll need to correct this information as well before we present the plan to the clients. Thanks for your help.

Magdalena

151. Why did Ms. Horowitz send the e-mail?

(A) To accept an employment offer
(B) To revise a project plan
(C) To suggest organizing an event
(D) To request a copy of presentation notes

152. What is Mr. Stuckman asked to do?

(A) Go to City Hall
(B) Reschedule a client meeting
(C) Contact Mr. Wilkinson
(D) Change a start date

GO ON TO THE NEXT PAGE

Questions 153-154 refer to the following online chat discussion.

Online Messenger V3.0	
Kurt Staley [2:11 P.M.]	Thanks for using Spark Software's online help service. How can I assist you?
Iris Cavalera [2:13 P.M.]	Hi, one of your technicians came around to our offices at Ritz Magazine this morning to install a photo editing package on some of our computers. But, I'm having trouble opening the program.
Kurt Staley [2:14 P.M.]	That sounds strange. Do you see any kind of message when you try to start it up?
Iris Cavalera [2:15 P.M.]	Well, it's asking me to input a product activation code. I'm typing AB469, just like the technician wrote down. I didn't have any problems with the previous versions we bought from you.
Kurt Staley [2:17 P.M.]	Oh, I've got it! I'm pretty sure the "B" is actually an "8". There should only be one letter in the code.
Iris Cavalera [2:19 P.M.]	That explains it. I was worried that we'd need to have it installed again. Thanks a lot.

153. What is indicated about Ritz Magazine?

(A) It has returned some faulty products to Spark Software.

(B) It has purchased Spark Software products before.

(C) It requested that a technician repair some equipment.

(D) It will publish an article about graphic design software.

154. At 2:19 P.M., what does Ms. Cavalera most likely mean when she writes, "That explains it"?

(A) She misunderstood Mr. Staley's earlier instructions.

(B) She learned how to order a product from Spark Software.

(C) She found out why she could not use a program.

(D) She would like to discuss her problem with a technician.

Questions 155-157 refer to the following e-mail.

E-mail Message

To: All sales executives
From: Terence Materazzo, CEO
Subject: Company cars
Date: Wednesday, July 10

Good morning,

At yesterday's board meeting, it was decided that all of us at Arandell Manufacturing must place greater emphasis on lessening our impact on the environment. One measure that will be taken is the purchase of new company cars that run on electricity and emit no harmful fumes. These cars will be made available to all sales executives and should be used whenever you travel around visiting our clients. We understand that some of you have already made the switch to a gas-free model. If that is the case, please continue to use your own car, and starting from Monday, the company will now cover the costs of all your electricity top-ups.

These new cars will be delivered to our head office on Monday, and I would like all of you to meet in the basement parking lot at 1 P.M. Larger, more advanced vehicles will be offered to our senior executives, while junior executives will receive standard sedans. All vehicles are manufactured by Azari Motors, and one of its representatives will be on hand to show you how to operate the cars and recharge their batteries. At the end of the day, you're free to take your vehicle home with you.

Regards,

Terence Materazzo
CEO
Arandell Manufacturing

---

155. Why is the business offering company cars?

(A) It is celebrating a successful year of business.
(B) It wants staff to travel greater distances to seek clients.
(C) It is trying to be more environmentally-friendly.
(D) It is rewarding its most successful sales executives.

156. What is suggested about some sales executives at the business?

(A) They do not need to travel for their job.
(B) They already own electric vehicles.
(C) They currently receive a monthly travel allowance.
(D) They complained about the cars they drive.

157. What is NOT suggested about the company cars?

(A) They should remain in the company's parking lot.
(B) They will be demonstrated by a motor company employee.
(C) They will be assigned based on seniority.
(D) They will arrive at the headquarters next week.

GO ON TO THE NEXT PAGE

Questions 158-160 refer to the following advertisement.

Gerber Baked Goods

Gerber Baked Goods has built a reputation as a supplier of high quality cakes and pastries. The company was established 37 years ago by a skilled baker named Paul Gerber, who moved to Gravenhurst to start his own business venture after serving as an apprentice baker in Toronto.

At first, Mr. Gerber handled all of the daily operations himself, not only baking his goods early each morning, but also preparing the store for business and serving customers. Eventually, the bakery became so popular that he had no choice but to ask for the help of his wife, his nephew, and his brother. All of them continue to help out at the main store, although Mr. Gerber has handed over senior management duties to his younger brother, Mark. The business has particularly thrived in the last five years, expanding its range of offerings and opening smaller stores in nearby towns such as Huntsville and Bracebridge.

If you are craving exquisite sweet treats, stop by Gerber Baked Goods to try our products. Our main store is located at 347 Lakeside Road, Gravenhurst, just next to Lloyd's Pharmacy. You can also check out our offerings online at www.gerberbakedgoods.ca.

158. Where would the advertisement most likely be seen?

(A) In a business journal
(B) At a culinary school
(C) In a local publication
(D) At a career fair

159. What is indicated about Gerber Baked Goods?

(A) Its founder has won awards.
(B) Its main branch is in Huntsville.
(C) It is seeking apprentice bakers.
(D) It is a family-run business.

160. What is NOT mentioned as a change that the business has implemented?

(A) The addition of new products
(B) A change in management
(C) The launch of new locations
(D) A decrease in its prices

Need to Read!

Attention, all writers! Alderdale Public Library is organizing a fundraising activity for its Need to Read initiative, which raises money to purchase books and comics for children at the local orphanage. We are seeking writers of all levels and age groups to lend a hand!

Visit the library any time in April during regular business hours (10 A.M. to 7 P.M., Monday through Saturday). We will assign you one historical figure to write about. There is an extensive variety of interesting people to choose from.

Do your own research on the person and then write about their life and achievements. Don't forget to sign your name at the end.

Submit it at the circulation desk by April 30, at the latest, along with your photo.
(see below)

These "Life Stories" will be displayed on a wall in the library throughout the month of May. For each story received, the library will donate $10 to our fundraising initiative. Photographs of contributing writers will be posted on the wall next to the main reading area.

For further details, call the Alderdale Public Library directly at 555-2878 or visit www.alderdalelibrary.co.uk/lifestories.

161. What will be the readers of the notice encouraged to do?

(A) Volunteer to help at an event
(B) Participate in a fundraiser
(C) Lead a tour of a local library
(D) Donate money to a charity

162. What is Need to Read's fundraising goal?

(A) To fund the creation of new library facilities
(B) To recycle old books and create new ones
(C) To provide reading materials for children
(D) To host a local book convention

163. What is NOT indicated about the "Life Stories"?

(A) They must be signed by the writers.
(B) They will be displayed in May.
(C) They are about different people.
(D) They will be entered into a competition.

164. Where will library visitors be likely to see photographs of the writers?

(A) At the circulation desk
(B) Near a reading area
(C) On the Web site
(D) At the main entrance

GO ON TO THE NEXT PAGE

Questions 165-167 refer to the following e-mail.

E-mail Message

To: All staff of Woodgrain Furniture Store
From: Philip Downie, Store Proprietor
Date: June 11
Subject: Summer excursion

Dear staff,

It's almost time for our annual company vacation, and this year I'd like to ask for your opinions on where we should go. Furthermore, we will run a contest to find the best suggestion for our ideal holiday destination! Employees have until the end of this month to come up with ideas for our three-day break in late July. You should each submit your top three choices to Ms. Ogilvie in the administration office by June 30. The individual who submits the winning suggestion, chosen by me, will receive two tickets for a movie at the theater around the corner from us, Galaxy Movie Theater.

Submissions should be made using entry forms that you can pick up from the office. When judging your suggestions, I will consider the following factors: their appeal to our diverse range of employees, as well as the number of activities on offer (the more, the better!) and the affordability of transportation and accommodation.

Best of luck to you all!

---

165. What is the purpose of the e-mail?

(A) To announce a competition
(B) To invite employees to a party
(C) To describe a training opportunity
(D) To give details about a business plan

166. What is indicated about Galaxy Movie Theater?

(A) It has merged with another company.
(B) It will reward its employees.
(C) It will host a special event.
(D) It is near the furniture store.

167. What is NOT mentioned as an aspect of a good destination?

(A) Being inexpensive to travel to
(B) Having spacious hotel rooms
(C) Being enjoyable to all staff members
(D) Having a wide range of available activities

Questions 168-171 refer to the following online chat session.

Lucas Sears [11:25 A.M.]
Good morning, everyone. I'd like you all to make time in your schedules for a meeting after lunch tomorrow. Our new lines aren't selling particularly well. We should consider shifting our focus.

Emma Harding [11:26 A.M.]
What do you have in mind?

Lucas Sears [11:29 A.M.]
Since the target market for High Wave fashion accessories largely consists of teenagers, targeting consumers online rather than through print media seems like a better fit for us.

Murray Henney [11:31 A.M.]
Right. Social media and other Web sites seem to influence buying decisions more and more these days.

Rico Augustus [11:33 A.M.]
I'm totally on board with that idea. Perhaps we can start contacting some social media companies to get some quotes.

Emma Harding [11:35 A.M.]
Good idea. And we could even try to find out which sites receive the most traffic.

Lucas Sears [11:37 A.M.]
Great. It sounds like we're all on the same page. When we meet tomorrow, I'd like to see some data. Look into the different online platforms and find out how much it costs to run ads on each one. Then, I'll compile the findings and pass them on to the board for review.

Rico Augustus [11:38 A.M.]
I'll get right on it.

Lucas Sears [11:39 A.M.]
Thanks, and just let me know if you have any questions. I'll be in my office all afternoon.

---

168. What type of product does High Wave currently sell?

(A) Electronic devices
(B) Fashion accessories
(C) Sports equipment
(D) Cleaning products

169. At 11:25 A.M., what does Mr. Sears mean when he writes, "We should consider shifting our focus"?

(A) The company should discontinue some of its products.
(B) The meeting should be held in a different location.
(C) The company should adopt a new advertising strategy.
(D) The meeting should include a wide variety of topics.

170. What will Mr. Augustus most likely do next?

(A) Revise a marketing budget
(B) Request some price estimates
(C) Send some documents to Mr. Sears
(D) Update the company's Web site

171. What will Mr. Sears submit to the board members?

(A) Suggestions for new product lines
(B) A proposal for increasing Web traffic
(C) Designs for an advertisement
(D) Information about social media

GO ON TO THE NEXT PAGE ➤

Café Spectacular Coffee Shop Set to Open

(LONDON, February 12) — French coffee house chain Café Spectacular intends to launch its third coffee shop in Bedfordshire, England, next month. It plans to open the shop on Eastlee Avenue in Dunstable. –[1]–.

"Because there aren't many high-end coffee houses in Dunstable, the town is a perfect spot for us to open up our newest store," stated Jerome Lemieux, the owner of the coffee chain. "We are very excited to add another location in Bedfordshire, and we are looking forward to serving our gourmet coffee varieties to the residents of Dunstable." –[2]–.

The Marseilles-based coffee chain also recently opened a coffee shop in the city of Belfast in Northern Ireland. According to Mr. Lemieux, the next step will be to move further north and over the border into Scotland later this year. –[3]–. At this point, the most likely locations are Glasgow and Dundee. –[4]–.

172. What advantage of the new location does Mr. Lemieux mention?

(A) The affordable property prices
(B) The size of the building
(C) The lack of competitors
(D) The large number of residents

173. Where is Café Spectacular's main branch?

(A) In Dunstable
(B) In Belfast
(C) In Glasgow
(D) In Marseilles

174. According to the article, what does the company plan to do in the future?

(A) Expand into Scotland
(B) Announce a new coffee variety
(C) Purchase a local coffee company
(D) Launch a marketing campaign in Bedfordshire

175. In which of the positions marked [1], [2], [3], and [4] does the following sentence best belong?

"Luton and Kempston are the other towns that already have an outlet."

(A) [1]
(B) [2]
(C) [3]
(D) [4]

GO ON TO THE NEXT PAGE

Questions 176-180 refer to the following Web page and e-mail.

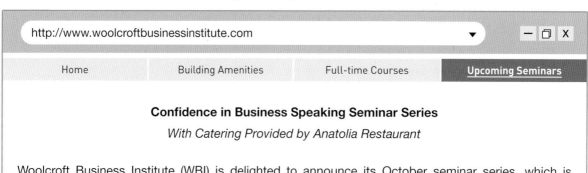

http://www.woolcroftbusinessinstitute.com

| Home | Building Amenities | Full-time Courses | **Upcoming Seminars** |

Confidence in Business Speaking Seminar Series
With Catering Provided by Anatolia Restaurant

Woolcroft Business Institute (WBI) is delighted to announce its October seminar series, which is designed to give confidence to those who are often required to speak publicly in the business world. All the seminars will be led by instructors who possess a wealth of experience in a wide range of business fields. Spaces for each seminar will be in high demand, and we can only accept a maximum of 250 people per session. Interested individuals may sign up online or by calling us directly at 555-0127. Participants in each session will be able to enjoy a delicious buffet and drinks after the session, provided by local Turkish restaurant, Anatolia.

Date	Time	Topic	Instructor	Venue
October 7	12:30 P.M.-2:00 P.M.	Introduction to Speechmaking	Kenneth Lee	WBI Main Auditorium
October 14	3:00 P.M.-4:30 P.M.	Understanding Your Target Audience	Vlatko Andonov	WBI Main Auditorium
October 21	4:30 P.M.-6:00 P.M.	Making an Effective Presentation	Sheri Renner	WBI Main Auditorium
October 28	6:00 P.M.-7:30 P.M.	Succeeding in Any Interview Scenario	Karisma Kapoor	WBI Main Auditorium

To:	smeadows@estracorp.com
From:	registration@wbi.com
Date:	October 3
Subject:	Seminar registration
Attachment:	Stanmeadows.docx

Dear Mr. Meadows,

We are contacting you to confirm your registration for one of the sessions in our October seminar series. I have no doubt that the strategies and skills you will pick up at the session will help you to avoid any problematic job interviews in the future.

Please find a document attached that provides detailed information about our institute, including a map of the building, a description of amenities, and details about parking. If you are interested in finding out more about our full-time courses, you can find a full course list on our Web site. Once you arrive at the institute on the day of the seminar, please go directly to the information kiosk to obtain an identification tag.

Woolcroft Business Institute is a proud leader in professional advancement courses. We look forward to helping you to advance your skill set.

Regards,

Registration Department
Woolcroft Business Institute

176. According to the Web page, what is being offered?

(A) Chances to improve public speaking skills

(B) Information about employment opportunities

(C) A financial consultation for business owners

(D) A networking event for marketing companies

177. What is NOT indicated about the seminars?

(A) They can be registered for by phone.

(B) They will be followed by food and beverages.

(C) They are held in several event venues.

(D) They are hosted by Woolcroft Business Institute.

178. Who will instruct the session Mr. Meadows is planning to attend?

(A) Mr. Lee

(B) Mr. Andonov

(C) Ms. Renner

(D) Ms. Kapoor

179. In the e-mail, the phrase "pick up" in paragraph 1, line 2, is closest in meaning to

(A) carry

(B) choose

(C) acquire

(D) assign

180. What document is attached to the e-mail?

(A) A list of available courses

(B) A guide to an institute

(C) A registration receipt

(D) An identification tag

GO ON TO THE NEXT PAGE

Cosmo Computer Tune-ups - Special New Year Rate

Tel: 0898-555-0126

E-mail: sales@cosmotuneups.com

To celebrate the start of the new year, we are offering a special rate on all computer tune-ups performed during January and February. This offer is only available to business clients who have used our services in the past. Cosmo technicians use our innovative diagnostic and repair tools to maximize the performance of your computers by removing malicious software, optimizing operating systems, and installing recommended updates. Our standard rate and our limited-time special rate are as follows:

Number of Computers	Standard Rate (per computer)	Special Rate (per computer)
1-9	$20	$17
10-19	$18	$15
20-29	$16	$13
30 or more	$14	$11

Bonus Offer: When contacting us to book our services, if you write the specific advertisement code "MAT123" in the subject line of your e-mail, we'll provide up to 10 Cosmo mouse mats when we visit your workplace to perform the tune-ups.

To:	Bianca Lancaster <blancaster@romacorp.com>
From:	Adam Crenna <adamc@cosmotuneups.com>
Date:	February 2
Subject:	Re: MAT123

Dear Ms. Lancaster,

Thank you for your e-mail in which you requested tune-ups of the computers at Roma Corporation. Based on the information you provided, I've scheduled our service for February 9 at 9 A.M. As you noted in your e-mail, your company qualifies for our special New Year rates. Our technicians will arrive punctually on the scheduled day and tune up the twenty computers in your offices. The work should take no more than three hours.

If you have any questions about our service, please do not hesitate to contact me again. We look forward to once again doing business with you and your company.

Regards,

Adam Crenna
Customer Service Manager
Cosmo Computer Tune-ups

181. What is indicated about the special rate?

(A) It only applies to certain brands of computers.
(B) It will be offered for three months.
(C) It can only be requested through a Web site.
(D) It is available only to existing clients.

182. In the advertisement, the word "performed" in paragraph 1, line 2, is closest in meaning to

(A) conducted
(B) exhibited
(C) improved
(D) strived

183. What is the main purpose of the e-mail?

(A) To request information
(B) To confirm a service
(C) To reschedule an appointment
(D) To promote a special offer

184. How much will Roma Corporation pay per computer tune-up?

(A) $11
(B) $13
(C) $15
(D) $20

185. What is suggested about Ms. Lancaster?

(A) Her computer will be repaired by the manufacturer.
(B) Her company recently purchased new computers.
(C) She is a former employee of Cosmo Computer Tune-ups.
(D) She will receive complimentary mouse mats.

GO ON TO THE NEXT PAGE

Brightspark Solar Panel Wholesaler

Brightspark is Europe's leading supplier of solar panels for commercial and residential buildings. We stack a wide range of panels from the world's best solar panel manufacturers. Below, you can learn more about a few of our best-selling panels.

Synergy Solar: Reliable and cost-effective monocrystalline panels that are suitable for all types of roofs, regardless of angle. Each panel is comprised of 72 cells.

Sol Turbo: Similar to Synergy Solar, but 60 cells in each of these panels are polycrystalline, making the panels even more cost-effective.

Solar King: Constructed with heavy anodized aluminum frames, these 60-cell monocrystalline panels are built to withstand high winds and heavy snow.

Sun Catcher: Monocrystalline panels, each containing 72 cells, specifically designed to be placed on the vertical walls of buildings rather than on their roofs.

If you have any questions regarding any of the panels we supply, please contact us by e-mail at: inquiries@brightspark.co.uk.

When purchasing solar panels, it is crucial to take accurate measurements of the surface on which you intend to install the panels. After doing so, and choosing your panel type, our online calculation tool will tell you precisely how many panels you will need to buy in order to cover a given area. Try it out for yourself at www.brightspark.co.uk/calculator.

To:	inquiries@brightspark.co.uk
From:	crundgren@smarthomes.com
Date:	March 17
Subject:	Recent order

Dear Brightspark,

I am the owner of a home renovation firm, and one of your regular customers. On March 15, I placed an order for 25 of your 72-cell monocrystalline solar panels for the home of one of my customers. I'm contacting you because my customer is having doubts about the panels. She is worried that the panels will look unattractive once they have been installed on the roof of her lakeside cottage. I tried to assure her that they are relatively small and discreet. Would you be able to send me any pictures of homes that have these panels installed on their roof? That would put my customer's mind at ease.

And, one more thing. The last time I ordered solar panels from your business, I was able to print out the warranty information online and give it to my customer. However, this time, I can't seem to find it on your site. I'd appreciate it if you could direct me to the information so that my customer will be fully satisfied.

Thanks,

Colin Rundgren

To: crundgren@smarthomes.com

From: anna321@brightspark.co.uk

Date: March 17

Subject: Re: Recent order

Dear Mr. Rundgren,

Thank you for your recent inquiry. The panels that we are preparing to ship to you are our most popular type, and your customer has nothing to worry about. I have attached some images of other satisfied customers' homes so that she can take a look for herself. If she is not satisfied and wishes to select a different type, please inform me by 5 P.M. this afternoon so that I can change the order.

Regarding the other information you inquired about, I'm afraid you'll need to contact the supplier directly if you wish to receive the full, detailed document.

Best Regards,

Anna Thorn

186. According to the brochure, what can customers do on a Web site?

(A) Compare prices of suppliers
(B) Request a consultation
(C) Check panel requirements
(D) Read customer testimonials

187. What aspect of the panels is Mr. Rundgren's customer concerned about?

(A) Their appearance
(B) Their installation cost
(C) Their energy output
(D) Their durability

188. What type of solar panels did Mr. Rundgren most likely order for his client?

(A) Synergy Solar
(B) Sol Turbo
(C) Solar King
(D) Sun Catcher

189. According to Ms. Thorn, why would Mr. Rundgren need to contact her again on March 17?

(A) To receive some documents
(B) To choose different panels
(C) To make a final payment
(D) To reschedule an installation

190. What can be inferred about the product warranty information?

(A) It has recently been revised.
(B) It is included in the product packaging.
(C) It will be mailed out to Mr. Rundgren's customer.
(D) It is no longer available on Brightspark's Web site.

GO ON TO THE NEXT PAGE

Enroll Your Employees at The Gilford Institute!

By providing your employees with supplementary training, you can create a workforce that is adaptable, efficient, and cohesive. At The Gilford Institute, we offer four highly-regarded professional advancement courses:

Effective Leadership – It is important that companies offer leadership training to all employees, and not only supervisors and managers. By developing your employees' leadership skills at an early stage, you can equip them with the knowledge they need to take on leadership roles in the future.
Maximum class size: 40. Course runs on Mondays and Tuesdays.

Diversity Training – These days, workplaces are more diverse than ever. It is important to make sure that all workers understand diversity issues. Our diversity training course will enhance your employees' knowledge and enable them to embrace diversity in the workplace.
Maximum class size: 70. Course runs on Tuesdays and Thursdays.

Time Management – Time is a valuable but limited resource at all businesses. However, many employees lack the knowledge and training required to manage their time effectively. This often leads to missed deadlines and poor work quality. Our course will help your employees stay organized, focused, and be more productive every day.
Maximum class size: 60. Course runs on Mondays and Wednesdays.

Enhanced Communication – Poor communication can result in decreased productivity and unnecessary disputes. Whether communicating face-to-face or by e-mail, every employee should have an understanding of the basics of communication. Our course will help your staff to develop the essential skills they need to communicate both verbally and in writing.
Maximum class size: 50. Course runs on Tuesdays and Wednesdays.

Please contact us at inquiries@gilfordinstitute.com for more information on course content, course schedules, and registration. All courses are offered at our main campus building in downtown Rutherford.

The Gilford Institute – Advanced Business Training Courses

Course Registration Form

Company Representative: <u>James Buckner</u>
Company: <u>Markley Corporation</u>
Number of Employees Attending: <u>33</u>
Course: <u>Enhanced Communication</u>

Date of Registration: <u>April 19</u>

To:	The Gilford Institute <inquiries@gilfordinstitute.com>
From:	James Buckner <jbuckner@markley.com>
Date:	April 27
Subject:	Recent Course Registration

Dear Sir/Madam,

I recently registered the employees of Markley Corporation's marketing department for a course at your institute. We are all very eager to begin the course and benefit from the expertise of the instructor. I am contacting you regarding the availability of parking at or near your institute. Because we will be coming from out of town, we will be hiring a bus for our staff members. The vehicle will be quite large – a standard 52-seat bus – so we will need to find an adequate space in which to park. Can you please provide some suggestions, including a map and directions? It would be very helpful to us.

Yours sincerely,

James Buckner
Head of Marketing
Markley Corporation

191. Who is the advertisement most likely intended for?

(A) Recent graduates
(B) Job fair attendees
(C) Course instructors
(D) Business owners

192. Which course can accommodate the most participants?

(A) Effective Leadership
(B) Diversity Training
(C) Time Management
(D) Enhanced Communication

193. When will the employees of Markley Corporation attend a course at The Gilford Institute?

(A) On Mondays and Tuesdays
(B) On Mondays and Wednesdays
(C) On Tuesdays and Wednesdays
(D) On Tuesdays and Thursdays

194. In the e-mail, the word "eager" in paragraph 1, line 2, is closest in meaning to

(A) patient
(B) desirable
(C) apparent
(D) enthusiastic

195. What does Mr. Buckner indicate about Markley Corporation?

(A) It is based outside Rutherford.
(B) It wishes to change some registration details.
(C) It has worked with The Gilford Institute in the past.
(D) It expects The Gilford Institute to provide transportation.

GO ON TO THE NEXT PAGE ➡

Questions 196-200 refer to the following e-mails and quote.

To: Joe Turner <joeturner@lla.com>
From: Roberta Fleck <rfleck@fleckevents.com>
Subject: Estimates
Date: December 12
Attachment: Hotel_lists.docx

Dear Mr. Turner,

I received your recent e-mail about your upcoming Lovett Literary Association awards show, which you would like to hold here in Manchester. Please find a list of hotels that have suitable function rooms for holding such an event.

Just like you asked, I have made sure to add a hotel situated in Belmont to the list. Although I have not personally been involved with any events at that hotel, my colleague has assured me that it is well equipped for large functions.

Once you have made a decision, you should put down a 10 percent deposit by December 15 to ensure that the space is reserved. This can be a particularly busy time of the year for securing venues. I look forward to helping make your event a great success.

Sincerely,

Roberta Fleck

Event Space Rental Estimates

Rented by: *Lovett Literary Association*   Duration of Event: *4 hours*
Approximate number of attendees: *400*   Event date: *February 5*

Hotel	Neighborhood	Additional Information	Cost per hour	Total cost
Arlington Hotel	Five Hills	Equipped for live music performances	£250	£1,000
Thames Hotel	Longford	Rooftop event space and bar	£300	£1,200
Yarrow Hotel	Hampton	Easy access and ramps for those with disabilities	£225	£1,100
Musgrove Hotel	Dayton	Newly renovated function room and stage	£275	£1,300
Ascot Hotel	Belmont	Choice of buffet or set menu provided	£325	£1,400

To: Roberta Fleck <rfleck@fleckevents.com>
From: Joe Turner <joeturner@lla.com>
Subject: Re: Estimates
Date: December 15
Attachment: Hotel_lists.docx

Dear Ms. Fleck,

Thank you very much for the list of locations you compiled for our awards ceremony. You've really worked hard to help us prepare everything. As you advised, I have paid a 10 percent deposit to secure the hotel's event space in advance. Although the rooftop event space at Thames Hotel sounded nice, I felt that it was more important to choose a venue that has recently undergone modifications, as we would like to hold our event in a sophisticated, attractive setting. Furthermore, I'd rather not book a rooftop area, just in case it rains.

The next thing I need to consider is food and drink. Can you recommend a good caterer to provide food at the event? The manager at the hotel recommended hiring a firm that specializes in catering large functions like ours. I'll take a look at some different options, but I'll hold off on making a final decision until I hear back from you.

Best wishes,

Joe Turner

196. What is indicated about Ms. Fleck?

(A) She works at a hotel in Manchester.
(B) She has been nominated for an award.
(C) She is planning a special ceremony.
(D) She lives in the Belmont neighborhood.

197. What hotel did Ms. Fleck include in response to Mr. Turner's request?

(A) Arlington Hotel
(B) Thames Hotel
(C) Musgrove Hotel
(D) Ascot Hotel

198. What is suggested about Yarrow Hotel?

(A) It offers wheelchair access.
(B) Its event space is relatively small.
(C) It can provide live music.
(D) Its guests can enjoy a buffet.

199. How much will Mr. Turner pay for the event space in total?

(A) £1,000
(B) £1,200
(C) £1,300
(D) £1,400

200. According to the second e-mail, what will Mr. Turner do next?

(A) Contact a hotel manager
(B) Consider some live entertainment options
(C) Schedule a meeting with Ms. Fleck
(D) Compare catering companies

Stop! This is the end of the test. If you finish before time is called, you may go back to Parts 5, 6, and 7 and check your work.

NO TEST MATERIAL ON THIS PAGE

ANSWER SHEET

시원스쿨 **LAB**

이름

테스트 회차

날짜

LISTENING COMPREHENSION (PART 1~4)

NO	ANSWER A B C D	NO	ANSWER A B C D	NO	ANSWER A B C D	NO	ANSWER A B C D	NO	ANSWER A B C D
1	ⓐⓑⓒⓓ	21	ⓐⓑⓒⓓ	41	ⓐⓑⓒⓓ	61	ⓐⓑⓒⓓ	81	ⓐⓑⓒⓓ
2	ⓐⓑⓒⓓ	22	ⓐⓑⓒⓓ	42	ⓐⓑⓒⓓ	62	ⓐⓑⓒⓓ	82	ⓐⓑⓒⓓ
3	ⓐⓑⓒⓓ	23	ⓐⓑⓒⓓ	43	ⓐⓑⓒⓓ	63	ⓐⓑⓒⓓ	83	ⓐⓑⓒⓓ
4	ⓐⓑⓒⓓ	24	ⓐⓑⓒⓓ	44	ⓐⓑⓒⓓ	64	ⓐⓑⓒⓓ	84	ⓐⓑⓒⓓ
5	ⓐⓑⓒⓓ	25	ⓐⓑⓒⓓ	45	ⓐⓑⓒⓓ	65	ⓐⓑⓒⓓ	85	ⓐⓑⓒⓓ
6	ⓐⓑⓒⓓ	26	ⓐⓑⓒⓓ	46	ⓐⓑⓒⓓ	66	ⓐⓑⓒⓓ	86	ⓐⓑⓒⓓ
7	ⓐⓑⓒⓓ	27	ⓐⓑⓒⓓ	47	ⓐⓑⓒⓓ	67	ⓐⓑⓒⓓ	87	ⓐⓑⓒⓓ
8	ⓐⓑⓒⓓ	28	ⓐⓑⓒⓓ	48	ⓐⓑⓒⓓ	68	ⓐⓑⓒⓓ	88	ⓐⓑⓒⓓ
9	ⓐⓑⓒⓓ	29	ⓐⓑⓒⓓ	49	ⓐⓑⓒⓓ	69	ⓐⓑⓒⓓ	89	ⓐⓑⓒⓓ
10	ⓐⓑⓒⓓ	30	ⓐⓑⓒⓓ	50	ⓐⓑⓒⓓ	70	ⓐⓑⓒⓓ	90	ⓐⓑⓒⓓ
11	ⓐⓑⓒⓓ	31	ⓐⓑⓒⓓ	51	ⓐⓑⓒⓓ	71	ⓐⓑⓒⓓ	91	ⓐⓑⓒⓓ
12	ⓐⓑⓒⓓ	32	ⓐⓑⓒⓓ	52	ⓐⓑⓒⓓ	72	ⓐⓑⓒⓓ	92	ⓐⓑⓒⓓ
13	ⓐⓑⓒⓓ	33	ⓐⓑⓒⓓ	53	ⓐⓑⓒⓓ	73	ⓐⓑⓒⓓ	93	ⓐⓑⓒⓓ
14	ⓐⓑⓒⓓ	34	ⓐⓑⓒⓓ	54	ⓐⓑⓒⓓ	74	ⓐⓑⓒⓓ	94	ⓐⓑⓒⓓ
15	ⓐⓑⓒⓓ	35	ⓐⓑⓒⓓ	55	ⓐⓑⓒⓓ	75	ⓐⓑⓒⓓ	95	ⓐⓑⓒⓓ
16	ⓐⓑⓒⓓ	36	ⓐⓑⓒⓓ	56	ⓐⓑⓒⓓ	76	ⓐⓑⓒⓓ	96	ⓐⓑⓒⓓ
17	ⓐⓑⓒⓓ	37	ⓐⓑⓒⓓ	57	ⓐⓑⓒⓓ	77	ⓐⓑⓒⓓ	97	ⓐⓑⓒⓓ
18	ⓐⓑⓒⓓ	38	ⓐⓑⓒⓓ	58	ⓐⓑⓒⓓ	78	ⓐⓑⓒⓓ	98	ⓐⓑⓒⓓ
19	ⓐⓑⓒⓓ	39	ⓐⓑⓒⓓ	59	ⓐⓑⓒⓓ	79	ⓐⓑⓒⓓ	99	ⓐⓑⓒⓓ
20	ⓐⓑⓒⓓ	40	ⓐⓑⓒⓓ	60	ⓐⓑⓒⓓ	80	ⓐⓑⓒⓓ	100	ⓐⓑⓒⓓ

READING COMPREHENSION (PART 5~7)

NO	ANSWER A B C D	NO	ANSWER A B C D	NO	ANSWER A B C D	NO	ANSWER A B C D
101	ⓐⓑⓒⓓ	121	ⓐⓑⓒⓓ	141	ⓐⓑⓒⓓ	161	ⓐⓑⓒⓓ
102	ⓐⓑⓒⓓ	122	ⓐⓑⓒⓓ	142	ⓐⓑⓒⓓ	162	ⓐⓑⓒⓓ
103	ⓐⓑⓒⓓ	123	ⓐⓑⓒⓓ	143	ⓐⓑⓒⓓ	163	ⓐⓑⓒⓓ
104	ⓐⓑⓒⓓ	124	ⓐⓑⓒⓓ	144	ⓐⓑⓒⓓ	164	ⓐⓑⓒⓓ
105	ⓐⓑⓒⓓ	125	ⓐⓑⓒⓓ	145	ⓐⓑⓒⓓ	165	ⓐⓑⓒⓓ
106	ⓐⓑⓒⓓ	126	ⓐⓑⓒⓓ	146	ⓐⓑⓒⓓ	166	ⓐⓑⓒⓓ
107	ⓐⓑⓒⓓ	127	ⓐⓑⓒⓓ	147	ⓐⓑⓒⓓ	167	ⓐⓑⓒⓓ
108	ⓐⓑⓒⓓ	128	ⓐⓑⓒⓓ	148	ⓐⓑⓒⓓ	168	ⓐⓑⓒⓓ
109	ⓐⓑⓒⓓ	129	ⓐⓑⓒⓓ	149	ⓐⓑⓒⓓ	169	ⓐⓑⓒⓓ
110	ⓐⓑⓒⓓ	130	ⓐⓑⓒⓓ	150	ⓐⓑⓒⓓ	170	ⓐⓑⓒⓓ
111	ⓐⓑⓒⓓ	131	ⓐⓑⓒⓓ	151	ⓐⓑⓒⓓ	171	ⓐⓑⓒⓓ
112	ⓐⓑⓒⓓ	132	ⓐⓑⓒⓓ	152	ⓐⓑⓒⓓ	172	ⓐⓑⓒⓓ
113	ⓐⓑⓒⓓ	133	ⓐⓑⓒⓓ	153	ⓐⓑⓒⓓ	173	ⓐⓑⓒⓓ
114	ⓐⓑⓒⓓ	134	ⓐⓑⓒⓓ	154	ⓐⓑⓒⓓ	174	ⓐⓑⓒⓓ
115	ⓐⓑⓒⓓ	135	ⓐⓑⓒⓓ	155	ⓐⓑⓒⓓ	175	ⓐⓑⓒⓓ
116	ⓐⓑⓒⓓ	136	ⓐⓑⓒⓓ	156	ⓐⓑⓒⓓ	176	ⓐⓑⓒⓓ
117	ⓐⓑⓒⓓ	137	ⓐⓑⓒⓓ	157	ⓐⓑⓒⓓ	177	ⓐⓑⓒⓓ
118	ⓐⓑⓒⓓ	138	ⓐⓑⓒⓓ	158	ⓐⓑⓒⓓ	178	ⓐⓑⓒⓓ
119	ⓐⓑⓒⓓ	139	ⓐⓑⓒⓓ	159	ⓐⓑⓒⓓ	179	ⓐⓑⓒⓓ
120	ⓐⓑⓒⓓ	140	ⓐⓑⓒⓓ	160	ⓐⓑⓒⓓ	180	ⓐⓑⓒⓓ
						181	ⓐⓑⓒⓓ
						182	ⓐⓑⓒⓓ
						183	ⓐⓑⓒⓓ
						184	ⓐⓑⓒⓓ
						185	ⓐⓑⓒⓓ
						186	ⓐⓑⓒⓓ
						187	ⓐⓑⓒⓓ
						188	ⓐⓑⓒⓓ
						189	ⓐⓑⓒⓓ
						190	ⓐⓑⓒⓓ
						191	ⓐⓑⓒⓓ
						192	ⓐⓑⓒⓓ
						193	ⓐⓑⓒⓓ
						194	ⓐⓑⓒⓓ
						195	ⓐⓑⓒⓓ
						196	ⓐⓑⓒⓓ
						197	ⓐⓑⓒⓓ
						198	ⓐⓑⓒⓓ
						199	ⓐⓑⓒⓓ
						200	ⓐⓑⓒⓓ

ANSWER SHEET

시원스쿨 LAB

이름

테스트 호차

날짜

LISTENING COMPREHENSION (PART 1~4)

NO	ANSWER A B C D	NO	ANSWER A B C D	NO	ANSWER A B C D	NO	ANSWER A B C D	NO	ANSWER A B C D
1	ⓐ ⓑ ⓒ	21	ⓐ ⓑ ⓒ	41	ⓐ ⓑ ⓒ ⓓ	61	ⓐ ⓑ ⓒ ⓓ	81	ⓐ ⓑ ⓒ ⓓ
2	ⓐ ⓑ ⓒ ⓓ	22	ⓐ ⓑ ⓒ	42	ⓐ ⓑ ⓒ ⓓ	62	ⓐ ⓑ ⓒ ⓓ	82	ⓐ ⓑ ⓒ ⓓ
3	ⓐ ⓑ ⓒ ⓓ	23	ⓐ ⓑ ⓒ	43	ⓐ ⓑ ⓒ ⓓ	63	ⓐ ⓑ ⓒ ⓓ	83	ⓐ ⓑ ⓒ ⓓ
4	ⓐ ⓑ ⓒ ⓓ	24	ⓐ ⓑ ⓒ	44	ⓐ ⓑ ⓒ ⓓ	64	ⓐ ⓑ ⓒ ⓓ	84	ⓐ ⓑ ⓒ ⓓ
5	ⓐ ⓑ ⓒ ⓓ	25	ⓐ ⓑ ⓒ	45	ⓐ ⓑ ⓒ ⓓ	65	ⓐ ⓑ ⓒ ⓓ	85	ⓐ ⓑ ⓒ ⓓ
6	ⓐ ⓑ ⓒ ⓓ	26	ⓐ ⓑ ⓒ	46	ⓐ ⓑ ⓒ ⓓ	66	ⓐ ⓑ ⓒ ⓓ	86	ⓐ ⓑ ⓒ ⓓ
7	ⓐ ⓑ ⓒ	27	ⓐ ⓑ ⓒ	47	ⓐ ⓑ ⓒ ⓓ	67	ⓐ ⓑ ⓒ ⓓ	87	ⓐ ⓑ ⓒ ⓓ
8	ⓐ ⓑ ⓒ	28	ⓐ ⓑ ⓒ	48	ⓐ ⓑ ⓒ ⓓ	68	ⓐ ⓑ ⓒ ⓓ	88	ⓐ ⓑ ⓒ ⓓ
9	ⓐ ⓑ ⓒ	29	ⓐ ⓑ ⓒ	49	ⓐ ⓑ ⓒ ⓓ	69	ⓐ ⓑ ⓒ ⓓ	89	ⓐ ⓑ ⓒ ⓓ
10	ⓐ ⓑ ⓒ	30	ⓐ ⓑ ⓒ	50	ⓐ ⓑ ⓒ ⓓ	70	ⓐ ⓑ ⓒ ⓓ	90	ⓐ ⓑ ⓒ ⓓ
11	ⓐ ⓑ ⓒ	31	ⓐ ⓑ ⓒ	51	ⓐ ⓑ ⓒ ⓓ	71	ⓐ ⓑ ⓒ ⓓ	91	ⓐ ⓑ ⓒ ⓓ
12	ⓐ ⓑ ⓒ	32	ⓐ ⓑ ⓒ ⓓ	52	ⓐ ⓑ ⓒ ⓓ	72	ⓐ ⓑ ⓒ ⓓ	92	ⓐ ⓑ ⓒ ⓓ
13	ⓐ ⓑ ⓒ	33	ⓐ ⓑ ⓒ ⓓ	53	ⓐ ⓑ ⓒ ⓓ	73	ⓐ ⓑ ⓒ ⓓ	93	ⓐ ⓑ ⓒ ⓓ
14	ⓐ ⓑ ⓒ	34	ⓐ ⓑ ⓒ ⓓ	54	ⓐ ⓑ ⓒ ⓓ	74	ⓐ ⓑ ⓒ ⓓ	94	ⓐ ⓑ ⓒ ⓓ
15	ⓐ ⓑ ⓒ	35	ⓐ ⓑ ⓒ ⓓ	55	ⓐ ⓑ ⓒ ⓓ	75	ⓐ ⓑ ⓒ ⓓ	95	ⓐ ⓑ ⓒ ⓓ
16	ⓐ ⓑ ⓒ	36	ⓐ ⓑ ⓒ ⓓ	56	ⓐ ⓑ ⓒ ⓓ	76	ⓐ ⓑ ⓒ ⓓ	96	ⓐ ⓑ ⓒ ⓓ
17	ⓐ ⓑ ⓒ	37	ⓐ ⓑ ⓒ ⓓ	57	ⓐ ⓑ ⓒ ⓓ	77	ⓐ ⓑ ⓒ ⓓ	97	ⓐ ⓑ ⓒ ⓓ
18	ⓐ ⓑ ⓒ	38	ⓐ ⓑ ⓒ ⓓ	58	ⓐ ⓑ ⓒ ⓓ	78	ⓐ ⓑ ⓒ ⓓ	98	ⓐ ⓑ ⓒ ⓓ
19	ⓐ ⓑ ⓒ	39	ⓐ ⓑ ⓒ ⓓ	59	ⓐ ⓑ ⓒ ⓓ	79	ⓐ ⓑ ⓒ ⓓ	99	ⓐ ⓑ ⓒ ⓓ
20	ⓐ ⓑ ⓒ	40	ⓐ ⓑ ⓒ ⓓ	60	ⓐ ⓑ ⓒ ⓓ	80	ⓐ ⓑ ⓒ ⓓ	100	ⓐ ⓑ ⓒ ⓓ

READING COMPREHENSION (PART 5~7)

NO	ANSWER A B C D	NO	ANSWER A B C D	NO	ANSWER A B C D	NO	ANSWER A B C D	NO	ANSWER A B C D
101	ⓐ ⓑ ⓒ ⓓ	121	ⓐ ⓑ ⓒ ⓓ	141	ⓐ ⓑ ⓒ ⓓ	161	ⓐ ⓑ ⓒ ⓓ	181	ⓐ ⓑ ⓒ ⓓ
102	ⓐ ⓑ ⓒ ⓓ	122	ⓐ ⓑ ⓒ ⓓ	142	ⓐ ⓑ ⓒ ⓓ	162	ⓐ ⓑ ⓒ ⓓ	182	ⓐ ⓑ ⓒ ⓓ
103	ⓐ ⓑ ⓒ ⓓ	123	ⓐ ⓑ ⓒ ⓓ	143	ⓐ ⓑ ⓒ ⓓ	163	ⓐ ⓑ ⓒ ⓓ	183	ⓐ ⓑ ⓒ ⓓ
104	ⓐ ⓑ ⓒ ⓓ	124	ⓐ ⓑ ⓒ ⓓ	144	ⓐ ⓑ ⓒ ⓓ	164	ⓐ ⓑ ⓒ ⓓ	184	ⓐ ⓑ ⓒ ⓓ
105	ⓐ ⓑ ⓒ ⓓ	125	ⓐ ⓑ ⓒ ⓓ	145	ⓐ ⓑ ⓒ ⓓ	165	ⓐ ⓑ ⓒ ⓓ	185	ⓐ ⓑ ⓒ ⓓ
106	ⓐ ⓑ ⓒ ⓓ	126	ⓐ ⓑ ⓒ ⓓ	146	ⓐ ⓑ ⓒ ⓓ	166	ⓐ ⓑ ⓒ ⓓ	186	ⓐ ⓑ ⓒ ⓓ
107	ⓐ ⓑ ⓒ ⓓ	127	ⓐ ⓑ ⓒ ⓓ	147	ⓐ ⓑ ⓒ ⓓ	167	ⓐ ⓑ ⓒ ⓓ	187	ⓐ ⓑ ⓒ ⓓ
108	ⓐ ⓑ ⓒ ⓓ	128	ⓐ ⓑ ⓒ ⓓ	148	ⓐ ⓑ ⓒ ⓓ	168	ⓐ ⓑ ⓒ ⓓ	188	ⓐ ⓑ ⓒ ⓓ
109	ⓐ ⓑ ⓒ ⓓ	129	ⓐ ⓑ ⓒ ⓓ	149	ⓐ ⓑ ⓒ ⓓ	169	ⓐ ⓑ ⓒ ⓓ	189	ⓐ ⓑ ⓒ ⓓ
110	ⓐ ⓑ ⓒ ⓓ	130	ⓐ ⓑ ⓒ ⓓ	150	ⓐ ⓑ ⓒ ⓓ	170	ⓐ ⓑ ⓒ ⓓ	190	ⓐ ⓑ ⓒ ⓓ
111	ⓐ ⓑ ⓒ ⓓ	131	ⓐ ⓑ ⓒ ⓓ	151	ⓐ ⓑ ⓒ ⓓ	171	ⓐ ⓑ ⓒ ⓓ	191	ⓐ ⓑ ⓒ ⓓ
112	ⓐ ⓑ ⓒ ⓓ	132	ⓐ ⓑ ⓒ ⓓ	152	ⓐ ⓑ ⓒ ⓓ	172	ⓐ ⓑ ⓒ ⓓ	192	ⓐ ⓑ ⓒ ⓓ
113	ⓐ ⓑ ⓒ ⓓ	133	ⓐ ⓑ ⓒ ⓓ	153	ⓐ ⓑ ⓒ ⓓ	173	ⓐ ⓑ ⓒ ⓓ	193	ⓐ ⓑ ⓒ ⓓ
114	ⓐ ⓑ ⓒ ⓓ	134	ⓐ ⓑ ⓒ ⓓ	154	ⓐ ⓑ ⓒ ⓓ	174	ⓐ ⓑ ⓒ ⓓ	194	ⓐ ⓑ ⓒ ⓓ
115	ⓐ ⓑ ⓒ ⓓ	135	ⓐ ⓑ ⓒ ⓓ	155	ⓐ ⓑ ⓒ ⓓ	175	ⓐ ⓑ ⓒ ⓓ	195	ⓐ ⓑ ⓒ ⓓ
116	ⓐ ⓑ ⓒ ⓓ	136	ⓐ ⓑ ⓒ ⓓ	156	ⓐ ⓑ ⓒ ⓓ	176	ⓐ ⓑ ⓒ ⓓ	196	ⓐ ⓑ ⓒ ⓓ
117	ⓐ ⓑ ⓒ ⓓ	137	ⓐ ⓑ ⓒ ⓓ	157	ⓐ ⓑ ⓒ ⓓ	177	ⓐ ⓑ ⓒ ⓓ	197	ⓐ ⓑ ⓒ ⓓ
118	ⓐ ⓑ ⓒ ⓓ	138	ⓐ ⓑ ⓒ ⓓ	158	ⓐ ⓑ ⓒ ⓓ	178	ⓐ ⓑ ⓒ ⓓ	198	ⓐ ⓑ ⓒ ⓓ
119	ⓐ ⓑ ⓒ ⓓ	139	ⓐ ⓑ ⓒ ⓓ	159	ⓐ ⓑ ⓒ ⓓ	179	ⓐ ⓑ ⓒ ⓓ	199	ⓐ ⓑ ⓒ ⓓ
120	ⓐ ⓑ ⓒ ⓓ	140	ⓐ ⓑ ⓒ ⓓ	160	ⓐ ⓑ ⓒ ⓓ	180	ⓐ ⓑ ⓒ ⓓ	200	ⓐ ⓑ ⓒ ⓓ

ANSWER SHEET

시원스쿨 **LAB**

이름

테스트 회차

날짜

LISTENING COMPREHENSION (PART 1~4)

NO	ANSWER A B C D	NO	ANSWER A B C D	NO	ANSWER A B C D	NO	ANSWER A B C D	NO	ANSWER A B C D
1	ⓐⓑⓒⓓ	21	ⓐⓑⓒⓓ	41	ⓐⓑⓒⓓ	61	ⓐⓑⓒⓓ	81	ⓐⓑⓒⓓ
2	ⓐⓑⓒⓓ	22	ⓐⓑⓒⓓ	42	ⓐⓑⓒⓓ	62	ⓐⓑⓒⓓ	82	ⓐⓑⓒⓓ
3	ⓐⓑⓒⓓ	23	ⓐⓑⓒⓓ	43	ⓐⓑⓒⓓ	63	ⓐⓑⓒⓓ	83	ⓐⓑⓒⓓ
4	ⓐⓑⓒⓓ	24	ⓐⓑⓒⓓ	44	ⓐⓑⓒⓓ	64	ⓐⓑⓒⓓ	84	ⓐⓑⓒⓓ
5	ⓐⓑⓒⓓ	25	ⓐⓑⓒ	45	ⓐⓑⓒⓓ	65	ⓐⓑⓒⓓ	85	ⓐⓑⓒⓓ
6	ⓐⓑⓒⓓ	26	ⓐⓑⓒ	46	ⓐⓑⓒⓓ	66	ⓐⓑⓒⓓ	86	ⓐⓑⓒⓓ
7	ⓐⓑⓒ	27	ⓐⓑⓒ	47	ⓐⓑⓒⓓ	67	ⓐⓑⓒⓓ	87	ⓐⓑⓒⓓ
8	ⓐⓑⓒ	28	ⓐⓑⓒ	48	ⓐⓑⓒⓓ	68	ⓐⓑⓒⓓ	88	ⓐⓑⓒⓓ
9	ⓐⓑⓒ	29	ⓐⓑⓒ	49	ⓐⓑⓒⓓ	69	ⓐⓑⓒⓓ	89	ⓐⓑⓒⓓ
10	ⓐⓑⓒ	30	ⓐⓑⓒ	50	ⓐⓑⓒⓓ	70	ⓐⓑⓒⓓ	90	ⓐⓑⓒⓓ
11	ⓐⓑⓒ	31	ⓐⓑⓒⓓ	51	ⓐⓑⓒⓓ	71	ⓐⓑⓒⓓ	91	ⓐⓑⓒⓓ
12	ⓐⓑⓒ	32	ⓐⓑⓒⓓ	52	ⓐⓑⓒⓓ	72	ⓐⓑⓒⓓ	92	ⓐⓑⓒⓓ
13	ⓐⓑⓒ	33	ⓐⓑⓒⓓ	53	ⓐⓑⓒⓓ	73	ⓐⓑⓒⓓ	93	ⓐⓑⓒⓓ
14	ⓐⓑⓒ	34	ⓐⓑⓒⓓ	54	ⓐⓑⓒⓓ	74	ⓐⓑⓒⓓ	94	ⓐⓑⓒⓓ
15	ⓐⓑⓒ	35	ⓐⓑⓒⓓ	55	ⓐⓑⓒⓓ	75	ⓐⓑⓒⓓ	95	ⓐⓑⓒⓓ
16	ⓐⓑⓒ	36	ⓐⓑⓒⓓ	56	ⓐⓑⓒⓓ	76	ⓐⓑⓒⓓ	96	ⓐⓑⓒⓓ
17	ⓐⓑⓒ	37	ⓐⓑⓒⓓ	57	ⓐⓑⓒⓓ	77	ⓐⓑⓒⓓ	97	ⓐⓑⓒⓓ
18	ⓐⓑⓒ	38	ⓐⓑⓒⓓ	58	ⓐⓑⓒⓓ	78	ⓐⓑⓒⓓ	98	ⓐⓑⓒⓓ
19	ⓐⓑⓒ	39	ⓐⓑⓒⓓ	59	ⓐⓑⓒⓓ	79	ⓐⓑⓒⓓ	99	ⓐⓑⓒⓓ
20	ⓐⓑⓒ	40	ⓐⓑⓒⓓ	60	ⓐⓑⓒⓓ	80	ⓐⓑⓒⓓ	100	ⓐⓑⓒⓓ

READING COMPREHENSION (PART 5~7)

NO	ANSWER A B C D	NO	ANSWER A B C D	NO	ANSWER A B C D	NO	ANSWER A B C D
101	ⓐⓑⓒⓓ	121	ⓐⓑⓒⓓ	141	ⓐⓑⓒⓓ	181	ⓐⓑⓒⓓ
102	ⓐⓑⓒⓓ	122	ⓐⓑⓒⓓ	142	ⓐⓑⓒⓓ	182	ⓐⓑⓒⓓ
103	ⓐⓑⓒⓓ	123	ⓐⓑⓒⓓ	143	ⓐⓑⓒⓓ	183	ⓐⓑⓒⓓ
104	ⓐⓑⓒⓓ	124	ⓐⓑⓒⓓ	144	ⓐⓑⓒⓓ	184	ⓐⓑⓒⓓ
105	ⓐⓑⓒⓓ	125	ⓐⓑⓒⓓ	145	ⓐⓑⓒⓓ	185	ⓐⓑⓒⓓ
106	ⓐⓑⓒⓓ	126	ⓐⓑⓒⓓ	146	ⓐⓑⓒⓓ	186	ⓐⓑⓒⓓ
107	ⓐⓑⓒⓓ	127	ⓐⓑⓒⓓ	147	ⓐⓑⓒⓓ	187	ⓐⓑⓒⓓ
108	ⓐⓑⓒⓓ	128	ⓐⓑⓒⓓ	148	ⓐⓑⓒⓓ	188	ⓐⓑⓒⓓ
109	ⓐⓑⓒⓓ	129	ⓐⓑⓒⓓ	149	ⓐⓑⓒⓓ	189	ⓐⓑⓒⓓ
110	ⓐⓑⓒⓓ	130	ⓐⓑⓒⓓ	150	ⓐⓑⓒⓓ	190	ⓐⓑⓒⓓ
111	ⓐⓑⓒⓓ	131	ⓐⓑⓒⓓ	151	ⓐⓑⓒⓓ	191	ⓐⓑⓒⓓ
112	ⓐⓑⓒⓓ	132	ⓐⓑⓒⓓ	152	ⓐⓑⓒⓓ	192	ⓐⓑⓒⓓ
113	ⓐⓑⓒⓓ	133	ⓐⓑⓒⓓ	153	ⓐⓑⓒⓓ	193	ⓐⓑⓒⓓ
114	ⓐⓑⓒⓓ	134	ⓐⓑⓒⓓ	154	ⓐⓑⓒⓓ	194	ⓐⓑⓒⓓ
115	ⓐⓑⓒⓓ	135	ⓐⓑⓒⓓ	155	ⓐⓑⓒⓓ	195	ⓐⓑⓒⓓ
116	ⓐⓑⓒⓓ	136	ⓐⓑⓒⓓ	156	ⓐⓑⓒⓓ	196	ⓐⓑⓒⓓ
117	ⓐⓑⓒⓓ	137	ⓐⓑⓒⓓ	157	ⓐⓑⓒⓓ	197	ⓐⓑⓒⓓ
118	ⓐⓑⓒⓓ	138	ⓐⓑⓒⓓ	158	ⓐⓑⓒⓓ	198	ⓐⓑⓒⓓ
119	ⓐⓑⓒⓓ	139	ⓐⓑⓒⓓ	159	ⓐⓑⓒⓓ	199	ⓐⓑⓒⓓ
120	ⓐⓑⓒⓓ	140	ⓐⓑⓒⓓ	160	ⓐⓑⓒⓓ	200	ⓐⓑⓒⓓ

(Columns for 161–180 also present: 161–180 with ANSWER A B C D, each ⓐⓑⓒⓓ)

시원스쿨 토익
실전 모의고사 3회분

초판 1쇄 발행 2020년 1월 2일
초판 12쇄 발행 2025년 1월 24일

지은이 시원스쿨어학연구소
펴낸곳 (주)에스제이더블유인터내셔널
펴낸이 양홍걸 이시원

홈페이지 www.siwonschool.com
주소 서울시 영등포구 영신로 166 시원스쿨
교재 구입 문의 02)2014-8151
고객센터 02)6409-0878

ISBN 979-116150-3028
Number 1-110701-02021800-06

Start!

3회분 전 문항
프리미엄 해설 강의
무료 제공의 특별 구성!

POINT

01 모든 문항 해설 강의 **무료 제공!**
토익 만점 최서아 강사의 명쾌한 해설 강의

POINT

02 토린이도 이해 가능한 **오답 해설 수록!**
정답의 이유 뿐만 아니라 오답의 이유까지 분석

POINT

03 **QR 코드로 편리하게!**
해설 강의, LC 음원, 정답 및 해설까지 한 번에 해결

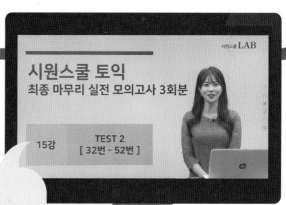

시원스쿨 LAB

시원스쿨 토익
최종 마무리 실전 모의고사 3회분

15강 | TEST 2 [32번 - 52번]

토익 여신 최서아 강사의
밀착 코칭 강의!

Name	
Registration Number	

TOEIC

Test of English for International Communication

TEST 2

◀ 해설 강의 바로 보기

시원스쿨 **LAB**

LISTENING TEST

In the Listening test, you will be asked to demonstrate how well you understand spoken English. The entire Listening test will last approximately 45 minutes. There are four parts, and directions are given for each part. You must mark your answers on the separate answer sheet.
Do not write your answers in your test book.

PART 1

Directions: For each question in this part, you will hear four statements about a picture in your test book. When you hear the statements, you must select the one statement that best describes what you see in the picture. Then find the number of the question on your answer sheet and mark your answer. The statements will not be printed in your test book and will be spoken only one time.

Statement (D), "They are taking photographs," is the best description of the picture, so you should select answer (D) and mark it on your answer sheet.

1.

2.

GO ON TO THE NEXT PAGE ➤

3.

4.

5.

6.

GO ON TO THE NEXT PAGE →

PART 2

Directions: You will hear a question or statement and three responses spoken in English. They will not be printed in your test book and will be spoken only one time. Select the best response to the question or statement and mark the letter (A), (B), or (C) on your answer sheet.

7. Mark your answer on your answer sheet.

8. Mark your answer on your answer sheet.

9. Mark your answer on your answer sheet.

10. Mark your answer on your answer sheet.

11. Mark your answer on your answer sheet.

12. Mark your answer on your answer sheet.

13. Mark your answer on your answer sheet.

14. Mark your answer on your answer sheet.

15. Mark your answer on your answer sheet.

16. Mark your answer on your answer sheet.

17. Mark your answer on your answer sheet.

18. Mark your answer on your answer sheet.

19. Mark your answer on your answer sheet.

20. Mark your answer on your answer sheet.

21. Mark your answer on your answer sheet.

22. Mark your answer on your answer sheet.

23. Mark your answer on your answer sheet.

24. Mark your answer on your answer sheet.

25. Mark your answer on your answer sheet.

26. Mark your answer on your answer sheet.

27. Mark your answer on your answer sheet.

28. Mark your answer on your answer sheet.

29. Mark your answer on your answer sheet.

30. Mark your answer on your answer sheet.

31. Mark your answer on your answer sheet.

PART 3

Directions: You will hear some conversations between two or more people. You will be asked to answer three questions about what the speakers say in each conversation. Select the best response to each question and mark the letter (A), (B), (C) or (D) on your answer sheet. The conversations will not be printed in your test book and will be spoken only one time.

---

32. Where is the conversation most likely taking place?

(A) In a taxi
(B) In an airplane
(C) In a bus station
(D) In a hotel

33. What did Olivia give to the woman?

(A) Event tickets
(B) Meal vouchers
(C) A travel budget
(D) A city map

34. Why will the man call a conference center?

(A) To cancel a talk
(B) To ask for directions
(C) To hire equipment
(D) To check a schedule

---

35. Where do the men most likely work?

(A) At a bank
(B) At a bookstore
(C) At a conference hall
(D) At a radio station

36. What did the woman recently do?

(A) Designed a product
(B) Launched a business
(C) Wrote a book
(D) Directed a film

37. What will the woman do next?

(A) Introduce a product
(B) Discuss her career
(C) Ask questions
(D) Offer some tips

---

38. What do the speakers say about Regina?

(A) She has been promoted.
(B) She is absent.
(C) She won an award.
(D) She is retiring.

39. What does the woman ask about?

(A) A work schedule
(B) A reservation
(C) A bonus
(D) A new policy

40. What does the man say he will do this afternoon?

(A) Purchase a gift
(B) Attend a staff meeting
(C) Make a reservation
(D) Eat a meal

---

41. What is the man disappointed about?

(A) A venue is unavailable.
(B) A room is too expensive.
(C) A client cannot attend an event.
(D) A hotel has gone out of business.

42. What does the man want approval to do?

(A) Arrange transportation
(B) Reschedule an event
(C) Increase a budget
(D) Extend his trip

43. What does the woman ask the man to do next?

(A) Print an itinerary
(B) Make a payment
(C) Send a design
(D) Review some figures

GO ON TO THE NEXT PAGE ➤

44. Who most likely is the woman?

(A) A marketing director
(B) A financial consultant
(C) A safety inspector
(D) A customer service agent

45. What does the man mean when he says, "I just bought it a few days ago"?

(A) A package has not been delivered yet.
(B) A bill was sent to the wrong person.
(C) A purchase does not need to be made.
(D) A product should be in perfect condition.

46. What will the man most likely do next?

(A) Check a receipt
(B) Replace a part
(C) Press a switch
(D) Read a manual

47. Where do the speakers work?

(A) At a post office
(B) At a medical clinic
(C) At a factory
(D) At a library

48. What does the woman offer the man?

(A) Additional training
(B) Management experience
(C) Extra vacation leave
(D) Higher pay

49. What does the man ask about?

(A) A workshop location
(B) A bus timetable
(C) A ticket cost
(D) A registration process

50. What is the conversation mainly about?

(A) A landscaping project
(B) A community event
(C) A building renovation
(D) A business merger

51. What did the men do this morning?

(A) Purchased materials
(B) Tidied up a work site
(C) Reviewed designs
(D) Interviewed job applicants

52. What would Mike like to change?

(A) A deadline
(B) A budget
(C) A location
(D) A supplier

53. What does the man want to discuss?

(A) A promotion strategy
(B) A business relocation
(C) A safety procedure
(D) A staff incentive plan

54. What problem does the man mention about the part-time workers?

(A) They are not busy.
(B) They require extra training.
(C) They were hired recently.
(D) They have received complaints.

55. According to the woman, why were employees unhappy?

(A) They wanted higher wages.
(B) Their work shifts were too long.
(C) They experienced bad weather.
(D) Their vacation leave was reduced.

56. What is indicated about the library?

(A) It has changed its business hours.
(B) It has moved to a new location.
(C) It was recently remodeled.
(D) It is hiring new staff.

57. What does the man say he used to do?

(A) Read during lunchtime
(B) Eat at a cafeteria
(C) Write magazine articles
(D) Visit a nearby restaurant

58. What does the woman advise the man to do?

(A) Visit a bakery
(B) Skip lunch
(C) Attend an event
(D) Leave work early

59. What are the speakers mainly discussing?

(A) Promotional flyers
(B) Staff training
(C) Work uniforms
(D) A Web site design

60. What does the man imply when he says, "We have until Friday to confirm the order"?

(A) There is still time to make changes.
(B) They will finish a task ahead of schedule.
(C) Additional employees are required.
(D) The number of items should be increased.

61. What does the man suggest doing?

(A) Visiting a business
(B) Sending an e-mail
(C) Making a phone call
(D) Canceling a meeting

Comment Card (Please indicate a score out of 10)
1. Cleanliness : ☐
2. Service : ☐
3. Amenities : ☐
4. Additional Comments : _____
_____
_____
_____

62. Who is the comment card for?

(A) Restaurant diners
(B) Airline passengers
(C) Hotel guests
(D) Event attendees

63. How did the woman choose the scoring method on the comment card?

(A) She read a magazine article.
(B) She asked for customer feedback.
(C) She consulted her supervisor.
(D) She copied a competitor's.

64. Look at the graphic. Which item will be removed from the comment card?

(A) Item 1
(B) Item 2
(C) Item 3
(D) Item 4

GO ON TO THE NEXT PAGE

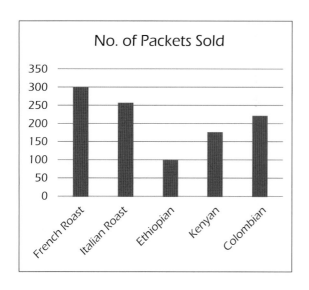

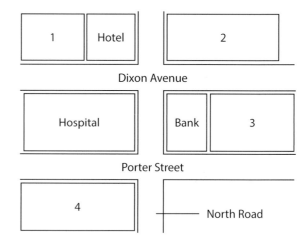

65. What did the speakers do last month?

(A) They hosted a special event.

(B) They opened a new business.

(C) They hired additional staff.

(D) They renovated a coffee shop.

66. Look at the graphic. Which coffee variety will be sold at a lower price in August?

(A) Italian Roast

(B) Ethiopian

(C) Kenyan

(D) Colombian

67. Why does the man think more customers will come to the coffee shop?

(A) A new range of products is available.

(B) A seasonal sale will be held.

(C) A new advertisement was launched.

(D) A membership plan is being offered.

68. Where do the speakers most likely work?

(A) At a law office

(B) At a real estate agency

(C) At a marketing company

(D) At a catering firm

69. Look at the graphic. Which building will the speakers go to on Monday?

(A) Building 1

(B) Building 2

(C) Building 3

(D) Building 4

70. What does the man offer to do?

(A) Send the woman a document

(B) Reschedule a meeting

(C) Give the woman a ride

(D) Cancel a dentist appointment

Directions: You will hear some talks given by a single speaker. You will be asked to answer three questions about what the speaker says in each talk. Select the best response to each question and mark the letter (A), (B), (C), or (D) on your answer sheet. The talks will not be printed in your test book and will be spoken only one time.

71. What type of product is being advertised?

(A) A sleeping bag
(B) A pair of boots
(C) A tent
(D) A backpack

72. What does the speaker say is a surprising thing about the product?

(A) Its weight
(B) Its durability
(C) Its appearance
(D) Its price

73. What should listeners do to receive a discount?

(A) Sign up for a membership
(B) Attend a grand opening
(C) Spend a specific amount
(D) Make an online purchase

74. What is the speaker writing a report about?

(A) Ways to recruit skilled employees
(B) The benefits of advertising online
(C) Methods for reducing waste
(D) Ideas for increasing sales

75. According to the speaker, what has changed?

(A) An e-mail address
(B) A project deadline
(C) A marketing campaign
(D) A trip itinerary

76. Why does the speaker say, "You know Steve at the head office, right"?

(A) To suggest inviting Steve to a meeting
(B) To confirm that a project has been approved
(C) To recommend that the listener apply for a position
(D) To request that the listener contact a colleague

77. Who is being introduced?

(A) A retiring director
(B) An award recipient
(C) A new board member
(D) A company client

78. What is mentioned about an advertisement?

(A) It was for a range of cell phones.
(B) It was less successful than expected.
(C) It was seen all over the world.
(D) It has been aired for 15 years.

79. What is suggested about Jeremy Lee?

(A) He is active.
(B) He enjoys reading.
(C) He founded a business.
(D) He will be promoted.

80. What is the speaker calling about?

(A) A business proposal
(B) An upcoming sale
(C) A job application
(D) A project deadline

81. What problem does the speaker mention?

(A) A schedule conflict has occurred.
(B) Some information is missing.
(C) Some guidelines are incorrect.
(D) An event has been postponed.

82. What does the speaker ask the listener to do?

(A) Visit a business
(B) Attend an interview
(C) Return the call
(D) Send an e-mail

GO ON TO THE NEXT PAGE

83. According to the speaker, why is St. Mark's Cathedral popular?

(A) It hosts special events.
(B) Its architecture is unique.
(C) It does not charge an entry fee.
(D) It contains many artworks.

84. What does the speaker mean when she says, "that's why I'm here!"?

(A) She is recommending a specific attraction.
(B) She wants the listeners to follow her.
(C) She is apologizing for arriving late.
(D) She will be happy to answer questions.

85. What does the speaker remind the listeners about?

(A) A parking permit
(B) A special discount
(C) A bus number
(D) A departure time

86. What is the broadcast mainly about?

(A) Employment opportunities
(B) Leisure facilities
(C) Community awards
(D) Upcoming events

87. According to the speaker, what field does Karen Gosford have experience in?

(A) Entertainment
(B) Finance
(C) Marketing
(D) Science

88. What does the speaker invite the listeners to do?

(A) Ask questions
(B) Attend a ceremony
(C) Share their opinions
(D) Cast a vote

89. What service does the company provide?

(A) Home improvements
(B) Financial advice
(C) Event planning
(D) Travel packages

90. Why is the speaker not available?

(A) She is in a board meeting.
(B) She is on sick leave.
(C) She is leading a course.
(D) She is on vacation.

91. What should the listeners do if they have an urgent problem?

(A) Call a different number
(B) Visit the speaker's office
(C) Send an e-mail
(D) Review a document

92. Where do the listeners work?

(A) At a travel agency
(B) At a bank
(C) At a supermarket
(D) At a coffee shop

93. What does the speaker imply when he says, "Many employees will want this day off"?

(A) A business will be closing temporarily.
(B) A company event will need to be postponed.
(C) The listeners should consult a work schedule.
(D) The listeners should make a request soon.

94. What does the speaker encourage the listeners to do?

(A) Request overtime hours
(B) Pick up a uniform
(C) Submit a payment
(D) Check an employee handbook

Friday	Saturday	Sunday	Monday
☔	☁	🌬	☀

Meeting Schedule		
9:15	Introduction	
9:30	Stacey Naylor	Product Design Manager
10:15	Phil Meeks	R&D Manager
10:45	Rosie Fisher	Personnel Manager
11:15	Abdul Singh	Marketing Manager

95. Look at the graphic. When will the outdoor concert take place?

(A) Friday
(B) Saturday
(C) Sunday
(D) Monday

96. What does the speaker say he is looking forward to?

(A) A singer
(B) A fireworks display
(C) A parade
(D) A comedian

97. What does the speaker advise the listeners to do?

(A) Enter a competition
(B) Request a gift voucher
(C) Send an e-mail
(D) Visit a Web site

98. Who most likely are the listeners?

(A) Company shareholders
(B) Preferred customers
(C) Potential clients
(D) New employees

99. What type of products does the company make?

(A) Appliances
(B) Clothing
(C) Furniture
(D) Vehicles

100. Look at the graphic. Who will speak next?

(A) Stacey Naylor
(B) Phil Meeks
(C) Rosie Fisher
(D) Abdul Singh

This is the end of the Listening test. Turn to Part 5 in your test book.

GO ON TO THE NEXT PAGE

READING TEST

In the Reading test, you will read a variety of texts and answer several different types of reading comprehension questions. The entire Reading test will last 75 minutes. There are three parts, and directions are given for each part. You are encouraged to answer as many questions as possible within the time allowed. You must mark your answers on the separate answer sheet. Do not write your answers in your test book.

PART 5

Directions: A word or phrase is missing in each of the sentences below. Four answer choices are given below each sentence. Select the best answer to complete the sentence. Then mark the letter (A), (B), (C), or (D) on your answer sheet.

101. Guests can have their poolside drink orders ------- charged to their hotel bill.

(A) automatically
(B) automatic
(C) automates
(D) automate

102. The east wing of Huxtable Art Museum will be closed to visitors until further -------.

(A) alert
(B) regard
(C) notice
(D) admission

103. There are many vitamins and supplements in our health store that can help ------- to lose weight.

(A) you
(B) your
(C) yourself
(D) yourselves

104. It is ------- that customers be informed about our new business hours before they go into effect.

(A) frequent
(B) critical
(C) potential
(D) actual

105. The painting by Fernando Boleo has been ------- at less than 75 percent of its expected value.

(A) appraiser
(B) appraise
(C) appraised
(D) appraisal

106. The marketing department will work late this week ------- problems with the new advertising campaign.

(A) while
(B) whereas
(C) as for
(D) due to

107. It is recommended that audience members take their seats at least 10 minutes before the singer's ------- performance time.

(A) schedules
(B) schedule
(C) scheduling
(D) scheduled

108. Trey Nispel's regular newspaper column, Sports Breakdown, is ------- every Saturday in The Richmond Times.

(A) competed
(B) published
(C) determined
(D) attributed

109. To avoid work delays, the ------- of Crawley Castle will be carried out by a team of 25 experts.

(A) restore
(B) restorative
(C) restored
(D) restoration

110. Please note that opening times for the swimming area at Sadler Lake are subject to change ------- in accordance with the seasons.

(A) lightly
(B) quarterly
(C) properly
(D) barely

111. New employees at BAS Accounting should provide two forms of ------- on their first day of work.

(A) recognition
(B) categorization
(C) identification
(D) acceptance

112. Katherine Brewer has the ------- necessary to supervise training of all newly-hired staff at our factory in Pontianak.

(A) limitation
(B) profitability
(C) experience
(D) decision

113. According to the ------- of this lease, you must vacate the apartment by October 31 at the latest.

(A) signatures
(B) terms
(C) properties
(D) reviews

114. Restaurant staff who are ------- in working overtime this summer should speak directly to the owner.

(A) interest
(B) interests
(C) interested
(D) interesting

115. The waiting room at Hillside Dental Clinic contains many magazines that are ------- to health and nutrition.

(A) definite
(B) completed
(C) relevant
(D) focused

116. Mr. Rundle had to turn off the factory's cutting machine ------- because of a potentially dangerous malfunction.

(A) quickly
(B) quicken
(C) quicker
(D) quickest

117. The dishes served at Rainbow Restaurant are made from many imported ingredients, even some ------- farms in India.

(A) up
(B) from
(C) upon
(D) between

118. At Regent Chemicals Inc., you may apply to join the staff safety committee if you have ------- one year of first aid training.

(A) assumed
(B) completed
(C) expected
(D) allowed

119. The use of bicycles for transportation is ------- even though gas prices have slightly declined.

(A) expand
(B) expands
(C) expanded
(D) expanding

120. The management is delighted to announce that ------- will merge with Iridium Software on the new video game project.

(A) we
(B) our
(C) us
(D) ourselves

GO ON TO THE NEXT PAGE

121. For shuttle buses to become a popular service, the buses must run ------- on time throughout the day.

(A) exacted
(B) exactness
(C) exact
(D) exactly

122. Many rainforests in Brazil are expected to shrink by 30% ------- the next two decades.

(A) about
(B) within
(C) toward
(D) following

123. The CEO asked Ms. Spencer to buy another issue of the magazine that -------.

(A) misplaces
(B) misplacing
(C) misplaced
(D) was misplaced

124. During her vacation, Ms. Theakston will let her assistant handle all issues except for those that require her ------- attention.

(A) sturdy
(B) fluent
(C) easy
(D) urgent

125. Please fill out a comment card ------- management can evaluate staff performance effectively.

(A) so that
(B) in order to
(C) because of
(D) as well as

126. The first Monday of every month is ------- the outside windows of the office building are cleaned.

(A) how
(B) for
(C) when
(D) what

127. Although his books use some difficult vocabulary, Jim Wallis believes young readers will ------- find them enjoyable.

(A) still
(B) quite
(C) too
(D) ever

128. ------- you have passed the initial interview phase, we will ask you to take a written test to demonstrate your knowledge of electrical engineering.

(A) Then
(B) Next
(C) Once
(D) Always

129. File folders ------- with red stickers are for employees who are yet to complete the full customer service training course.

(A) marked
(B) marking
(C) that mark
(D) are marked

130. Our scuba diving classes will help you prepare for any obstacles you may ------- underwater.

(A) surprise
(B) refine
(C) encounter
(D) occupy

Questions 131-134 refer to the following e-mail.

To: Frank Edgar <fedgar@robocorp.com>
From: Eloise Dunn <eloisedunn@estinc.com>
Subject: Information
Date: May 4

Dear. Mr. Edgar,

You were the keynote speaker at the recent Artificial Intelligence Conference in Berlin, and I was lucky to be in the ------- for your talk. I found the things you said about the future of robotics in the
131.
vehicle manufacturing industry extremely enlightening. -------, it made me consider making some
132.
major changes at my company. The introduction of advanced robots in our factory could greatly improve our production efficiency! Would you mind meeting with me and my company's president?

-------. I've attached a schedule ------- some suitable dates for a meeting this month. I hope to hear
133.   **134.**
from you soon.

Regards,

Eloise Dunn
Chief Operating Officer
EST Motors Inc.

131. (A) brochure
(B) presentation
(C) company
(D) audience

132. (A) In fact
(B) On the contrary
(C) Meanwhile
(D) Lastly

133. (A) He was very impressed with the way you solved the problem.
(B) Once again, I apologize for the postponement of the event.
(C) Your knowledge of robotics will be of great interest to him.
(D) The project should take no longer than two months to complete.

134. (A) is providing
(B) that provides
(C) provided those
(D) having provided

GO ON TO THE NEXT PAGE

Questions 135-138 refer to the following notice.

At Four Points Amusement Park, we treat visitor ------- as a very serious matter. In the event of
135.
inclement weather, we keep an eye on the conditions minute-to-minute. If conditions become

severe, such as strong winds or heavy rains, it may be necessary to close specific rides, certain

park areas, or even the entire park itself.

Park Supervisors will communicate updates to visitors in person and via the public announcement

system. -------. Visitors ------- a free pass for a future visit to the park if they need to leave due to
136.   **137.**
poor weather. Once employees have helped escort all visitors out of the park, they should return

------- immediately and continue shutting down all areas of the park. To find out more about our bad
138.
weather procedures, speak with your supervisor.

135. (A) safety
    (B) attraction
    (C) compensation
    (D) accommodation

136. (A) Live performances are held at an outdoor
        stage inside the park.
    (B) Opening times are subject to change
        depending on weather conditions.
    (C) This policy will be implemented sometime
        next year.
    (D) It's our priority to ensure all visitors are
        kept informed.

137. (A) received
    (B) will receive
    (C) have received
    (D) had been receiving

138. (A) to work
    (B) working
    (C) worked
    (D) the work

Questions 139-142 refer to the following e-mail.

To: All festival organizers
From: Roy Hatton, Head Organizer
Subject: Rock World Music Festival

This year's Rock World Music Festival will take place on Saturday, July 19th from 10 A.M. to 11 P.M. at a site on the banks of Lake Marlin. We are confident that the performers and audience members alike will enjoy this scenic -------. The event will end with an impressive fireworks display, but your
139.
work shifts will finish beforehand so that all of you -------.
140.

Festival tickets will go on sale tomorrow through our Web site and various vendors. Employees will be able to purchase tickets at a discounted rate for themselves and their friends and family. -------,
141.
tickets are limited to three per person.

-------.
142.

139. (A) building
(B) setting
(C) presentation
(D) device

140. (A) participation
(B) participating
(C) can participate
(D) who participated

141. (A) However
(B) In conclusion
(C) Therefore
(D) For example

142. (A) Many tour groups are expected to visit Lake Marlin this year.
(B) Thank you for your interest in performing at the event.
(C) We will be hosting several concerts this summer.
(D) Let's work hard to make this the best festival yet.

GO ON TO THE NEXT PAGE

Questions 143-146 refer to the following review.

I have good things and bad things to say about Splendid Catering. They provide a diverse range of foods and their prices are very reasonable. However, I ------- them my business again. My recent
143.
order contained several items that were not fresh. It seemed like the staff didn't bother checking the

------- of the sandwiches they delivered to the event I was hosting. -------. None of them looked like
144. **145.**
the pictures advertised on the Web site. But did the company agree to replace them with new ones?

No, they didn't. Next time I will choose a catering firm that will let me ------- items that don't meet
146.
basic expectations.

143. (A) did not give
(B) will not be giving
(C) might not have given
(D) could not have given

144. (A) size
(B) quality
(C) price
(D) brand

145. (A) More than half of them were too odd to eat.
(B) Most of my guests were impressed with the food.
(C) The firm offers discounts on bulk orders.
(D) We did not have enough ingredients to fill the order.

146. (A) exchange
(B) purchase
(C) view
(D) store

PART 7

Directions: In this part you will read a selection of texts, such as magazine and newspaper articles, e-mails, and instant messages. Each text or set of texts is followed by several questions. Select the best answer for each question and mark the letter (A), (B), (C), or (D) on your answer sheet.

Questions 147-148 refer to the following receipt.

RENTAL RECORD	
DATE: July 26 **NAME:** STEVEN CHAMBERS	
RENTAL DETAILS	**ITEMS**
To help me complete a renovation project I will lead in Sawyer City from August 4 to August 29(the conversion of the old Latimer Theater into apartment units).	Sledgehammer (x 2) Cement Mixer Safety Goggles (x 4) Power Drill (x 2)
I confirm receipt of the above items.	
Signature *Steven Chambers*	

147. What will Mr. Chambers do in Sawyer City in August?

(A) Lead a training class
(B) Hire new workers
(C) Sign a property lease
(D) Renovate a building

148. What does Mr. Chambers confirm?

(A) Receiving equipment
(B) Purchasing a vehicle
(C) Accepting a job offer
(D) Repairing a device

GO ON TO THE NEXT PAGE ➤

Cooper Dental Practice

Amazing discounts available at

our Astrid Mall location!

Cooper Dental is celebrating 10 years of business!

Make your smile the best it can possibly be!

We are offering high-quality implants

and teeth whitening treatments for 15% off.

Other selected treatments are available for up to 30% off.

Offers begin on February 1 and end on March 31.

We are open from 9 A.M. to 7 P.M., Monday through Saturday;

You can find us on the second floor of the building –

just at the top of the escalators once you come in the main entrance.

Appointments can be made by visiting www.cooperdental.co.uk
or by calling 555-0171.

149. Who most likely posted the notice?

(A) A business owner
(B) A human resources manager
(C) A health inspector
(D) A Web site designer

150. What is suggested about Cooper Dental?

(A) It is moving to a larger location.
(B) It runs a different promotion each month.
(C) It recently purchased new equipment.
(D) It has a clinic in a shopping center.

Questions 151-152 refer to the following instructions.

Earnshaw Textiles Inc. guide for completing an accident report

* Describe the incident, including the name of the employee(s) involved.

* If a machine has been turned off as a result of the accident, check the box labeled "Shut Down" and provide details.

* Reports must be filled out immediately when an accident takes place.

* Date the report and submit it to the administration office. Reports that are undated will be returned to the submitter.

* Ensure that work areas are safe and secure.

The repair of tools or machines will be scheduled whenever necessary as soon as the report has been submitted.

---

151. According to the instructions, what must appear on every accident report?

(A) A contact number
(B) An employee's name
(C) A business address
(D) An incident date

152. What is indicated about Earnshaw Textiles Inc.'s administration office?

(A) It runs a regular health and safety training session.
(B) It makes arrangements to have equipment fixed.
(C) It publishes an accident report on a monthly basis.
(D) It issues replacement work tools upon request.

GO ON TO THE NEXT PAGE

Questions 153-155 refer to the following advertisement.

See the World!

Let The Pacifica Take Your Breath Away!

Recipient of the "Best Mid-price Cruise Liner" award at this year's Global Travel Awards.

The Pacifica offers the following:

Wonderful Views! See spectacular mountains and coastlines from the decks of our vessel. Watch as dolphins and whales leap in the waters surrounding you.

Amazing Entertainment! In the evening, enjoy a wide variety of entertainment options such as comedy shows, magic shows, live music and theater performances.

World-class Amenities! When the weather is nice, take part in some yoga classes, or use our brand new badminton courts! Three excellent restaurants can be found on board, but if you feel like relaxing, you can just order food using the phone in your cabin.

All entertainment and activities on The Pacifica are included in our cruise price with the exception of theater productions. Tickets for live performances should be purchased on board.

153. What most likely is The Pacifica?

(A) A cruise ship
(B) A restaurant
(C) A theater
(D) A hotel

154. What is indicated about The Pacifica?

(A) It has recently been renovated.
(B) It has been internationally recognized.
(C) It offers guided tours to guests.
(D) It can be booked for private events.

155. What is offered at an extra cost?

(A) Comedy shows
(B) Exercise classes
(C) Catered meals
(D) Theater shows

Questions 156-158 refer to the following e-mail.

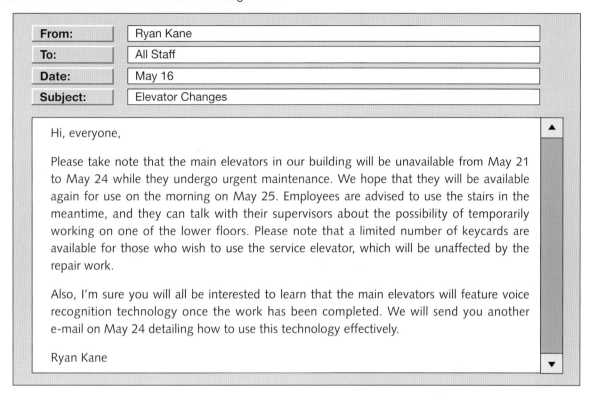

From:	Ryan Kane
To:	All Staff
Date:	May 16
Subject:	Elevator Changes

Hi, everyone,

Please take note that the main elevators in our building will be unavailable from May 21 to May 24 while they undergo urgent maintenance. We hope that they will be available again for use on the morning on May 25. Employees are advised to use the stairs in the meantime, and they can talk with their supervisors about the possibility of temporarily working on one of the lower floors. Please note that a limited number of keycards are available for those who wish to use the service elevator, which will be unaffected by the repair work.

Also, I'm sure you will all be interested to learn that the main elevators will feature voice recognition technology once the work has been completed. We will send you another e-mail on May 24 detailing how to use this technology effectively.

Ryan Kane

156. According to the e-mail, what can employees discuss with their managers?

(A) The changes to a work schedule
(B) The possibility of working on a different floor
(C) The best way to reach an office building
(D) The option of attending a different training class

157. What is suggested about the service elevator?

(A) It requires a keycard to use.
(B) It was recently repaired.
(C) It will be closed on May 21.
(D) It only stops on lower floors.

158. What does Mr. Kane mention about the main elevators?

(A) They will be energy efficient.
(B) They are more than ten years old.
(C) They can only access certain floors.
(D) They will utilize new technology.

GO ON TO THE NEXT PAGE

Questions 159-160 refer to the following text message.

Jeff Sanderson 2:54 P.M.

I just got a call from one of our clients at Marx Advertising. The client asked us to book a return flight to Germany for him, from August 4 to August 9, but he wants to change the return date to August 12, as his business meetings have been rescheduled.

Muhammed Anita 2:57 P.M.

I see. Well, even when using our travel agency, clients will still most likely need to pay a fee to change the date of a flight. But sometimes an airline will waive the charge of its regular passengers. Are you going to call the airline and see if they'll make an exception?

Jeff Sanderson 3:01 P.M.

It's worth a try. The client is Clinton Mulgrew, and he takes trips using Rheine Air several times a year.

Muhammed Anita 3:03 P.M.

Yes, and he is normally a Business Class passenger, so the airline might be more understanding.

Jeff Sanderson 3:05 P.M.

Right. I'll let you know how I get on.

159. What does the client want to do?

(A) Reschedule a business meeting
(B) Reserve accommodations in Germany
(C) Check in early for a flight
(D) Return from a business trip later

160. At 3:01 P.M., what does Mr. Sanderson most likely mean when he writes, "It's worth a try"?

(A) He agrees that a charge is too high.
(B) He thinks a client will agree to an itinerary change.
(C) He is willing to contact an airline representative.
(D) He would prefer to use a different airline.

Jim Finnigan
45 Ides Road
Feltham, Middlesex
TW14 8HA

Dear Mr. Finnigan,

Yesterday, you received your last shipment of produce from Penman Berries. We have yet to receive any notification from you about whether you would like us to continue in our role as your supplier. –[1]–. Since our founding, Penman Berries has become widely regarded as the leading producer of strawberries, raspberries, and blackberries in the United Kingdom. –[2]–. We believe that our goods are tremendously valuable to your business. For example, we know that your fruit pies have received a high amount of praise from your diners. –[3]–. Please take the time to read the revised business agreement that I have enclosed. As you'll note, we are willing to lower the standard price per month should you decide to remain our client. I would appreciate it if you would seriously consider this special offer. –[4]–. You may get back to me in writing or by calling me at 555-0198.

Best regards,

Radha Longoria
Client Services
Penman Berries

161. Where does Mr. Finnigan probably work?

(A) In a factory
(B) At a restaurant
(C) At a financial institute
(D) At a supermarket

162. What does Ms. Longoria offer?

(A) A sample of a product
(B) An incentive program
(C) An employment opportunity
(D) A reduced monthly rate

163. In which of positions marked [1], [2], [3], and [4] does the following sentence best belong?

"We hope that the reason is simply that you have been too busy of late."

(A) [1]
(B) [2]
(C) [3]
(D) [4]

GO ON TO THE NEXT PAGE

Questions 164-167 refer to the following e-mail.

E-mail Message

To: <Undisclosed Recipients>
From: abigailjordan@usmail.net
Subject: Festival Cancelation
Date: Wednesday, May 7

Dear Performers,

With regret, I must tell you that the Solstice Music Festival, scheduled for this Saturday at NY Art Center, will not be going ahead as planned. This unfortunate news is a result of flooding in the building and a lack of alternative spaces. I'm afraid we have no option but to cancel the event.

Late yesterday, I was informed by the curator of the NY Art Center and Recreation Department that the space we had planned to use, Gallery A, will not be available for the event, as it is closed for renovations following recent flood damage. I was told that we could use the vacant Gallery B on the second floor, but it is a fraction of the size of Gallery A. There's simply no chance that even half of the ticket holders would be able to squeeze in to see the bands perform.

I hope that you will all understand the situation and accept that the decision is out of our hands. We have searched elsewhere for similar event spaces, but nothing is available at such short notice.

To apologize for this late cancelation, the gallery curator has offered to provide each of you with a complimentary ticket for the gallery's main exhibition. These typically cost $30, so it is a kind gesture, and I hope it makes up for the disappointment you must feel.

Best wishes,

Abigail Jordan

---

164. Who most likely is Ms. Jordan?

(A) A gallery curator
(B) An event organizer
(C) An art exhibitor
(D) A concert performer

165. What is suggested about Gallery B at NY Art Center?

(A) It is currently hosting an art exhibition.
(B) It is not equipped with adequate lighting.
(C) It cannot accommodate large crowds.
(D) It will need to undergo structural repairs.

166. The word "accept" in paragraph 3, line 1, is closest in meaning to

(A) obtain
(B) prefer
(C) enter
(D) recognize

167. What will Solstice Music Festival performers receive?

(A) A full reimbursement
(B) An event ticket
(C) An information pack
(D) An updated concert schedule

Questions 168-171 refer to the following online chat discussion.

Claire Sheldon (10:02 A.M.)
Hi, everyone. Did we hear anything back from Chavez Hotel yet?

Leo Goodman (10:04 A.M.)
Well, when I spoke with Mr. Chavez on Monday, he told me that he'd let me know his decision by e-mail this morning. But, I'm still waiting.

Claire Sheldon (10:06 A.M.)
We're running out of time here. If we don't order the carpet cleaner and stain remover by the end of today, we won't be able to get those tasks done by the deadline they quoted, even if we've already done the vacuuming and dusting.

Tom Bernstein (10:07 A.M.)
Oh... Actually, I already placed the order yesterday.

Claire Sheldon (10:09 A.M.)
That's potentially a bad move, Tom. If we don't get the contract with Mr. Chavez, we'll lose money on those items that we won't use. How much did you spend on them?

Tom Bernstein (10:10 A.M.)
I just thought we would surely get the contract. Hmmm... I'll find out.

Claire Sheldon (10:12 A.M.)
Leo, perhaps I should send Mr. Chavez another message to see what's happening.

Tom Bernstein (10:14 A.M.)
It was just over $100, but fortunately, we can cancel and have our money returned as long as we do it today.

Leo Goodman (10:15 A.M.)
Don't bother, Claire. Ms. Leiper just got in touch with me. She said that Mr. Chavez apologizes, but he's chosen Evergleam Company for this particular job.

Claire Sheldon (10:18 A.M.)
Well, at least we know what's going on. Let's focus on the other big jobs we have coming up.

---

168. What kind of business do the writers most likely work for?

(A) Catering
(B) Interior design
(C) Cleaning
(D) Landscaping

169. At 10:10 A.M., what does Mr. Bernstein indicate he will do when he says, "I'll find out"?

(A) Check a payment amount
(B) Ask about a delivery time
(C) Look for an alternative product
(D) Provide directions to a location

170. What information did Ms. Leiper provide?

(A) How to get in touch with Mr. Chavez
(B) Where to order the required equipment
(C) Why Mr. Chavez accepted a business proposal
(D) Who will provide a service to Chavez Hotel

171. What will Mr. Bernstein most likely do next?

(A) Cancel an order
(B) Go to a work site
(C) Send an e-mail to Mr. Chavez
(D) Contact Evergleam Company

GO ON TO THE NEXT PAGE →

Saturn Set to Change Strategy at OTC

SYDNEY (September 19) - Computer manufacturer Saturn Electronics announced yesterday that it will not be unveiling its newest laptops and tablets at this year's five-day Oceania Technology Convention (OTC) in December. –[1]–.

The OTC was once regarded as the most notable event of the year for the technology industry in Australia, where the country's leading tech firms would demonstrate their upcoming gadgets to thousands of technology enthusiasts. In addition to tech fans, the event would often attract significant media attention. However, the impact that the event has on a company's sales and profile has become increasingly weak in recent years. –[2]–.

Speaking to reporters at the company's head office, Saturn CEO Howard Markley explained that, even though the firm will not give a full demonstration of its new products, it will still be involved with the OTC in a less public manner. –[3]–. "We apologize to fans of our products who had hoped to see the new devices unveiled onstage. Instead of a full-scale public presentation, we have something more intimate and exciting in store for our fans," Markley said. "Throughout the OTC, we will be operating a display booth where a limited number of lucky individuals will have a chance to get hands-on experience with the new laptops and tablets."

Mr. Markley elaborated on the company's new approach, saying that Saturn would prefer to get valuable feedback directly from consumers, as some products are still in development and may yet be modified based on the reactions from fans. Also, by not officially unveiling and demonstrating its devices at the OTC, Saturn will discourage consumers from paying attention to early, inaccurate reviews printed by technology Web sites and magazines. "We would prefer that consumers make up their own minds about the quality of our products," Markley added. –[4]–.

172. The word "notable" in paragraph 2, line1, is closest meaning to

(A) repetitive
(B) important
(C) recorded
(D) convenient

173. According to the article, what will Saturn Electronics do during the OTC?

(A) Give a presentation on trends in the technology industry
(B) Provide reviews of its competitors' products
(C) Hold a press conference with local reporters
(D) Allow attendees to try out new devices

174. What is one reason mentioned in the article why Saturn Electronics has changed its OTC plans?

(A) It is planning to launch an advertising campaign.
(B) It has a business deal with various magazines.
(C) It wants consumers to ignore online opinions.
(D) It will unveil its products at a different event.

175. In which of the positions marked [1], [2], [3], and [4] does the following sentence best belong?

"Saturn's decision was therefore no huge shock to those who follow the tech industry closely."

(A) [1]
(B) [2]
(C) [3]
(D) [4]

GO ON TO THE NEXT PAGE

City of Bridgewell

Winter Ice Festival (January 18)

The city council is organizing its first ever Winter Ice Festival, which will be held in Forbes Park and the surrounding streets and businesses. If the festival proves to be as popular as anticipated, the city council will consider making it a regular event.

Several fun and exciting events will take place during the festival, and we encourage all local residents to come along and take part in the celebrations. In addition to the scheduled events listed below, there will be food vendors, face painting, a sledding hill, and various souvenir stalls.

The main festival events are as follows:

9:30 A.M.-10:30 A.M.	Ice sculpture display and demonstration
10:30 A.M.-11:30 A.M.	Children's build-a-snowman competition
11:30 A.M.-2:00 P.M.	Barbecue lunch at the picnic area ($10 per head)
2:00 P.M.-4:00 P.M.	Live performances by various local musicians
4:00 P.M.-5:30 P.M.	Fireworks display and complimentary hot chocolate

Admission is free for all although donations are welcome at the main entrance. Any proceeds from the event will be put toward future town festivals and community events. We hope to see you all at the Winter Ice Festival!

To:	Bridgewell City Council <contact@bridgwell.gov>
From:	Mark Lincoln <mlincoln@newmail.com>
Date:	January 23
Subject:	Winter Ice Festival

To whom it may concern,

I am a local resident of Bridgewell, and I was very excited when I first saw the notices around town for the Winter Ice Festival. Although my two sons had an enjoyable time at the festival, I think there are a few things you should do differently if you plan to hold the event again. Firstly, the assigned parking area was far too small. I arrived promptly at 9:30 A.M., but an event organizer informed me that the parking area was already full. I ended up having to park several blocks away from the festival site and arriving much later than planned. Fortunately, we got there just in time for the snowman building competition, which my boys really enjoyed. Secondly, ten dollars was far too high a price for the food that was on offer. Attendees were limited to a choice of either one burger or one hot dog, and nothing to accompany it. I hope you take my ideas into consideration and use them when planning future events.

Regards,

Mark Lincoln

176. Where will the event take place?

(A) In a park
(B) At City Hall
(C) In a sports stadium
(D) In a restaurant

177. What is implied about the event?

(A) It is held every year.
(B) It will likely boost tourism.
(C) It is expected to be well-attended.
(D) It will raise funds for a local charity.

178. When will event attendees most likely receive a free beverage?

(A) At 10:30 A.M.
(B) At 11:30 A.M.
(C) At 2:00 P.M.
(D) At 4:00 P.M.

179. What is the main purpose of Mr. Lincoln's e-mail?

(A) To thank event organizers for their efforts
(B) To complain about incorrect information
(C) To suggest improvements to an event
(D) To inquire about upcoming events

180. What part of the event did Mr. Lincoln miss?

(A) The ice sculpture demonstration
(B) The build-a-snowman contest
(C) The barbecue lunch
(D) The musical performances

GO ON TO THE NEXT PAGE

To: Department Staff
From: Larry Gambon, Department Supervisor
Date: January 21
Subject: Painting work

Hi, colleagues,

As you know, our department will be painted on Wednesday, January 27, from 1 P.M. to 4 P.M. This work will be fairly disruptive to our entire team. When the sales, marketing, and customer service departments were painted last week, a lot of employees complained about the noise as well as the fumes from the paint.

Therefore, I have obtained permission from head office for all of us to take the afternoon off during the painting work. Please make sure that you finish any urgent tasks by noon on that day and then vacate our department so that the decorating team can enter and get prepared. You can return to work as normal the following morning. I know many of you are working on next year's budget. Make sure that you do not leave any information lying around. It should be locked securely in a file cabinet. If you have any questions and I'm not around, please send me a brief e-mail.

Thanks,

Larry Gambon

E-mail Message

To: lgambon@baracaeng.com
From: loxley@baracaeng.com
Subject: Staff payroll
Date: January 22

Dear Mr. Gambon,

I received the memo you circulated around the department yesterday, and it just occurred to me that the plan you suggested may cause a problem. As you know, the day of the painting is the day that I should be processing the employee payroll. Normally, I receive all of the information I need in the afternoon, and then calculate staff pay between 2 P.M. and 5 P.M. You suggested that I do it a day late, but I'm sure a lot of our workers will be disappointed, so would it be okay to do it a day earlier instead? If so, I'll need you to ask the other department managers to send me the necessary data early as well. Also, I just wanted to remind you that I'll be away from the office tomorrow afternoon as I'll be attending my nephew's wedding reception.

Thanks,

Lucy Oxley

181. What is the purpose of the memo?

(A) To seek ideas for the decorating of a workspace

(B) To request that employees make less noise

(C) To instruct staff to take some time off

(D) To inform employees about an upcoming installation

182. In what department does Mr. Gambon most likely work?

(A) Customer service

(B) Sales

(C) Marketing

(D) Accounting

183. Why does Ms. Oxley want to reschedule a task?

(A) She does not want to upset employees.

(B) She has a particularly heavy workload.

(C) She does not have access to some information.

(D) She has another appointment in her schedule.

184. What date does Ms. Oxley wish to reschedule her task for?

(A) January 26

(B) January 27

(C) January 28

(D) January 29

185. What is Ms. Oxley planning to do on January 23?

(A) Assign tasks to staff

(B) Attend a family event

(C) Calculate staff wages

(D) Meet with Mr. Gambon

GO ON TO THE NEXT PAGE

HanPro Software Inc.

Harvey Kim's Trip to China, March 12-16

Date	Time	Details	Hotel
Sunday, March 12	7:15 P.M.	Arrive at Pudong International Airport Collect car from Zhou Rental Facility	Sha Tan Hotel Shanghai, China
Monday, March 13	10:30 A.M. - 1:30 P.M.	Drive to Suzhou Lunch meeting with CEO of Sunburst Games Company	Jade Flower Hotel Suzhou, China
	3:00 P.M. - 5:00 P.M.	Meeting with President of Cheng Computer Systems Inc.	
Tuesday, March 14	9:30 A.M. - 11:30 A.M.	Interview with Video Gaming Monthly Magazine	Jade Flower Hotel Suzhou, China
	1:30 P.M. - 4:00 P.M.	Presentation to E-Soft Distribution marketing managers	
Wednesday, March 15	10:00 A.M. - 6:00 P.M.	Drive to Shanghai HanPro product launch and talk at Asian Technology Expo	Golden Gate Hotel Shanghai, China
Thursday, March 16	11:00 A.M.	Return car to Zhou Rental Facility Depart from Pudong International Airport	

To:	Harvey Kim
From:	Alice Lee
Date:	March 7
Subject:	China Business Trip

Dear Mr. Kim,

As you requested, I have finalized your itinerary, which you should have received via fax earlier today. I'm still compiling a selection of maps and suggested driving routes so that you can reach all of your destinations by car without any major difficulties. I'll forward these to you before the end of the week.

At each hotel, make sure that you use the company credit card, as I have negotiated a significant corporate discount for your rooms. As is standard in China, foreign visitors typically receive free gifts upon arrival, so you will be presented with a basket of fruit and other items when you check in to the Sha Tan Hotel in Shanghai.

If you have any questions, or need further assistance, please don't hesitate to get in touch.

Regards,

Alice Lee

To:	Alice Lee
From:	Harvey Kim
Date:	March 7
Subject:	Re: China Business Trip

Hi Alice,

I really appreciate all the hard work you have put into organizing my trip to China. I've been thinking about my plans and there is one more thing that I'd appreciate your help with. Can you get in touch with all of our board members and schedule a teleconference? I'd like to speak with them all immediately after my meeting with the marketing managers from E-soft Distribution. I'm sure all of them will want to know right away about all of the advertising strategies that will be discussed at the meeting.

Thanks again for your help!

Sincerely,

Harvey Kim

186. What is indicated about Mr. Kim in the itinerary?

(A) He will arrive in Shanghai in the morning.
(B) He will stay in Shanghai for the duration of his trip.
(C) He will use a hired vehicle during his visit.
(D) He will board a connecting flight in Suzhou.

187. What is Mr. Kim NOT scheduled to do in China?

(A) Discuss a new product
(B) Participate in a magazine interview
(C) Take a tour of a company's office
(D) Meet with a chief executive

188. What will Ms. Lee send to Mr. Kim?

(A) Discount coupons for hotels
(B) Directions to locations
(C) A corporate credit card
(D) A list of client contact details

189. When will Mr. Kim receive some complimentary items?

(A) On March 12
(B) On March 13
(C) On March 14
(D) On March 15

190. At what time of day does Mr. Kim plan to hold a teleconference?

(A) 1:30 P.M.
(B) 4:00 P.M.
(C) 5:00 P.M.
(D) 6:00 P.M.

GO ON TO THE NEXT PAGE

www.technologynow.com/article2918/topstreaming/page1

Technology NOW! Your online guide to the latest developments in technology!
TOP TV/MOVIE STREAMING SERVICES THIS YEAR

Editor's Top Pick: Youphoria

Youphoria is the most convenient, affordable, and reliable way to stream newly-released and past television shows and films on your computer or smart phone. Youphoria has been available as a TV-streaming service for almost five years, but it only recently became popular over the last 18 months since introducing movies to its online selection.

When subscribers stream any content through their devices, Youphoria automatically logs it in their viewing history and makes further recommendations based on their viewing habits. The service also allows subscribers to join chat rooms and leave comments and ratings for any television show or movie they have streamed. Incentives are offered in return for comments and ratings. Any subscriber who rates or reviews at least 10 shows or films in a month will be able to stream extra content above their fixed limit in the following month. A basic Casual service starts at $15 per month, but it only allows subscribers to stream 15 TV episodes and 10 movies per month. Other packages have higher limits, for a slightly increased price.

Welcome to the Youphoria streaming service!

To complete the subscription process, please provide the required information below. You will receive a confirmation e-mail within 24 hours. Please click the link in the e-mail to confirm your identity, and then you can begin using our services. If you have a friend or family member who is interested in subscribing to Youphoria, you can personally refer them by logging into our service and visiting the "Refer a Friend" page. For each friend you refer, you'll receive an additional free movie per month.

Subscriber Details

Name: _Reed Randolph_
E-mail: _rrandolph@homenet.com_
Phone number: _656-555-0196_

How often do you watch TV shows/movies online? _Every day_
What device do you normally use to stream TV/movies? _My smart phone_
Favorite TV shows: _Criminal Intent, Suburbia Tales, Carfax Abbey_
Favorite films: _A Song to Remember, Erased Memories, Storm City_

What level of service do you require?

Casual: $15/month (   )
Pro: $20/month (   )
Extreme: $25/month (√)
Addict: $30/month (   )

To:	rrandolph@homenet.com
From:	subscriberservices@youphoria.com
Date:	January 16
Subject:	New update

Dear Youphoria subscriber,

Please be advised that we will be making some changes to our services starting from February 1. By slightly raising some prices, we will be able to bring you a larger selection of shows and movies, and for the first time, we will be able to offer them at the highest quality: 4K Ultra HD. Also, this will allow us to increase the size of our call center workforce, which means that we will be able to assist our customers more quickly and efficiently. All of these benefits help us stay one step ahead of our competitors. Extreme and Addict service subscribers will also receive special early access to our Classic Film archive before it launches in April. The new prices are as follows:

Service Level	Monthly Streaming Limit	Cost Per Month
Casual	20 TV episodes + 15 Movies	$15
Pro	30 TV episodes + 20 Movies	$20
Extreme	50 TV episodes + 30 Movies	$30
Addict	Unlimited	$35

If you hold a subscription to Extreme and Addict services, you will receive two complimentary tickets to see a movie of your choice at your local Cine-Galaxy Cinema. If you have any inquiries, you can reach us at help@youphoria.com.

191. According to the Web page, what does the Youphoria service allow subscribers to do?

(A) Download the latest music
(B) Watch new film releases online
(C) View photographs on a Web site
(D) Receive discounts on cinema tickets

192. What is suggested about the Youphoria service?

(A) It recently began offering television shows.
(B) It can only be accessed through cell phones.
(C) It has been successful for the past five years.
(D) It suggests suitable content to users.

193. Why is Mr. Randolph eligible to receive a pair of movie tickets?

(A) He did not exceed his monthly streaming limit.
(B) He signed up for Youphoria's Extreme service.
(C) He took part in Youphoria's online survey.
(D) He referred a family member to Youphoria.

194. What is NOT mentioned in the e-mail as a reason for the change in price?

(A) Improving customer service
(B) Expanding the amount of content
(C) Merging with a competitor
(D) Offering higher quality videos

195. What specific change is being made to the Casual service?

(A) The streaming limit is being increased.
(B) The monthly cost is going up.
(C) The subscription payment date will be changed.
(D) Subscribers are gaining access to the Classic Film archive.

GO ON TO THE NEXT PAGE

OMEGA HEALTH PRODUCTS

Order ID: _773678_

Client: _Mr. Jean-Paul Jolie_

Date: _February 15_

Deliver to: _580 Porter Street, Regina, SK S4M 0A1_

Product Code	Quantity	Product Details	Per Unit Price	Total Price
#3348	10	Peanut Energy Bar	$2.69	$26.90
#2929	1	Atlas Protein Powder (1kg, Strawberry)	$60.00	$60.00
#4982	1	Green Tea Gift Set	$75.00	$75.00
#4982		Preparation	$15.00	$15.00
			Sub-total	$176.90
			Member's discount (15%)	-$26.54
			Delivery fee	$20.00
			Total Cost	$170.36

Omega Health Products

Ordering and Return Policies

When ordering our products, whether it be online, by phone, or at our physical location, customers may request gift wrapping for selected items. This additional service will be indicated as 'Preparation' on your order invoice and is a flat-fee per item. All orders are guaranteed to arrive at the delivery destination within 5 days of the original ordering date. In the case where a last-minute change is made to an order, please allow an additional 1 or 2 days.

In order for returns to be accepted and a full or partial refund provided, certain conditions must be met. Generally, only damaged products will be accepted for return. This includes damage sustained during transportation and manufacturer defects. Requests to change the size or flavor of an item, however, may be honored with any difference in price handled as outlined below. The original receipt is not strictly necessary when returning defective goods, as long as you can provide the order ID as stated on your invoice. All returned items shall be subject to quality control and assessment to confirm their condition. In the case of foods, beverages, vitamins, and supplements, if these have been consumed at all, they will not be eligible for return or refund.

When acceptable changes are made to an order and the total cost is increased, customers must send the outstanding payment as outlined below:

◆ For payments of $50 or more, send the amount via bank transfer to our account at RBU Bank (Account No.: 5837939390).

◆ For payments of less than $50, you may either give it to us in cash at our physical location, or hand it over to the courier who delivers your order.

From: jpjolie@maplemail.com
To: customerservice@omegahealth.com
Date: February 19
Subject: Recent order

Greetings,

I'd like to make an adjustment to an order I placed through your Web site last week. As part of the order, I selected the Atlas Protein Powder in strawberry flavor. After some discussion with my personal trainer, I would like the same strawberry protein powder, but in a 2kg bag instead of 1kg. According to the order tracker feature on your site, my order has not left your distribution facility yet, so I hope you will be able to accommodate my request.

I'm sorry if this causes any inconvenience. Please let me know how I should pay the additional amount of $51.

Best wishes,

Jean-Paul Jolie

196. What is indicated about Omega Health Products?

(A) It has a branch in Regina.
(B) It runs a membership program.
(C) It is having a seasonal sale.
(D) It was recently established.

197. Why most likely was Mr. Jolie charged for 'Preparation'?

(A) He wanted an item gift wrapped.
(B) He requested expedited shipping.
(C) His order was difficult to source.
(D) His order was larger than expected.

198. When will product return requests be rejected?

(A) When an item is damaged in transit
(B) When an original receipt is not provided
(C) When the wrong product is included in an order
(D) When an item has been partially used

199. What did Mr. Jolie's personal trainer probably recommend doing?

(A) Trying a different flavor of a product
(B) Changing the size of a product
(C) Comparing two different brands
(D) Increasing the frequency of an order

200. What is probably true about Mr. Jolie?

(A) He will receive his order next month.
(B) He will need to visit the business in person.
(C) He will be required to make a bank transfer.
(D) He will give an amount in cash to a courier.

Stop! This is the end of the test. If you finish before time is called, you may go back to Parts 5, 6, and 7 and check your work.

NO TEST MATERIAL ON THIS PAGE

ANSWER SHEET

시원스쿨 **LAB**

이름

테스트 회차

날짜

LISTENING COMPREHENSION (PART 1~4)

NO	ANSWER A B C D	NO	ANSWER A B C D	NO	ANSWER A B C D	NO	ANSWER A B C D	NO	ANSWER A B C D
1	ⓐⓑⓒ	21	ⓐⓑⓒ	41	ⓐⓑⓒⓓ	61	ⓐⓑⓒⓓ	81	ⓐⓑⓒⓓ
2	ⓐⓑⓒ	22	ⓐⓑⓒ	42	ⓐⓑⓒⓓ	62	ⓐⓑⓒⓓ	82	ⓐⓑⓒⓓ
3	ⓐⓑⓒ	23	ⓐⓑⓒ	43	ⓐⓑⓒⓓ	63	ⓐⓑⓒⓓ	83	ⓐⓑⓒⓓ
4	ⓐⓑⓒ	24	ⓐⓑⓒ	44	ⓐⓑⓒⓓ	64	ⓐⓑⓒⓓ	84	ⓐⓑⓒⓓ
5	ⓐⓑⓒ	25	ⓐⓑⓒ	45	ⓐⓑⓒⓓ	65	ⓐⓑⓒⓓ	85	ⓐⓑⓒⓓ
6	ⓐⓑⓒ	26	ⓐⓑⓒ	46	ⓐⓑⓒⓓ	66	ⓐⓑⓒⓓ	86	ⓐⓑⓒⓓ
7	ⓐⓑⓒ	27	ⓐⓑⓒ	47	ⓐⓑⓒⓓ	67	ⓐⓑⓒⓓ	87	ⓐⓑⓒⓓ
8	ⓐⓑⓒ	28	ⓐⓑⓒ	48	ⓐⓑⓒⓓ	68	ⓐⓑⓒⓓ	88	ⓐⓑⓒⓓ
9	ⓐⓑⓒ	29	ⓐⓑⓒ	49	ⓐⓑⓒⓓ	69	ⓐⓑⓒⓓ	89	ⓐⓑⓒⓓ
10	ⓐⓑⓒ	30	ⓐⓑⓒ	50	ⓐⓑⓒⓓ	70	ⓐⓑⓒⓓ	90	ⓐⓑⓒⓓ
11	ⓐⓑⓒ	31	ⓐⓑⓒ	51	ⓐⓑⓒⓓ	71	ⓐⓑⓒⓓ	91	ⓐⓑⓒⓓ
12	ⓐⓑⓒ	32	ⓐⓑⓒ	52	ⓐⓑⓒⓓ	72	ⓐⓑⓒⓓ	92	ⓐⓑⓒⓓ
13	ⓐⓑⓒ	33	ⓐⓑⓒⓓ	53	ⓐⓑⓒⓓ	73	ⓐⓑⓒⓓ	93	ⓐⓑⓒⓓ
14	ⓐⓑⓒ	34	ⓐⓑⓒⓓ	54	ⓐⓑⓒⓓ	74	ⓐⓑⓒⓓ	94	ⓐⓑⓒⓓ
15	ⓐⓑⓒ	35	ⓐⓑⓒⓓ	55	ⓐⓑⓒⓓ	75	ⓐⓑⓒⓓ	95	ⓐⓑⓒⓓ
16	ⓐⓑⓒ	36	ⓐⓑⓒⓓ	56	ⓐⓑⓒⓓ	76	ⓐⓑⓒⓓ	96	ⓐⓑⓒⓓ
17	ⓐⓑⓒ	37	ⓐⓑⓒⓓ	57	ⓐⓑⓒⓓ	77	ⓐⓑⓒⓓ	97	ⓐⓑⓒⓓ
18	ⓐⓑⓒ	38	ⓐⓑⓒⓓ	58	ⓐⓑⓒⓓ	78	ⓐⓑⓒⓓ	98	ⓐⓑⓒⓓ
19	ⓐⓑⓒ	39	ⓐⓑⓒⓓ	59	ⓐⓑⓒⓓ	79	ⓐⓑⓒⓓ	99	ⓐⓑⓒⓓ
20	ⓐⓑⓒ	40	ⓐⓑⓒⓓ	60	ⓐⓑⓒⓓ	80	ⓐⓑⓒⓓ	100	ⓐⓑⓒⓓ

READING COMPREHENSION (PART 5~7)

NO	ANSWER A B C D	NO	ANSWER A B C D	NO	ANSWER A B C D	NO	ANSWER A B C D	NO	ANSWER A B C D
101	ⓐⓑⓒⓓ	121	ⓐⓑⓒⓓ	141	ⓐⓑⓒⓓ	161	ⓐⓑⓒⓓ	181	ⓐⓑⓒⓓ
102	ⓐⓑⓒⓓ	122	ⓐⓑⓒⓓ	142	ⓐⓑⓒⓓ	162	ⓐⓑⓒⓓ	182	ⓐⓑⓒⓓ
103	ⓐⓑⓒⓓ	123	ⓐⓑⓒⓓ	143	ⓐⓑⓒⓓ	163	ⓐⓑⓒⓓ	183	ⓐⓑⓒⓓ
104	ⓐⓑⓒⓓ	124	ⓐⓑⓒⓓ	144	ⓐⓑⓒⓓ	164	ⓐⓑⓒⓓ	184	ⓐⓑⓒⓓ
105	ⓐⓑⓒⓓ	125	ⓐⓑⓒⓓ	145	ⓐⓑⓒⓓ	165	ⓐⓑⓒⓓ	185	ⓐⓑⓒⓓ
106	ⓐⓑⓒⓓ	126	ⓐⓑⓒⓓ	146	ⓐⓑⓒⓓ	166	ⓐⓑⓒⓓ	186	ⓐⓑⓒⓓ
107	ⓐⓑⓒⓓ	127	ⓐⓑⓒⓓ	147	ⓐⓑⓒⓓ	167	ⓐⓑⓒⓓ	187	ⓐⓑⓒⓓ
108	ⓐⓑⓒⓓ	128	ⓐⓑⓒⓓ	148	ⓐⓑⓒⓓ	168	ⓐⓑⓒⓓ	188	ⓐⓑⓒⓓ
109	ⓐⓑⓒⓓ	129	ⓐⓑⓒⓓ	149	ⓐⓑⓒⓓ	169	ⓐⓑⓒⓓ	189	ⓐⓑⓒⓓ
110	ⓐⓑⓒⓓ	130	ⓐⓑⓒⓓ	150	ⓐⓑⓒⓓ	170	ⓐⓑⓒⓓ	190	ⓐⓑⓒⓓ
111	ⓐⓑⓒⓓ	131	ⓐⓑⓒⓓ	151	ⓐⓑⓒⓓ	171	ⓐⓑⓒⓓ	191	ⓐⓑⓒⓓ
112	ⓐⓑⓒⓓ	132	ⓐⓑⓒⓓ	152	ⓐⓑⓒⓓ	172	ⓐⓑⓒⓓ	192	ⓐⓑⓒⓓ
113	ⓐⓑⓒⓓ	133	ⓐⓑⓒⓓ	153	ⓐⓑⓒⓓ	173	ⓐⓑⓒⓓ	193	ⓐⓑⓒⓓ
114	ⓐⓑⓒⓓ	134	ⓐⓑⓒⓓ	154	ⓐⓑⓒⓓ	174	ⓐⓑⓒⓓ	194	ⓐⓑⓒⓓ
115	ⓐⓑⓒⓓ	135	ⓐⓑⓒⓓ	155	ⓐⓑⓒⓓ	175	ⓐⓑⓒⓓ	195	ⓐⓑⓒⓓ
116	ⓐⓑⓒⓓ	136	ⓐⓑⓒⓓ	156	ⓐⓑⓒⓓ	176	ⓐⓑⓒⓓ	196	ⓐⓑⓒⓓ
117	ⓐⓑⓒⓓ	137	ⓐⓑⓒⓓ	157	ⓐⓑⓒⓓ	177	ⓐⓑⓒⓓ	197	ⓐⓑⓒⓓ
118	ⓐⓑⓒⓓ	138	ⓐⓑⓒⓓ	158	ⓐⓑⓒⓓ	178	ⓐⓑⓒⓓ	198	ⓐⓑⓒⓓ
119	ⓐⓑⓒⓓ	139	ⓐⓑⓒⓓ	159	ⓐⓑⓒⓓ	179	ⓐⓑⓒⓓ	199	ⓐⓑⓒⓓ
120	ⓐⓑⓒⓓ	140	ⓐⓑⓒⓓ	160	ⓐⓑⓒⓓ	180	ⓐⓑⓒⓓ	200	ⓐⓑⓒⓓ

ANSWER SHEET

시원스쿨 LAB

이름 | 테스트 회차 | 날짜

LISTENING COMPREHENSION (PART 1~4)

NO	ANSWER A B C D	NO	ANSWER A B C D	NO	ANSWER A B C D	NO	ANSWER A B C D
1	ⓐ ⓑ ⓒ ⓓ	21	ⓐ ⓑ ⓒ	41	ⓐ ⓑ ⓒ ⓓ	61	ⓐ ⓑ ⓒ ⓓ
2	ⓐ ⓑ ⓒ ⓓ	22	ⓐ ⓑ ⓒ	42	ⓐ ⓑ ⓒ ⓓ	62	ⓐ ⓑ ⓒ ⓓ
3	ⓐ ⓑ ⓒ ⓓ	23	ⓐ ⓑ ⓒ	43	ⓐ ⓑ ⓒ ⓓ	63	ⓐ ⓑ ⓒ ⓓ
4	ⓐ ⓑ ⓒ ⓓ	24	ⓐ ⓑ ⓒ	44	ⓐ ⓑ ⓒ ⓓ	64	ⓐ ⓑ ⓒ ⓓ
5	ⓐ ⓑ ⓒ ⓓ	25	ⓐ ⓑ ⓒ	45	ⓐ ⓑ ⓒ ⓓ	65	ⓐ ⓑ ⓒ ⓓ
6	ⓐ ⓑ ⓒ ⓓ	26	ⓐ ⓑ ⓒ	46	ⓐ ⓑ ⓒ ⓓ	66	ⓐ ⓑ ⓒ ⓓ
7	ⓐ ⓑ ⓒ	27	ⓐ ⓑ ⓒ	47	ⓐ ⓑ ⓒ ⓓ	67	ⓐ ⓑ ⓒ ⓓ
8	ⓐ ⓑ ⓒ	28	ⓐ ⓑ ⓒ	48	ⓐ ⓑ ⓒ ⓓ	68	ⓐ ⓑ ⓒ ⓓ
9	ⓐ ⓑ ⓒ	29	ⓐ ⓑ ⓒ	49	ⓐ ⓑ ⓒ ⓓ	69	ⓐ ⓑ ⓒ ⓓ
10	ⓐ ⓑ ⓒ	30	ⓐ ⓑ ⓒ	50	ⓐ ⓑ ⓒ ⓓ	70	ⓐ ⓑ ⓒ ⓓ
11	ⓐ ⓑ ⓒ	31	ⓐ ⓑ ⓒ	51	ⓐ ⓑ ⓒ ⓓ	71	ⓐ ⓑ ⓒ ⓓ
12	ⓐ ⓑ ⓒ	32	ⓐ ⓑ ⓒ ⓓ	52	ⓐ ⓑ ⓒ ⓓ	72	ⓐ ⓑ ⓒ ⓓ
13	ⓐ ⓑ ⓒ	33	ⓐ ⓑ ⓒ ⓓ	53	ⓐ ⓑ ⓒ ⓓ	73	ⓐ ⓑ ⓒ ⓓ
14	ⓐ ⓑ ⓒ	34	ⓐ ⓑ ⓒ ⓓ	54	ⓐ ⓑ ⓒ ⓓ	74	ⓐ ⓑ ⓒ ⓓ
15	ⓐ ⓑ ⓒ	35	ⓐ ⓑ ⓒ ⓓ	55	ⓐ ⓑ ⓒ ⓓ	75	ⓐ ⓑ ⓒ ⓓ
16	ⓐ ⓑ ⓒ	36	ⓐ ⓑ ⓒ ⓓ	56	ⓐ ⓑ ⓒ ⓓ	76	ⓐ ⓑ ⓒ ⓓ
17	ⓐ ⓑ ⓒ	37	ⓐ ⓑ ⓒ ⓓ	57	ⓐ ⓑ ⓒ ⓓ	77	ⓐ ⓑ ⓒ ⓓ
18	ⓐ ⓑ ⓒ	38	ⓐ ⓑ ⓒ ⓓ	58	ⓐ ⓑ ⓒ ⓓ	78	ⓐ ⓑ ⓒ ⓓ
19	ⓐ ⓑ ⓒ ⓓ	39	ⓐ ⓑ ⓒ ⓓ	59	ⓐ ⓑ ⓒ ⓓ	79	ⓐ ⓑ ⓒ ⓓ
20	ⓐ ⓑ ⓒ	40	ⓐ ⓑ ⓒ ⓓ	60	ⓐ ⓑ ⓒ ⓓ	80	ⓐ ⓑ ⓒ ⓓ
						81	ⓐ ⓑ ⓒ ⓓ
						82	ⓐ ⓑ ⓒ ⓓ
						83	ⓐ ⓑ ⓒ ⓓ
						84	ⓐ ⓑ ⓒ ⓓ
						85	ⓐ ⓑ ⓒ ⓓ
						86	ⓐ ⓑ ⓒ ⓓ
						87	ⓐ ⓑ ⓒ ⓓ
						88	ⓐ ⓑ ⓒ ⓓ
						89	ⓐ ⓑ ⓒ ⓓ
						90	ⓐ ⓑ ⓒ ⓓ
						91	ⓐ ⓑ ⓒ ⓓ
						92	ⓐ ⓑ ⓒ ⓓ
						93	ⓐ ⓑ ⓒ ⓓ
						94	ⓐ ⓑ ⓒ ⓓ
						95	ⓐ ⓑ ⓒ ⓓ
						96	ⓐ ⓑ ⓒ ⓓ
						97	ⓐ ⓑ ⓒ ⓓ
						98	ⓐ ⓑ ⓒ ⓓ
						99	ⓐ ⓑ ⓒ ⓓ
						100	ⓐ ⓑ ⓒ ⓓ

READING COMPREHENSION (PART 5~7)

NO	ANSWER A B C D	NO	ANSWER A B C D	NO	ANSWER A B C D	NO	ANSWER A B C D	NO	ANSWER A B C D
101	ⓐ ⓑ ⓒ ⓓ	121	ⓐ ⓑ ⓒ ⓓ	141	ⓐ ⓑ ⓒ ⓓ	161	ⓐ ⓑ ⓒ ⓓ	181	ⓐ ⓑ ⓒ ⓓ
102	ⓐ ⓑ ⓒ ⓓ	122	ⓐ ⓑ ⓒ ⓓ	142	ⓐ ⓑ ⓒ ⓓ	162	ⓐ ⓑ ⓒ ⓓ	182	ⓐ ⓑ ⓒ ⓓ
103	ⓐ ⓑ ⓒ ⓓ	123	ⓐ ⓑ ⓒ ⓓ	143	ⓐ ⓑ ⓒ ⓓ	163	ⓐ ⓑ ⓒ ⓓ	183	ⓐ ⓑ ⓒ ⓓ
104	ⓐ ⓑ ⓒ ⓓ	124	ⓐ ⓑ ⓒ ⓓ	144	ⓐ ⓑ ⓒ ⓓ	164	ⓐ ⓑ ⓒ ⓓ	184	ⓐ ⓑ ⓒ ⓓ
105	ⓐ ⓑ ⓒ ⓓ	125	ⓐ ⓑ ⓒ ⓓ	145	ⓐ ⓑ ⓒ ⓓ	165	ⓐ ⓑ ⓒ ⓓ	185	ⓐ ⓑ ⓒ ⓓ
106	ⓐ ⓑ ⓒ ⓓ	126	ⓐ ⓑ ⓒ ⓓ	146	ⓐ ⓑ ⓒ ⓓ	166	ⓐ ⓑ ⓒ ⓓ	186	ⓐ ⓑ ⓒ ⓓ
107	ⓐ ⓑ ⓒ ⓓ	127	ⓐ ⓑ ⓒ ⓓ	147	ⓐ ⓑ ⓒ ⓓ	167	ⓐ ⓑ ⓒ ⓓ	187	ⓐ ⓑ ⓒ ⓓ
108	ⓐ ⓑ ⓒ ⓓ	128	ⓐ ⓑ ⓒ ⓓ	148	ⓐ ⓑ ⓒ ⓓ	168	ⓐ ⓑ ⓒ ⓓ	188	ⓐ ⓑ ⓒ ⓓ
109	ⓐ ⓑ ⓒ ⓓ	129	ⓐ ⓑ ⓒ ⓓ	149	ⓐ ⓑ ⓒ ⓓ	169	ⓐ ⓑ ⓒ ⓓ	189	ⓐ ⓑ ⓒ ⓓ
110	ⓐ ⓑ ⓒ ⓓ	130	ⓐ ⓑ ⓒ ⓓ	150	ⓐ ⓑ ⓒ ⓓ	170	ⓐ ⓑ ⓒ ⓓ	190	ⓐ ⓑ ⓒ ⓓ
111	ⓐ ⓑ ⓒ ⓓ	131	ⓐ ⓑ ⓒ ⓓ	151	ⓐ ⓑ ⓒ ⓓ	171	ⓐ ⓑ ⓒ ⓓ	191	ⓐ ⓑ ⓒ ⓓ
112	ⓐ ⓑ ⓒ ⓓ	132	ⓐ ⓑ ⓒ ⓓ	152	ⓐ ⓑ ⓒ ⓓ	172	ⓐ ⓑ ⓒ ⓓ	192	ⓐ ⓑ ⓒ ⓓ
113	ⓐ ⓑ ⓒ ⓓ	133	ⓐ ⓑ ⓒ ⓓ	153	ⓐ ⓑ ⓒ ⓓ	173	ⓐ ⓑ ⓒ ⓓ	193	ⓐ ⓑ ⓒ ⓓ
114	ⓐ ⓑ ⓒ ⓓ	134	ⓐ ⓑ ⓒ ⓓ	154	ⓐ ⓑ ⓒ ⓓ	174	ⓐ ⓑ ⓒ ⓓ	194	ⓐ ⓑ ⓒ ⓓ
115	ⓐ ⓑ ⓒ ⓓ	135	ⓐ ⓑ ⓒ ⓓ	155	ⓐ ⓑ ⓒ ⓓ	175	ⓐ ⓑ ⓒ ⓓ	195	ⓐ ⓑ ⓒ ⓓ
116	ⓐ ⓑ ⓒ ⓓ	136	ⓐ ⓑ ⓒ ⓓ	156	ⓐ ⓑ ⓒ ⓓ	176	ⓐ ⓑ ⓒ ⓓ	196	ⓐ ⓑ ⓒ ⓓ
117	ⓐ ⓑ ⓒ ⓓ	137	ⓐ ⓑ ⓒ ⓓ	157	ⓐ ⓑ ⓒ ⓓ	177	ⓐ ⓑ ⓒ ⓓ	197	ⓐ ⓑ ⓒ ⓓ
118	ⓐ ⓑ ⓒ ⓓ	138	ⓐ ⓑ ⓒ ⓓ	158	ⓐ ⓑ ⓒ ⓓ	178	ⓐ ⓑ ⓒ ⓓ	198	ⓐ ⓑ ⓒ ⓓ
119	ⓐ ⓑ ⓒ ⓓ	139	ⓐ ⓑ ⓒ ⓓ	159	ⓐ ⓑ ⓒ ⓓ	179	ⓐ ⓑ ⓒ ⓓ	199	ⓐ ⓑ ⓒ ⓓ
120	ⓐ ⓑ ⓒ ⓓ	140	ⓐ ⓑ ⓒ ⓓ	160	ⓐ ⓑ ⓒ ⓓ	180	ⓐ ⓑ ⓒ ⓓ	200	ⓐ ⓑ ⓒ ⓓ

ANSWER SHEET

시원스쿨 **LAB**

이름

테스트 회차

날짜

LISTENING COMPREHENSION (PART 1~4)

NO	ANSWER A B C D	NO	ANSWER A B C D	NO	ANSWER A B C D	NO	ANSWER A B C D	NO	ANSWER A B C D
1	ⓐⓑⓒⓓ	21	ⓐⓑⓒⓓ	41	ⓐⓑⓒⓓ	61	ⓐⓑⓒⓓ	81	ⓐⓑⓒⓓ
2	ⓐⓑⓒⓓ	22	ⓐⓑⓒⓓ	42	ⓐⓑⓒⓓ	62	ⓐⓑⓒⓓ	82	ⓐⓑⓒⓓ
3	ⓐⓑⓒⓓ	23	ⓐⓑⓒⓓ	43	ⓐⓑⓒⓓ	63	ⓐⓑⓒⓓ	83	ⓐⓑⓒⓓ
4	ⓐⓑⓒⓓ	24	ⓐⓑⓒⓓ	44	ⓐⓑⓒⓓ	64	ⓐⓑⓒⓓ	84	ⓐⓑⓒⓓ
5	ⓐⓑⓒⓓ	25	ⓐⓑⓒⓓ	45	ⓐⓑⓒⓓ	65	ⓐⓑⓒⓓ	85	ⓐⓑⓒⓓ
6	ⓐⓑⓒⓓ	26	ⓐⓑⓒⓓ	46	ⓐⓑⓒⓓ	66	ⓐⓑⓒⓓ	86	ⓐⓑⓒⓓ
7	ⓐⓑⓒⓓ	27	ⓐⓑⓒⓓ	47	ⓐⓑⓒⓓ	67	ⓐⓑⓒⓓ	87	ⓐⓑⓒⓓ
8	ⓐⓑⓒⓓ	28	ⓐⓑⓒⓓ	48	ⓐⓑⓒⓓ	68	ⓐⓑⓒⓓ	88	ⓐⓑⓒⓓ
9	ⓐⓑⓒⓓ	29	ⓐⓑⓒⓓ	49	ⓐⓑⓒⓓ	69	ⓐⓑⓒⓓ	89	ⓐⓑⓒⓓ
10	ⓐⓑⓒⓓ	30	ⓐⓑⓒⓓ	50	ⓐⓑⓒⓓ	70	ⓐⓑⓒⓓ	90	ⓐⓑⓒⓓ
11	ⓐⓑⓒⓓ	31	ⓐⓑⓒⓓ	51	ⓐⓑⓒⓓ	71	ⓐⓑⓒⓓ	91	ⓐⓑⓒⓓ
12	ⓐⓑⓒⓓ	32	ⓐⓑⓒⓓ	52	ⓐⓑⓒⓓ	72	ⓐⓑⓒⓓ	92	ⓐⓑⓒⓓ
13	ⓐⓑⓒⓓ	33	ⓐⓑⓒⓓ	53	ⓐⓑⓒⓓ	73	ⓐⓑⓒⓓ	93	ⓐⓑⓒⓓ
14	ⓐⓑⓒⓓ	34	ⓐⓑⓒⓓ	54	ⓐⓑⓒⓓ	74	ⓐⓑⓒⓓ	94	ⓐⓑⓒⓓ
15	ⓐⓑⓒⓓ	35	ⓐⓑⓒⓓ	55	ⓐⓑⓒⓓ	75	ⓐⓑⓒⓓ	95	ⓐⓑⓒⓓ
16	ⓐⓑⓒⓓ	36	ⓐⓑⓒⓓ	56	ⓐⓑⓒⓓ	76	ⓐⓑⓒⓓ	96	ⓐⓑⓒⓓ
17	ⓐⓑⓒⓓ	37	ⓐⓑⓒⓓ	57	ⓐⓑⓒⓓ	77	ⓐⓑⓒⓓ	97	ⓐⓑⓒⓓ
18	ⓐⓑⓒⓓ	38	ⓐⓑⓒⓓ	58	ⓐⓑⓒⓓ	78	ⓐⓑⓒⓓ	98	ⓐⓑⓒⓓ
19	ⓐⓑⓒⓓ	39	ⓐⓑⓒⓓ	59	ⓐⓑⓒⓓ	79	ⓐⓑⓒⓓ	99	ⓐⓑⓒⓓ
20	ⓐⓑⓒⓓ	40	ⓐⓑⓒⓓ	60	ⓐⓑⓒⓓ	80	ⓐⓑⓒⓓ	100	ⓐⓑⓒⓓ

READING COMPREHENSION (PART 5~7)

NO	ANSWER A B C D	NO	ANSWER A B C D	NO	ANSWER A B C D	NO	ANSWER A B C D
101	ⓐⓑⓒⓓ	121	ⓐⓑⓒⓓ	141	ⓐⓑⓒⓓ	161	ⓐⓑⓒⓓ	181	ⓐⓑⓒⓓ
102	ⓐⓑⓒⓓ	122	ⓐⓑⓒⓓ	142	ⓐⓑⓒⓓ	162	ⓐⓑⓒⓓ	182	ⓐⓑⓒⓓ
103	ⓐⓑⓒⓓ	123	ⓐⓑⓒⓓ	143	ⓐⓑⓒⓓ	163	ⓐⓑⓒⓓ	183	ⓐⓑⓒⓓ
104	ⓐⓑⓒⓓ	124	ⓐⓑⓒⓓ	144	ⓐⓑⓒⓓ	164	ⓐⓑⓒⓓ	184	ⓐⓑⓒⓓ
105	ⓐⓑⓒⓓ	125	ⓐⓑⓒⓓ	145	ⓐⓑⓒⓓ	165	ⓐⓑⓒⓓ	185	ⓐⓑⓒⓓ
106	ⓐⓑⓒⓓ	126	ⓐⓑⓒⓓ	146	ⓐⓑⓒⓓ	166	ⓐⓑⓒⓓ	186	ⓐⓑⓒⓓ
107	ⓐⓑⓒⓓ	127	ⓐⓑⓒⓓ	147	ⓐⓑⓒⓓ	167	ⓐⓑⓒⓓ	187	ⓐⓑⓒⓓ
108	ⓐⓑⓒⓓ	128	ⓐⓑⓒⓓ	148	ⓐⓑⓒⓓ	168	ⓐⓑⓒⓓ	188	ⓐⓑⓒⓓ
109	ⓐⓑⓒⓓ	129	ⓐⓑⓒⓓ	149	ⓐⓑⓒⓓ	169	ⓐⓑⓒⓓ	189	ⓐⓑⓒⓓ
110	ⓐⓑⓒⓓ	130	ⓐⓑⓒⓓ	150	ⓐⓑⓒⓓ	170	ⓐⓑⓒⓓ	190	ⓐⓑⓒⓓ
111	ⓐⓑⓒⓓ	131	ⓐⓑⓒⓓ	151	ⓐⓑⓒⓓ	171	ⓐⓑⓒⓓ	191	ⓐⓑⓒⓓ
112	ⓐⓑⓒⓓ	132	ⓐⓑⓒⓓ	152	ⓐⓑⓒⓓ	172	ⓐⓑⓒⓓ	192	ⓐⓑⓒⓓ
113	ⓐⓑⓒⓓ	133	ⓐⓑⓒⓓ	153	ⓐⓑⓒⓓ	173	ⓐⓑⓒⓓ	193	ⓐⓑⓒⓓ
114	ⓐⓑⓒⓓ	134	ⓐⓑⓒⓓ	154	ⓐⓑⓒⓓ	174	ⓐⓑⓒⓓ	194	ⓐⓑⓒⓓ
115	ⓐⓑⓒⓓ	135	ⓐⓑⓒⓓ	155	ⓐⓑⓒⓓ	175	ⓐⓑⓒⓓ	195	ⓐⓑⓒⓓ
116	ⓐⓑⓒⓓ	136	ⓐⓑⓒⓓ	156	ⓐⓑⓒⓓ	176	ⓐⓑⓒⓓ	196	ⓐⓑⓒⓓ
117	ⓐⓑⓒⓓ	137	ⓐⓑⓒⓓ	157	ⓐⓑⓒⓓ	177	ⓐⓑⓒⓓ	197	ⓐⓑⓒⓓ
118	ⓐⓑⓒⓓ	138	ⓐⓑⓒⓓ	158	ⓐⓑⓒⓓ	178	ⓐⓑⓒⓓ	198	ⓐⓑⓒⓓ
119	ⓐⓑⓒⓓ	139	ⓐⓑⓒⓓ	159	ⓐⓑⓒⓓ	179	ⓐⓑⓒⓓ	199	ⓐⓑⓒⓓ
120	ⓐⓑⓒⓓ	140	ⓐⓑⓒⓓ	160	ⓐⓑⓒⓓ	180	ⓐⓑⓒⓓ	200	ⓐⓑⓒⓓ

시원스쿨 토익
실전 모의고사 3회분

초판 1쇄 발행 2020년 1월 2일
초판 12쇄 발행 2025년 1월 24일

지은이 시원스쿨어학연구소
펴낸곳 (주)에스제이더블유인터내셔널
펴낸이 양홍걸 이시원

홈페이지 www.siwonschool.com
주소 서울시 영등포구 영신로 166 시원스쿨
교재 구입 문의 02)2014-8151
고객센터 02)6409-0878

ISBN 979-116150-3028
Number 1-110701-02021800-06

3회분 전 문항
프리미엄 해설 강의
무료 제공의 특별 구성!

POINT
01
모든 문항 해설 강의 **무료 제공!**
토익 만점 최서아 강사의 명쾌한 해설 강의

POINT
02
토린이도 이해 가능한 **오답 해설 수록!**
정답의 이유 뿐만 아니라 오답의 이유까지 분석

POINT
03
QR 코드로 편리하게!
해설 강의, LC 음원, 정답 및 해설까지 한 번에 해결

토익 여신 최서아 강사의
밀착 코칭 강의!

TOEIC

Test of English for International Communication

TEST 3

◀ 해설 강의 바로 보기

시원스쿨 **LAB**

LISTENING TEST

In the Listening test, you will be asked to demonstrate how well you understand spoken English. The entire Listening test will last approximately 45 minutes. There are four parts, and directions are given for each part. You must mark your answers on the separate answer sheet.
Do not write your answers in your test book.

PART 1

Directions: For each question in this part, you will hear four statements about a picture in your test book. When you hear the statements, you must select the one statement that best describes what you see in the picture. Then find the number of the question on your answer sheet and mark your answer. The statements will not be printed in your test book and will be spoken only one time.

Statement (D), "They are taking photographs," is the best description of the picture, so you should select answer (D) and mark it on your answer sheet.

1.

2.

GO ON TO THE NEXT PAGE ➡

3.

4.

5.

6.

GO ON TO THE NEXT PAGE →

PART 2

Directions: You will hear a question or statement and three responses spoken in English. They will not be printed in your test book and will be spoken only one time. Select the best response to the question or statement and mark the letter (A), (B), or (C) on your answer sheet.

7. Mark your answer on your answer sheet.

8. Mark your answer on your answer sheet.

9. Mark your answer on your answer sheet.

10. Mark your answer on your answer sheet.

11. Mark your answer on your answer sheet.

12. Mark your answer on your answer sheet.

13. Mark your answer on your answer sheet.

14. Mark your answer on your answer sheet.

15. Mark your answer on your answer sheet.

16. Mark your answer on your answer sheet.

17. Mark your answer on your answer sheet.

18. Mark your answer on your answer sheet.

19. Mark your answer on your answer sheet.

20. Mark your answer on your answer sheet.

21. Mark your answer on your answer sheet.

22. Mark your answer on your answer sheet.

23. Mark your answer on your answer sheet.

24. Mark your answer on your answer sheet.

25. Mark your answer on your answer sheet.

26. Mark your answer on your answer sheet.

27. Mark your answer on your answer sheet.

28. Mark your answer on your answer sheet.

29. Mark your answer on your answer sheet.

30. Mark your answer on your answer sheet.

31. Mark your answer on your answer sheet.

PART 3

Directions: You will hear some conversations between two or more people. You will be asked to answer three questions about what the speakers say in each conversation. Select the best response to each question and mark the letter (A), (B), (C) or (D) on your answer sheet. The conversations will not be printed in your test book and will be spoken only one time.

32. Where do the speakers work?

    (A) At a clothing store
    (B) At a fitness center
    (C) At a health food shop
    (D) At a graphic design firm

33. What will happen this weekend?

    (A) A Web site will be launched.
    (B) A new product will be revealed.
    (C) A discount will be offered.
    (D) A new branch will open.

34. What does the man say he has been working on?

    (A) A newspaper ad
    (B) A product catalog
    (C) A poster
    (D) A logo design

35. Who most likely is the man?

    (A) A sales representative
    (B) A repair technician
    (C) A recruitment manager
    (D) A customer advisor

36. Why is the woman annoyed?

    (A) She visited the wrong store location.
    (B) She has not received a scheduled delivery.
    (C) She was connected to the wrong person.
    (D) She purchased a faulty product.

37. What does the man ask the woman to provide?

    (A) A product name
    (B) A home address
    (C) An ID number
    (D) A credit card number

38. Who most likely is the man?

    (A) An airline employee
    (B) A hotel worker
    (C) A travel agent
    (D) A ticket clerk

39. What problem does the man mention?

    (A) There was a booking error.
    (B) A special rate is unavailable.
    (C) There is a travel delay.
    (D) A suitcase has been misplaced.

40. What will Annie do next?

    (A) Carry some bags
    (B) Speak to a manager
    (C) Fill out a form
    (D) Pay a deposit

41. What does the man ask the woman about?

    (A) Dry cleaning
    (B) Home decorating
    (C) Vacant properties
    (D) Job opportunities

42. What problem does the man have?

    (A) A shirt has been damaged.
    (B) An interview time was changed.
    (C) A vehicle is being repaired.
    (D) An appliance has malfunctioned.

43. What does the woman suggest the man do?

    (A) Come to her apartment
    (B) Contact the building manager
    (C) Request a repair service
    (D) Visit a clothing store

GO ON TO THE NEXT PAGE

44. What does the man congratulate the woman for?

    (A) Winning an award
    (B) Receiving a promotion
    (C) Securing a contract
    (D) Founding a business

45. What is the woman looking forward to?

    (A) Developing a product
    (B) Recruiting new workers
    (C) Attending a training workshop
    (D) Working in a foreign country

46. Why does the woman say, "I'm having lunch with the board members"?

    (A) To apologize for a delay
    (B) To reject an invitation
    (C) To request directions
    (D) To ask the man to join her

47. Why are the speakers meeting?

    (A) For a project update
    (B) For a performance review
    (C) For a job interview
    (D) For a sales report

48. What most likely is the woman's profession?

    (A) Marketing director
    (B) Sales team leader
    (C) Recruitment consultant
    (D) Warehouse manager

49. What does the woman say she likes about a company?

    (A) It provides regular training.
    (B) It offers competitive salaries.
    (C) It produces high-quality products.
    (D) It listens to its employees.

50. What type of business does the man most likely work for?

    (A) A supply company
    (B) A library
    (C) A bank
    (D) An Internet provider

51. What new policy does the man tell the woman about?

    (A) The business will close on weekends.
    (B) Customers must confirm their identity.
    (C) Accounts can be opened by phone.
    (D) A Web site requires a password.

52. What does the woman say she will do?

    (A) Visit the business in person
    (B) Make a payment
    (C) Register on a Web site
    (D) Call back later

53. What are the speakers mainly discussing?

    (A) A training workshop
    (B) A company relocation
    (C) A department merger
    (D) A grand opening celebration

54. What does the man mean when he says, "We have a lot going on next month"?

    (A) He would appreciate help with some tasks.
    (B) He doubts an event can be rescheduled.
    (C) He would prefer to push back a deadline.
    (D) He is pleased with the company's success.

55. What does the man offer to do?

    (A) Talk to a colleague
    (B) Call a department meeting
    (C) Post a work schedule
    (D) Reserve a venue

56. What does the woman want to do?

(A) Order office supplies
(B) Organize a staff outing
(C) Create an advertisement
(D) Redesign a Web site

57. What does the man suggest doing?

(A) Reviewing a document
(B) Postponing a team meeting
(C) Comparing some prices
(D) Collaborating with a coworker

58. What will the woman probably do tomorrow?

(A) Attend a product launch
(B) Carry out a survey
(C) Submit a design
(D) Meet with clients

59. What are the speakers mainly discussing?

(A) A building renovation
(B) A parking policy
(C) A door entry system
(D) A mobile phone app

60. What will residents receive tomorrow?

(A) A pass code
(B) A keycard
(C) A user name
(D) A manual

61. What does the man say is an advantage of the Apex Gateway?

(A) It is reliable.
(B) It is inexpensive.
(C) It is user friendly.
(D) It is small.

Volunteer Group	Vest Color
Ticket sellers	Orange
Parking attendants	Purple
Information helpers	Blue
Waste collectors	Green

62. What type of event are the speakers discussing?

(A) A convention
(B) A concert
(C) A street parade
(D) A food fair

63. Look at the graphic. Which group of volunteers will begin work in three days?

(A) Ticket sellers
(B) Parking attendants
(C) Information helpers
(D) Waste collectors

64. What will the man do next?

(A) Cancel an order
(B) Revise a schedule
(C) Contact a supplier
(D) Visit the event site

GO ON TO THE NEXT PAGE

King's Fried Chicken	
8-Piece Bucket	$13.99
12-Piece Bucket	$20.49
16-Piece Bucket	$24.99
20-Piece Bucket	$28.49

65. Who is the man?

(A) An office manager

(B) A director

(C) A singer

(D) A food critic

66. Look at the graphic. How much will the man pay for his order?

(A) $13.99

(B) $20.49

(C) $24.99

(D) $28.49

67. What will the man do next?

(A) Fill out a form

(B) Sample an item

(C) Use a coupon

(D) Provide an address

Merline Toy Store		Black Bean Coffee		Zap Electronics
	Elevator 1		Elevator 2	
Silver Sun Mall – Third Floor				
Elevator 3	Sparta Health Foods	Elevator 4	Ace Hardware	Cherry Clothing

68. What department does the man work in?

(A) Maintenance

(B) Customer service

(C) Marketing

(D) Sales

69. What does the man ask the woman to do?

(A) Repair a roof

(B) Order materials

(C) Mop a floor

(D) Put up a sign

70. Look at the graphic. Which elevator is the man referring to?

(A) Elevator 1

(B) Elevator 2

(C) Elevator 3

(D) Elevator 4

Directions: You will hear some talks given by a single speaker. You will be asked to answer three questions about what the speaker says in each talk. Select the best response to each question and mark the letter (A), (B), (C), or (D) on your answer sheet. The talks will not be printed in your test book and will be spoken only one time.

71. What is the topic of the seminar?

(A) Managing finances
(B) Starting a business
(C) Marketing products
(D) Interviewing for jobs

72. Why does the speaker say a skill is crucial?

(A) There is a lot of competition.
(B) Technology is more complicated.
(C) Consumer spending trends are changing.
(D) Many companies are downsizing.

73. What does the speaker ask the listeners to do?

(A) Raise their hands
(B) Complete a form
(C) Read some information
(D) Ask questions

74. Where is the announcement taking place?

(A) At a college
(B) At a hospital
(C) At an airport
(D) At a hotel

75. What new service does the speaker mention?

(A) Exercise classes
(B) Financial advice
(C) Beauty treatments
(D) Free transportation

76. What will the listeners do next?

(A) Attend a seminar
(B) Go to a restaurant
(C) Participate in a tour
(D) Sign up for an event

77. Where do the listeners work?

(A) At a hotel
(B) At a restaurant
(C) At a beach
(D) At a park

78. What does the speaker imply when she says, "the summer holidays are just around the corner"?

(A) Employees should request days off.
(B) A holiday period has been rescheduled.
(C) An area will soon have more visitors.
(D) New businesses are set to open nearby.

79. What does the speaker remind the listeners to do?

(A) Check a schedule
(B) Complete a survey
(C) Bring some notes
(D) Submit a document

80. What is the speaker calling about?

(A) A city map
(B) A mobile phone app
(C) A guidebook
(D) An advertisement

81. Why has the listener been chosen to work on an assignment?

(A) She knows about a specific brand.
(B) She has done similar work before.
(C) She is familiar with an area.
(D) She has free time in her schedule.

82. What does the speaker want to do?

(A) Hire new employees
(B) Visit a business premises
(C) Change a work deadline
(D) Organize a meeting

GO ON TO THE NEXT PAGE

83. What did the speaker recently do?

(A) Design a product
(B) Write a book
(C) Launch a Web site
(D) Go on a trip

84. What does the speaker imply when she says, "And I worked as a tour guide in several European cities"?

(A) She recommends planning a trip to Europe.
(B) She forgot to include some information on her résumé.
(C) She is preparing to relocate overseas.
(D) She is very knowledgeable in her field.

85. What can the listeners receive by entering a code?

(A) A newsletter
(B) A free gift
(C) A discount
(D) A membership

86. Who is the speaker?

(A) A TV show host
(B) A radio broadcaster
(C) A fitness instructor
(D) A movie director

87. What inspired the speaker to become a vegetarian?

(A) Watching a movie
(B) Speaking with a doctor
(C) Seeing an advertisement
(D) Reading an article

88. What will take place next?

(A) A guest interview
(B) An exercise routine
(C) A cooking demonstration
(D) A product promotion

89. What event is being planned?

(A) A product launch
(B) A grand opening
(C) A career fair
(D) An orientation

90. According to the speaker, what have volunteers been doing for the event?

(A) Distributing flyers
(B) Preparing a room
(C) Surveying the public
(D) Setting up booths

91. What does the speaker ask the listeners for?

(A) Potential event venues
(B) Advertising expenses
(C) Web site recommendations
(D) Ideas for attracting employees

92. Where does the talk take place?

(A) A city council meeting
(B) A performance review session
(C) A professional seminar
(D) A client presentation

93. Why does the speaker say, "Your employees use the Internet all the time"?

(A) To suggest restricting Internet access
(B) To congratulate the listeners on their efforts
(C) To recommend a different approach
(D) To request a volunteer to assist him

94. What will the speaker give the listeners?

(A) A membership card
(B) A Web site address
(C) An information pack
(D) A meal voucher

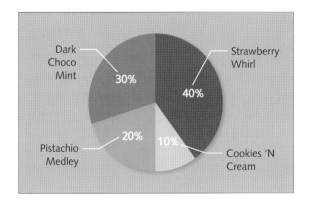

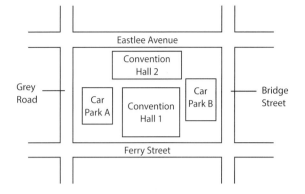

95. Who most likely are the listeners?

(A) Financial consultants

(B) Market researchers

(C) Sales representatives

(D) Product designers

96. Which aspect of the new product will the team discuss in pairs?

(A) Its packaging

(B) Its ingredients

(C) Its cost

(D) Its appearance

97. Look at the graphic. What will be the flavor of the new product?

(A) Strawberry Whirl

(B) Cookies 'N Cream

(C) Pistachio Medley

(D) Dark Choco Mint

98. What is the speaker mainly discussing?

(A) A seminar

(B) A concert

(C) A fundraiser

(D) A street parade

99. What should the listeners do when people arrive?

(A) Hand them an event guide

(B) Check their tickets

(C) Give them directions

(D) Offer them refreshments

100. Look at the graphic. Where most likely will the additional merchandise stall be located?

(A) Eastlee Avenue

(B) Grey Road

(C) Bridge Street

(D) Ferry Street

This is the end of the Listening test. Turn to Part 5 in your test book.

GO ON TO THE NEXT PAGE

READING TEST

In the Reading test, you will read a variety of texts and answer several different types of reading comprehension questions. The entire Reading test will last 75 minutes. There are three parts, and directions are given for each part. You are encouraged to answer as many questions as possible within the time allowed. You must mark your answers on the separate answer sheet. Do not write your answers in your test book.

PART 5

Directions: A word or phrase is missing in each of the sentences below. Four answer choices are given below each sentence. Select the best answer to complete the sentence. Then mark the letter (A), (B), (C), or (D) on your answer sheet.

101. Checking your up-to-date credit score is ------- on the Tempo Tax software.

(A) easy
(B) easily
(C) ease
(D) easing

102. Ms. Kemper's application arrived ------- late for her to be considered for the position.

(A) so
(B) ever
(C) too
(D) already

103. All passengers are ------- to wear life jackets when riding on the boat.

(A) ruled
(B) protected
(C) decided
(D) required

104. Mayor Andrew Jenkins ended the festival by giving a ------- closing speech.

(A) beauty
(B) beautiful
(C) beautify
(D) beautifully

105. ------- June and September, Palm Grove Resort hosts more guests than any other hotel in Vincent Beach.

(A) Against
(B) Between
(C) Along
(D) Below

106. The trailer for Michael Zinn's next action film ------- a lot of publicity.

(A) generate
(B) generating
(C) is generated
(D) has generated

107. After Mr. Lamp's presentation, interested investors are encouraged to stay for a brief -------.

(A) attendance
(B) maintenance
(C) anticipation
(D) discussion

108. The O'Hare Welcome Center provides a free educational pamphlet to help ------- travelers navigate the transit system.

(A) undisclosed
(B) incomplete
(C) unused
(D) inexperienced

109. Mr. Brooks had a conflict with the conference dates since he was ------- scheduled to take his vacation.

(A) already
(B) yet
(C) enough
(D) most

110. Several major entertainment companies are developing virtual reality content ------- growing customer interest.

(A) as a result of
(B) since
(C) only if
(D) provided that

111. Competing firms have ------- been offering partner-track positions to recruit some of the most promising law graduates.

(A) increases
(B) increasing
(C) increased
(D) increasingly

112. For many years, Reilly Plastics has been ------- in organizing community service projects in the Williamsburg area.

(A) active
(B) actively
(C) activists
(D) activities

113. ------- the weekly executive meeting, Ms. Clifford explained the rationale behind reorganizing the office workspace.

(A) Beside
(B) While
(C) During
(D) Among

114. A recent market trends report suggests that most consumers ------- environmentally-safe cleaning products more desirable.

(A) find
(B) feel
(C) take
(D) seem

115. To park in the top level of the parking garage, staff members must present a ------- employee identification card.

(A) valid
(B) gradual
(C) varied
(D) direct

116. Viewers should note that Chef Hawkins shares valuable cooking ------- throughout his recipes.

(A) advice
(B) adviser
(C) advises
(D) advised

117. The film rights for Tony Clark's first novel were sold to Mammoth Studios last week ------- a surprisingly high amount.

(A) from
(B) to
(C) off
(D) for

118. Travel expenses submitted with all necessary documents will be refunded ------- they are reviewed.

(A) due to
(B) as soon as
(C) in addition to
(D) rather than

119. Sweet Bee Grocer's ------- free home delivery service for the past decade.

(A) is offering
(B) has been offering
(C) will be offering
(D) would have been offering

120. Profits soared after our new commercial aired, ------- the marketing team will consider extending the advertising campaign.

(A) so
(B) in which
(C) as if
(D) why

GO ON TO THE NEXT PAGE

121. ------- the new waiting staff has been fully trained, the Huxley Hotel can begin hosting large formal events.

(A) So that
(B) Now that
(C) In order that
(D) In that

122. The main job of the warehouse manager is to maintain orderly ------- of all company products.

(A) store
(B) stored
(C) storage
(D) storable

123. The new Action Life camera from TechWave can ------- a diving depth of 60 meters without losing functionality.

(A) reach
(B) feature
(C) arrive
(D) achieve

124. Although the security cameras are somewhat outdated compared to the latest models, they are still -------.

(A) function
(B) functional
(C) functionally
(D) functioned

125. Regal Travels carefully selects the tour guides who are responsible ------- leading international trips.

(A) of
(B) on
(C) for
(D) in

126. ------- Tracer Industries is able to sell its manufacturing division depends on its performance this quarter.

(A) Even if
(B) Moreover
(C) Whether
(D) What

127. Individuals ------- in organizing a recreational activity should complete a proposal form from the Human Resources Department.

(A) interest
(B) interests
(C) interesting
(D) interested

128. Parkersburg's city council is seeking public ------- on the proposed renovations to Truman Square.

(A) preparation
(B) comment
(C) attendance
(D) complaint

129. Max Burger's health and safety regulations for its restaurants extend ------- those of most fast food franchises.

(A) than
(B) beyond
(C) while
(D) also

130. The community center's new class will help home owners ------- their ability to assess, maintain, and even improve the value of their property.

(A) cover
(B) prepare
(C) progress
(D) evaluate

PART 6

Directions: Read the texts that follow. A word, phrase, or sentence is missing in parts of each text. Four answer choices for each question are given below the text. Select the best answer to complete the text. Then mark the letter (A), (B), (C) or (D) on your answer sheet.

Questions 131-134 refer to the following Web page.

Situated next to the beautiful Twin Pines National Park, the Sherman Business Development Center is equipped with the facilities required to run highly successful corporate team-building exercises. -------. **131.**

Our programs require groups to participate in a number of -------. Your employees will work together **132.** to build shelters in the forest, create a bridge over a river using limited resources, and compete against other teams in various races and problem-solving tasks. ------- focus on strengthening **133.** the communication and teamwork skills of the participants involved, and these skills are directly transferable to the workplace. For details about our programs, and to sign up for a teambuilding session, call: 555-8278. And, don't forget to check out our brand-new Web site at www.sbdc.org/home. You can also find out more ------- our experienced staff and modern facilities there! **134.**

131. (A) Our operators are ready to take your call from 9 to 5 every day.
(B) Your business will benefit from the exposure provided by the event.
(C) You can choose from a wide range of catering packages.
(D) Our instructors know how to get the best out of your staff.

132. (A) causes
(B) professions
(C) members
(D) activities

133. (A) You
(B) We
(C) Theirs
(D) I

134. (A) into
(B) over
(C) about
(D) before

GO ON TO THE NEXT PAGE

To: inquiries@aceappliances.com
From: mfowler@truemail.net
Subject: Java Press 500
Date: September 14

Dear Sir/Madam,

I would like to ------- an espresso machine called the Java Press 500. My new kitchen counter is
        135.
not as large as I first thought, and I simply don't have enough space for it. I'm hoping that it will be

------- for me to choose a different item of equal value from your catalog. -------.
  136.   **137.**

Could you recommend a suitable product before September 18? According to your policy, I will be

unable to obtain a refund or a new product after -------.
                                              138.

I look forward to hearing from you.

Meredith Fowler

---

135. (A) suggest
(B) return
(C) repair
(D) purchase

136. (A) available
(B) probable
(C) typical
(D) possible

137. (A) No such catalog has been delivered to me this month.
(B) I really appreciate your inquiry and will respond promptly.
(C) I have seen it advertised on your Web site.
(D) My preference is to exchange the device for a smaller one.

138. (A) one
(B) then
(C) that
(D) what

Questions 139-142 refer to the following article.

COMFLEX UNVEILS NEW MARKETING EXECUTIVE

Edmonton (14 November) – At a press conference yesterday, ComFlex introduced Clive Jenkins

as its new Internet Marketing Director. Mr. Jenkins will supervise a division that ------- social media

139.

marketing campaigns to attract new customers.

Dimitri Augustus, founder of the telecommunications company, stated, "We are excited to have Mr.

Jenkins join us. His skills and experience will ------- us to reach out further and more effectively in

140.

our efforts to reach potential customers." -------. At his previous company, TeleNova, he spent 12

141.

years developing and executing a highly effective online marketing strategy.

ComFlex provides a full ------- of telephone, television, and broadband Internet services, and has

142.

recently become the leading provider in Canada.

139. (A) has created
(B) is created
(C) created
(D) creates

140. (A) enable
(B) supply
(C) succeed
(D) increase

141. (A) Mr. Jenkins comes to ComFlex with a strong background in the field.
(B) Mr. Jenkins will be honored for his achievements at the Edmonton office.
(C) Mr. Jenkins has been offered a promotion within his department.
(D) Mr. Jenkins is expected to remain at ComFlex if the project is a success.

142. (A) limit
(B) capacity
(C) benefit
(D) range

GO ON TO THE NEXT PAGE

Questions 143-146 refer to the following notice.

Attention Laney's Supermarket Shoppers:

When paying for your items at the checkout, please be aware that you will be charged 50 cents for each plastic bag provided for your groceries. You will see this indicated on your receipt as "Plastic Bag Charge". ------- you inform the checkout operator in advance that you do not require any plastic
143.
bags, he or she will provide them as necessary and charge you the appropriate fee.

Plastic waste can pose a significant threat to our ecosystem, so it is important that plastic bags be disposed of in an environmentally-friendly manner. We have a bin at the main entrance of the store where you can drop off old plastic bags. We will make sure that they are properly -------. The
144.
resulting products will be used for other purposes and not discarded as waste.

Using plastic bags is -------; we would encourage you to instead purchase a $3 durable canvas
145.
shopping bag that can be used repeatedly. -------.
146.

143. (A) So that
(B) Despite
(C) Unless
(D) After

144. (A) recycle
(B) recycles
(C) recycled
(D) recycling

145. (A) recommended
(B) optional
(C) prohibited
(D) simple

146. (A) Just ask one of our checkout operators for one.
(B) We have a wide selection of products available.
(C) Donations are appreciated, but volunteering is even better.
(D) This is why you should check the plastic bags for holes.

PART 7

Directions: In this part you will read a selection of texts, such as magazine and newspaper articles, e-mails, and instant messages. Each text or set of texts is followed by several questions. Select the best answer for each question and mark the letter (A), (B), (C), or (D) on your answer sheet.

Questions 147-148 refer to the following coupon.

Lacey's Salon

Grand Opening Voucher

Bring this voucher with you to your next haircut, manicure, or facial treatment appointment and exchange it for a complimentary head or shoulder rub! This voucher may be redeemed on any day of the week, but only at our new location on Bridge Street.

We can grow with your help!

Tell one of your friends, colleagues, or family members about our salon and the services we provide and get your next treatment for half price!** In order to benefit from this offer, please ensure that the person provides your name when they book their appointment.

** (Be advised that this is a one-time offer.)

147. What free service can the voucher be used to obtain?

(A) A facial treatment
(B) A manicure
(C) A haircut
(D) A massage

148. How can a customer receive a 50 percent discount?

(A) By visiting the Bridge Street branch
(B) By attending a grand opening event
(C) By referring a friend to the business
(D) By booking several different appointments

GO ON TO THE NEXT PAGE

Questions 149-150 refer to the following e-mail.

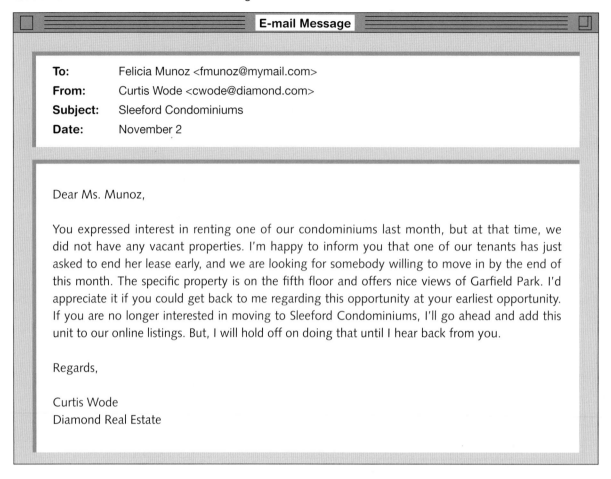

E-mail Message

To: Felicia Munoz <fmunoz@mymail.com>
From: Curtis Wode <cwode@diamond.com>
Subject: Sleeford Condominiums
Date: November 2

Dear Ms. Munoz,

You expressed interest in renting one of our condominiums last month, but at that time, we did not have any vacant properties. I'm happy to inform you that one of our tenants has just asked to end her lease early, and we are looking for somebody willing to move in by the end of this month. The specific property is on the fifth floor and offers nice views of Garfield Park. I'd appreciate it if you could get back to me regarding this opportunity at your earliest opportunity. If you are no longer interested in moving to Sleeford Condominiums, I'll go ahead and add this unit to our online listings. But, I will hold off on doing that until I hear back from you.

Regards,

Curtis Wode
Diamond Real Estate

149. Why does Mr. Wode contact Ms. Munoz?

(A) To notify her about an employment opportunity
(B) To provide details about a real estate company
(C) To announce a vacancy in an apartment building
(D) To confirm some revisions to a property lease

150. What will Mr. Wode wait to do?

(A) Update a listing
(B) Clean an apartment
(C) Contact a tenant
(D) Schedule a viewing

Questions 151-152 refer to the following text message chain.

Gail Weiner [10:21 A.M.]

Hello, Mr. Choi. I'm still waiting to hear from your department about the problems with our online shopping mall. Have you managed to look into that yet?

Arthur Choi [10:23 A.M.]

One of our new programmers is working on it. She's putting the finishing touches to the new search engine and graphics now.

Gail Weiner [10:24 A.M.]

Glad to hear that. A lot of our customers were complaining about the poor search function. Can you let me know once it's ready? The customer service manager and I would like to test it out and check that the issues have been resolved.

Arthur Choi [10:26 A.M.]

No problem. I'll send you a message once we're done. And feel free to get in touch if you have any questions about the new design.

Gail Weiner [10:28 A.M.]

You can count on it. Thanks a lot.

151. In which department does Mr. Choi most likely work?

(A) Web design
(B) Customer service
(C) Marketing
(D) Human resources

152. At 10:28 A.M., what does Ms. Weiner most likely mean when she says, "You can count on it"?

(A) She will make time in her schedule to assist Mr. Choi.
(B) She will ensure that a task is completed this afternoon.
(C) She is certain that customers will be satisfied.
(D) She will contact Mr. Choi if she has any inquiries.

Knightsbridge International Film Festival (KIFF) (October 3-5)

Since the event was first established 7 years ago, attendance at the KIFF has almost doubled each year, and this year's event is expected to draw its largest crowds yet. Join renowned film producer and KIFF founder Rod Livingstone and several world famous actors for movie premieres, film seminars, and the annual awards show. This year's festival will showcase the work of independent filmmakers more than it ever has before, and several amateur directors such as Lisa Gehrman have been nominated to win our Best New Filmmaker award.

This year's KIFF will be held in the Moxley Auditorium, and tickets will be variously priced for different events. A full list of admission prices can be found at www.kiff.com/tickets. As in previous years, KIFF members will receive a 20 percent discount on all event prices. Details about becoming a member can also be found on our Web site.

153. What is indicated about the KIFF?

(A) Its admission prices have increased.
(B) It includes filmmaking classes.
(C) It will begin with a welcome speech.
(D) It is attended by movie stars.

154. What information is NOT provided by the advertisement?

(A) The festival location
(B) The price of tickets
(C) An award nominee's name
(D) The amount of discount offered to members

To:	Tomas Verville <tverville@livemail.net>
From:	Carol Koontz <ckoontz@weymouthmuseum.com>
Subject:	Some specifics
Date:	May 1
Attachment:	Directions

Dear Mr. Verville,

On behalf of Weymouth Science Museum, I am very pleased that you accepted the position of tour guide at our institution. Our new premises on the outskirts of the city are almost ready, and we are currently in the process of moving all our permanent exhibits and setting them up.

At 8:30 A.M. on your first day, which will be May 11, our human resources manager, Andy Jackson, will provide you with a tour of the new facility. Afterwards, you will meet with our head of research, Glenda Boone, who will talk to you in more depth about each of our exhibits. It would be a good idea to bring a notepad and pen with you and write things down, as she will most likely provide you with a wealth of important information that you will want to refer to at a later date.

I've attached a map with simple directions that you can use to find the museum. Once you arrive, give your name to the parking attendant and he will waive the visitor parking fee. Later, you will receive an employee parking permit that can be used every day for free parking.

Sincerely,

Carol Koontz
Head Curator
Weymouth Science Museum

155. Why did Ms. Koontz contact Mr. Verville?

(A) To describe some new exhibits
(B) To announce changes to a museum tour
(C) To provide information about a job
(D) To recommend an individual for a position

156. What is indicated about Weymouth Science Museum?

(A) It is relocating to a new building.
(B) It recently hired several new guides.
(C) It has increased its visitor parking fee.
(D) It hosts a different exhibit each month.

157. What is Mr. Verville advised to do?

(A) Take some notes
(B) Use a specific entrance
(C) Contact Ms. Boone in advance
(D) Meet Ms. Koontz in the parking lot

GO ON TO THE NEXT PAGE

Questions 158-160 refer to the following information.

Telford Logistics Inc.

2nd Annual Company Workshop, May 8-10

Grand Cayman Resort, Cayman Islands

Corporate Discounts

Telford Logistics Inc. is pleased to be holding its workshop here at the Grand Cayman Resort in the beautiful Cayman Islands. Our inaugural workshop proved to be overwhelmingly popular with staff, and we expect this one to be even better. As a workshop participant, you can take advantage of a special discount voucher book, which can be obtained during our welcome meeting in the resort lobby at 9 A.M. on Saturday. When you use these vouchers, a company-issued ID card must also be presented. Vouchers are only valid until the final day of the workshop, and may not be exchanged for cash.

Within the resort, vouchers can be used to obtain discounts in a variety of locations. You can receive a twenty percent discount on scuba diving equipment rental down on the beach, and get half-price beverages in the sports center behind the main lobby building. Additionally, a variety of swimwear and goggles can be bought at a discount in the water park at the eastern end of the resort grounds.

For those venturing outside the resort and into the nearby town, please be advised that these vouchers cannot be redeemed for any local goods or services. Also, make sure that you take your credit card or use the ATM in the lobby before going into town, where ATMs are hard to find. The ATM vestibule in the lobby can be accessed from 8 A.M. to 8 P.M.

158. What is indicated about Telford Logistics Inc.?

(A) It will distribute travel guides to staff members.
(B) It held its first workshop last year.
(C) Its headquarters are based in the Cayman Islands.
(D) It will hold a meeting every morning during the workshop.

159. Where can workshop participants NOT use the discount vouchers?

(A) In the resort lobby
(B) In the water park
(C) In the sports center
(D) On the beach

160. What is true about places to shop outside the resort site?

(A) They prefer to take payments by credit card.
(B) They are offering special promotions.
(C) They will not accept employees' vouchers.
(D) They remain open until 8 P.M.

Dear Staff,

On October 23, Cantor Foods will implement new guidelines related to hand washing practices. Staff members who work in the administration building or in the distribution warehouse will not be affected by this change, but workers who operate the production line and come into direct contact with food products will. They will still be required to clean their hands at the factory entrance before commencing their shifts. However, instead of using hand soap as before, production line workers will now be required to use the special anti-bacterial wipes that will be provided in its place.

If you have any questions regarding this change, please direct them to the factory supervisor, Maurice Chamberlain. I appreciate your cooperation in this effort to improve our sanitary practices.

Jim Hamilton
General Operations Manager
Cantor Foods

161. What is the purpose of the notice?

(A) To announce a staff meeting
(B) To outline a new policy
(C) To remind staff about a deadline
(D) To give details about installation work

162. Who will most likely be affected by the change described in the notice?

(A) Administrative staff
(B) Sales representatives
(C) Production line workers
(D) Warehouse employees

163. What does Mr. Hamilton imply about Cantor Foods?

(A) It plans to close one of its production facilities.
(B) It reviews its health and safety procedures every month.
(C) It has received several complaints from customers.
(D) It will no longer provide hand soap in the factory.

GO ON TO THE NEXT PAGE

Medina, AZ, April 23 – WeMOVE Enterprises announced this morning a piece of news that will reshape local industry in the next year. —[1]—. It seems that the company has decided to move its main factory, which provides many residents of Medina with jobs, to a new location.

Derek Ayala, a spokesperson for WeMOVE, announced this morning that the company wanted to thank everyone who has worked at the factory since it opened four decades ago. —[2]—. Mr. Ayala explained that the company could no longer afford to keep the factory open in Medina when a bulk of its customers were coming from Asia. —[3]—.

Ayala was quoted as saying, "WeMOVE will be closing down the factory in July and moving it to Asia." —[4]—. Many of the workers are unsure of what the future will hold, and campaigns have already started with the intention of keeping the company from completing the move.

164. What is the purpose of the article?

(A) To report on new employment opportunities

(B) To inform consumers of a product name change

(C) To announce the relocation of a local company

(D) To explain the risk of a change in suppliers

165. When was the factory in Medina opened?

(A) About 40 years ago

(B) About 30 years ago

(C) About 20 years ago

(D) About 10 years ago

166. What can be inferred from the article?

(A) The company is experiencing a decline in sales.

(B) The factory has already closed its doors.

(C) Some of the workers will retain their positions.

(D) Many employees will be laid off.

167. In which of the positions marked [1], [2], [3], and [4] does the following sentence best belong?

"The precise location of the plant will be announced sometime within the next few weeks."

(A) [1]

(B) [2]

(C) [3]

(D) [4]

Dana Elgort	Rian, Vic, I'm just about to get in my car and go to Korby Inc. to present the design changes we made, but I seem to have forgotten the new blueprint for their headquarters. Did I leave it on my desk? [1:28 P.M.]
Rian Dennehy	Yes, I can see it. But, can't you just describe the modifications we're proposing? [1:30 P.M.]
Dana Elgort	Words aren't as effective. The changes are quite detailed, so they'd have a better chance of understanding if they could see them for themselves. [1:32 P.M.]
Rian Dennehy	In that case, you'd better come back upstairs to the office to collect it. [1:34 P.M.]
Vic Jacoby	Wait, Dana... you don't have to wait for the elevator to come back up here. I can head down to the basement parking garage. [1:36 P.M.]
Dana Elgort	Great! Would you mind meeting me outside the elevator? I'll walk back over there now. [1:37 P.M.]
Vic Jacoby	No problem. Are you on Level B1 or B2? [1:38 P.M.]
Rian Dennehy	Vic, why not just send one of the interns? [1:39 P.M.]
Vic Jacoby	Oh, I wanted to grab my cell phone charger from my car anyway. I was in a hurry this morning and forgot it. [1:40 P.M.]
Dana Elgort	Thanks again, Vic. I'm on Level B2. Will you be here soon? [1:41 P.M.]
Vic Jacoby	I'll see you in a few minutes, Dana. [1:42 P.M.]

168. Who most likely is Ms. Elgort?

(A) A Korby Inc. staff member
(B) A client of Mr. Dennehy
(C) An HR manager
(D) An architect

169. At 1:32 P.M., what does Ms. Elgort most likely mean when she writes, "Words aren't as effective"?

(A) She would prefer to show the client a design.
(B) She is not confident enough to give a presentation.
(C) She thinks a business meeting went poorly.
(D) She believes that the client will agree with some changes.

170. Where is Ms. Elgort?

(A) In her office
(B) In a parking lot
(C) In her car
(D) In an elevator

171. What does Mr. Jacoby offer to do?

(A) Ask an intern to assist Ms. Elgort
(B) Allow Ms. Elgort to borrow a device
(C) Take a document to Ms. Elgort
(D) Accompany Ms. Elgort to a client meeting

GO ON TO THE NEXT PAGE

Hakuna Readying New Production Facility

PRETORIA (November 16) — Hakuna Motors, the South African car manufacturer that recently moved its head office to our city, has provided details of the new production plant it has built in Douala, Cameroon. The plant will be supervised by a local management branch of the company, which is called Hakuna CAF, and will open on November 25.

The new factory signifies the company's intention to increase its market share in Central Africa. According to Nelson Aganda, Hakuna's CEO, "Producing automobiles in Douala will allow us to avoid many transportation and distribution costs in the area. –[1]–. As a result, we should be able to compete with our North African rivals who typically dominate the region in terms of sales." Mr. Aganda plans to cut the ribbon at the factory's grand opening event.

Hakuna first attempted to break into the Central African automobile market three years ago. –[2]–. The auto manufacturer widely advertised its Hakuna Solaro model of car throughout the region, emphasizing its reasonable price and impressive fuel efficiency. –[3]–. Unfortunately, sales were slow and unreliable shipping routes meant that customers had to wait several weeks to purchase a car.

Hakuna currently operates production plants in Nairobi, Kenya, and Luanda, Angola. –[4]–. Mr. Aganda noted that the firm has recently contacted members of the Egyptian government to request construction permission for a proposed factory in Alexandria. He hopes to receive confirmation of the project before the end of this year.

172. What is indicated about Hakuna Motors?

(A) It is preparing to launch a new type of vehicle.

(B) It was first established three years ago.

(C) It wants to improve its position in the Central African market.

(D) It will collaborate on a project with North African auto manufacturers.

173. What is indicated about Mr. Aganda?

(A) He will take on a management role at the Douala plant.

(B) He believes the Hakuna Solaro will prove to be a success.

(C) He spends a lot of time working in Central Africa.

(D) He intends to travel to Cameroon in November.

174. Where will Hakuna Motors most likely build its next manufacturing plant?

(A) In South Africa

(B) In Egypt

(C) In Angola

(D) In Kenya

175. In which of the positions marked [1], [2], [3], and [4] does the following sentence best belong?

"Initial estimates point to a reduction of almost 50 percent of typical shipping expenses."

(A) [1]

(B) [2]

(C) [3]

(D) [4]

GO ON TO THE NEXT PAGE

Questions 176-180 refer to the following e-mail and booking confirmation.

To: Tina Braymer <tbraymer@worldmail.net>
From: Yvonne Gagne <ygagne@evehotels.com>
Subject: Your Room Reservation (#438119)
Date: August 10

Dear Ms. Braymer,

At the end of this month, we will accommodate a large number of presenters and event organizers involved with this year's Skyline Software & Technology Convention. You currently have a room reserved on the second floor, but convention organizers would prefer to book the entirety of that floor for their staff and special guests. Thus, we are contacting you to ask whether you would mind switching to a different room in exchange for a $50 meal coupon. The coupon can be redeemed at any restaurants in any of our hotels, and is valid until the end of this year.

Please look below at the three alternate rooms that we hope you will consider. The first options are the same type of room as you originally reserved, at the same location, but on different floors.

Room 406	Eve Hotel (Porter Road)	Standard Room	Check-in from: 1 P.M., August 28	Check-out by: 11 A.M., August 30
Room 519	Eve Hotel (Porter Road)	Standard Room	Check-in from: 1 P.M., August 28	Check-out by: 11 A.M., August 30

The third option is a Deluxe Room, but this is at our other location, which is a few blocks north from Porter Road. You will be charged at the normal Standard Room rate.

Room 427	Eve Hotel (Clement Street)	Deluxe Room	Check-in from: 2 P.M., August 28	Check-out by: 12 P.M., August 30

If you have no problem with taking one of the suggested rooms, please contact our reservations manager, Harry Henley, at 555-0177. If you wish to keep your originally assigned room, we completely understand. However, we would truly appreciate your cooperation in this matter.

Sincerely,

Yvonne Gagne
Guest Services
Eve Hotel Group

HOTEL BOOKING CONFIRMATION

Reservation #438119) *AMENDED

EVE HOTEL, 387 Clement Street, San Francisco, CA 94105

Guest's Name: Tina Braymer

Reservation Details: Deluxe Room, Check-in: August 28 / Check out: August 30

Complimentary Breakfast Included

Payment Received: $550 (Credit Card No.: 1867-****-****-2878)

Security Deposit Required Upon Check-In: $100

176. What is the purpose of the e-mail?

(A) To encourage a guest to change rooms

(B) To provide a guest with directions to a hotel

(C) To recommend that guests attend a convention

(D) To promote a hotel chain's new location

177. What is indicated about the meal coupon?

(A) It is valid at the Porter Road hotel only.

(B) It must be used by December 31.

(C) It can be exchanged for cash.

(D) It will be mailed to Ms. Braymer.

178. What did Ms. Braymer most likely do after receiving the e-mail?

(A) Contact an event organizer

(B) Make a payment

(C) Respond to the e-mail

(D) Call Mr. Henley

179. What does the booking confirmation indicate about Ms. Braymer's new room reservation?

(A) She paid for her room in cash.

(B) She must pay $550 upon arrival.

(C) She will receive a free meal.

(D) She will stay at the hotel for three nights.

180. By what time should Ms. Braymer check out from the hotel?

(A) 11 A.M.

(B) 12 P.M.

(C) 1 P.M.

(D) 2 P.M.

GO ON TO THE NEXT PAGE

Upcoming Real Talk Book Readings of Best-sellers

Are you a book lover who wants to listen to some well-known voices reading excerpts from some popular books? If so, tune in to Real Talk on 93.1 FM to enjoy our new series of celebrity book readings. We will welcome some popular stars of stage and screen to our studio to read excerpts from some of the most popular novels currently available in bookstores. The readings will be aired live at 2 P.M. on three consecutive Wednesdays in March.

The series consists of three book readings:

- *"Future Proof"*
  - a science fiction novel written by Angus Fring and read by Kenneth Forster

- *"Dark Nights in Cairo"*
  - a thriller/mystery novel written by Jade Levy and read by Alex Knight

- *"The Winding River"*
  - a romance novel written by Angela Masters and read by Margaret Kaye

Have something you'd like to ask the authors? Call Real Talk's host, Anna Hargreaves, at 555-0133 following the readings.

If you plan to listen to any of our readings, please let us know your thoughts via our Web site at www.realtalkradio.com. If they receive a positive response, we'll try to make it a regular fixture in our programming schedule.

---

www.realtalkradio.com/bookreadings/feedback ▼	— ☐ X

We really hope you enjoyed listening to our recent book readings. As with all aspects of our programming, we appreciate the feedback of our listeners. Please take a moment to complete the survey form below.

Name: Frank Mirabito

What did you particularly enjoy about the book readings?

In my opinion, Mr. Knight's reading was the most enjoyable one. His voice is very expressive and perfectly suited to reading novels. Additionally, the book he read from is easily one of my favorite novels of the last ten years or so. That's the genre I tend to enjoy the most.

How can we improve our book readings in the future?

During the readings, especially the one that took place on March 27, I felt that the readers were occasionally a little hard to hear. It was as if the microphone or amplification devices were faulty, making the volume inconsistent. It might be worth considering an upgrade for the next time.

181. What is indicated about the book readings?

    (A) They will be held in a bookstore.

    (B) They will be aired on the radio.

    (C) They are intended for aspiring writers.

    (D) They will take place on the same day.

182. According to the advertisement, why should people contact Ms. Hargreaves?

    (A) To enter a competition

    (B) To submit questions

    (C) To recommend an author

    (D) To provide a book review

183. What is implied about the book readers?

    (A) They all have published novels.

    (B) They work for Real Talk full-time.

    (C) They are all popular actors.

    (D) They will be interviewed by Ms. Hargreaves.

184. What is suggested about Mr. Mirabito?

    (A) He was unable to listen to one of the readings.

    (B) He has recently purchased *The Winding River*.

    (C) He will participate in the next book reading series.

    (D) He enjoys reading mystery stories.

185. What aspect of the book readings does Mr. Mirabito suggest changing?

    (A) The reading schedule

    (B) The special guests

    (C) The audio equipment

    (D) The types of books

GO ON TO THE NEXT PAGE

VERNON'S CAR HIRE - RENTAL POLICY

Torres Megano, B49 VGA

POLICY

This is a seven-day rental, from April 11 to April 17, at a rate of $52 per day, for a total cost of $364. Payment has been received on the first day of the rental period. Late return of the vehicle will incur an additional charge of $75 per day. The rented vehicle comes with a full tank of gas, a CD/DVD player, and TV screen. Device charging cables are not included. A satellite navigation device can be provided for an extra $15 per day. The vehicle must be picked up at our Bayfield Avenue branch and returned to the same location.

DAMAGE COVERAGE

A damage coverage payment of $500 was also received on April 11. This will be returned to the renter in part or in full following an inspection of the returned vehicle. Vernon's Car Hire performed a full evaluation of the car prior to its release, and a copy of the evaluation report was provided to the renter.

VERNON'S CAR HIRE – PRELIMINARY VEHICLE EVALUATION

Date: April 11

Vehicle type: Sedan

Vehicle model: Torres Megano

License plate number: B49 VGA

Evaluation notes:

The electronics, braking and steering mechanisms, and engine have all been fully checked and were found to be in perfect working order. However, there are a slight rip in the upholstery of the vehicle's back seats, and a minor crack in the lower left corner of the windshield. Vernon's Car Hire is aware of the defects and will take full responsibility for them.

Vernon Mason	Elsa Buchanan
Company President	Vehicle Renter

To: vmason@vernonscarhire.com
From: ebuchanan@ecity.net
Subject: Damage coverage payment
Date: April 19
Attachment: evaluationB49VGA.pdf

Dear Mr. Mason,

I returned a Torres Megano to your business a couple of days ago, and I just received a partial refund of the deposit I paid for damage coverage. I was surprised to find out that you have taken a charge of $200 from my initial payment. I knew that a deduction of $75 would be made in accordance with your rental policy, but there was no reason to deduct the extra $125. Apparently, this is for the tear that was already present when I picked up the car. This is explained in the attached evaluation report. When I picked up the car, your agent even pointed out the rip to me. I hope you will admit that you have made a mistake and return the $125 that I was wrongly charged.

Sincerely,

Elsa Buchanan

---

186. What is indicated in the rental policy?

(A) The vehicle should be brought back with a full tank of gas.
(B) The vehicle will be rented at a rate of $75 per day.
(C) The business owner recently changed the terms.
(D) The renter must use his or her own charging cables.

187. What is implied about Vernon's Car Hire?

(A) It has more than one premises.
(B) It recently added new cars to its fleet.
(C) It provides incentives to returning customers.
(D) It specializes in renting sports cars.

188. In the evaluation report, the word "order" in paragraph 1, line 2, is closest in meaning to

(A) request
(B) condition
(C) shipment
(D) command

189. Why did Ms. Buchanan receive a $75 penalty?

(A) She dropped off the car at the wrong location.
(B) She got into a road accident while driving the car.
(C) She misplaced some vehicle accessories.
(D) She returned the car a day late.

190. What argument does Ms. Buchanan make?

(A) The windshield crack was caused by accident.
(B) The damage to the seats is not her responsibility.
(C) The vehicle's performance was unsatisfactory.
(D) The rental agent gave her the wrong information.

GO ON TO THE NEXT PAGE ▶

British Bird Watching Message Board
Image Upload Guidelines

1. Please keep your message under 70 words in accordance with our message board policy. This ensures that information is presented concisely and accurately, with no irrelevant details.

2. Image descriptions should adhere to a "Bird species – time – site" format. Our members are all avid bird watchers, so they are particularly interested in being able to quickly scan for details of the images without any fuss. We have a separate page for unidentified bird images.

   Please add a description such as: "Pied Flycatcher – 6 A.M. – At Spurn Point, Yorkshire"

   Please avoid adding vague descriptions such as: "Small brown bird in the countryside"

3. As this is primarily a message board for sharing images, your post should contain at least one image of a bird, and that image must have been taken by you. We will not permit the sharing of images that were not taken personally by you.

British Bird Watching Message Board
New Member Registration Form

Name: **Arthur Bedford**   E-mail: **abedford@homenet.com**

Years spent bird watching: **10 years**

Current employer: **Natural World Weekly**

Preferred camera: **Zenon 650**

I am interested in hearing about the quarterly gatherings that are hosted for British Bird Watching members. YES (√) NO ( )

Terms of Image Use:

Please be advised that images uploaded to the message board may be added to the Gallery section of our Web site. Although we reserve the right to use uploaded pictures, we will not permit other companies to use them.

British Bird Watching Message Board

MESSAGE BOARD MEMBER: Arthur Bedford

Image description: Lesser spotted woodpecker – 5:45 A.M. – Kirby Forest, Cumbria

Date: May 15

Message: Some of you asked for some pictures of the lesser spotted woodpeckers that are rumored to live in the forest near my new house. Well, I was fortunate enough to capture a picture of one of them while out walking my dogs this morning. Although I only saw one, my neighbors have told me that several have been seen locally in recent weeks. I'll keep my eyes open and my camera ready! (72 words)

Image file attached: Lesser_spotted_woodpecker_05.15

191. What does the Web page indicate about the message board?

(A) It is used by experienced bird watchers.
(B) It requires members to pay an annual fee.
(C) Members can create their own image gallery.
(D) Videos of certain lengths are permitted.

192. What does the British Bird Watching Message Board promise to its members?

(A) It will not publish images in its Web gallery.
(B) It provides tips on photographing birds.
(C) It holds an event for members once per month.
(D) It does not share images with other businesses.

193. Why did Mr. Bedford post on the message board?

(A) To seek recommendations for bird watching locations
(B) To comment on a member's uploaded image
(C) To respond to requests from other members
(D) To request assistance in identifying a bird

194. How did Mr. Bedford fail to follow the message board rules?

(A) His image description is not detailed enough.
(B) He did not upload the required number of images.
(C) He posted in the wrong section of the board.
(D) His message exceeded a word limit.

195. What is probably true about Mr. Bedford?

(A) He recently moved to a new home.
(B) He just started a new job at a magazine.
(C) He is a moderator of a message board.
(D) He recently purchased a new camera.

GO ON TO THE NEXT PAGE

Questions 196-200 refer to the following job advertisement, information, and e-mail.

Job title: _Swimming Pool Activity Coordinator_

Area: _West Los Angeles_

Eagle Condominiums, situated in the foothills of Santa Monica in the Westside part of Los Angeles, is seeking an outgoing individual to create and lead a fun pool activity for children. The instructor must be available to lead a weekend pool activity before the pool opens for regular use at 9:30 A.M.

Suitable payment will be negotiated during the interview with the condominium manager, Mr. Torrance. The activity coordinator is free to create his or her own program for the pool session, but this must be approved by Mr. Torrance.

If you are interested in applying for this role, please send an e-mail to management@eaglecondos.com, and type "Pool Activity Coordinator" in the subject line.

In the e-mail, make sure you describe any relevant experience you have and attach a recent photograph.

Eagle Condominiums

Swimming Pool

Pool Activities Schedule

The swimming pool is open for general use from 9:30 A.M. to 7:30 P.M., except on Tuesdays and Fridays, when it will open at 10:30 A.M. after cleaning. The following activities are available to children and will take place outside normal pool hours. Any child can participate, as long as he or she is a competent swimmer. Parents are welcome to spectate from the side of the pool.

Time	Activity	Coordinator
8:30 A.M. – 9:30 A.M. (Mondays, Wednesdays, and Fridays)	Diving for Objects	Steven Chappelle
7:30 P.M. – 8:30 P.M. (Mondays, Wednesdays, and Fridays)	Water Aerobics	Kate Underwood
8:30 A.M. – 9:30 A.M. (Saturdays and Sundays)	Swimming Races	Louis Simpson
7:30 P.M. – 8:30 P.M. (Saturdays and Sundays)	Water Polo	Natalie Liman

All children currently living in Eagle Condominium may turn up for any session without prior reservations. Children living in the adjacent Livewell and Agostino condo buildings may also attend our pool activity sessions, as long as their parents make arrangements in advance at our reception desk.

To: Betty Adams, Administration Manager
From: Neil Torrance, Condominium Manager
Date: Friday, August 12
Subject: Re: New swimming pool activities

Hi Betty,

Thanks for letting me know how things are going with our new childrens' activities in the swimming pool. It seems like the children and their parents are delighted with the new activities we have arranged. However, at the residents meeting yesterday, somebody complained about the noise during our midweek morning activity. So, I'd like you to have a word with the activity coordinator and ask him to come up with a different, less noisy activity. Thanks for your help.

Regards,

Neil Torrance
Condominium Manager
Eagle Condominiums

---

196. According to the job advertisement, what will the coordinator decide?

(A) What kind of activity to provide
(B) What time a session will begin
(C) How many children may participate
(D) Where an activity will take place

197. Who most likely is the newest pool activity coordinator?

(A) Mr. Chappelle
(B) Ms. Underwood
(C) Mr. Simpson
(D) Ms. Liman

198. What is indicated on the schedule?

(A) Children must be accompanied by a parent at all times.
(B) Children from Eagle Condominiums should register in advance.
(C) Children from other housing locations may use the pool.
(D) Children are encouraged to bring specific equipment.

199. According to the e-mail, with whom did Mr. Torrance speak on August 11?

(A) A job candidate
(B) A condominium manager
(C) A pool activity coordinator
(D) A building resident

200. What pool activity will most likely be changed?

(A) Diving for Objects
(B) Water Aerobics
(C) Swimming Races
(D) Water Polo

**Stop! This is the end of the test. If you finish before time is called,
you may go back to Parts 5, 6, and 7 and check your work.**

NO TEST MATERIAL ON THIS PAGE

ANSWER SHEET

시원스쿨 **LAB**

이름   테스트 회차   날짜

LISTENING COMPREHENSION (PART 1~4)

NO	ANSWER A B C D	NO	ANSWER A B C D	NO	ANSWER A B C D	NO	ANSWER A B C D	NO	ANSWER A B C D
1	ⓐⓑⓒⓓ	21	ⓐⓑⓒⓓ	41	ⓐⓑⓒⓓ	61	ⓐⓑⓒⓓ	81	ⓐⓑⓒⓓ
2	ⓐⓑⓒⓓ	22	ⓐⓑⓒⓓ	42	ⓐⓑⓒⓓ	62	ⓐⓑⓒⓓ	82	ⓐⓑⓒⓓ
3	ⓐⓑⓒⓓ	23	ⓐⓑⓒⓓ	43	ⓐⓑⓒⓓ	63	ⓐⓑⓒⓓ	83	ⓐⓑⓒⓓ
4	ⓐⓑⓒⓓ	24	ⓐⓑⓒⓓ	44	ⓐⓑⓒⓓ	64	ⓐⓑⓒⓓ	84	ⓐⓑⓒⓓ
5	ⓐⓑⓒⓓ	25	ⓐⓑⓒ	45	ⓐⓑⓒⓓ	65	ⓐⓑⓒⓓ	85	ⓐⓑⓒⓓ
6	ⓐⓑⓒⓓ	26	ⓐⓑⓒ	46	ⓐⓑⓒⓓ	66	ⓐⓑⓒⓓ	86	ⓐⓑⓒⓓ
7	ⓐⓑⓒ	27	ⓐⓑⓒ	47	ⓐⓑⓒⓓ	67	ⓐⓑⓒⓓ	87	ⓐⓑⓒⓓ
8	ⓐⓑⓒ	28	ⓐⓑⓒⓓ	48	ⓐⓑⓒⓓ	68	ⓐⓑⓒⓓ	88	ⓐⓑⓒⓓ
9	ⓐⓑⓒ	29	ⓐⓑⓒⓓ	49	ⓐⓑⓒⓓ	69	ⓐⓑⓒⓓ	89	ⓐⓑⓒⓓ
10	ⓐⓑⓒ	30	ⓐⓑⓒⓓ	50	ⓐⓑⓒⓓ	70	ⓐⓑⓒⓓ	90	ⓐⓑⓒⓓ
11	ⓐⓑⓒ	31	ⓐⓑⓒⓓ	51	ⓐⓑⓒⓓ	71	ⓐⓑⓒⓓ	91	ⓐⓑⓒⓓ
12	ⓐⓑⓒ	32	ⓐⓑⓒⓓ	52	ⓐⓑⓒⓓ	72	ⓐⓑⓒⓓ	92	ⓐⓑⓒⓓ
13	ⓐⓑⓒ	33	ⓐⓑⓒⓓ	53	ⓐⓑⓒⓓ	73	ⓐⓑⓒⓓ	93	ⓐⓑⓒⓓ
14	ⓐⓑⓒ	34	ⓐⓑⓒⓓ	54	ⓐⓑⓒⓓ	74	ⓐⓑⓒⓓ	94	ⓐⓑⓒⓓ
15	ⓐⓑⓒ	35	ⓐⓑⓒⓓ	55	ⓐⓑⓒⓓ	75	ⓐⓑⓒⓓ	95	ⓐⓑⓒⓓ
16	ⓐⓑⓒ	36	ⓐⓑⓒⓓ	56	ⓐⓑⓒⓓ	76	ⓐⓑⓒⓓ	96	ⓐⓑⓒⓓ
17	ⓐⓑⓒ	37	ⓐⓑⓒⓓ	57	ⓐⓑⓒⓓ	77	ⓐⓑⓒⓓ	97	ⓐⓑⓒⓓ
18	ⓐⓑⓒ	38	ⓐⓑⓒⓓ	58	ⓐⓑⓒⓓ	78	ⓐⓑⓒⓓ	98	ⓐⓑⓒⓓ
19	ⓐⓑⓒ	39	ⓐⓑⓒⓓ	59	ⓐⓑⓒⓓ	79	ⓐⓑⓒⓓ	99	ⓐⓑⓒⓓ
20	ⓐⓑⓒ	40	ⓐⓑⓒⓓ	60	ⓐⓑⓒⓓ	80	ⓐⓑⓒⓓ	100	ⓐⓑⓒⓓ

READING COMPREHENSION (PART 5~7)

NO	ANSWER A B C D	NO	ANSWER A B C D	NO	ANSWER A B C D	NO	ANSWER A B C D	NO	ANSWER A B C D
101	ⓐⓑⓒⓓ	121	ⓐⓑⓒⓓ	141	ⓐⓑⓒⓓ	161	ⓐⓑⓒⓓ	181	ⓐⓑⓒⓓ
102	ⓐⓑⓒⓓ	122	ⓐⓑⓒⓓ	142	ⓐⓑⓒⓓ	162	ⓐⓑⓒⓓ	182	ⓐⓑⓒⓓ
103	ⓐⓑⓒⓓ	123	ⓐⓑⓒⓓ	143	ⓐⓑⓒⓓ	163	ⓐⓑⓒⓓ	183	ⓐⓑⓒⓓ
104	ⓐⓑⓒⓓ	124	ⓐⓑⓒⓓ	144	ⓐⓑⓒⓓ	164	ⓐⓑⓒⓓ	184	ⓐⓑⓒⓓ
105	ⓐⓑⓒⓓ	125	ⓐⓑⓒⓓ	145	ⓐⓑⓒⓓ	165	ⓐⓑⓒⓓ	185	ⓐⓑⓒⓓ
106	ⓐⓑⓒⓓ	126	ⓐⓑⓒⓓ	146	ⓐⓑⓒⓓ	166	ⓐⓑⓒⓓ	186	ⓐⓑⓒⓓ
107	ⓐⓑⓒⓓ	127	ⓐⓑⓒⓓ	147	ⓐⓑⓒⓓ	167	ⓐⓑⓒⓓ	187	ⓐⓑⓒⓓ
108	ⓐⓑⓒⓓ	128	ⓐⓑⓒⓓ	148	ⓐⓑⓒⓓ	168	ⓐⓑⓒⓓ	188	ⓐⓑⓒⓓ
109	ⓐⓑⓒⓓ	129	ⓐⓑⓒⓓ	149	ⓐⓑⓒⓓ	169	ⓐⓑⓒⓓ	189	ⓐⓑⓒⓓ
110	ⓐⓑⓒⓓ	130	ⓐⓑⓒⓓ	150	ⓐⓑⓒⓓ	170	ⓐⓑⓒⓓ	190	ⓐⓑⓒⓓ
111	ⓐⓑⓒⓓ	131	ⓐⓑⓒⓓ	151	ⓐⓑⓒⓓ	171	ⓐⓑⓒⓓ	191	ⓐⓑⓒⓓ
112	ⓐⓑⓒⓓ	132	ⓐⓑⓒⓓ	152	ⓐⓑⓒⓓ	172	ⓐⓑⓒⓓ	192	ⓐⓑⓒⓓ
113	ⓐⓑⓒⓓ	133	ⓐⓑⓒⓓ	153	ⓐⓑⓒⓓ	173	ⓐⓑⓒⓓ	193	ⓐⓑⓒⓓ
114	ⓐⓑⓒⓓ	134	ⓐⓑⓒⓓ	154	ⓐⓑⓒⓓ	174	ⓐⓑⓒⓓ	194	ⓐⓑⓒⓓ
115	ⓐⓑⓒⓓ	135	ⓐⓑⓒⓓ	155	ⓐⓑⓒⓓ	175	ⓐⓑⓒⓓ	195	ⓐⓑⓒⓓ
116	ⓐⓑⓒⓓ	136	ⓐⓑⓒⓓ	156	ⓐⓑⓒⓓ	176	ⓐⓑⓒⓓ	196	ⓐⓑⓒⓓ
117	ⓐⓑⓒⓓ	137	ⓐⓑⓒⓓ	157	ⓐⓑⓒⓓ	177	ⓐⓑⓒⓓ	197	ⓐⓑⓒⓓ
118	ⓐⓑⓒⓓ	138	ⓐⓑⓒⓓ	158	ⓐⓑⓒⓓ	178	ⓐⓑⓒⓓ	198	ⓐⓑⓒⓓ
119	ⓐⓑⓒⓓ	139	ⓐⓑⓒⓓ	159	ⓐⓑⓒⓓ	179	ⓐⓑⓒⓓ	199	ⓐⓑⓒⓓ
120	ⓐⓑⓒⓓ	140	ⓐⓑⓒⓓ	160	ⓐⓑⓒⓓ	180	ⓐⓑⓒⓓ	200	ⓐⓑⓒⓓ

ANSWER SHEET

시원스쿨 LAB

이름	테스트 회차	날짜

LISTENING COMPREHENSION (PART 1~4)

NO	ANSWER A B C D	NO	ANSWER A B C D	NO	ANSWER A B C D	NO	ANSWER A B C D
1	ⓐ ⓑ ⓒ ⓓ	21	ⓐ ⓑ ⓒ ⓓ	41	ⓐ ⓑ ⓒ ⓓ	61	ⓐ ⓑ ⓒ ⓓ
2	ⓐ ⓑ ⓒ ⓓ	22	ⓐ ⓑ ⓒ ⓓ	42	ⓐ ⓑ ⓒ ⓓ	62	ⓐ ⓑ ⓒ ⓓ
3	ⓐ ⓑ ⓒ ⓓ	23	ⓐ ⓑ ⓒ ⓓ	43	ⓐ ⓑ ⓒ ⓓ	63	ⓐ ⓑ ⓒ ⓓ
4	ⓐ ⓑ ⓒ ⓓ	24	ⓐ ⓑ ⓒ ⓓ	44	ⓐ ⓑ ⓒ ⓓ	64	ⓐ ⓑ ⓒ ⓓ
5	ⓐ ⓑ ⓒ ⓓ	25	ⓐ ⓑ ⓒ ⓓ	45	ⓐ ⓑ ⓒ ⓓ	65	ⓐ ⓑ ⓒ ⓓ
6	ⓐ ⓑ ⓒ ⓓ	26	ⓐ ⓑ ⓒ ⓓ	46	ⓐ ⓑ ⓒ ⓓ	66	ⓐ ⓑ ⓒ ⓓ
7	ⓐ ⓑ ⓒ ⓓ	27	ⓐ ⓑ ⓒ ⓓ	47	ⓐ ⓑ ⓒ ⓓ	67	ⓐ ⓑ ⓒ ⓓ
8	ⓐ ⓑ ⓒ ⓓ	28	ⓐ ⓑ ⓒ ⓓ	48	ⓐ ⓑ ⓒ ⓓ	68	ⓐ ⓑ ⓒ ⓓ
9	ⓐ ⓑ ⓒ ⓓ	29	ⓐ ⓑ ⓒ ⓓ	49	ⓐ ⓑ ⓒ ⓓ	69	ⓐ ⓑ ⓒ ⓓ
10	ⓐ ⓑ ⓒ ⓓ	30	ⓐ ⓑ ⓒ ⓓ	50	ⓐ ⓑ ⓒ ⓓ	70	ⓐ ⓑ ⓒ ⓓ
11	ⓐ ⓑ ⓒ ⓓ	31	ⓐ ⓑ ⓒ ⓓ	51	ⓐ ⓑ ⓒ ⓓ	71	ⓐ ⓑ ⓒ ⓓ
12	ⓐ ⓑ ⓒ ⓓ	32	ⓐ ⓑ ⓒ ⓓ	52	ⓐ ⓑ ⓒ ⓓ	72	ⓐ ⓑ ⓒ ⓓ
13	ⓐ ⓑ ⓒ ⓓ	33	ⓐ ⓑ ⓒ ⓓ	53	ⓐ ⓑ ⓒ ⓓ	73	ⓐ ⓑ ⓒ ⓓ
14	ⓐ ⓑ ⓒ ⓓ	34	ⓐ ⓑ ⓒ ⓓ	54	ⓐ ⓑ ⓒ ⓓ	74	ⓐ ⓑ ⓒ ⓓ
15	ⓐ ⓑ ⓒ ⓓ	35	ⓐ ⓑ ⓒ ⓓ	55	ⓐ ⓑ ⓒ ⓓ	75	ⓐ ⓑ ⓒ ⓓ
16	ⓐ ⓑ ⓒ ⓓ	36	ⓐ ⓑ ⓒ ⓓ	56	ⓐ ⓑ ⓒ ⓓ	76	ⓐ ⓑ ⓒ ⓓ
17	ⓐ ⓑ ⓒ ⓓ	37	ⓐ ⓑ ⓒ ⓓ	57	ⓐ ⓑ ⓒ ⓓ	77	ⓐ ⓑ ⓒ ⓓ
18	ⓐ ⓑ ⓒ ⓓ	38	ⓐ ⓑ ⓒ ⓓ	58	ⓐ ⓑ ⓒ ⓓ	78	ⓐ ⓑ ⓒ ⓓ
19	ⓐ ⓑ ⓒ ⓓ	39	ⓐ ⓑ ⓒ ⓓ	59	ⓐ ⓑ ⓒ ⓓ	79	ⓐ ⓑ ⓒ ⓓ
20	ⓐ ⓑ ⓒ ⓓ	40	ⓐ ⓑ ⓒ ⓓ	60	ⓐ ⓑ ⓒ ⓓ	80	ⓐ ⓑ ⓒ ⓓ
						81	ⓐ ⓑ ⓒ ⓓ
						82	ⓐ ⓑ ⓒ ⓓ
						83	ⓐ ⓑ ⓒ ⓓ
						84	ⓐ ⓑ ⓒ ⓓ
						85	ⓐ ⓑ ⓒ ⓓ
						86	ⓐ ⓑ ⓒ ⓓ
						87	ⓐ ⓑ ⓒ ⓓ
						88	ⓐ ⓑ ⓒ ⓓ
						89	ⓐ ⓑ ⓒ ⓓ
						90	ⓐ ⓑ ⓒ ⓓ
						91	ⓐ ⓑ ⓒ ⓓ
						92	ⓐ ⓑ ⓒ ⓓ
						93	ⓐ ⓑ ⓒ ⓓ
						94	ⓐ ⓑ ⓒ ⓓ
						95	ⓐ ⓑ ⓒ ⓓ
						96	ⓐ ⓑ ⓒ ⓓ
						97	ⓐ ⓑ ⓒ ⓓ
						98	ⓐ ⓑ ⓒ ⓓ
						99	ⓐ ⓑ ⓒ ⓓ
						100	ⓐ ⓑ ⓒ ⓓ

READING COMPREHENSION (PART 5~7)

NO	ANSWER A B C D	NO	ANSWER A B C D	NO	ANSWER A B C D	NO	ANSWER A B C D
101	ⓐ ⓑ ⓒ ⓓ	121	ⓐ ⓑ ⓒ ⓓ	141	ⓐ ⓑ ⓒ ⓓ	161	ⓐ ⓑ ⓒ ⓓ
102	ⓐ ⓑ ⓒ ⓓ	122	ⓐ ⓑ ⓒ ⓓ	142	ⓐ ⓑ ⓒ ⓓ	162	ⓐ ⓑ ⓒ ⓓ
103	ⓐ ⓑ ⓒ ⓓ	123	ⓐ ⓑ ⓒ ⓓ	143	ⓐ ⓑ ⓒ ⓓ	163	ⓐ ⓑ ⓒ ⓓ
104	ⓐ ⓑ ⓒ ⓓ	124	ⓐ ⓑ ⓒ ⓓ	144	ⓐ ⓑ ⓒ ⓓ	164	ⓐ ⓑ ⓒ ⓓ
105	ⓐ ⓑ ⓒ ⓓ	125	ⓐ ⓑ ⓒ ⓓ	145	ⓐ ⓑ ⓒ ⓓ	165	ⓐ ⓑ ⓒ ⓓ
106	ⓐ ⓑ ⓒ ⓓ	126	ⓐ ⓑ ⓒ ⓓ	146	ⓐ ⓑ ⓒ ⓓ	166	ⓐ ⓑ ⓒ ⓓ
107	ⓐ ⓑ ⓒ ⓓ	127	ⓐ ⓑ ⓒ ⓓ	147	ⓐ ⓑ ⓒ ⓓ	167	ⓐ ⓑ ⓒ ⓓ
108	ⓐ ⓑ ⓒ ⓓ	128	ⓐ ⓑ ⓒ ⓓ	148	ⓐ ⓑ ⓒ ⓓ	168	ⓐ ⓑ ⓒ ⓓ
109	ⓐ ⓑ ⓒ ⓓ	129	ⓐ ⓑ ⓒ ⓓ	149	ⓐ ⓑ ⓒ ⓓ	169	ⓐ ⓑ ⓒ ⓓ
110	ⓐ ⓑ ⓒ ⓓ	130	ⓐ ⓑ ⓒ ⓓ	150	ⓐ ⓑ ⓒ ⓓ	170	ⓐ ⓑ ⓒ ⓓ
111	ⓐ ⓑ ⓒ ⓓ	131	ⓐ ⓑ ⓒ ⓓ	151	ⓐ ⓑ ⓒ ⓓ	171	ⓐ ⓑ ⓒ ⓓ
112	ⓐ ⓑ ⓒ ⓓ	132	ⓐ ⓑ ⓒ ⓓ	152	ⓐ ⓑ ⓒ ⓓ	172	ⓐ ⓑ ⓒ ⓓ
113	ⓐ ⓑ ⓒ ⓓ	133	ⓐ ⓑ ⓒ ⓓ	153	ⓐ ⓑ ⓒ ⓓ	173	ⓐ ⓑ ⓒ ⓓ
114	ⓐ ⓑ ⓒ ⓓ	134	ⓐ ⓑ ⓒ ⓓ	154	ⓐ ⓑ ⓒ ⓓ	174	ⓐ ⓑ ⓒ ⓓ
115	ⓐ ⓑ ⓒ ⓓ	135	ⓐ ⓑ ⓒ ⓓ	155	ⓐ ⓑ ⓒ ⓓ	175	ⓐ ⓑ ⓒ ⓓ
116	ⓐ ⓑ ⓒ ⓓ	136	ⓐ ⓑ ⓒ ⓓ	156	ⓐ ⓑ ⓒ ⓓ	176	ⓐ ⓑ ⓒ ⓓ
117	ⓐ ⓑ ⓒ ⓓ	137	ⓐ ⓑ ⓒ ⓓ	157	ⓐ ⓑ ⓒ ⓓ	177	ⓐ ⓑ ⓒ ⓓ
118	ⓐ ⓑ ⓒ ⓓ	138	ⓐ ⓑ ⓒ ⓓ	158	ⓐ ⓑ ⓒ ⓓ	178	ⓐ ⓑ ⓒ ⓓ
119	ⓐ ⓑ ⓒ ⓓ	139	ⓐ ⓑ ⓒ ⓓ	159	ⓐ ⓑ ⓒ ⓓ	179	ⓐ ⓑ ⓒ ⓓ
120	ⓐ ⓑ ⓒ ⓓ	140	ⓐ ⓑ ⓒ ⓓ	160	ⓐ ⓑ ⓒ ⓓ	180	ⓐ ⓑ ⓒ ⓓ
						181	ⓐ ⓑ ⓒ ⓓ
						182	ⓐ ⓑ ⓒ ⓓ
						183	ⓐ ⓑ ⓒ ⓓ
						184	ⓐ ⓑ ⓒ ⓓ
						185	ⓐ ⓑ ⓒ ⓓ
						186	ⓐ ⓑ ⓒ ⓓ
						187	ⓐ ⓑ ⓒ ⓓ
						188	ⓐ ⓑ ⓒ ⓓ
						189	ⓐ ⓑ ⓒ ⓓ
						190	ⓐ ⓑ ⓒ ⓓ
						191	ⓐ ⓑ ⓒ ⓓ
						192	ⓐ ⓑ ⓒ ⓓ
						193	ⓐ ⓑ ⓒ ⓓ
						194	ⓐ ⓑ ⓒ ⓓ
						195	ⓐ ⓑ ⓒ ⓓ
						196	ⓐ ⓑ ⓒ ⓓ
						197	ⓐ ⓑ ⓒ ⓓ
						198	ⓐ ⓑ ⓒ ⓓ
						199	ⓐ ⓑ ⓒ ⓓ
						200	ⓐ ⓑ ⓒ ⓓ

ANSWER SHEET

시원스쿨 **LAB**

이름

테스트 회차

날짜

LISTENING COMPREHENSION (PART 1~4)

NO	ANSWER A B C D	NO	ANSWER A B C D	NO	ANSWER A B C D	NO	ANSWER A B C D	NO	ANSWER A B C D
1	ⓐⓑⓒⓓ	21	ⓐⓑⓒⓓ	41	ⓐⓑⓒⓓ	61	ⓐⓑⓒⓓ	81	ⓐⓑⓒⓓ
2	ⓐⓑⓒⓓ	22	ⓐⓑⓒⓓ	42	ⓐⓑⓒⓓ	62	ⓐⓑⓒⓓ	82	ⓐⓑⓒⓓ
3	ⓐⓑⓒⓓ	23	ⓐⓑⓒⓓ	43	ⓐⓑⓒⓓ	63	ⓐⓑⓒⓓ	83	ⓐⓑⓒⓓ
4	ⓐⓑⓒⓓ	24	ⓐⓑⓒⓓ	44	ⓐⓑⓒⓓ	64	ⓐⓑⓒⓓ	84	ⓐⓑⓒⓓ
5	ⓐⓑⓒⓓ	25	ⓐⓑⓒ	45	ⓐⓑⓒⓓ	65	ⓐⓑⓒⓓ	85	ⓐⓑⓒⓓ
6	ⓐⓑⓒⓓ	26	ⓐⓑⓒⓓ	46	ⓐⓑⓒⓓ	66	ⓐⓑⓒⓓ	86	ⓐⓑⓒⓓ
7	ⓐⓑⓒⓓ	27	ⓐⓑⓒⓓ	47	ⓐⓑⓒⓓ	67	ⓐⓑⓒⓓ	87	ⓐⓑⓒⓓ
8	ⓐⓑⓒⓓ	28	ⓐⓑⓒ	48	ⓐⓑⓒⓓ	68	ⓐⓑⓒⓓ	88	ⓐⓑⓒⓓ
9	ⓐⓑⓒⓓ	29	ⓐⓑⓒⓓ	49	ⓐⓑⓒⓓ	69	ⓐⓑⓒⓓ	89	ⓐⓑⓒⓓ
10	ⓐⓑⓒⓓ	30	ⓐⓑⓒⓓ	50	ⓐⓑⓒⓓ	70	ⓐⓑⓒⓓ	90	ⓐⓑⓒⓓ
11	ⓐⓑⓒⓓ	31	ⓐⓑⓒⓓ	51	ⓐⓑⓒⓓ	71	ⓐⓑⓒⓓ	91	ⓐⓑⓒⓓ
12	ⓐⓑⓒⓓ	32	ⓐⓑⓒⓓ	52	ⓐⓑⓒⓓ	72	ⓐⓑⓒⓓ	92	ⓐⓑⓒⓓ
13	ⓐⓑⓒⓓ	33	ⓐⓑⓒⓓ	53	ⓐⓑⓒⓓ	73	ⓐⓑⓒⓓ	93	ⓐⓑⓒⓓ
14	ⓐⓑⓒⓓ	34	ⓐⓑⓒⓓ	54	ⓐⓑⓒⓓ	74	ⓐⓑⓒⓓ	94	ⓐⓑⓒⓓ
15	ⓐⓑⓒⓓ	35	ⓐⓑⓒⓓ	55	ⓐⓑⓒⓓ	75	ⓐⓑⓒⓓ	95	ⓐⓑⓒⓓ
16	ⓐⓑⓒⓓ	36	ⓐⓑⓒⓓ	56	ⓐⓑⓒⓓ	76	ⓐⓑⓒⓓ	96	ⓐⓑⓒⓓ
17	ⓐⓑⓒⓓ	37	ⓐⓑⓒⓓ	57	ⓐⓑⓒⓓ	77	ⓐⓑⓒⓓ	97	ⓐⓑⓒⓓ
18	ⓐⓑⓒⓓ	38	ⓐⓑⓒⓓ	58	ⓐⓑⓒⓓ	78	ⓐⓑⓒⓓ	98	ⓐⓑⓒⓓ
19	ⓐⓑⓒⓓ	39	ⓐⓑⓒⓓ	59	ⓐⓑⓒⓓ	79	ⓐⓑⓒⓓ	99	ⓐⓑⓒⓓ
20	ⓐⓑⓒⓓ	40	ⓐⓑⓒⓓ	60	ⓐⓑⓒⓓ	80	ⓐⓑⓒⓓ	100	ⓐⓑⓒⓓ

READING COMPREHENSION (PART 5~7)

NO	ANSWER A B C D	NO	ANSWER A B C D	NO	ANSWER A B C D	NO	ANSWER A B C D
101	ⓐⓑⓒⓓ	121	ⓐⓑⓒⓓ	141	ⓐⓑⓒⓓ	161	ⓐⓑⓒⓓ	181	ⓐⓑⓒⓓ
102	ⓐⓑⓒⓓ	122	ⓐⓑⓒⓓ	142	ⓐⓑⓒⓓ	162	ⓐⓑⓒⓓ	182	ⓐⓑⓒⓓ
103	ⓐⓑⓒⓓ	123	ⓐⓑⓒⓓ	143	ⓐⓑⓒⓓ	163	ⓐⓑⓒⓓ	183	ⓐⓑⓒⓓ
104	ⓐⓑⓒⓓ	124	ⓐⓑⓒⓓ	144	ⓐⓑⓒⓓ	164	ⓐⓑⓒⓓ	184	ⓐⓑⓒⓓ
105	ⓐⓑⓒⓓ	125	ⓐⓑⓒⓓ	145	ⓐⓑⓒⓓ	165	ⓐⓑⓒⓓ	185	ⓐⓑⓒⓓ
106	ⓐⓑⓒⓓ	126	ⓐⓑⓒⓓ	146	ⓐⓑⓒⓓ	166	ⓐⓑⓒⓓ	186	ⓐⓑⓒⓓ
107	ⓐⓑⓒⓓ	127	ⓐⓑⓒⓓ	147	ⓐⓑⓒⓓ	167	ⓐⓑⓒⓓ	187	ⓐⓑⓒⓓ
108	ⓐⓑⓒⓓ	128	ⓐⓑⓒⓓ	148	ⓐⓑⓒⓓ	168	ⓐⓑⓒⓓ	188	ⓐⓑⓒⓓ
109	ⓐⓑⓒⓓ	129	ⓐⓑⓒⓓ	149	ⓐⓑⓒⓓ	169	ⓐⓑⓒⓓ	189	ⓐⓑⓒⓓ
110	ⓐⓑⓒⓓ	130	ⓐⓑⓒⓓ	150	ⓐⓑⓒⓓ	170	ⓐⓑⓒⓓ	190	ⓐⓑⓒⓓ
111	ⓐⓑⓒⓓ	131	ⓐⓑⓒⓓ	151	ⓐⓑⓒⓓ	171	ⓐⓑⓒⓓ	191	ⓐⓑⓒⓓ
112	ⓐⓑⓒⓓ	132	ⓐⓑⓒⓓ	152	ⓐⓑⓒⓓ	172	ⓐⓑⓒⓓ	192	ⓐⓑⓒⓓ
113	ⓐⓑⓒⓓ	133	ⓐⓑⓒⓓ	153	ⓐⓑⓒⓓ	173	ⓐⓑⓒⓓ	193	ⓐⓑⓒⓓ
114	ⓐⓑⓒⓓ	134	ⓐⓑⓒⓓ	154	ⓐⓑⓒⓓ	174	ⓐⓑⓒⓓ	194	ⓐⓑⓒⓓ
115	ⓐⓑⓒⓓ	135	ⓐⓑⓒⓓ	155	ⓐⓑⓒⓓ	175	ⓐⓑⓒⓓ	195	ⓐⓑⓒⓓ
116	ⓐⓑⓒⓓ	136	ⓐⓑⓒⓓ	156	ⓐⓑⓒⓓ	176	ⓐⓑⓒⓓ	196	ⓐⓑⓒⓓ
117	ⓐⓑⓒⓓ	137	ⓐⓑⓒⓓ	157	ⓐⓑⓒⓓ	177	ⓐⓑⓒⓓ	197	ⓐⓑⓒⓓ
118	ⓐⓑⓒⓓ	138	ⓐⓑⓒⓓ	158	ⓐⓑⓒⓓ	178	ⓐⓑⓒⓓ	198	ⓐⓑⓒⓓ
119	ⓐⓑⓒⓓ	139	ⓐⓑⓒⓓ	159	ⓐⓑⓒⓓ	179	ⓐⓑⓒⓓ	199	ⓐⓑⓒⓓ
120	ⓐⓑⓒⓓ	140	ⓐⓑⓒⓓ	160	ⓐⓑⓒⓓ	180	ⓐⓑⓒⓓ	200	ⓐⓑⓒⓓ

시원스쿨 토익
실전 모의고사 3회분

초판 1쇄 발행 2020년 1월 2일
초판 12쇄 발행 2025년 1월 24일

지은이 시원스쿨어학연구소
펴낸곳 (주)에스제이더블유인터내셔널
펴낸이 양홍걸 이시원

홈페이지 www.siwonschool.com
주소 서울시 영등포구 영신로 166 시원스쿨
교재 구입 문의 02)2014-8151
고객센터 02)6409-0878

ISBN 979-116150-3028
Number 1-110701-02021800-06

Start!

3회분 전 문항
프리미엄 해설 강의
무료 제공의 특별 구성!

POINT
01 모든 문항 해설 강의 **무료 제공!**
토익 만점 최서아 강사의 명쾌한 해설 강의

POINT
02 토린이도 이해 가능한 **오답 해설 수록!**
정답의 이유 뿐만 아니라 오답의 이유까지 분석

POINT
03 **QR 코드로 편리하게!**
해설 강의, LC 음원, 정답 및 해설까지 한 번에 해결

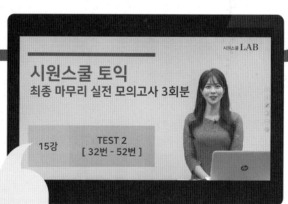

토익 여신 최서아 강사의
밀착 코칭 강의!

TOEIC

Test of English for International Communication

정답 및 해설

◀ 해설 강의 바로 보기

시원스쿨 **LAB**

TEST 1

정답

PART 1

1. (C) **2.** (A) **3.** (B) **4.** (D) **5.** (A) **6.** (D)

PART 2

7. (C) **8.** (B) **9.** (C) **10.** (A) **11.** (C) **12.** (A) **13.** (A) **14.** (A) **15.** (B) **16.** (B) **17.** (B) **18.** (C) **19.** (A) **20.** (B) **21.** (B) **22.** (B) **23.** (C) **24.** (C) **25.** (A) **26.** (C) **27.** (C) **28.** (A) **29.** (B) **30.** (A) **31.** (A)

PART 3

32. (C) **33.** (C) **34.** (D) **35.** (D) **36.** (C) **37.** (B) **38.** (B) **39.** (D) **40.** (A) **41.** (A) **42.** (C) **43.** (B) **44.** (D) **45.** (C) **46.** (D) **47.** (B) **48.** (D) **49.** (A) **50.** (D) **51.** (B) **52.** (B) **53.** (C) **54.** (D) **55.** (A) **56.** (D) **57.** (B) **58.** (D) **59.** (B) **60.** (D) **61.** (C) **62.** (B) **63.** (B) **64.** (D) **65.** (C) **66.** (C) **67.** (A) **68.** (D) **69.** (C) **70.** (B)

PART 4

71. (C) **72.** (C) **73.** (D) **74.** (A) **75.** (B) **76.** (D) **77.** (C) **78.** (D) **79.** (C) **80.** (D) **81.** (D) **82.** (C) **83.** (D) **84.** (C) **85.** (A) **86.** (B) **87.** (C) **88.** (C) **89.** (D) **90.** (C) **91.** (D) **92.** (C) **93.** (B) **94.** (A) **95.** (D) **96.** (B) **97.** (C) **98.** (B) **99.** (C) **100.** (C)

PART 5

101. (A) **102.** (C) **103.** (B) **104.** (D) **105.** (D) **106.** (A) **107.** (B) **108.** (D) **109.** (C) **110.** (A) **111.** (A) **112.** (B) **113.** (B) **114.** (C) **115.** (B) **116.** (D) **117.** (C) **118.** (D) **119.** (C) **120.** (B) **121.** (C) **122.** (C) **123.** (B) **124.** (D) **125.** (D) **126.** (A) **127.** (A) **128.** (D) **129.** (A) **130.** (C)

PART 6

131. (C) **132.** (C) **133.** (C) **134.** (D) **135.** (C) **136.** (D) **137.** (A) **138.** (B) **139.** (A) **140.** (C) **141.** (C) **142.** (D) **143.** (A) **144.** (B) **145.** (D) **146.** (A)

PART 7

147. (A) **148.** (D) **149.** (C) **150.** (A) **151.** (B) **152.** (D) **153.** (B) **154.** (C) **155.** (C) **156.** (B) **157.** (A) **158.** (C) **159.** (D) **160.** (D) **161.** (B) **162.** (C) **163.** (D) **164.** (B) **165.** (A) **166.** (D) **167.** (B) **168.** (B) **169.** (C) **170.** (B) **171.** (D) **172.** (C) **173.** (D) **174.** (A) **175.** (A) **176.** (A) **177.** (C) **178.** (D) **179.** (C) **180.** (B) **181.** (D) **182.** (A) **183.** (B) **184.** (B) **185.** (D) **186.** (C) **187.** (A) **188.** (A) **189.** (B) **190.** (D) **191.** (D) **192.** (B) **193.** (C) **194.** (D) **195.** (A) **196.** (C) **197.** (D) **198.** (A) **199.** (C) **200.** (D)

Part 1

1.

(A) He's taking off his shoes.
(B) He's checking his briefcase.
(C) He's walking down some steps.
(D) He's using his phone.

(A) 남자가 신발을 벗고 있다.
(B) 남자가 서류 가방을 확인하고 있다.
(C) 남자가 일부 계단을 걸어 내려가고 있다.
(D) 남자가 전화기를 사용하고 있다.

정답   (C)
해설   1인 사진이므로 등장 인물의 동작이나 자세, 관련 사물에 초점을 맞춰 들어야
       한다.
       (A) 남자가 신발을 벗는 동작을 하고 있지 않으므로 오답.
       (B) 남자가 가방을 확인하는 동작을 하고 있지 않으므로 오답.
       (C) 남자가 계단을 걸어 내려가는 모습을 묘사하고 있으므로 정답.
       (D) 남자가 전화기를 사용하는 동작을 하고 있지 않으므로 오답.

2.

(A) She's wearing a safety helmet.
(B) She's working in the office.
(C) She's painting the wall.
(D) She's inspecting some machines.

(A) 여자가 안전모를 착용한 상태이다.
(B) 여자가 사무실에서 일하고 있다.
(C) 여자가 벽에 페인트칠을 하고 있다.
(D) 여자가 몇몇 기계를 점검하고 있다.

정답   (A)
해설   1인 사진이므로 등장 인물의 동작이나 자세, 관련 사물에 초점을 맞춰 들어야
       한다.
       (A) 여자가 안전모를 착용한 상태를 묘사하고 있으므로 정답.
       (B) 여자가 일하는 장소가 사무실이 아니므로 오답.
       (C) 여자가 페인트칠을 하는 동작을 하고 있지 않으므로 오답.
       (D) 여자가 기계를 점검하는 동작을 하고 있지 않으므로 오답.

3.

(A) They're resting on a wooden bench.
(B) They're looking at a map.
(C) They're climbing a mountain.
(D) They're taking something out of the backpack.

(A) 사람들이 나무 벤치에서 휴식을 취하고 있다.
(B) 사람들이 지도를 살펴보고 있다.
(C) 사람들이 산을 오르고 있다.
(D) 사람들이 배낭에서 뭔가 꺼내고 있다.

정답   (B)
해설   2인 사진이므로 두 사람의 공통된 동작이나 자세, 또는 주변 사물에 초점을 맞
       춰 들어야 한다.
       (A) 사진 속에서 벤치를 찾아볼 수 없으므로 오답.
       (B) 두 사람의 자세 및 시선으로 보아 지도를 확인하는 것을 볼 수 있으므로
          정답.
       (C) 두 사람이 한 지점에 함께 서 있는 상황이므로 오답.
       (D) 배낭에서 뭔가를 꺼내는 동작을 하는 사람이 없으므로 오답.

4.

(A) The man is looking at a menu.
(B) A woman is tasting food.
(C) Some plates have been washed in the sink.
(D) A container is being filled with food.

(A) 남자가 메뉴를 살펴보고 있다.
(B) 여자가 음식을 맛보고 있다.
(C) 일부 접시들이 싱크대에서 세척되었다.
(D) 용기가 음식으로 채워지고 있다.

정답   (D)
해설   남자와 여자가 등장하는 2인 사진이므로 두 사람의 공통된 동작이나 자세, 또
       는 주변 사물에 초점을 맞춰 들어야 한다.
       (A) 남자가 보고 있는 것이 메뉴가 아니므로 오답.
       (B) 여자가 음식을 맛보는 동작을 하고 있지 아니므로 오답.
       (C) 싱크대를 찾아볼 수 없고 접시들이 세척된 모습을 묘사하고 있지 않으므
          로 오답.
       (D) 두 사람이 함께 용기에 음식을 담는 모습을 묘사하고 있으므로 정답.

5.

(A) Boxes are stacked on a warehouse floor.
(B) A ladder is leaning against the wall.
(C) Some packages are being wrapped.
(D) Items are being moved by a forklift.

(A) 상자들이 창고 바닥에 쌓여 있다.
(B) 사다리가 벽에 기대어져 있다.
(C) 일부 상품들이 포장되고 있다.
(D) 물품들이 지게차에 의해 옮겨지고 있다.

정답   (A)
해설   사물 사진이므로 각 사물의 명칭과 위치 관계에 초점을 맞춰 들어야 한다.
       (A) 많은 상자가 창고 바닥에 쌓여 있는 상태를 묘사한 정답.
       (B) 사진 속에서 사다리를 찾아볼 수 없으므로 오답.
       (C) 상품이 현재 포장되고 있지 않으므로 오답.
       (D) 물품이 현재 옮겨지고 있지 않으므로 오답.

6.

(A) Some people are boarding a boat.
(B) There are lampposts along the walkway.

(C) People are swimming in the ocean.
(D) Some boats are docked at a pier.

(A) 몇몇 사람들이 배에 탑승하고 있다.
(B) 보도를 따라 가로등들이 있다.
(C) 사람들이 바다에서 수영하고 있다.
(D) 몇몇 배들이 부두에 정박되어 있다.

정답 (D)

해설 다인 사진이므로 사람들의 동작이나 자세, 주변 사물에 함께 초점을 맞춰 들어야 한다.

(A) 배에 탑승하는 사람을 찾아볼 수 없으므로 오답.
(B) 보도를 따라 위치해 있는 가로등을 찾아볼 수 없으므로 오답.
(C) 바다에서 수영하는 사람들을 찾아볼 수 없으므로 오답.
(D) 몇몇 배가 부두에 정박되어 있는 상태를 묘사한 정답.

Part 2

7. Why are you paying by check?
(A) At the bank on Main Street.
(B) Around $500.
(C) Because the company prefers that.

왜 수표로 지불하시나요?
(A) Main Street에 있는 은행에서요.
(B) 약 500달러입니다.
(C) 그 회사가 그렇게 하는 것을 선호하기 때문입니다.

정답 (C)

해설 수표로 지불하는 이유가 무엇인지 묻는 Why 의문문이다.

(A) Where 의문문에 어울리는 위치 표현으로 답변하므로 오답.
(B) How much 의문문에 어울리는 비용 표현으로 답변하므로 오답.
(C) 수표로 지불하는 일을 that으로 지칭해 업체가 원하는 방식임을 이유로 밝히는 정답.

8. When should we install this software?
(A) It's an anti-virus program.
(B) As soon as we get to work.
(C) Some new laptops.

우리가 언제 이 소프트웨어를 설치해야 하나요?
(A) 그건 바이러스 방지 프로그램입니다.
(B) 회사에 도착하는 대로요.
(C) 몇몇 새로운 노트북 컴퓨터들이요.

정답 (B)

해설 언제 특정 소프트웨어를 설치해야 하는지 묻는 When 의문문이다.

(A) 소프트웨어의 특징을 말하는 답변이므로 오답.
(B) When과 어울리는 시점 표현 As soon as와 함께 대략적인 시점을 말하므로 정답.
(C) software에서 연상 가능한 laptops를 언급하므로 오답.

9. Is the customer helpline down?
(A) No. That department is upstairs.
(B) That's very helpful.
(C) Yes. We can't receive any calls.

고객 상담 전화가 고장 나 있나요?
(A) 아뇨. 그 부서는 위층에 있어요.
(B) 그건 매우 도움이 됩니다.
(C) 네. 우리는 어떤 전화도 받을 수 없습니다.

정답 (C)

해설 고객 상담 전화가 고장 나 있는지 확인하는 의문문이다.

(A) 부정을 뜻하는 No 뒤에 이어지는 말이 고객 상담 전화의 고장 여부와는 관련이 없으므로 오답.

(B) helpline과 일부 발음이 같은 helpful을 활용한 오답.
(C) 긍정을 나타내는 Yes와 함께 고객 상담 전화의 고장으로 인한 영향을 말하고 있으므로 정답.

10. What refreshments did you arrange?
(A) Just some drinks and sandwiches.
(B) They've extended their range.
(C) Thanks, I feel better now.

어떤 다과를 마련하셨나요?
(A) 그냥 몇몇 음료와 샌드위치요.
(B) 그들은 범위를 확장했어요.
(C) 고마워요, 지금 기분이 더 나아졌어요.

정답 (A)

해설 무슨 다과를 마련했는지 묻는 What 의문문이다.

(A) 다과의 종류를 언급하고 있으므로 정답.
(B) arrange와 일부 발음이 같은 range를 활용한 오답.
(C) What 의문문에 맞지 않는 감사의 인사로 답변하므로 오답.

11. I can watch a live performance at this restaurant, can't I?
(A) I'm not much of a music fan.
(B) No, there's no entry fee.
(C) Yes, it starts in 15 minutes.

이 식당에서 라이브 공연을 볼 수 있는 것이 맞나요?
(A) 저는 음악을 아주 좋아하는 팬은 아닙니다.
(B) 아뇨, 입장료는 없습니다.
(C) 네, 15분 후에 시작합니다.

정답 (C)

해설 특정 식당에서 라이브 공연을 볼 수 있는지 확인하는 부가 의문문이다.

(A) 공연 관람 가능성이 아닌 답변자 자신의 취향을 말하므로 오답.
(B) 부정을 뜻하는 No 뒤에 이어지는 말이 공연 관람 여부에 관한 질문 내용과 맞지 않으므로 오답.
(C) 긍정을 뜻하는 Yes와 함께 a live performance를 it으로 지칭해 시작 시간을 알려주는 정답.

12. Doesn't this hotel have a conference room?
(A) No, I'm afraid not.
(B) A business event.
(C) On May 30.

이 호텔에 컨퍼런스 룸이 있지 않나요?
(A) 아뇨, 없는 것 같습니다.
(B) 비즈니스 행사입니다.
(C) 5월 30일에요.

정답 (A)

해설 호텔에 컨퍼런스 룸의 존재 여부를 확인하는 부정 의문문이다.

(A) 부정을 의미하는 No와 함께 컨퍼런스 룸이 있는 것 같지 않다고 말하므로 정답.
(B) 질문과는 무관한 행사의 종류를 언급하므로 오답.
(C) When 의문문에 어울리는 날짜로 답변하므로 오답.

13. Is this travel budget enough, or do you need a little more?
(A) I could use an extra $50.
(B) Just two suitcases.
(C) Here's your itinerary.

이 출장 예산이 충분한가요, 아니면 조금 더 필요하신가요?
(A) 추가로 50달러를 사용할 수도 있을 겁니다.
(B) 여행 가방 두 개뿐입니다.
(C) 여기 여행 일정표가 있습니다.

정답 (A)

해설 출장 예산이 충분한지, 아니면 조금 더 필요한지 묻는 선택 의문문이다.

    (A) 추가로 사용할 수 있는 액수를 말하는 것으로 조금 더 필요하다는 뜻을 나타내므로 정답.

    (B) travel에서 연상 가능한 suitcases를 활용한 오답.

    (C) travel에서 연상 가능한 itinerary를 활용한 오답.

---

14. Who's writing the article about the stadium renovation project?

    (A) I have no idea.

    (B) A sports competition.

    (C) Just a few improvements.

누가 그 경기장 개조 공사 프로젝트에 관한 기사를 작성하고 있나요?

    (A) 잘 모르겠습니다.

    (B) 스포츠 경기 대회요.

    (C) 그저 몇몇 개선 사항들이요.

정답 (A)

해설 누가 경기장 개조 공사 프로젝트에 관한 기사를 작성하고 있는지 묻는 Who 의문문이다.

    (A) 상대방의 질문에 대해 잘 모르겠다는 말로 답변하므로 정답.

    (B) stadium에서 연상 가능한 sports를 활용한 오답.

    (C) renovation에서 연상 가능한 improvements를 활용한 오답.

---

15. Where do you want me to leave the printer paper?

    (A) At least fifty copies of the report.

    (B) In the storage room would be best.

    (C) He left at around 3 P.M.

어디에 이 프린터 용지를 놓아두기를 원하시나요?

    (A) 최소한 그 보고서 사본 50장이요.

    (B) 보관소 내부가 가장 좋을 겁니다.

    (C) 그는 오후 3시쯤에 떠났어요.

정답 (B)

해설 어디에 프린터 용지를 놓아두기를 원하는지 묻는 Where 의문문이다.

    (A) How many 의문문에 어울리는 수량으로 답변하므로 오답.

    (B) Where와 어울리는 특정 위치를 제안하는 답변이므로 정답.

    (C) 대상을 알 수 없는 He에 관해 답변하는 오답.

---

16. Does this library have a comic book section?

    (A) You'll need to pay the late fee.

    (B) Let's ask a librarian.

    (C) Here's my library card.

이 도서관에 만화책 코너가 있나요?

    (A) 연체료를 지불하셔야 할 겁니다.

    (B) 사서에게 물어봅시다.

    (C) 여기 제 도서관 카드입니다.

정답 (B)

해설 도서관에 만화책 코너가 있는지 확인하는 의문문이다.

    (A) library에서 연상 가능한 late fee를 활용한 오답.

    (B) 만화책 코너의 존재 여부에 관련된 정보를 얻을 수 있는 방법을 제안하므로 정답.

    (C) 도서관 회원 카드를 제시하면서 할 수 있는 말이므로 질문에서 벗어난 오답.

---

17. Could you repair my broken digital camera?

    (A) We stock several models.

    (B) Only if it's still under warranty.

    (C) Unfortunately, it's sold out.

고장 난 제 디지털 카메라를 수리해 주시겠어요?

    (A) 저희는 여러 모델을 취급합니다.

    (B) 오직 여전히 품질 보증 기간일 경우에만요.

    (C) 안타깝게도, 그건 품절되었습니다.

정답 (B)

해설 고장 난 디지털 카메라를 수리해 달라고 묻는 요청 의문문이다.

    (A) 카메라 수리 여부가 아닌 취급 제품을 언급하므로 오답.

    (B) 제품을 수리하는 조건을 먼저 언급하는 말이므로 정답.

    (C) 제품 수리가 아닌 판매 가능 여부와 관련된 말이므로 오답.

---

18. Who will be training the new temporary workers?

    (A) Just for a couple of days.

    (B) Yes. They picked it up quickly.

    (C) Gloria would be the best choice.

누가 신입 임시직 직원들을 교육할 예정인가요?

    (A) 단 이틀 동안만요.

    (B) 네. 그들은 그것을 빠르게 습득했습니다.

    (C) 글로리아 씨가 가장 좋은 선택일 겁니다.

정답 (C)

해설 신입 임시직 직원들을 교육할 사람이 누구인지 묻는 Who 의문문이다.

    (A) How long 의문문에 어울리는 기간으로 답변하므로 오답.

    (B) 의문사 의문문에 맞지 않는 Yes로 답변하므로 오답.

    (C) Who와 어울리는 특정 인물의 이름을 언급하므로 정답.

---

19. Where should we take the clients for some entertainment?

    (A) There's no time for that.

    (B) Did you have a good time?

    (C) Sure, I'd love to join you.

접대를 위해 어디로 고객들을 모셔 가야 하나요?

    (A) 그럴 시간이 없습니다.

    (B) 즐거운 시간 보내셨나요?

    (C) 물론이죠, 당신과 꼭 함께 하고 싶습니다.

정답 (A)

해설 어디로 고객들을 데려 가야 하는지 묻는 Where 의문문이다.

    (A) 고객들을 모시는 일을 that으로 지칭해 그럴 시간이 없다는 말로 그 장소를 알 필요가 없음을 나타내므로 정답.

    (B) 과거 시점(Did)에 대한 의견을 묻는 말이므로 오답.

    (C) 상대방의 제안을 수락할 때 사용하는 답변이므로 오답.

---

20. Edward's designing the concert posters, right?

    (A) A live performance.

    (B) Yes, he's starting now.

    (C) I prefer movies.

에드워드가 콘서트 포스터를 디자인하고 있는 게 맞죠?

    (A) 라이브 공연이에요.

    (B) 네, 지금 시작하고 있어요.

    (C) 저는 영화를 선호합니다.

정답 (B)

해설 에드워드가 콘서트 포스터를 디자인하고 있는지 확인하는 부가 의문문이다.

    (A) concert에서 연상 가능한 live performance를 활용한 오답.

    (B) 긍정을 나타내는 Yes 및 에드워드 씨를 지칭하는 he와 함께 지금 디자인을 하고 있음을 알리는 정답.

    (C) 에드워드 씨의 포스터 디자인 작업 여부가 아닌 답변자 자신의 취향을 말하므로 오답.

---

21. Am I working on the main assembly line tonight?

    (A) The manufacturing plant.

    (B) Didn't you check the new work schedule?

    (C) There was a line right around the block.

제가 오늘밤에 주 조립 라인에서 일하는 건가요?

    (A) 그 제조 공장이요.

    (B) 새 근무 일정표를 확인해 보지 않으셨나요?

    (C) 그 구역을 바로 돌아서 줄이 하나 있었어요.

정답 (B)

해설 자신이 오늘밤에 주 조립 라인에서 일하는 것인지 확인하는 의문문이다.

(A) Where 의문문에 어울리는 장소로 답변하므로 오답.
(B) 주 조립 라인 근무 여부를 확인할 수 있는 방법을 묻고 있으므로 정답.
(C) line을 반복한 답변으로 질문과 관련 없는 오답.

22. When did the Casual Friday policy start?
(A) To make employees happy.
(B) A few months ago.
(C) That's a great idea.

언제 '평상복 금요일' 정책이 시작되었나요?
(A) 직원들을 기쁘게 하기 위해서요.
(B) 몇 달 전에요.
(C) 아주 좋은 생각입니다.

정답 (B)

해설 언제 '평상복 금요일' 정책이 시작되었는지 묻는 When 의문문이다.

(A) Why 의문문에 어울리는 목적을 나타내는 to부정사구로 답변하므로 오답.
(B) When과 어울리는 대략적인 과거 시점을 말하므로 정답.
(C) 긍정 또는 동의를 나타낼 때 사용하는 말로 의문사 의문문에 맞지 않는 오답.

23. Which vending machine needs to be repaired?
(A) Just some snacks and beverages.
(B) Yes, I'll fix it for you.
(C) The one on the third floor.

어느 자판기가 수리되어야 하나요?
(A) 그냥 몇몇 간식과 음료들이요.
(B) 네, 제가 고쳐 드리겠습니다.
(C) 3층에 있는 것이요.

정답 (C)

해설 어느 자판기가 수리되어야 하는지 묻는 Which 의문문이다.

(A) 자판기가 아닌 음식의 종류를 말하는 답변이므로 오답.
(B) 의문사 의문문에 맞지 않는 Yes로 답변하는 오답.
(C) vending machine을 the one으로 지칭해 특정 위치에 있는 것을 언급하므로 정답.

24. How many business trips will you be taking this month?
(A) A seminar in Tokyo.
(B) Sure, you can take your time.
(C) I'd guess two or three.

이번 달에 얼마나 많은 출장을 떠날 예정이신가요?
(A) 도쿄에서 열리는 세미나요.
(B) 물론이죠, 천천히 하셔도 됩니다.
(C) 두세 번일 것 같아요.

정답 (C)

해설 이번 달에 얼마나 많은 출장을 떠날 것인지 묻는 How many 의문문이다.

(A) How many와 어울리지 않는 행사 종류와 장소를 말하고 있으므로 오답.
(B) 의문사 의문문에 맞지 않는 Sure로 답변하므로 오답.
(C) How many와 어울리는 횟수로 답변하므로 정답.

25. Would you consider working on this report during the weekend?
(A) I have plans with my family.
(B) It's a 5-minute walk from here.
(C) Typically from 9 to 5.

주말 동안 이 보고서에 대한 작업을 하는 것을 고려해 보시겠어요?
(A) 저는 가족과 계획이 있습니다.
(B) 이곳에서 걸어서 5분 거리입니다.
(C) 일반적으로 9시에서 5시까지요.

정답 (A)

해설 주말 동안 보고서 작업을 하는 것을 고려하는 것을 묻는 제안 의문문이다.

(A) 가족과 계획이 있다는 말로 제안을 거절하고 있으므로 정답.
(B) How long 또는 Where 의문문에 어울리는 이동 거리로 답변하므로 오답.
(C) 근무 시간을 말하는 답변이므로 오답.

26. You're in charge of our most successful sales team, right?
(A) No, thanks. I can't afford it.
(B) I was charged $100.
(C) Yes, I'm the team leader.

당신이 우리 회사에서 가장 성공적인 영업팀을 맡고 있는 것이 맞나요?
(A) 괜찮습니다. 그럴 여유가 없습니다.
(B) 저에게 100달러가 청구되었어요.
(C) 네, 제가 팀장입니다.

정답 (C)

해설 회사에서 가장 성공적인 영업팀을 맡고 있는 것이 맞는지 확인하는 부가 의문문이다.

(A) 제안에 대한 거절 의사를 나타내는 답변이므로 오답.
(B) charge의 다른 의미(청구하다)를 활용한 오답.
(C) 긍정을 나타내는 Yes와 함께 자신이 팀장이라는 말로 질문에 대해 답하고 있으므로 정답.

27. Haven't you seen the announcement on the bulletin board?
(A) At the company dinner.
(B) He's the chairman of the board.
(C) I've been off since Monday.

게시판에 있는 공지 사항을 보시지 않았나요?
(A) 회사 저녁 만찬에서요.
(B) 그가 이사회 의장입니다.
(C) 제가 월요일 이후로 휴무였습니다.

정답 (C)

해설 게시판에 있는 공지 사항을 보지 않았는지 묻는 부정 의문문이다.

(A) 장소 표현이므로 공지 사항 확인 여부와 관련 없는 오답.
(B) 대상을 알 수 없는 He에 관해 말하는 답변이므로 오답.
(C) 월요일 이후로 휴무였다는 말로 공지 사항을 보지 못했음을 나타내고 있으므로 정답.

28. I really want the sofa that's on page 10 of your catalog.
(A) Let me check if we have one in our warehouse.
(B) I sent a copy to all mailing list members.
(C) No, I bought it from a Web site.

귀사의 카탈로그 10 페이지에 있는 소파를 정말로 원합니다.
(A) 저희 창고에 하나 있는지 확인해 보겠습니다.
(B) 우편물 발송 대상자 명단에 있는 모든 분들에게 1부씩 보냈습니다.
(C) 아뇨, 한 웹 사이트에서 그것을 구입했습니다.

정답 (A)

해설 카탈로그 10 페이지에 있는 소파를 정말로 원한다는 뜻을 나타낸 평서문이다.

(A) sofa를 one으로 지칭해 해당 제품의 재고 보유 여부를 확인해 보겠다고 알리므로 정답.
(B) catalog에서 연상 가능한 sent a copy를 활용한 오답.
(C) 구매자가 할 수 있는 말로서 답변자가 판매자에 해당되므로 오답.

29. Who's responsible for reimbursing travel expenses?
(A) At the end of the month.
(B) That's the accounting manager.
(C) Oh, I didn't realize that.

누가 출장 경비를 환급해 주는 일을 책임지고 있나요?
(A) 이달 말에요.
(B) 그건 회계 부장님이십니다.
(C) 아, 그런 줄 몰랐어요.

정답 (B)

해설 누가 출장 경비를 환급해 주는 일을 책임지고 있는지 묻는 Who 의문문이다.
(A) When 의문문에 어울리는 시점 표현으로 답변하고 있으므로 오답.
(B) 특정 부서에 근무하는 사람의 직책으로 담당자에 대해 답변하고 있으므로 정답.
(C) 어떤 사실이나 정보를 알지 못했을 때 사용하는 표현이므로 Who 의문문에 맞지 않는 오답.

30. Why don't we drive to Los Angeles instead of taking a flight?
(A) That would certainly be cheaper.
(B) It departs at 4 P.M.
(C) The annual technology convention.

비행기를 타는 대신 로스앤젤레스까지 차를 운전해 가는 게 어떨까요?
(A) 그게 분명 더 저렴할 겁니다.
(B) 오후 4시에 출발합니다.
(C) 연례 기술 협의회요.

정답 (A)

해설 비행기를 타는 대신 차를 운전해 가는 것이 어떤지 묻는 제안 의문문이다.
(A) 목적지까지 차를 운전해 가는 것을 That으로 지칭하며 그에 대한 장점을 말하고 있으므로 정답.
(B) When 의문문에 어울리는 시점 표현으로 답변하고 있으므로 오답.
(C) 행사 종류를 말하는 답변이므로 오답.

31. I'll speak with the elevator engineer when he arrives this morning.
(A) He's coming tomorrow.
(B) Some urgent maintenance.
(C) Yes, the work didn't take long.

엘리베이터 기술자가 오늘 아침에 도착하면 얘기해 보겠습니다.
(A) 그 사람은 내일 올 거예요.
(B) 일부 긴급한 유지 관리 작업이요.
(C) 네, 그 작업은 오래 걸리지 않았어요.

정답 (A)

해설 엘리베이터 기술자가 오늘 아침에 도착하면 얘기하겠다는 뜻을 나타내는 평서문이다.
(A) elevator engineer를 He로 지칭해 내일 온다는 말로 오늘 얘기할 수 없음을 나타낸 정답.
(B) 작업의 목적 또는 종류와 관련된 답변이므로 오답.
(C) 상대방이 말하는 미래 시점(I'll)의 일과 달리 과거 시점(didn't)의 일을 언급하는 오답.

Part 3

Questions 32-34 refer to the following conversation.

M: Rhonda, **32** did I see you using the new tablet computer that Horizon just launched? I'm considering buying one. Would you recommend it?
W: Well, I got mine about a week ago. I love the screen, but **33** the battery runs out far too quickly. I need to charge it every couple of hours.
M: I don't like the sound of that. Perhaps I'll shop around first. In fact, **34** this Saturday is the first day of Laser Electronics' summer sale. I'll head along and try to find a good deal.

남: 론다 씨, 호라이즌 사에서 막 출시한 새 태블릿 컴퓨터를 사용하시는 것을 제가 보지 않았나요? 저도 하나 구입하는 것을 고려 중입니다. 추천해 주실 만한가요?
여: 저, 제가 약 일주일 전에 구입했는데요. 화면은 정말 마음에 들지만, 배터리가 너무 빨리 닳아요. 몇 시간마다 한 번씩 충전해야 해요.
남: 그런 얘기는 마음에 들지 않네요. 아마 먼저 매장을 돌아봐야 할 것 같네요. 실은, 이번 주 토요일이 레이저 전자회사의 여름 세일 첫 날입니다. 그곳에 가서 좋은 거래 제품을 찾아봐야겠어요.

32. 화자들은 무슨 제품을 이야기하고 있는가?
(A) 디지털 카메라
(B) 평면 텔레비전
(C) 태블릿 컴퓨터
(D) 휴대전화기

정답 (C)

해설 남자가 대화를 시작하면서 여자에게 새 태블릿 컴퓨터를 사용하는 것을 자신이 본 것(did I see you using the new tablet computer)을 언급한 뒤로 동일한 종류의 제품을 구입하는 일에 관해 이야기하고 있으므로 (C)가 정답이다.

33. 여자는 왜 제품에 실망하고 있는가?
(A) 화면이 충분히 밝지 않다.
(B) 메뉴가 너무 복잡하다.
(C) 배터리 수명이 너무 짧다.
(D) 월간 요금이 너무 높다.

정답 (C)

해설 대화 중반부에 여자는 해당 제품의 장점을 언급하고 있고, 배터리가 빨리 닳는다(the battery runs out far too quickly)는 단점도 밝히고 있으므로 (C)가 정답이다.

34. 남자는 토요일에 무슨 일이 있을 것이라고 말하는가?
(A) 제품이 출시될 것이다.
(B) 신규 매장이 문을 열 것이다.
(C) 평가가 게재될 것이다.
(D) 세일이 시작될 것이다.

정답 (D)

해설 토요일이라는 시점이 언급된 후반부에 남자가 토요일이 레이저 전자회사의 여름 세일 첫 날(this Saturday is the first day of Laser Electronics' summer sale)이라고 알리고 있으므로 (D)가 정답이다.

Questions 35-37 refer to the following conversation.

W: Thank you for calling Acorn Hills Spa. What can I do for you?
M: Hi. **35** I'm interested in signing up for your training course, but I have no formal experience as a massage therapist. Is that a problem?
W: No problem at all. Our course is specifically designed for massage beginners. We'll teach you all of the basics in the first couple of weeks, and move on to advanced techniques later. At the end, **36** you'll get a certificate to show that you passed the course.
M: So, at the end of the course, I'll be a qualified massage therapist? Sounds great! What are the fees and class times?
W: **37** I'll mail you a brochure that contains more information. Can you tell me where to send it to?

여: 에이콘 힐즈 스파에 전화 주셔서 감사합니다. 무엇을 도와 드릴까요?

남: 안녕하세요. 제가 그쪽의 교육 과정에 등록하는 데 관심이 있는데, 마사지 치료사로서 정식 경험은 없습니다. 그게 문제가 될까요?

여: 전혀 문제되지 않습니다. 저희 과정은 마사지 초보자들을 위해 특별히 고안되었습니다. 저희가 첫 몇 주 동안 모든 기초 사항들을 가르쳐 드릴 것이며, 이후에 고급 기술로 넘어갈 것입니다. 마지막에는, 이 과정을 통과하셨다는 것을 보여주는 수료증을 받으실 것입니다.

남: 그럼, 그 과정이 끝나면, 제가 자격을 갖춘 마사지 치료사가 되는 건가요? 아주 좋은 것 같아요! 요금과 수강 시간은 어떻게 되나요?

여: 더 많은 정보를 포함하고 있는 안내 책자를 우편으로 보내 드리겠습니다. 보내 드릴 곳을 말씀해 주시겠습니까?

35. 남자는 무엇에 관해 배우는 데 관심이 있는가?
(A) 외국어
(B) 건강한 식사
(C) 헤어 스타일링
(D) 마사지 치료

정답 (D)

해설 대화 초반부에 남자가 교육 과정에 등록하는 데 관심이 있지만, 마사지 치료사로서 정식 경험은 없다는(I'm interested in signing up for your training course, but I have no formal experience as a massage therapist) 사실을 밝히고 있다. 이를 통해 마사지 치료를 배우는 과정에 등록하는 데 관심이 있다는 것을 알 수 있으므로 (D)가 정답이다.

36. 여자는 교육 과정 이후에 무엇이 제공된다고 말하는가?
(A) 일자리 소개
(B) 현금 보너스
(C) 수료증
(D) 회원 카드

정답 (C)

해설 대화 중반부에 여자가 교육 과정을 통과했다는 것을 보여주는 수료증을 받게 된다고(you'll get a certificate to show that you passed the course) 알리고 있으므로 (C)가 정답이다.

37. 여자는 무슨 정보를 요청하는가?
(A) 전화 번호
(B) 우편 주소
(C) 신용카드 상세 정보
(D) 업체로 찾아가는 길

정답 (B)

해설 대화 마지막에 여자가 안내 책자를 우편으로 보내 주겠다는 말과 함께 보낼 곳을 알려 달라고(I'll mail you a brochure that contains more information. Can you tell me where to send it to?) 묻고 있는데, 이는 우편 주소를 알려 달라는 말이므로 (B)가 정답이다.

Questions 38-40 refer to the following conversation with three speakers.

M: Hi, Joanna. I'm sorry I didn't get here on time. I was driving along Tenth Avenue when **38** my car's engine just died. I had to take it to the auto shop and grab a taxi.

W1: No problem. We just got started. Mary and I were just discussing the new lighting we picked out for our store.

W2: Right. We realized that **39** we'll probably need to close the coffee shop for a day to remove our old lights and install the new ones. It's a pretty big job.

W1: And, Tuesday is typically our slowest day, so how about scheduling the work for Tuesday next week?

M: That should work out fine. **40** I'll call our employees now and let them all know in advance.

남: 안녕하세요, 조안나 씨. 제 시간에 오지 못해서 죄송합니다. 10번가를 따라 운전하고 있는데 제 차의 엔진이 그냥 멈춰버렸어요. 자동차 정비소로 차를 가져간 다음에 택시를 잡아야 했습니다.

여1: 괜찮습니다. 저희도 막 시작했어요. 메리 씨와 제가 우리 매장을 위해 선택한 새로운 조명에 관해 막 이야기하고 있었어요.

여2: 맞아요. 우리가 아마 기존의 전등을 제거하고 새로운 것을 설치하기 위해 하루 동안 커피 매장을 닫아야 할 수도 있다는 사실을 알았어요. 꽤 큰 작업입니다.

여1: 그리고, 화요일이 보통 가장 한가한 요일이기 때문에, 다음 주 화요일로 그 작업 일정을 잡는 게 어떨까요?

남: 그렇게 하는 게 좋겠어요. 제가 지금 우리 직원들에게 전화해서 모두에게 미리 알리겠습니다.

38. 남자는 왜 늦게 도착했는가?
(A) 버스를 놓쳤다.
(B) 차가 고장 났다.
(C) 엉뚱한 곳으로 갔다.
(D) 다른 약속이 있었다.

정답 (B)

해설 대화 시작 부분에 남자가 제 시간에 오지 못한 것에 대해 사과하면서 자신의 차량 엔진이 그냥 멈췄다고(my car's engine just died) 말하고 있으므로 (B)가 정답이다.

39. 왜 커피 매장이 일시적으로 문을 닫을 것인가?
(A) 교육 시간이 개최될 것이다.
(B) 일부 가구가 교체될 것이다.
(C) 안전 점검이 있을 것이다.
(D) 일부 조명이 설치될 것이다.

정답 (D)

해설 대화 중반부에 여자 한 명이 기존의 전등을 제거하고 새로운 것을 설치하기 위해 하루 동안 커피 매장을 닫아야 할 수도 있다고(we'll probably need to close the coffee shop for a day to remove our old lights and install the new ones) 말하고 있으므로 (D)가 정답이다.

40. 남자는 곧이어 무엇을 할 것이라고 말하는가?
(A) 직원들에게 연락하는 일
(B) 업무 일정표를 게시하는 일
(C) 비용을 지불하는 일
(D) 일부 문서를 검토하는 일

정답 (A)

해설 대화 마지막에 남자가 직원들에게 전화해서 모두에게 미리 알리겠다고(I'll call our employees now and let them all know in advance) 말하고 있으므로 (A)가 정답이다.

Questions 41-43 refer to the following conversation.

M: Hello, this is Albert Cheng from Lockright Containers. **41** I just listened to your message about needing packaging for your food items.

W: Hi, Albert. Yes, our restaurant recently started a home delivery and takeout service. We've just been using some cheap boxes so far.

M: I see. And, what exactly can I do to help you?

W: Well, **42** the service is more popular than expected, and we're struggling to keep up. We usually run out of boxes a few hours before the restaurant closes.

M: That's not good! Well, we can definitely help you so that you never run out. **43** Why don't I mail a product catalog over to you so you can choose which containers you'd prefer to use?

남: 안녕하세요, 저는 록라이트 컨테이너즈 사에서 전화 드리는 알버트 쳉입니다. 귀사의 식품에 사용할 포장재가 필요하다는 내용의 메시지를 막 들었습니다.

여: 안녕하세요, 알버트 씨. 네, 저희 레스토랑이 최근에 배달 및 포장 서비스를 시작했습니다. 지금까지는 그저 몇몇 저렴한 상자들을 사용해 오고 있었습니다.

남: 알겠습니다. 그럼, 정확히 무엇을 도와 드릴까요?

여: 저, 그 서비스가 예상보다 더 인기가 많아서, 속도를 따라잡는 데 큰 어려움을 겪고 있습니다. 보통 레스토랑이 문을 닫기 몇 시간 전에 상자들이 다 떨어집니다.

남: 그럼 좋지 않은데요! 저, 절대로 부족해지지 않도록 저희가 확실히 도와 드릴 수 있습니다. 어느 용기를 사용하고 싶으신지 선택하실 수 있도록 제품 카탈로그를 귀하께 우편으로 보내 드리면 어떨까요?

41. 남자는 무슨 종류의 업체에서 일하고 있는가?
(A) 포장재 회사
(B) 출장 요리 제공 업체
(C) 식품 제조사
(D) 보안 관리 대행사

정답 (A)

해설 대화를 시작하면서 남자가 상대방의 요청 사항을 언급하면서 식품에 사용할 포장재가 필요하다는 메시지를 받았음을(I just listened to your message about needing packaging for your food items) 알리고 있다. 이는 남자가 포장재 회사에 근무하고 있음을 나타내는 것이므로 (A)가 정답이다.

42. 여자가 "속도를 따라잡는 데 큰 어려움을 겪고 있습니다"라고 말한 의도는 무엇인가?
(A) 해당 분야에서 경쟁이 심하다.
(B) 월간 수익이 감소하고 있다.
(C) 업체가 수요에 대처하지 못하고 있다.
(D) 여러 직원들이 결근하고 있다.

정답 (C)

해설 대화 중반부에 여자가 서비스가 예상보다 더 인기가 많다고(the service is more popular than expected) 알리면서 속도를 따라잡는 데 큰 어려움을 겪고 있다고 말하는 상황이다. 이는 인기가 많은 제품에 대한 수요를 따라잡지 못하고 있다는 뜻이므로 (C)가 정답이다.

43. 남자는 무엇을 하겠다고 제안하는가?
(A) 배송 일정을 재조정하는 일
(B) 카탈로그를 보내는 일
(C) 여자의 업체를 방문하는 일
(D) 견적서를 준비하는 일

정답 (B)

해설 대화 마지막에 남자가 제품 카탈로그를 우편으로 보내 주겠다고(Why don't I mail a product catalog over to you) 제안하고 있으므로 (B)가 정답이다.

Questions 44-46 refer to the following conversation.

W: Hello. Welcome to Gamma Electronics. Can I help you with anything today?
M: Yes, please. 44 I'm here to exchange this pair of headphones.
W: I see. Do you mind telling me why you want to exchange them?
M: Well, I like the sound quality, but 45 they're too small for my head. They're really uncomfortable.
W: No problem. Well, 46 we have a wide variety of other products that might suit you better. I can show you a few.
M: That would be great. Thanks.

여: 안녕하세요. 감마 전자제품 사에 오신 것을 환영합니다. 오늘 도움이 필요하신 일이 있으신가요?

남: 네, 있습니다. 이 헤드폰을 교환하려고 왔습니다.

여: 알겠습니다. 왜 교환하고 싶으신지 말씀해 주시겠습니까?

남: 저, 소리 품질은 마음에 드는데, 제 머리에 너무 작습니다. 정말로 불편해요.

여: 좋습니다. 음, 고객님께 더 잘 어울릴 수 있는 아주 다양한 다른 제품들이 있습니다. 몇 가지 보여 드릴 수 있습니다.

남: 그렇게 해 주시면 좋을 것 같아요. 감사합니다.

44. 남자는 무슨 종류의 제품을 교환하고 싶어 하는가?
(A) 노트북 컴퓨터
(B) 휴대전화기
(C) 스피커 세트
(D) 헤드폰

정답 (D)

해설 대화 초반부에 남자가 헤드폰을 교환하려고 왔다고(I'm here to exchange this pair of headphones) 말하며 헤드폰 제품 교환을 원한다는 뜻을 나타내고 있으므로 (D)가 정답이다.

45. 해당 제품에 무엇이 문제인가?
(A) 배터리 수명
(B) 성능
(C) 크기
(D) 색상

정답 (C)

해설 대화 중반부에 남자는 자신의 머리에 헤드폰이 너무 작다는(they're too small for my head) 말로 크기가 맞지 않다고 알리고 있으므로 (C)가 정답이다.

46. 여자는 무엇을 하겠다고 제안하는가?
(A) 부분 환불을 해 주는 일
(B) 매장 포인트를 제공하는 일
(C) 제품을 개조하는 일
(D) 대체 제품을 보여주는 일

정답 (D)

해설 대화 후반부에 여자가 남자에게 더 잘 어울릴 수 있는 다양한 다른 제품들이 있다고 하며 몇 가지를 보여줄 수 있다고(we have a wide variety of other products that might suit you better. I can show you a few) 말하고 있다. 이는 교환에 필요한 대체품을 보여주겠다는 뜻이므로 (D)가 정답이다.

Questions 47-49 refer to the following conversation.

W: We're lucky to have 47 a special guest in the radio studio today! Joseph Fantano, writer of the recently released novel *The Midnight Song*, has joined us for a chat. Joseph, it's great to have you here.
M: Thanks, Tina. I'm happy to be here for this interview. Actually, 48 coming here reminds me of my first ever job, working as a radio show host for a small station in Denver. I really enjoyed my time there.
W: Well, luckily for fans of your books, you changed your career path. On that note… Do you have any advice for listeners who want to pursue a career in writing?
M: 49 I'd say the best way to start is to read a lot of novels. That way, you'll improve your vocabulary and get ideas for how to construct stories.

여: 오늘 저희 라디오 스튜디오에 특별 초대 손님을 모시게 되어 운이 좋습니다! 최근에 출시된 소설 <The Midnight Song>의 저자 조셉 판타노 씨께서 이야기를 나누기 위해 함께 자리해 주셨습니다. 조셉 씨, 와 주셔서 대단히 기쁩니다.

남: 감사합니다, 티나 씨. 오늘 인터뷰를 하러 오게 되어 기쁩니다. 사실, 이곳에 온 것이 덴버의 한 작은 방송국에서 라디오 프로그램 진행자로 일했던 제 첫 일자리를 생각나게 합니다. 그곳에서 정말 즐거운 시간을 보냈습니다.

여: 저, 출간하신 책의 팬들에게는 다행스럽게도, 진로를 바꾸셨군요. 그런 의미에서... 글을 쓰는 분야에서의 경력을 추구하고자 하는 청취자들께 해 드릴 조언이라도 있으신가요?

남: 시작하기 가장 좋은 방법은 많은 소설을 읽는 것입니다. 그렇게 하시면, 어휘 수준을 향상시키고 이야기를 구성하는 방법에 대한 아이디어를 얻게 되실 겁니다.

47. 남자는 누구인가?
(A) 기자
(B) 작가
(C) 토크쇼 진행자
(D) 대학 교수

정답 **(B)**

해설 대화 시작 부분에 여자가 특별 초대 손님으로 최근 출시된 소설의 저자 조셉 판타노 씨를 모셨다는(a special guest in the radio studio today! Joseph Fantano, writer of the recently released novel) 이야기를 하고 있으므로 (B)가 정답이다.

48. 남자는 인터뷰 중에 무엇을 기억하는가?
(A) 여자와 이전에 가졌던 만남
(B) 가족과 함께 떠났던 휴가
(C) 지역 대학교에서 공부하면서 보냈던 시간
(D) 이전의 취업 경험

정답 **(D)**

해설 대화 중반부에 남자가 인터뷰 자리에 나온 것이 덴버의 한 작은 방송국에서 라디오 프로그램 진행자로 일했던 자신의 첫 일자리를 생각나게 한다고(coming here reminds me of my first ever job, working as a radio show host for a small station in Denver) 말하고 있다. 이는 과거의 취업 경험이 생각난다는 뜻이므로 (D)가 정답이다.

49. 남자는 청자들에게 무엇을 하도록 권하는가?
(A) 책을 많이 읽는 일
(B) 포트폴리오를 만드는 일
(C) 취업 박람회에 참석하는 일
(D) 강좌에 등록하는 일

정답 **(A)**

해설 여자가 대화 후반부에 청취자들에게 조언할 것이 있는지 묻자 남자가 소설을 많이 읽는 게 가장 좋다고(I'd say the best way to start is to read a lot of novels) 언급하고 있으므로 (A)가 정답이다.

Questions 50-52 refer to the following conversation.

W: Good morning, and thanks for calling Riley Furniture. How can I help?

M: Good morning. I purchased an office chair through your Web store and paid for express shipping. 50 I expected the delivery to be made to my home on Monday, but it's already Wednesday.

W: Oh, let me check that for you. 51 If you let me know your shipping address, I'll try to find out when your item will arrive.

M: Okay. It's 25 Stratton Street.

W: Thanks. Well, it seems as though the driver is on his way to your location right now. Will you be at home for the next thirty minutes or so?

M: Yes. I'm glad to hear that, as 52 I'll be flying to Cuba on vacation first thing tomorrow.

여: 안녕하세요, 라일리 가구에 전화 주셔서 감사합니다. 무엇을 도와 드릴까요?

남: 안녕하세요. 귀하의 온라인 매장을 통해 사무용 의자를 하나 구입했고, 빠른 배송에 대한 비용을 지불했습니다. 월요일에 저희 집으로 그 배송 물품이 도착할 것으로 예상했지만, 오늘이 벌써 수요일입니다.

여: 아, 제가 확인해 드리겠습니다. 배송 주소를 저에게 알려 주시면, 제품이 언제 도착할지 알아봐 드리겠습니다.

남: 알겠습니다. 스트랜튼 스트리트 25번지입니다.

여: 감사합니다. 저, 배송 기사가 지금 귀하의 자택으로 가는 중인 것처럼 보입니다. 앞으로 30분 정도 집에 계실 건가요?

남: 네, 그 말씀을 들으니 기쁘네요, 제가 내일 아침 일찍 비행기를 타고 쿠바로 휴가를 떠나거든요.

50. 남자는 왜 전화를 거는가?
(A) 거래 내역서의 오류를 지적하기 위해
(B) 제품 결함을 알리기 위해
(C) 주문 사항에 제품을 추가하기 위해
(D) 배송에 관해 문의하기 위해

정답 **(D)**

해설 대화 초반부에 남자는 월요일에 집으로 배송 물품이 도착할 것으로 예상했지만 오늘이 벌써 수요일이라는 사실을(I expected the delivery to be made to my home on Monday, but it's already Wednesday) 알리고 있는데, 이는 배송 지연 문제에 관해 문의하는 것이므로 (D)가 정답이다.

51. 여자는 남자에게 무슨 정보를 요청하는가?
(A) 전화번호
(B) 집 주소
(C) 신용카드 번호
(D) 이메일 주소

정답 **(B)**

해설 남자의 문제점을 들은 여자가 대화 중반부에 배송 주소를 알려 달라고(If you let me know your shipping address) 요청하고 있으므로 (B)가 정답이다.

52. 남자는 내일 무엇을 할 것인가?
(A) 새 집으로 이사하는 일
(B) 휴가를 떠나는 일
(C) 비즈니스 회의에 참석하는 일
(D) 여자의 직장을 방문하는 일

정답 **(B)**

해설 내일이라는 시점이 제시되는 마지막 부분에 남자가 내일 아침에 쿠바로 휴가를 떠난다고(I'll be flying to Cuba on vacation first thing tomorrow) 알리고 있으므로 (B)가 정답이다.

Questions 53-55 refer to the following conversation.

W: Mr. Butler, you mentioned that we should hire an event planner to organize our company's year-end banquet. Well, 53 this morning, I compared some prices quoted by various event-planning agencies. Would you like to take a look at the information now?

M: I'm afraid I have to rush out for a dentist appointment. In the meantime, 54 could you ask some of the companies for some cost estimates? We can talk about it more later.

W: Sure. But, **55** first, I want to speak with Lisa in Accounting to find out what our budget is for this year's banquet.

M: Great idea. I'll stop by your office for a meeting at around 3 P.M.

여: 버틀러 씨, 우리가 회사의 연말 연회를 준비하기 위해 행사 기획자를 고용해야 한다고 언급하셨는데요. 저, 오늘 아침에, 다양한 행사 기획 대행사에서 견적을 낸 몇몇 가격을 비교해 봤습니다. 지금 그 정보를 한 번 확인해 보시겠습니까?

남: 제가 급히 치과 예약에 가야 할 것 같습니다. 그 사이에, 몇몇 업체에게 비용 견적서를 요청해 주시겠어요? 나중에 그 부분에 관해 더 이야기할 수 있을 겁니다.

여: 물론입니다. 하지만, 우선, 올해의 연회에 대한 우리 예산이 얼마인지 알아볼 수 있도록 회계부의 리사 씨와 이야기해 보고 싶습니다.

남: 좋은 생각입니다. 오후 3시쯤에 회의하러 당신의 사무실에 들르겠습니다.

53. 여자는 오늘 아침에 무엇을 했는가?
(A) 구직 지원자들을 면접했다.
(B) 물품을 구입했다.
(C) 가격을 비교했다.
(D) 문서를 수정했다.

정답 (C)

해설 오늘 아침이라는 시점이 제시되는 초반부에 여자가 몇몇 가격을 비교해 본 (this morning, I compared some prices) 사실을 언급하고 있으므로 (C)가 정답이다.

54. 남자는 여자에게 무엇을 하도록 제안하는가?
(A) 설문 조사를 실시하는 일
(B) 업체 부지를 방문하는 일
(C) 예약 일정을 재조정하는 일
(D) 견적서를 요청하는 일

정답 (D)

해설 대화 중반부에 남자가 몇몇 업체에 비용 견적서를 요청하도록(could you ask some of the companies for some cost estimates?) 제안하고 있으므로 (D)가 정답이다.

55. 여자는 무엇을 먼저 하고 싶어 하는가?
(A) 동료 직원과 이야기하는 일
(B) 비용을 지불하는 일
(C) 초대장을 발송하는 일
(D) 일부 웹 사이트를 방문하는 일

정답 (A)

해설 대화 후반부에 여자가 연회에 대한 예산이 얼마인지 알아볼 수 있도록 회계부의 리사 씨와 먼저 이야기해 보고 싶다고(first, I want to speak with Lisa in Accounting to find out what our budget is for this year's banquet) 알리고 있다. 이는 동료 직원과 얘기해 보겠다는 뜻이므로 (A)가 정답이다.

Questions 56-58 refer to the following conversation with three speakers.

W1: Welcome to Blue Mountain Hotel. Do you need some help with anything?

M: Hi, **56** I'm here for an interview with Joanna Jackson, the general manager. My name is Nick Santos.

W1: Oh, you must be here about the project manager job for **57** the hotel renovations in April, right? **58** Joanna is on her way now. Oh, here she is.

W2: It's nice to meet you, Nick. Our renovation plans are quite extensive, so we're looking for a very experienced project manager.

M: Well, hopefully you'll decide I'm the best person for the job. I've managed similar projects at a few large hotels over the years.

W2: Yes, I saw that on your résumé. Now, let's move to my office to have a proper discussion. And, **58** I'd like to take a look at your references before we get started.

여1: 블루 마운틴 호텔에 오신 것을 환영합니다. 도움이 필요하신 일이라도 있으신가요?

남: 안녕하세요. 총지배인이신 조안나 잭슨 씨와 면접이 있어서 왔습니다. 제 이름은 닉 산토스입니다.

여1: 아, 4월에 있을 호텔 개조 공사의 프로젝트 책임자 직책과 관련해 오신 것이 분명하네요, 그렇죠? 조안나 씨께서 지금 오시고 계세요. 아, 여기 오셨네요.

여2: 만나서 반갑습니다, 닉 씨. 저희 개조 공사 계획이 상당히 광범위하기 때문에, 아주 경험이 많은 프로젝트 책임자를 찾고 있습니다.

남: 음, 저를 해당 직책에 가장 적합한 사람으로 결정해 주시기를 바랍니다. 저는 수년 동안 몇몇 대형 호텔에서 유사한 프로젝트를 총괄해 왔습니다.

여2: 네, 그 부분은 이력서에서 봤습니다. 자, 제대로 된 논의를 할 수 있도록 제 사무실로 가시죠. 그리고, 시작하기에 앞서 추천서들을 한 번 보고자 합니다.

56. 남자는 왜 호텔에 있는가?
(A) 합병을 논의하기 위해
(B) 물품을 배송하기 위해
(C) 행사를 마련하기 위해
(D) 면접을 보기 위해

정답 (D)

해설 남자는 대화 초반부에 총지배인인 조안나 잭슨 씨와 면접이 있어서 왔다는 (I'm here for an interview with Joanna Jackson, the general manager) 말로 호텔을 찾아온 이유를 밝히고 있으므로 (D)가 정답이다.

57. 4월에 호텔에서 무슨 일이 있을 것인가?
(A) 라이브 공연
(B) 개조 공사 프로젝트
(C) 비즈니스 협의회
(D) 교육 시간

정답 (B)

해설 4월이라는 시점이 제시되는 초반부에 여자 한 명이 4월에 있을 호텔 개조 공사 (the hotel renovations in April)를 언급하고 있으므로 (B)가 정답이다.

58. 조안나 씨는 무엇을 보고 싶어 하는가?
(A) 업무 일정표
(B) 몇몇 설계도
(C) 예산 제안서
(D) 몇몇 추천서

정답 (D)

해설 대화 초반부에 여자 한 명이 다른 여자를 대상으로 조안나 씨를(Joanna is on her way now. Oh, here she is) 언급한 뒤로, 그에 해당되는 여자가 대화 마지막에 추천서를 보고 싶다(I'd like to take a look at your references before we get started) 말하고 있으므로 (D)가 정답이다.

Questions 59-61 refer to the following conversation.

M: Gillian, you're in charge of making **59** our gym's exercise class schedule this month, right? No one has been assigned to lead the spinning classes yet.

W: Oh, thanks for reminding me. Would you be willing to lead the classes on Tuesday and Thursday evenings?

M: I'd love to help out, but **60** I attend a class at the local college on those nights. How about asking Catrina to do it?

W: Hmmm… She just started here last week. 61 I'm not sure new workers are ready to lead classes.
M: Well, I did that during my first week.
W: I guess you're right. I'll speak with Catrina and see if she feels comfortable doing that.

남: 질리안 씨, 당신이 이번 달에 우리 체육관의 운동 강좌 일정을 짜는 일을 책임지고 있으신 것이 맞죠? 아직 아무도 스피닝 강좌를 진행하도록 배정되지 않았어요.
여: 아, 상기시켜 주셔서 감사합니다. 화요일과 목요일 저녁마다 그 강좌를 진행하실 의향이 있으신가요?
남: 정말 도와 드리고 싶기는 하지만, 제가 그 요일들마다 밤에 지역 대학교 수업에 참석합니다. 카트리나 씨에게 그 일을 하도록 요청해 보는 건 어때요?
여: 흠… 그 분은 지난 주에 이곳에서 막 일을 시작했어요. 신입 직원이 강좌를 진행할 준비가 되어 있는지 확실치 않습니다.
남: 음, 저도 첫 주에 그렇게 했습니다.
여: 맞는 말씀인 것 같아요. 카트리나 씨와 이야기해서 그렇게 하는 것이 편하신지 알아보겠습니다.

59. 화자들은 어디에서 일하는가?
(A) 레스토랑에서
(B) 체육관에서
(C) 대학교에서
(D) 공장에서

정답 **(B)**

해설 대화 시작 부분에 남자가 자신의 근무지를 체육관(our gym)이라는 말로 지칭하고 있으므로 (B)가 정답이다.

60. 남자는 왜 도와줄 수 없는가?
(A) 휴가를 갈 예정이다.
(B) 신분증을 분실했다.
(C) 경험이 많지 않다.
(D) 일정상의 충돌이 있다.

정답 **(D)**

해설 대화 중반부에 여자가 화요일과 목요일 저녁마다 강좌를 진행하실 의향이 있는지 묻자, 남자가 해당 요일들마다 밤에 지역 대학교 수업에 참석한다고(I attend a class at the local college on those nights) 알리고 있다. 이는 일정상의 충돌이 있음을 밝히는 말에 해당되므로 (D)가 정답이다.

61. 남자가 "저도 첫 주에 그렇게 했습니다"라고 말한 의도는 무엇인가?
(A) 자신이 자격이 있는 이유를 설명하기 위해
(B) 마감 시한이 충족되었음을 확인해 주기 위해
(C) 한 가지 관점에 동의하지 않기 위해
(D) 한 가지 역할에 자원하기 위해

정답 **(C)**

해설 대화 중반부에 여자가 신입 직원이 강좌를 진행할 준비가 되어 있는지 확실치 않다고(I'm not sure new workers are ready to lead classes) 말하자, 남자가 "저도 첫 주에 그렇게 했습니다"라고 대답하는 상황이다. 이는 신입 직원들도 충분히 할 수 있다는 의미로서 여자의 의견에 동의하지 않는다는 뜻을 나타내는 말이므로 (C)가 정답이다.

Questions 62-64 refer to the following conversation and sign.

W: Marty, our CEO has requested that we purchase some new laptop computers from this year's technology trade show.
M: Yes, he told me this morning. By the way, 62 did you see that the event has been moved to the Burnley Convention Center?

W: Oh, really? Well, I'm glad they chose a different venue this year. That means there will be more space for a wider range of merchandise.
M: The CEO specifically mentioned that 63 he wants us to buy Photon branded laptops. He thinks they're the most suitable for our workers.
W: Good choice. Are we the only ones going there?
M: No, we need to take someone from Accounting, too. So, 64 don't forget to ask the Accounting manager to choose a staff member.

The 7th Technology Trade Show
Main Hall – Vendors

Display Zone A – Digitech

Display Zone B – Photon

Display Zone C - Trident

Display Zone D – Quasar

여: 마티 씨, 우리 대표이사님께서 올해 열리는 기술 무역 박람회 행사에서 몇몇 새로운 노트북 컴퓨터를 구입하도록 요청하셨어요.
남: 네, 오늘 아침에 저에게 말씀하셨습니다. 그건 그렇고, 그 행사가 번리 컨벤션 센터로 옮겨졌다는 사실을 아셨나요?
여: 아, 그래요? 음, 그쪽에서 올해는 다른 행사장을 선택해서 기쁘네요. 그 말은 더욱 다양한 상품을 놓을 수 있는 더 넓은 공간이 있을 거라는 뜻이잖아요.
남: 대표이사님께서는 우리가 포톤 브랜드의 노트북 컴퓨터를 구입하기를 원하신다고 특별히 언급하셨어요. 우리 직원들에게 가장 적합하다고 생각하고 계십니다.
여: 좋은 선택입니다. 우리가 그곳에 가는 유일한 사람들인가요?
남: 아뇨, 회계부에 근무하는 직원도 데리고 가야 합니다. 따라서, 회계부장님께 직원 한 명을 선택하도록 요청하시는 것을 잊지 마세요.

제7회 기술 무역 박람회
본관 – 판매업체

전시 구역 A – 디지테크

전시 구역 B – 포톤

전시 구역 C – 트라이덴트

전시 구역 D – 퀘이사

62. 화자들의 말에 따르면, 올해의 기술 무역 박람회와 관련해 무엇이 다른가?
(A) 시작 시간
(B) 개최 장소
(C) 등록비
(D) 진행 기간

정답 **(B)**

해설 대화 초반부에 남자가 해당 행사가 번리 컨벤션 센터로 옮겨졌다는 사실을 알았는지(did you see that the event has been moved to the Burnley Convention Center?) 묻고 있는데, 이는 개최 장소가 변경되었음을 뜻하는 것이므로 (B)가 정답이다.

63. 시각 자료를 보시오. 화자들은 어느 전시 구역을 방문할 것 같은가?
(A) 전시 구역 A
(B) 전시 구역 B
(C) 전시 구역 C
(D) 전시 구역 D

정답 **(B)**

해설 대화 중반부에 남자가 포톤 브랜드의 노트북 컴퓨터를 구입하기를 원하고 있다는 대표이사의 말(he wants us to buy Photon branded laptops)을 전하고 있는데, 시각 자료에서 포톤 브랜드가 표기된 구역이 'Display Zone B'이므로 (B)가 정답이다.

64. 남자는 여자에게 무엇을 하도록 상기시키는가?
(A) 숙박 시설을 마련하는 일
(B) 지출 비용을 확인하는 일
(C) 행사 입장권을 구입하는 일
(D) 한 부서장과 이야기하는 일

정답 (D)

해설 대화 마지막에 남자가 회계부장에게 직원 한 명을 선택하도록 요청하는 것을 잊지 말라고(don't forget to ask the Accounting manager to choose a staff member) 상기시키고 있으므로 (D)가 정답이다.

Questions 65-67 refer to the following conversation and instruction manual.

W: Hi. I heard that 65 you called down to the front desk because you can't connect to the WiFi in your room.
M: That's right. I didn't realize that I'd have to pay for Internet connection here. Anyway, I started trying to connect, but then I got a little confused.
W: No problem. Do you mind showing me your phone? Ah, I see… 66 the next step is to choose the amount of data you think you'll need. The different options are charged at different rates.
M: Oh, now I understand. Thanks. Oh, and I have one more question. Is it possible to make the air conditioner run a little colder? It's so hot in here.
W: Hmm… It should be working perfectly. 67 I'll get in touch with one of our maintenance workers and have him come up and take a look at it for you.

Step 1. Connect to our WiFi
Step 2. Enter your credit card details
Step 3. Select data amount and rate
Step 4. Click 'Confirm'

여: 안녕하세요. 객실 내에서 와이파이에 연결할 수 없으셔서 프론트 데스크로 전화 주셨다고 들었습니다.
남: 맞습니다. 이곳에서 인터넷 연결 서비스에 대한 비용을 지불해야 한다는 것을 알지 못했어요. 어쨌든, 연결해 보려고 시작했지만, 그 후에 조금 혼란스러웠습니다.
여: 좋습니다. 저에게 전화기를 보여주시겠습니까? 아, 알겠습니다… 다음 단계는 필요하다고 생각하시는 데이터 용량을 선택하시는 것입니다. 서로 다른 선택 사항에 대해 다른 요금이 부과됩니다.
남: 아, 이제 알겠어요. 감사합니다. 아, 그리고 질문이 하나 더 있습니다. 에어컨을 조금 더 시원하게 가동되도록 하는 것이 가능한가요? 여기가 너무 더워서요.
여: 흠… 완벽하게 작동되고 있을 텐데요. 저희 시설 관리 직원들 중 한 사람에게 연락한 다음, 올라가서 한 번 살펴보도록 해 드리겠습니다.

1단계. 저희 와이파이에 연결하세요
2단계. 신용카드 상세 정보를 입력하세요
3단계. 데이터 용량과 요금을 선택하세요
4단계. '확인' 버튼을 클릭하세요

65. 대화가 어디에서 이뤄지고 있을 것 같은가?
(A) 공항에서
(B) 사무실에서
(C) 호텔에서
(D) 전자제품 매장에서

정답 (C)

해설 여자가 대화 시작 부분에 상대방에게 객실 내에서 와이파이에 연결할 수 없어서 프론트 데스크로 전화한(you called down to the front desk because you can't connect to the WiFi in your room) 사실을 언급하는 부분에서 대화 장소가 호텔임을 알 수 있으므로 (C)가 정답이다.

66. 시각 자료를 보시오. 남자는 다음으로 어느 단계를 해야 하는가?
(A) 1단계
(B) 2단계
(C) 3단계
(D) 4단계

정답 (C)

해설 대화 중반부에 여자가 다음 단계로 데이터 용량을 선택하는 일을 언급하면서 선택 사항에 따라 요금이 다르게 부과된다(the next step is to choose the amount of data you think you'll need. The different options are charged at different rates) 사실을 알리고 있다. 시각 자료에서 데이터 용량 선택 및 요금과 관련된 단계가 'Step 3. Select data amount and rate'이므로 (C)가 정답이다.

67. 여자는 곧이어 무엇을 할 것 같은가?
(A) 동료 직원에게 연락하는 일
(B) 제품 하나를 교체하는 일
(C) 비밀번호를 제공하는 일
(D) 시범을 보이는 일

정답 (A)

해설 대화 마지막에 여자가 시설 관리 직원들 중 한 사람에게 연락하겠다고(I'll get in touch with one of our maintenance workers) 알리고 있는데, 이는 동료 직원에게 연락하는 일을 뜻하므로 (A)가 정답이다.

Questions 68-70 refer to the following conversation and hotel invoice.

W: Thanks for calling the Beaumont Hotel. How can I help you?
M: Hello. I just checked the invoice from my recent stay at your hotel, and 69 the charge from July 14 should not be on there. I'd like to have it removed.
W: Oh, I'll take a look at that for you, sir. 68 Can you tell me the number on the top of the invoice?
M: Yes, it's 548971.
W: OK, I'm looking at a copy of the document now. I see you were charged for room service on July 14.
M: Yes. I ordered some food to eat in my room, but then I canceled the order and decided to eat in the restaurant downstairs, where I paid in cash.
W: I see. In that case, 70 you'll need to call our guest services number and file an official complaint with them. I'm sorry for the inconvenience.

Date	Hotel Service	Fee
July 12	Dry Cleaning	$35.00
July 13	Pay-Per-View Movie	$11.50
July 14	Room Service	$27.98
July 15	Late Check Out	$40.00

여: 뷰몬트 호텔에 전화 주셔서 감사합니다. 무엇을 도와 드릴까요?
남: 안녕하세요. 그쪽 호텔에서의 최근 숙박 후에 받은 거래 내역서를 막 확인해 봤는데, 7월 14일 청구 요금은 그 내역서에 나타나 있지 않아야 합니다. 그것이 삭제되었으면 좋겠습니다.
여: 아, 한 번 확인해 보겠습니다, 고객님. 거래 내역서 상단의 번호를 말씀해 주시겠습니까?

남: 네, 548971번입니다.

여: 좋습니다, 제가 지금 그 문서의 사본을 보고 있습니다. 7월 14일에 룸 서비스에 대한 비용이 청구된 것이 보입니다.

남: 네. 제가 객실에서 먹을 음식을 좀 주문하기는 했지만, 그 후에 그 주문을 취소했고 아래층에 있는 레스토랑에서 식사하기로 결정해서, 그곳에서 현금으로 지불했어요.

여: 알겠습니다. 그러시면, 저희 고객 서비스 전화번호로 전화하셔서 그 부분에 대한 정식 불만 제기를 하셔야 합니다. 불편함에 대해 사과 드립니다.

날짜	호텔 서비스	요금
7월 12일	드라이 클리닝	$35.00
7월 13일	유료 영화 시청	$11.50
7월 14일	룸 서비스	$27.98
7월 15일	늦은 체크 아웃	$40.00

68. 남자는 무슨 정보를 제공하도록 요청 받는가?
(A) 객실 번호
(B) 자신의 성
(C) 자신의 신용카드 상세 정보
(D) 거래 내역서 번호

정답 **(D)**

해설 남자의 요청 사항과 관련해, 여자가 대화 중반부에 거래 내역서 상단의 번호를 알려 달라고(Can you tell me the number on the top of the invoice?) 요청하고 있으므로 (D)가 정답이다.

69. 시각 자료를 보시오. 남자는 어느 액수가 삭제되어야 한다고 말하는가?
(A) $35.00
(B) $11.50
(C) $27.98
(D) $40.00

정답 **(C)**

해설 대화 초반부에 남자가 자신의 요청 사항을 말하면서 7월 14일 청구 요금이 나타나 있지 말아야 한다는 말과 함께 그것이 삭제되기를 원한다고(the charge from July 14 should not be on there. I'd like to have it removed) 알리고 있다. 시각 자료에서 7월 14일 날짜에 해당되는 요금이 $27.98이므로 (C)가 정답이다.

70. 여자는 남자에게 무엇을 하도록 권하는가?
(A) 양식을 작성 완료하는 일
(B) 한 전화번호로 전화하는 일
(C) 이메일을 전송하는 일
(D) 예약을 변경하는 일

정답 **(B)**

해설 대화 마지막에 여자는 고객 서비스 전화번호로 전화를 걸어 정식 불만 제기를 하도록(you'll need to call our guest services number and file an official complaint) 권하고 있으므로 (B)가 정답이다.

Part 4

Questions 71-73 refer to the following broadcast.

Greetings, listeners, and **71** welcome to Good Health & You, the radio show that brings you the best news and advice related to health. Our special guest this morning is Maria Morrison, a highly-respected nutritionist. **72** Ms. Morrison travels all over the world speaking at conferences and conventions, and her talks are always well-received. Ms. Morrison is regarded as one of the leading minds when it comes to nutrition. In fact, **73** she's all set to publish her first book on the topic. It will be released through her Web site this spring. Visit www.mariamorrison.net for more details.

안녕하세요, 청취자 여러분, 그리고 여러분께 건강과 관련된 가장 좋은 뉴스와 조언을 전해 드리는 라디오 프로그램인 '굿 헬스 앤 유'를 찾아 주신 것을 환영합니다. 오늘 아침 특별 초대 손님은 많은 존경을 받는 영양학자이신 마리아 모리슨 씨입니다. 모리슨 씨께서는 전 세계를 돌아다니시면서 여러 학회와 협의회에서 연설하고 계시며, 이분의 연설은 언제나 좋은 평가를 받고 있습니다. 모리슨 씨는 영양과 관련해서는 손꼽히는 인물들 중 한 분으로 여겨지고 있습니다. 실제로, 이 주제로 첫 번째 도서를 출간할 준비를 모두 마치신 상태입니다. 이 책은 올 봄에 이분의 웹 사이트를 통해 공개될 것입니다. 더 많은 상세 정보를 원하신다면 www.mariamorrison.net을 방문하시길 바랍니다.

71. 라디오 프로그램은 주로 무엇에 관한 것인가?
(A) 금융
(B) 진로
(C) 건강
(D) 육아

정답 **(C)**

해설 담화 시작 부분에 화자가 건강과 관련된 가장 좋은 뉴스와 조언을 전하는 라디오 프로그램인 '굿 헬스 앤 유'에 온 것을 환영한다고(welcome to Good Health & You, the radio show that brings you the best news and advice related to health) 인사하고 있으므로 (C)가 정답이다.

72. 화자의 말에 따르면, 모리슨 씨는 왜 여행을 하는가?
(A) 직원들을 교육하기 위해
(B) 돈을 모금하기 위해
(C) 행사에서 연설하기 위해
(D) 새로운 업체를 만들기 위해

정답 **(C)**

해설 모리슨 씨의 이름이 제시되는 담화 중반부에, 화자는 모리슨 씨가 전 세계를 돌아다니시면서 여러 학회와 협의회에서 연설하고 있다고(Ms. Morrison travels all over the world speaking at conferences and conventions) 알리고 있으므로 (C)가 정답이다.

73. 올 봄에 무엇이 출시될 것인가?
(A) 다큐멘터리
(B) 강좌
(C) 새 웹 사이트
(D) 도서

정답 **(D)**

해설 담화 후반부에 모리슨 씨가 첫 번째 도서를 출간할 준비를 모두 마친 상태라는 말과 함께 그 책이 올 봄에 공개된다고(she's all set to publish her first book on the topic. It will be released through her Web site this spring) 알리고 있으므로 (D)가 정답이다.

Questions 74-76 refer to the following telephone message.

Hi, Jeremy. I'd really appreciate it if you could start work early tomorrow. **74** We have so much gardening work to do, and I'd like you to take charge of one of the most important jobs: **74** trimming the hedges that surround Meadow Park. **75** The annual food fair will be held there in two days, and the town council has hired us to make all the trees, bushes, and flowerbeds look beautiful. So, I want you to begin trimming the hedges at around 7 A.M. **76** Once you're finished, give me a quick call and I'll let you know what task I want you to focus on next. I'll probably ask you to plant new flowers or mow the grass. Thanks.

안녕하세요, 제레미 씨. 내일 일찍 작업을 시작하실 수 있으시다면 대단히 감사하겠습니다. 저희가 해야 할 원예 작업이 아주 많기 때문에, 가장 중요한 일들 중 하나, 즉 메도우 공원을 둘러싸고 있는 울타리를 다듬는 일을 맡아 주셨으면 합니다. 연례 식품 박람회가 이틀 후에 그곳에서 열릴 예정인데, 시의회에서 모든 나무와 수풀, 그리고 화단이 아름답게 보이도록 만들기 위해 우리를 고용했습니다. 따라서, 오전 7시쯤에 그 울타리를 다듬는 일을 시작해 주셨으면 합니다. 작업을 마치시는 대로, 저에게 잠깐 전화 주시면, 다음 순서로 무슨 일에 중점을 두셔야 하는지 알려 드리겠습니다. 아마 새 꽃들을 심거나 잔디를 깎도록 요청 드릴 것 같습니다. 감사합니다.

74. 화자는 누구일 것 같은가?
(A) 조경업자
(B) 요리사
(C) 시장
(D) 행사 기획자

정답 (A)

해설 담화 시작 부분에 화자가 언급하는 원예 작업(We have so much gardening work to do), 그리고 그 일 중의 하나로 제시되는 울타리를 다듬는 일(trimming the hedges) 등을 통해 조경업자임을 알 수 있으므로 (A)가 정답이다.

75. 화자는 무슨 행사를 준비하고 있는가?
(A) 콘서트
(B) 식품 박람회
(C) 협의회
(D) 개장식

정답 (B)

해설 담화 중반부에 화자는 공원 울타리 작업을 언급하면서 그 곳에서 연례 식품 박람회가 열린다는(The annual food fair will be held there in two days) 사실을 알리고 있으므로 (B)가 정답이다.

76. 화자는 왜 자신에게 전화하라고 청자에게 말하는가?
(A) 추가 용품을 요청하기 위해
(B) 한 지점에 그가 도착한 것을 확인해 주기 위해
(C) 현장 점검 일정을 잡기 위해
(D) 추가 지시를 받기 위해

정답 (D)

해설 화자는 담화 후반부에 작업을 마치는 대로 자신에게 전화해 달라고 요청하며 다음 순서로 무엇에 중점을 두어야할지 알려주겠다고(Once you're finished, give me a quick call and I'll let you know what task I want you to focus on next) 말하고 있다. 이는 다음 작업에 대한 지시를 받기 위한 것이므로 (D)가 정답이다.

Questions 77-79 refer to the following tour information.

Thank you for joining this afternoon's tour of the Ray Wilson Gallery. I'm sure you all enjoyed seeing the exhibition of **77** Mr. Wilson's amazing sculptures. For your information, **78** Mr. Wilson recently created some exclusive sculptures for the new Millennium Museum in the Waterfront District. His pieces can be seen outside the entrance and throughout the interior of the museum. Admission is half-price until the end of the month. Also, you might be interested to hear about **79** an exciting change happening here at the gallery in July. We're starting art classes for all ages and experience levels, at reasonable prices. If you're interested, you can register at the reception desk before you leave today.

오늘 오후의 레이 윌슨 갤러리 투어 시간에 함께 해 주셔서 감사드립니다. 여러분 모두 윌슨 씨의 놀라운 조각품 전시회를 즐겁게 관람하셨으리라 확신합니다. 참고로 말씀드리자면, 윌슨 씨는 최근 해안 구역에 새로 개장한 밀레니엄 박물관을 위해 몇몇 독점적인 조각품들을 만드셨습니다. 그의 작품들은 출입구 바깥쪽과 박물관 내부 전체에 걸쳐 보실 수 있습니다. 입장료는 이달 말까지 반값입니다. 또한, 이곳 갤러리에서 7월 중에 있을 흥미로운 변화에 관한 얘기를 듣는 데 관심이 있으실 수 있습니다. 저희는 합리적인 가격에 다양한 연령대와 경험 수준을 지닌 사람들을 대상으로 미술 강좌를 시작합니다. 관심이 있으실 경우, 오늘 가시기 전에 안내 데스크에서 등록하실 수 있습니다.

77. 레이 윌슨 씨는 누구인가?
(A) 화가
(B) 투어 가이드
(C) 조각가
(D) 미술 평론가

정답 (C)

해설 담화 초반부에 윌슨 씨의 놀라운 조각품(Mr. Wilson's amazing sculptures)이라는 말로 윌슨 씨가 조각가임을 나타내고 있으므로 (C)가 정답이다.

78. 화자는 왜 "입장료는 이달 말까지 반값입니다"라고 말하는가?
(A) 앞서 발생된 불편함에 대해 사과하기 위해
(B) 청자들에게 가격 책정의 오류를 알리기 위해
(C) 해당 미술관의 폐쇄를 알리기 위해
(D) 청자들에게 박물관을 방문하도록 권하기 위해

정답 (D)

해설 담화 중반부에 윌슨 씨가 새로 개장한 밀레니엄 박물관을 위해 몇몇 독점적인 조각품들을 만든 사실과 함께 그 작품을 볼 수 있는 위치를 설명하면서(Mr. Wilson recently created some exclusive sculptures for the new Millennium Museum ~ throughout the interior of the museum) '입장료는 이달 말까지 반값입니다'라고 말하는 상황이다. 이는 새로 개장한 해당 박물관을 방문해 보도록 장려하기 위한 말이므로 (D)가 정답이다.

79. 7월에 무슨 일이 있을 것인가?
(A) 야외 축제가 개최될 것이다.
(B) 연설이 진행될 것이다.
(C) 미술 강좌가 시작될 것이다.
(D) 업체가 이전될 것이다.

정답 (C)

해설 화자는 담화 후반부에 흥미로운 변화가 7월에 있을 것이라고 알리면서 미술 강좌가 시작된다는 사실을(an exciting change happening here at the gallery in July. We're starting art classes) 밝히고 있으므로 (C)가 정답이다.

Questions 80-82 refer to the following introduction.

80 As a member of Waterford City Council, I'm delighted to announce that the recipient of this year's Waterford Person of the Year Award is Mr. Scott Bennett, the president of the Golden Wish Foundation. 81 Mr. Bennett established the non-profit organization three years ago and has managed to raise a significant amount of money for the children's charity. Mr. Bennett is a Waterford native and has strong ties to the local community. It's clear that 82 he fully understands what the people of Waterford need and care about. Now, let me hear a warm round of applause as we welcome Mr. Bennett to the stage.

워터포드 시의회 일원으로서, 저는 올해의 워터포드 인물상 수상자가 골든 위시 재단의 대표이신 스캇 베넷 씨라는 사실을 알려 드리게 되어 기쁩니다. 베넷 씨는 3년 전에 이 비영리 단체를 설립하셨으며, 아이들을 위한 이 자선 단체에 필요한 상당한 액수의 자금을 모금해 오셨습니다. 베넷 씨는 워터포드 지역 토박이이며, 지역 사회와 강한 유대 관계를 갖고 계십니다. 워터포드 주민들이 필요로 하는 것이 무엇인지 그리고 관심 있어 하는 것이 무엇인지 충분히 이해하고 계신 것이 분명합니다. 자, 베넷 씨를 무대로 환영해 드릴 때 따뜻한 박수 소리를 들어 보도록 하겠습니다.

80. 화자는 누구인가?
(A) 업체 소유주
(B) 투어 가이드
(C) 수상자
(D) 시 공무원

정답 (D)

해설 화자가 담화를 시작하면서 워터포드 시의회 일원으로서(As a member of Waterford City Council)라는 말로 자신의 신분을 밝히고 있으므로 (D)가 정답이다.

81. 베넷 씨는 3년 전에 무엇을 했는가?
(A) 자신의 일을 그만두었다.
(B) 매장 하나를 열었다.
(C) 새로운 나라로 이주했다.
(D) 단체 하나를 설립했다.

정답 (D)

해설 베넷 씨의 이름과 3년 전이라는 시점이 함께 언급되는 중반부에, 베넷 씨가 3년 전에 비영리 단체를 설립한 사실을(Mr. Bennett established the non-profit organization three years ago) 알리고 있으므로 (D)가 정답이다.

82. 화자의 말에 따르면, 베넷 씨는 무엇에 대해 많이 알고 있는가?
(A) 자금 관리
(B) 부동산 가격
(C) 지역 사회의 요구
(D) 소비자 동향

정답 (C)

해설 담화 후반부에 베넷 씨를 he로 지칭해 워터포드 주민들이 필요로 하는 것이 무엇인지 그리고 관심 있어 하는 것이 무엇인지 충분히 이해하고 있다고(he fully understands what the people of Waterford need and care about) 언급하고 있다. 이는 지역 사회의 요구 혹은 필요성을 알고 있다는 말과 같으므로 (C)가 정답이다.

Questions 83-85 refer to refer to the following talk.

Well done, everyone! 83 You've finally reached the end of this three-day orientation. Now, you should fully understand our company's policies, product ranges, and future goals and be ready for your first proper day of work. 84 I'm sure some of you will still have questions during your first week here. So, don't forget, my office is on the third floor. Additionally, you each have an employee handbook that I'm sure you'll find very helpful. Oh, and a few of you asked about the company's business hours during the upcoming Christmas period. Well, 85 I will be transferring to our branch in London on December 1, so I'm not sure about that. But, the replacement HR manager will certainly let you know.

수고하셨습니다, 여러분! 마침내 3일 동안 진행된 이번 오리엔테이션의 마지막에 이르렀습니다. 이제, 여러분은 우리 회사의 정책과 제품 종류, 그리고 미래의 목표를 충분히 이해하고 있어야 하며, 제대로 된 첫 근무일에 대한 준비가 되어 있어야 합니다. 여러분 중 일부는 이 곳에서의 첫 주 동안 여전히 질문이 있으시리라 확신합니다. 따라서, 잊지 마십시오, 제 사무실은 3층에 있습니다. 추가적으로, 여러분 각자에게는 매우 유용하다고 생각하실 것으로 확신하는 직무 안내서가 있습니다. 아, 그리고 여러분 중 몇몇 사람이 다가오는 크리스마스 기간 중의 회사 근무 시간에 관해 물어보셨습니다. 음, 제가 12월 1일에 런던에 있는 우리 지사로 전근 갈 예정이기 때문에 그 부분에 대해서는 확실하지 않습니다. 하지만, 후임 인사부장님께서 확실히 알려 드릴 것입니다.

83. 화자는 무슨 종류의 활동을 이끌고 있는가?
(A) 제품 시연회
(B) 구인 면접
(C) 기자 회견
(D) 직원 오리엔테이션

정답 (D)

해설 화자가 담화 시작 부분에 3일 동안 진행된 오리엔테이션의 마지막에 이르렀다고(You've finally reached the end of this three-day orientation) 알리고 있으므로 (D)가 정답이다.

84. 화자가 "제 사무실은 3층에 있습니다"라고 말한 의도는 무엇인가?
(A) 다른 층에서 일하고 싶어 한다.
(B) 행사에 참석할 수 없다.
(C) 도움을 제공할 시간이 있다.
(D) 청자들에게 자료를 나눠줄 것이다.

정답 (C)

해설 담화 중반부에 화자가 청자들에게 첫 주 동안 여전히 질문이 있을 것으로 확신한다고(I'm sure some of you will still have questions during your first week here) 알리면서 '제 사무실이 3층에 있습니다'라고 말하는 상황이다. 이는 그 질문에 답변하는 것으로 도움을 제공할 수 있다는 뜻이므로 (C)가 정답이다.

85. 화자는 12월에 무엇을 할 것이라고 말하는가?
(A) 다른 지사로 옮기는 일
(B) 추가 직원을 모집하는 일
(C) 회사 책자를 수정하는 일
(D) 계절에 따른 근무 일정표를 게시하는 일

정답 (A)

해설 12월이라는 시점이 언급되는 담화 후반부에, 화자가 12월 1일에 런던에 있는 지사로 전근 갈 예정이라고(I will be transferring to our branch in London on December 1) 알리고 있으므로 (A)가 정답이다.

Questions 86-88 refer to the following speech.

It's nice of you to stop by the Entech Systems display booth 86 here at the STA Software Convention. Please allow me to show you our newest product, which won't be available in stores until next month. The Safe Guard Anti-Virus Package keeps your computer completely safe from all known viruses, and 87 users receive free automatic updates every month to ensure the program is working effectively. Safe Guard will be officially launched on May 15, but 88 if you place an advance order right now, you can receive a special 10 percent discount.

이곳 STA 소프트웨어 컨벤션의 엔테크 시스템즈 사의 전시 부스에 들러 주셔서 기쁩니다. 제가 여러분께 저희 최신 제품을 보여 드릴 것이며, 이 제품은 다음 달이나 되어야 매장에서 구매 가능하게 될 것입니다. '세이프 가드 바이러스 방지 패키지'는 여러분의 컴퓨터를 모든 알려진 바이러스로부터 완전히 안전한 상태로 유지해 드리며, 사용자들께서는 이 프로그램이 효과적으로 작동되는 것을 보장해 드릴 수 있도록 매달 무료 자동 업데이트를 받습니다. '세이프 가드'는 5월 15일에 정식으로 출시되지만, 지금 바로 선주문하실 경우, 특별 10퍼센트 할인을 받으실 수 있습니다.

86. 화자는 어디에 있는가?
(A) 개장식 행사에
(B) 소프트웨어 협의회에
(C) 교육 워크숍에
(D) 주주 총회에

정답 (B)
해설 담화를 시작하면서 화자가 이곳 STA 소프트웨어 컨벤션(here at the STA Software Convention)이라는 말로 현재 있는 장소를 언급하고 있으므로 (B)가 정답이다.

87. 화자는 제품에 대해 무슨 특징을 언급하는가?
(A) 온라인으로 구매할 수 있다.
(B) 품질 보증 서비스가 딸려온다.
(C) 자동으로 업데이트된다.
(D) 업계에서 주는 상을 받았다.

정답 (C)
해설 담화 중반부에 사용자들이 매달 무료 자동 업데이트를 받는다는(users receive free automatic updates every month) 사실을 밝히고 있으므로 (C)가 정답이다.

88. 청자들은 할인을 받기 위해 무엇을 해야 하는가?
(A) 제품 카탈로그 가져가기
(B) 회원 가입 신청하기
(C) 선주문하기
(D) 상품권 사용하기

정답 (C)
해설 담화 후반부에 화자가 지금 바로 선주문하면 특별 10퍼센트 할인을 받을 수 있다고(if you place an advance order right now, you can receive a special 10 percent discount) 알리고 있으므로 (C)가 정답이다.

Questions 89-91 refer to the following recorded message.

Thank you for calling Pro Form Gym. The gym is closed right now, so nobody is available to take your call. 89 Please leave us a message by staying on the line until the end of this recording. We check our telephone messages every morning and will do our best to respond promptly. And, 90 we've just received the Best Fitness Instructors award for the fourth year straight at the Michigan Health & Fitness Awards. To celebrate this achievement, 91 we're offering 20% off all our gym memberships until the end of this month. So, come on over and get in shape at Pro Form Gym!

프로 폼 체육관에 전화 주셔서 감사합니다. 저희 체육관은 현재 문을 닫은 상태이므로, 귀하의 전화를 받을 수 있는 사람이 없습니다. 이 녹음 메시지가 끝날 때까지 끊지 말고 대기하셨다가 메시지를 남겨 주시기 바랍니다. 저희는 매일 아침에 전화 메시지를 확인하며, 즉각적으로 응답해 드리기 위해 최선을 다할 것입니다. 그리고, 저희는 미시건 건강 및 피트니스 시상식에서 4년 연속으로 최고의 피트니스 강사진 상을 막 수상했습니다. 이 업적을 기념하기 위해, 저희는 이번 달 말까지 저희 모든 체육관 회원들께 20퍼센트 할인을 제공해 드립니다. 그러므로, 어서 오셔서 저희 프로 폼 체육관에서 멋진 몸매를 가꿔 보세요!

89. 화자의 말에 따르면, 청자들은 어떻게 메시지를 남겨야 하는가?
(A) 웹 사이트를 방문함으로써
(B) 다른 번호로 전화함으로써
(C) 이메일을 전송함으로써
(D) 끊지 말고 대기함으로써

정답 (D)
해설 화자는 담화 초반부에 녹음 메시지가 끝날 때까지 끊지 말고 대기했다가 메시지를 남겨 달라고(Please leave us a message by staying on the line until the end of this recording) 요청하고 있으므로 (D)가 정답이다.

90. 프로 폼 체육관은 무엇으로 알려져 있는 것 같은가?
(A) 가장 저렴한 가격을 제공하는 것
(B) 최신 운동 기계를 제공하는 것
(C) 최고의 강사진을 고용하는 것
(D) 가장 많은 지점을 보유하고 있는 것

정답 (C)
해설 담화 중반부에 4년 연속으로 최고의 피트니스 강사진 상을 받은 사실이 (we've just received the Best Fitness Instructors award for the fourth year straight) 제시되고 있는데, 이는 최고의 강사진을 보유한 것으로 잘 알려진 곳임을 의미하는 말이므로 (C)가 정답이다.

91. 프로 폼 체육관은 이번 달 말까지 무엇을 제공하는가?
(A) 무료 운동 강좌
(B) 무료 선물
(C) 할인된 장비
(D) 할인된 회비

정답 (D)
해설 화자가 담화 후반부에 이번 달 말까지 모든 체육관 회원들에게 20퍼센트 할인을 제공한다고(we're offering 20% off all our gym memberships until the end of this month) 알리고 있으므로 (D)가 정답이다.

Questions 92-94 refer to the following speech.

Well, I'm sure I speak for all of us when I say that 92 I'm very sad that Joshua Park is retiring, but I'm so glad we could all get together for dinner to bid farewell to him. 93 Joshua has been directing television shows for us here at HBC Broadcasting ever since the company was founded two decades ago. He is renowned in the television industry for helping to 94 create some of the most successful shows in the U.K., many of which have won millions of fans over the years. His biggest drama series… It's still on Channel 7 today. Joshua, it has been a pleasure working with you, and we wish you all the best.

자, 저는 분명 우리 모두를 대신해 조슈아 박 씨께서 은퇴하시는 것이 매우 슬프다고 말씀드리고 싶지만, 작별을 고해 드리기 위한 저녁 식사 자리에 우리 모두가 함께 할 수 있어서 아주 기쁩니다. 조슈아 씨께서는 회사가 20년 전에 설립된 이후로 줄곧 이곳 HBC 방송사에서 우리를 위해 텔레비전 프로그램들을 연출해 오셨습니다. 그는 영국에서 몇몇 가장 성공적인 프로그램들을 만드는 데 도움을 주신 것으로 텔레비전 방송 업계에서 유명한 분이시며, 그 중 많은 프로그램들이 수년 동안에 걸쳐 수백 만 명의 팬들을 끌어 들였습니다. 그의 가장 성공한 드라마 시리즈는… 여전히 오늘도 7번 채널에서 방송됩니다. 조슈아 씨, 당신과 함께 일할 수 있어서 기뻤으며, 모든 일이 잘 되시기를 바랍니다.

92. 무슨 종류의 행사가 열리고 있는가?
(A) 시상식
(B) 오리엔테이션 시간
(C) 은퇴 기념 식사
(D) 기자 회견

정답 (C)

해설 화자가 담화를 시작하면서 조슈아 박 씨가 은퇴하는 것이 매우 슬프다는 말과 식사를 위해 한 자리에 모인 사실을(I'm very sad that Joshua Park is retiring, but I'm so glad we could all get together for dinner) 알리고 있으므로 (C)가 정답이다.

93. 조슈아 박 씨는 누구인가?
(A) 배우
(B) 연출자
(C) 촬영 기사
(D) 탤런트 대행사

정답 (B)

해설 조슈아 박 씨의 이름이 언급되는 초반부에 텔레비전 프로그램들을 연출해 온 사실을(Joshua has been directing television shows for us here at HBC Broadcasting) 알리는 내용이 있으므로 (B)가 정답이다.

94. 화자는 왜 "여전히 오늘도 7번 채널에서 방송됩니다"라고 말하는가?
(A) 프로그램이 여전히 인기 있음을 나타내기 위해
(B) 새 업무 프로젝트를 제안하기 위해
(C) 방송 편성 일정을 변경하도록 권하기 위해
(D) 성공을 거둔 것에 대해 청자들을 축하하기 위해

정답 (A)

해설 담화 후반부에 조슈아 씨가 만든 많은 프로그램들이 수백 만 명의 팬들을 끌어 들인 사실과 함께 그의 가장 성공한 드라마 시리즈를 언급하면서(create some of the most successful shows in the U.K., many of which have won millions of fans over the years. His biggest drama series…) '여전히 오늘도 7번 채널에서 방송된다'고 말하는 상황이다. 이는 그 프로그램이 여전히 인기 있다는 말을 뜻하므로 (A)가 정답이다.

Questions 95-97 refer to the following telephone message and map.

Hey Betty, it's Roger. I took a look around the downtown area and I saw a vacant commercial space we could rent. I think it would be an ideal spot for `95` our new bakery. It's on a busy street corner, and `96` it's directly opposite a large office building, so we'd probably get business from workers who want to buy some donuts or pastries during their lunch break. Before we schedule a viewing of the property, `97` I think we should ask how much the landlord expects in rent per month. That way, we can figure out if we can afford it. Anyway, please get back to me once you get this message.

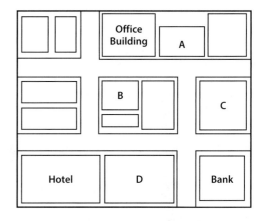

안녕하세요, 베티 씨, 저는 로저입니다. 제가 시내 지역을 한 번 둘러봤는데, 우리가 임대할 수 있을 만한 빈 상업용 공간을 한 곳 봤습니다. 제 생각엔 우리의 새 제과점에 이상적인 장소일 것 같습니다. 분주한 거리의 모퉁이에 위치해 있으며, 대형 사무용 건물 바로 맞은편에 있기 때문에, 아마 점심 시간 동안 도넛이나 패스트리를 구입하기를 원하는 직장인들을 대상으로 영업할 수 있을 것입니다. 해당 건물을 확인해 보는 일정을 정하기 전에, 제 생각엔 건물주가 매달 임대료로 얼마를 예상하고 있는지 물어봐야 할 것 같습니다. 그렇게 해야, 우리가 그에 대한 여유가 있을지 알 수 있습니다. 어쨌든, 이 메시지를 받으시는 대로 저에게 다시 연락 주시기 바랍니다.

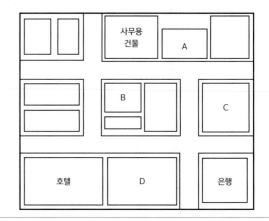

95. 화자는 무슨 종류의 업체를 개장할 계획인가?
(A) 의류 매장
(B) 부동산 중개업체
(C) 미술관
(D) 제과점

정답 (D)

해설 담화 초반부에 화자가 우리의 새 제과점(our new bakery)을 열 예정임을 알리고 있으므로 (D)가 정답이다.

96. 시각 자료를 보시오. 화자는 어느 지점에 관심이 있는가?
(A) 지점 A
(B) 지점 B
(C) 지점 C
(D) 지점 D

정답 (B)

해설 화자가 담화 중반부에 대형 사무용 건물 바로 맞은편에 있다는(it's directly opposite a large office building) 말과 함께 그에 따른 장점을 언급하고 있다. 시각 자료에서 대형 사무용 건물 바로 맞은편에 위치한 곳은 B이므로 (B)가 정답이다.

97. 화자는 무엇에 대해 알아보고 싶어 하는가?
(A) 주차 공간 이용 가능성
(B) 건물 크기

(C) 임대 비용
(D) 지역 교통편

정답 (C)

해설 담화 마지막 부분에 건물주가 매달 임대료로 얼마를 예상하고 있는지 물어봐야 한다고(I think we should ask how much the landlord expects in rent per month) 언급하고 있는데, 이는 임대 비용을 먼저 알아보고 싶다는 말이므로 (C)가 정답이다.

Questions 98-100 refer to the following telephone message and Web site.

Hi, Steve. This is Chloe. I'm calling because I need to fly out to California to meet with a client, and 98 because you're my department manager, I need your help. I contacted our accounting team, and they gave me some options for flights to California. 99 I'd prefer to fly with DC Airlines. It's a little more expensive than some of the other airlines, but DC Airlines is less likely to have a delay. The accounting manager is ready to book the flight for me, but he says I need my department manager's authorization. So, 100 I'd appreciate it if you could send me an authorization form by e-mail before the end of today. Thanks a lot.

West Air	$275
Easy Wings	$295
DC Airlines	$300
Smart Jet	$315

안녕하세요, 스티브 씨. 저는 클로이입니다. 제가 고객 한 분과 만나기 위해 캘리포니아로 비행기를 타고 가야 해서 전화 드렸는데, 스티브 씨가 제 부서장이시기 때문에, 도움이 필요합니다. 제가 우리 회사의 회계팀에 연락해 봤는데, 캘리포니아로 가는 항공편에 대해 몇몇 선택권을 주었습니다. 저는 DC 에어라인을 타고 갔으면 합니다. 몇몇 다른 항공사들보다 조금 더 비싸기는 하지만, DC 에어라인은 지연될 가능성이 더 적습니다. 회계팀장님께서 저를 위해 그 항공편을 예약해 주실 준비가 되어 있으시기는 하지만, 소속 부서장의 승인이 필요하다고 말씀하십니다. 따라서, 오늘 하루가 끝나기 전에 저에게 이메일로 승인 양식을 보내 주실 수 있으시다면 감사하겠습니다. 정말 감사합니다.

웨스트 에어	$275
이지 윙스	$295
DC 에어라인	$300
스마트 젯	$315

98. 이 메시지는 누구를 대상으로 하는가?
(A) 고객
(B) 상사
(C) 항공사 직원
(D) 회계사

정답 (B)

해설 화자가 담화 초반부에 상대방에게 부서장이기 때문에 도와주기를 바란다는(because you're my department manager, I need your help) 말을 하고 있으므로 (B)가 정답이다.

99. 시각 자료를 보시오. 화자의 표는 얼마의 비용이 들 것인가?
(A) $275
(B) $295
(C) $300
(D) $315

정답 (C)

해설 화자가 담화 중반부에 DC 에어라인을 타고 싶다고(I'd prefer to fly with DC Airlines) 알리고 있는데, 시각 자료에서 이 항공사에 해당되는 요금이 300달러로(DC Airlines / $300) 표기되어 있으므로 (C)가 정답이다.

100. 화자는 청자에게 무엇을 보내도록 요청하는가?
(A) 여행 일정표
(B) 고객의 연락처
(C) 승인 양식
(D) 지불 영수증

정답 (C)

해설 담화 마지막에 화자가 이메일로 승인 양식을 보내 줄 수 있다면 감사할 것이라는 말로(I'd appreciate it if you could send me an authorization form by e-mail) 요청 사항을 전달하고 있으므로 (C)가 정답이다.

Part 5

101.

정답 (A)

해석 요리사 해링턴 씨는 그가 호텔 손님들을 위해 요리하는 음식을 마음에 들어 하지만, 더 복잡한 요리를 만들어 내고 싶어 한다.

정답 해설
주어 Chef Harrington과 동사 likes, 그리고 목적어 the food로 구성된 하나의 완전한 절 뒤에 빈칸이 있고, 또 다른 동사 cooks가 주어 없이 바로 이어지는 구조이다. 이는 빈칸에서부터 guests까지가 선행사 the food를 수식하는 관계사절이 되어야 한다는 것을 의미하며, 동사 cooks 앞에 위치한 빈칸은 이 관계사절의 주어 자리이므로 주격대명사인 (A) he가 정답이다. 참고로 the food와 빈칸에 들어갈 he 사이에는 관계사 which 혹은 that이 생략되었다.

102.

정답 (C)

해석 루소 코즈메틱스 사는 자사의 시장 조사 연구를 위한 18세에서 35세 사이의 여성 소비자들을 찾고 있다.

정답 해설
빈칸 앞에 위치한 전치사 between은 and와 짝을 이뤄 'between A and B'의 구조로 쓰이므로 (C) and가 정답이다.

103.

정답 (B)

해석 그 은행 지점장은 너무 바빠서 고객들은 일반적으로 그녀와의 예약을 위해 최소 일주일은 기다린다.

정답 해설
빈칸은 부정관사 an의 수식을 받음과 동시에 전치사 with와 잘 어울리는 명사 자리이므로 (B) appointment가 정답이다.

104.

정답 (D)

해석 관광 지구 중심부에 위치한, 요크 역사 박물관은 영국에서 가장 오래된 태피스트리 소장품을 전시하고 있다.

정답 해설
in the UK라는 범위와 어울리는 비교의 의미를(영국에서 가장 ~한) 나타내야 하므로 최상급 형용사가 필요하며, 명사 collection을 수식하기에 알맞은 형용사로서 '가장 오래된'이라는 의미로 박물관 소장품의 특성을 나타낼 수 있는 (D) oldest가 정답이다.

105.

정답 (D)

해석 그 흰색 이어폰은 현재 저희 하이 스트리트 지점에서 재고로 보유한 유일한 제품입니다.

정답 해설
be동사 are 뒤에 위치해 주어 The white earphones에 대한 보어로서 동격이 될 수 있는 단어가 필요하므로 바로 앞서 언급된 복수명사를 대신할 때 사용하는 대명사 (D) ones가 정답이다.

106.

정답 (A)

해석 번즈 씨는 30년 동안의 회사 재직을 인정받아 금 손목시계를 수여받았다.

정답 해설
빈칸 앞뒤에 각각 위치한 전치사 in 및 of와 어울려 쓰이는 명사가 필요하므로 이 둘과 함께 '~을 인정받아'라는 의미를 구성할 때 사용하는 (A) recognition이 정답이다.

107.

정답 (B)

해석 수습 기간이 종료되는 대로, 신입 사원들은 본사에서 열리는 업무 능력 평가에 참석할 것이다.

정답 해설
접속사 Once와 주어로 쓰인 명사구 probationary period 사이에 위치한 빈칸은 명사구를 수식할 단어가 필요한 자리이므로, 이 역할이 가능한 소유격 대명사 (B) their가 정답이다.

108.

정답 (D)

해석 애스트리드 금융 서비스 사는 유럽 전역에서 신규 지사를 개장하는 것으로 자사의 사업을 확장하기를 바라고 있다.

정답 해설
빈칸 뒤에 위치한 동명사구는 '유럽 전역에서 신규 지사를 개장하는 것'을 의미하는데, 이는 사업 확장을 위한 방법에 해당된다. 따라서 '~함으로써, ~해서' 등의 의미로 방법을 나타낼 때 사용하는 전치사 (D) by가 정답이다.

109.

정답 (C)

해석 많은 음반 매장들이 CD를 비롯한 다른 물리적인 형식의 음악에 대한 제한적인 수요 때문에 폐업해 왔다.

정답 해설
정관사 the와 명사 demand 사이에 위치한 빈칸은 명사를 수식할 단어가 필요한 자리이므로 이 역할이 가능한 과거분사 (C) limited가 정답이다.

110.

정답 (A)

해석 각 종이의 양면에 인쇄를 하는 것은 더 적은 종이를 필요로 하게 되는 결과를 낳을 것이며, 그 결과 쓰레기를 감소시키게 된다.

정답 해설
빈칸 앞에 위치한 절은 양면 인쇄로 인해 종이가 더 적게 필요해진다는 뜻이며, 빈칸 뒤에 위치한 분사구문은 쓰레기를 감소시킨다는 뜻으로 결과에 해당된다. 따라서 '그 결과, 따라서' 등의 의미로 결과를 나타내는 부사 (A) consequently가 정답이다.

111.

정답 (A)

해석 뉴질랜드 사무소로 옮기기 전에, 말로우 씨는 그의 후임자를 교육하면서 몇 주를 보냈다.

정답 해설
소유격 대명사 his 뒤에 위치한 빈칸은 his의 수식을 받을 명사 자리이므로 (A) replacement가 정답이다.

112.

정답 (B)

해석 DCA 웹 디자인 사는 온라인상의 존재감을 강화하고자 하는 사업가들에게 가격 견적 서비스를 제공한다.

정답 해설
'가격'을 뜻하는 명사 price와 복합명사를 구성해 업체에서 제공 가능한 것을 나타낼 또 다른 명사를 찾아야 하므로 '견적(서)'를 의미하는 (B) estimates가 정답이다.

113.

정답 (B)

해석 소유주가 새로운 종류의 채식 옵션들을 추가했을 때 이미 그 식당 메뉴에 75가지의 요리가 있었다.

정답 해설
be동사 were와 명사구 75 dishes 사이에 빈칸이 위치해 있으므로 명사구를 수식할 수 있는 형용사 (A) every 또는 문장 전체를 수식할 수 있는 (B) already 중에서 하나를 골라야 한다. (A) every는 단수명사를 수식하므로 문장 전체를 수식하는 부사 (B) already가 정답이다.

114.

정답 (C)

해석 더 많은 방문객을 끌어 들이기 위해, 마운트 제퍼슨 국립 공원은 아주 다양한 운동 수준에 적합한 다수의 등산로를 개발했다.

정답 해설
전치사 for와 어울리면서 hiking trails를 뒤에서 수식해 그 특징을 나타내기에 알맞은 형용사를 찾아야 하는데, '다양한 운동 수준에 적합한 등산로'라는 말이 되어야 자연스러우므로 for와 함께 '~에 적합한'을 의미할 때 사용하는 (C) appropriate이 정답이다

115.

정답 (B)

해석 앨포드 치과 진료소는 환자들에게 최대 15분까지 늦게 도착하는 것을 허용하며, 그 이후에는 예약 일정이 재조정된다.

정답 해설
접속사 which 뒤로 주어 the appointment와 빈칸만 있으므로 빈칸은 which절의 동사 자리이다. 또한 which절의 주어 appointment는 사람에 의해 재조정되는 대상이므로 reschedule이 수동태로 쓰여야 하며, 주절의 동사 allows와 마찬가지로 일반적인 사실을 나타내는 현재시제가 되어야 자연스러우므로 (B) is scheduled가 정답이다.

116.

정답 (D)

해석 벽에 페인트칠이 진행되는 동안 직원 휴게실은 직원들이 접근할 수 없게 될 것이다.

정답 해설
빈칸 앞뒤로 주어와 동사가 각각 포함된 절이 하나씩 위치해 있으므로 빈칸은 이 절들을 연결할 접속사 자리이다. 선택지에 제시된 접속사 (C) although와 (D) while 중에서, '페인트칠이 진행되는 동안 휴게실에 접근 불가능할 것이다'와 같은 의미가 되어야 자연스러우므로 (D) while이 정답이다.

117.

정답 (C)

해석 굽타 씨는 등록이 확인되는 직후에 협의회 행사 참가자들에게 안내 책자 묶음을 보내도록 권했다.

정답 해설
접속사 after 바로 앞에 빈칸이 위치해 있으므로 after와 어울려 '~ 직후에'라는 의미로 강조를 나타낼 때 사용하는 부사 (C) immediately가 정답이다.

118.

정답 (D)

해석 아놀드 슈나이더 씨가 크리스마스 기간에 걸쳐 직원 결근 문제를 추적 관찰해 인사부장에게 보고할 예정이다.

정답 해설
빈칸 뒤에 명사구 employee absences가 있으므로 직원들의 결근에 대해 할 수 있는 행위를 나타낼 동사로 적절한 것을 찾아야 한다. 뒤에 이어지는 내용을 보면, '인사부장에게 보고할 것'이라는 말이 있으므로 그렇게 하기 위해 필요한 행위로 '~을 추적 관찰하다, 감시하다' 등을 의미하는 (D) monitoring이 정답이다.

119.

정답 (C)

해석 떠나는 세입자들은 반드시 중앙 출입구에 위치한 경비실에 그들의 출입문 카드키를 제출해야 한다.

정답 해설
주어로 쓰인 명사 tenants 앞에 위치한 빈칸은 명사를 수식할 형용사 자리이므로 (C) Departing이 정답이다.

120.

정답 (B)

해석 도슨 씨는 대학교를 졸업하자마자, 롤리 앤 어소시에이츠 사에서 건축가로 근무하기 시작했다.

정답 해설
빈칸 뒤로 주어와 동사가 각각 포함된 절이 콤마 앞뒤에 하나씩 위치해 있으므로 빈칸은 이 절들을 연결할 접속사 자리이다. 따라서 선택지에서 유일한 접속사인 (B) As soon as가 정답이다.

121.

정답 (C)

해석 월간 목표에 도달하는 첫 영업 사원에게 3일 간의 추가 유급 휴가가 수여될 것이다.

정답 해설
문장에 이미 will be awarded라는 동사가 있으므로 또 다른 동사 reach는 빈칸에 준동사의 형태로 쓰여야 한다. 또한 빈칸 앞뒤의 명사구들이 '월간 목표에 도달하는 첫 영업 사원'이라는 의미가 되어야 알맞으므로 명사를 뒤에서 수식하는 형용사적 용법으로 사용될 수 있는 to부정사 (C) to reach가 정답이다.

122.

정답 (C)

해석 고객이 디지털 다이렉트에서 노트북 컴퓨터를 구입한 후에, 그 업체는 6개월의 기간 중에 언제든지 무료로 수리해 줄 것이다.

정답 해설
빈칸 뒤에 위치한 a six-month period는 기간의 의미를 지니는 명사구이므로 '~ 중에, ~ 동안'이라는 의미로 기간 명사(구) 앞에 사용하는 전치사 (C) during이 정답이다.

123.

정답 (B)

해석 면접관은 아시아 지역에서 근무했던 하우덴 씨의 경력이 그 직책의 직무 및 의무에 해당되는 것이라고 느꼈다.

정답 해설
be동사 was 뒤에 위치해 that절의 주어 Ms. Howden's experience working in Asia에 대한 보어로 쓰일 단어가 빈칸에 필요한데, 아시아 지역에서 근무했던 하우덴 씨의 경력이 지닌 특성을 나타낼 형용사가 와야 하므로 (B) applicable이 정답이다.

124.

정답 (D)

해석 로우덴 주식회사는 본사의 모든 부서를 대상으로 소셜 미디어 금지 정책을 시행하고 있다.

정답 해설
빈칸 뒤에 위치한 목적어 its social media ban과 의미가 어울리는 동사를 찾아야 하므로 '금지 정책을 시행하다'라는 의미를 구성할 수 있는 (D) enforces가 정답이다.

125.

정답 (D)

해석 회사에서 여러 명의 시간제 사무 보조 직원을 고용했으므로, 우리의 업무량이 훨씬 더 가벼워진 상태이다.

정답 해설
be동사 is와 보어로 쓰인 비교급 형태의 형용사 lighter 사이에 위치한 빈칸은 형용사를 수식할 부사 자리이므로 (D) considerably가 정답이다.

126.

정답 (A)

해석 도시의 구시가지 지역에 위치한 호텔들은 최근 관광객 유입으로 인해 폭발적인 인기를 겪었다.

정답 해설
빈칸은 원인 등을 나타내는 전치사 thanks to의 목적어 자리이다. 따라서 폭발적인 인기를 얻은 이유로서 관광객과 관련된 명사가 필요하므로 '관광객의 유입'이라는 의미를 구성할 수 있는 (A) influx가 정답이다.

127.

정답 (A)

해석 인터넷 제공업체를 변경한 이후에, 모스 씨는 무선 연결 서비스에 대한 주기적인 중단을 알아차렸다.

정답 해설
선택지에 제시된 동사 switch가 전치사 또는 접속사로 쓰이는 After 바로 뒤에서 주어 없이 쓰이려면 동명사 또는 분사의 형태가 되어야 하므로 (A) switching이 정답이다.

128.

정답 (D)

해석 대부분의 간식용 음식 제조사들은 어린 아이들의 마음을 끌기 위해 의도적으로 자사의 광고를 고안한다.

정답 해설
빈칸에 쓰일 부사는 동사 design을 수식해 어린 아이들의 마음을 끌기 위해 광고를 고안하는 방식을 나타내야 하므로 (D) purposely가 정답이다.

129.

정답 (A)

해석 인테리어 킹 사의 가구는 단순한 디자인 및 조립의 편의성으로 인해 소비자들 사이에서 인기 있다.

정답 해설
빈칸 바로 앞에 위치한 등위접속사 and는 동일한 성격을 지닌 요소를 연결해야 하므로 for의 목적어로 쓰인 명사 design과 동일한 품사인 (A) ease가 정답이다.

130.

정답 (C)

해석 아이언맨 뉴트리셔널 서플라이즈 사는 누구든 제품 주문에 대해 최소 300달러를 소비하는 사람에 대해 배송 요금을 적용하지 않는다.

정답 해설

명사구 its shipping fee를 목적어로 취해 배송 요금에 대해 할 수 있는 행위와 관련된
동사가 필요한데, '최소 300달러를 소비하는 사람에 대해 배송 요금을 적용하지 않는
다'와 같은 의미가 되어야 자연스럽다. 따라서 (C) waive가 정답이다.

Part 6

131-134 다음 이메일을 참조하시오.

수신: 펠트먼 주식회사 직원들
발신: 리 더스트
제목: 구내 식당 쓰레기
날짜: 6월 19일

전 직원 여러분께,

이사회에서 직원 구내 식당 내의 음식 제공 및 쓰레기 처리와 **131** 관련된 새로운
정책을 시행하기로 결정했습니다. 다음 주 월요일부터, 구내 식당 내에서 제공되는
모든 식사는 일반적인 1회용 플라스틱 식판 대신 새로운 스테인리스 스틸 식판에
나올 것입니다. 이 식판들은 사용 후에 주방으로 반납되어야 하며, 그곳에서 재사
용을 위해 세척되고 위생 처리될 것입니다. 이 정책은 발생되는 쓰레기 양을 **132** 최
소화해 줄 것입니다. **133** 추가로, 모든 식수용 컵은 수년 동안 재사용될 수 있는 금
속 컵으로 교체할 것입니다. 이는 우리 회사가 더욱 환경 친화적으로 바뀌는 데 도
움이 될 것입니다. **134** 우리는 이와 같은 노력에 대해 여러분의 협조에 감사드립니
다. 질문이나 건의 사항이 있으신 분은, 언제든지 저에게 연락 주시기 바랍니다.

안녕히 계십시오.

리 더스트
총무부장

131.

정답　(C)

정답 해설

빈칸 앞뒤에 각각 위치한 명사구 a new policy와 the serving of food and disposal
of trash를 연결해 '~와 관련된 새로운 정책'이라는 의미를 구성할 전치사가 쓰여야 알
맞으므로 (C) regarding이 정답이다.

132.

정답　(C)

정답 해설

빈칸 앞에 주어로 쓰인 This policy는 앞서 언급한 일반적인 1회용 플라스틱 식판 대신
스테인리스 스틸 식판을 사용하는 일을 가리키며, 빈칸 뒤에 쓰레기 양을 의미하는 명
사구가 있으므로 그 정책이 쓰레기 양에 어떻게 영향을 미치는지를 나타낼 동사가 필
요하다. 지문 아래쪽에 더욱 환경 친화적으로 바뀌는 데 도움이 될 것이라는 말이 쓰여
있고, 이를 통해 쓰레기가 줄어든다는 것을 알 수 있으므로 '~을 최소화하다'를 뜻하는
(C) minimize가 정답이다.

133.

정답　(C)

정답 해설

빈칸 앞에는 식판 교체를 알리는 말이, 빈칸 뒤에는 식수용 컵을 교체한다는 말이 쓰
여 있다. 따라서 새로운 정책과 관련된 두 가지 세부적인 조치가 이어지는 흐름임을 알
수 있으므로 '추가로, 게다가' 등의 의미로 정보를 추가할 때 사용하는 접속부사 (C) In
addition이 정답이다.

134.

정답　(D)

해석　(A) 새로운 메뉴 항목에 대해 어떻게 생각하시는지 저희에게 알려 주십시오.
　　　(B) 이 개조 공사 기간 중에, 일부 음식은 이용하실 수 없을 것입니다.

　　　(C) 이 프로젝트는 여러분의 노고 덕분에 성공적이었습니다.
　　　(D) 우리는 이와 같은 노력에 대해 여러분의 협조에 감사드립니다.

정답 해설

지문 전체적으로 쓰레기를 줄이기 위한 조치가 시행된다는 내용이 언급되어 있으므로
이를 this effort로 지칭해 그와 같은 일에 대한 협조에 감사를 표하는 (D)가 정답이다.

135-138 다음 편지를 참조하시오.

소중한 고객님께,

여러분의 월간 전기세 고지서에 오류가 있다고 생각하시나요? 그러시다면, 우편
또는 이메일 중 하나로 가능한 한 빨리 노던 일렉트릭 사의 고객 서비스부로 **135**
보내 주시기 바랍니다. 저희는 해당 문제를 즉시 처리해 드리기 위해 고지서 수령
후 3일 이내에 어떤 청구서상의 오류든지 저희에게 알려 주시도록 고객님들께 권
해 드리고 있습니다. **136** 또한 그 문제점의 본질을 명확히 말씀해 주시기 바랍니
다. 저희 직원들이 모든 **137** 요청 사항을 평가하고 그에 대해 결정을 내릴 것입니
다. 여러분의 월간 고지서에 실수로 과다 청구된 사실을 밝혀낼 경우, 다음에 받으
실 월간 고지서에서 해당 **138** 금액이 공제될 것입니다.

135.

정답　(C)

정답 해설

각 선택지에 동사 send의 여러 형태가 쓰여 있는데, 축약된 구조의 If절 뒤로 이어지는
주절에 주어 없이 동사가 바로 쓰이려면 동사원형으로 시작하는 명령문 구조가 되어야
알맞으므로 (C) send가 정답이다.

136.

정답　(D)

해석　(A) 노던 일렉트릭 사는 최근 새로운 지불 약정 서비스를 시작했습니다.
　　　(B) 노던 일렉트릭 사는 해당 부서 내의 여러 직책을 충원하기를 바랍니다.
　　　(C) 전기 공급이 이번 주에 일시적으로 중단될 것입니다.
　　　(D) 또한 그 문제점의 본질을 명확히 말씀해 주시기 바랍니다.

정답 해설

빈칸 앞 문장에 고지서 수령 후 3일 이내에 어떤 청구서의 오류든 알려 달라고 요청
하는 말이 쓰여 있다. 따라서 이 조치와 관련된 것으로서 앞 문장에 언급된 any billing
errors를 the problem으로 지칭해 문제점 해결을 위해 해야 하는 일을 추가로 알리는
의미를 지닌 (D)가 정답이다.

137.

정답　(A)

정답 해설

빈칸 앞에 쓰인 동사들로 보아 빈칸에 쓰일 명사는 평가 및 결정의 대상에 해당된다는
것을 알 수 있다. 앞선 문장에 청구서의 오류를 알려 달라고 권하는 말이 쓰여 있는데,
그렇게 알리는 것은 고객이 요청하는 일을 나타내므로 고객의 요청에 대해 평가하고
결정을 내린다는 의미가 되어야 자연스럽다. 따라서 '요청 (사항), 주장' 등을 의미하는
(A) claims가 정답이다.

138.

정답　(B)

정답 해설

빈칸 앞뒤의 내용으로 보아 과다 청구된 것이 밝혀진 뒤에 다음 고지서에서 공제되는
것을 나타낼 명사가 필요하다는 것을 알 수 있다. 이는 과다 청구에 따른 차액을 공제해
주는 것을 뜻하므로 '금액, 수량' 등을 의미하는 (B) amount가 정답이다.

139-142 다음 메모를 참조하시오.

수신: 호라이즌 호텔 프론트 데스크 직원들
발신: 마이크 로완
제목: 회의실
날짜: 8월 4일

우리의 새 회의실에 대한 공사가 다음주 말까지 완료될 것이라는 사실을 알려 드리게 되어 기쁩니다. 이 두 홀들은 호텔 로비에서 **139** 접근 가능한 상태가 될 것입니다.

새로운 홀들은 각각 최대 600명까지 수용할 수 있으며, 회사 교육 시간 및 사업 발표회에 적합합니다. **140** 두 홀 모두 반드시 미리 예약되어야 합니다. 테넌트 씨께서 일시적으로 지금부터 9월말 사이에 행사 예약을 받는 일을 책임지게 되실 것입니다. **141** 그 이후에는, 고객 서비스 조정 담당자로서의 일반적인 업무를 재개하시게 됩니다. 우리는 행사 진행 책임자에 대한 완전히 새로운 직책을 만들 계획이며, 이는 이달 말까지 내부적으로 공고될 것입니다. 합격자는 해당 회의실에 대한 예약 업무를 **142** 총괄하는 일에 대한 책임을 지게 될 것입니다.

139.

정답 (A)

정답 해설

빈칸에 쓰일 형용사는 전치사구 from the hotel lobby와 어울려 두 회의실과 호텔 로비 사이의 위치 관계와 관련된 것이어야 하므로 '접근 가능한, 이용 가능한' 등을 의미하는 (A) accessible이 정답이다.

140.

정답 (C)

해석 (A) 많은 행사들이 호텔의 명성을 드높여 주었습니다.
(B) 리타 테넌트 씨께서 여러 사업 발표를 하셨습니다.
(C) 두 홀 모두 반드시 미리 예약되어야 합니다.
(D) 면접은 9월 초에 실시될 것입니다.

정답 해설

앞서 두 곳의 새 회의실 공사 일정과 규모, 그리고 용도 등이 설명되어 있으므로 이 두 홀을 Both rooms로 지칭해 그 이용 방법을 설명한 (C)가 정답이다.

141.

정답 (C)

정답 해설

빈칸 앞에는 테넌트 씨가 일시적으로 행사 예약을 받는 일을 책임진다는 말이, 빈칸 뒤에는 고객 서비스 조정 담당자로서의 일반적인 업무를 재개할 것이라는 말이 언급되어 있다. 이는 현재와 미래의 업무를 순서대로 나열한 것에 해당하므로 '그 이후에는'이라는 의미로 일의 전후 관계를 나타낼 때 사용하는 (C) After that이 정답이다.

142.

정답 (D)

정답 해설

빈칸 뒤에 위치한 명사 reservations를 목적어로 취함과 동시에 전치사 for의 목적어 역할을 할 동명사가 빈칸에 쓰여야 하므로 (D) overseeing이 정답이다.

143-146 다음 이메일을 참조하시오.

수신: pkilroy@amerimail.net
발신: mwagstaff@marksmotors.com
제목: 브롱코 메리디언
날짜: 12월 14일

피터 씨께,

저희가 지역 신문에 광고한 브롱코 메리디언 세단에 관해 여쭤봐 주셔서 감사드립니다. 제가 방금 저희 선임 영업 사원과 이야기해 봤는데, **143** 보아 하니, 이 차량이 오늘 아침에 판매된 것 같다는 말씀을 드리게 되어 유감스럽습니다.

어떤 종류의 차량을 구입하시기를 원하시는 지에 관한 구체적인 상세 정보를 저에게 알려 주실 수 있으시다면, 적합한 것을 찾으시는 데 있어 **144** 도움을 드릴 수 있습니다. 편리하실 때, 소비 가능하신 예산과 원하시는 차량의 브랜드 및 종류, 그리고 찾으시는 모든 구체적인 특징을 저에게 이메일로 다시 연락주길 바랍니다. **145** 그런 다음, 귀하의 선호도에 맞춘 차량을 찾아 드리겠습니다.

주기적인 **146** 알림 서비스를 받아 보시는 선택권도 있습니다. 이를 신청하시면, 저희 차량 목록에 대한 새로운 추가 사항들을 알려 드리는 문자 메시지를 받으시게 될 것입니다. 관심이 있으실시 저에게 알려 주시기 바랍니다.

안녕히 계십시오.

마크 와그스태프
마크 모터스 중고차 매매소

143.

정답 (A)

정답 해설

빈칸 앞에는 선임 영업 사원과 이야기를 나눈 사실이, 빈칸 뒤에는 이메일 수신인이 원하는 차량이 아침에 판매되었다는 말이 쓰여 있다. 따라서 자신이 얻은 정보를 바탕으로 한 결론을 말하는 흐름임을 알 수 있으므로 '보아 하니, 듣자 하니' 등의 의미로 어떤 근거에 따른 추정을 나타낼 때 사용하는 (A) apparently가 정답이다.

144.

정답 (B)

정답 해설

빈칸이 속한 주절은 If절에서 말하는 조건이 충족되는 경우에 발생 가능한 일을 말하는 의미가 되어야 알맞으므로 가능성을 나타내는 조동사 can이 포함된 (B) can assist가 정답이다.

145.

정답 (D)

해석 (A) 당연히, 귀하께서는 직무 요건을 이행하셔야 합니다.
(B) 이 새 차량들을 월요일에 매매소에서 받을 예정입니다.
(C) 그것이 자동차 업계 내의 최근 추세입니다.
(D) 그런 다음, 귀하의 선호도에 맞춘 차량을 찾아 드리겠습니다.

정답 해설

앞선 문장에 소비 가능한 예산과 차량 브랜드 및 종류, 그리고 모든 구체적인 특징을 이메일로 보내 달라고 요청하는 말이 쓰여 있다. 이는 이메일 수신인이 원하는 차량을 찾는 데 필요한 정보에 해당되므로 이메일을 받은 후에 할 수 있는 일로 고객의 선호도에 맞춘 차량을 찾아 주겠다는 의미로 쓰인 (D)가 정답이다.

146.

정답 (A)

정답 해설

바로 다음 문장을 보면, 빈칸에 쓰일 복수명사를 these로 지칭해 그것을 신청하면 추가 사항을 알려 주는 문자 메시지를 받게 될 것이라고 쓰여 있다. 따라서 빈칸이 속한 문장은 주기적인 알림 서비스를 받는 선택권을 나타내야 자연스러우므로 '알림 (서비스), 통지'를 뜻하는 (A) notifications가 정답이다.

Part 7

147-148 다음 정보를 참조하시오.

에어 트랜스낫에서 예약하는 것이 더 쉬웠던 적은 없습니다!

항공편을 예약할 편리한 방법을 찾고 계시지만, 컴퓨터를 신속히 이용하실 수 없으신가요? 휴대전화기에 저희의 새 애플리케이션을 설치하기만 하시면, 몇 분만에 모든 것을 하실 수 있습니다! 모든 항공편 가격이 이 애플리케이션에 30초마다 업데이트되고 있으므로, 여러분께서 보시는 정보는 항상 정확합니다.

그게 전부가 아닙니다! **147** 웹 사이트 이용자들께 해 드리는 것과 동일한 혜택들을 애플리케이션 이용자들께도 제공해 드립니다. 예약하실 때, 좌석을 선택하실 수 있고, **147** 기내에서 드시고 싶은 것을 고르실 수 있으며, 심지어 베개와 담요, 그리고 헤드폰과 같은 추가 물품도 요청하실 수 있습니다.

예약이 완료되는 대로, 출발 날짜보다 최대 일주일 전까지 148 좌석 및 선호하시는 식사를 변경하는 데 사용하실 수 있는 특별 예약 코드를 받으시게 됩니다.

147. 정보에 따르면 무엇이 사실인가?
(A) 식사가 애플리케이션을 통해 선택될 수 있다.
(B) 예약 사항이 이메일로 확인된다.
(C) 항공편 정보가 1시간마다 업데이트된다.
(D) 웹 사이트가 최근에 다시 디자인되었다.

정답 (A)

해설 두 번째 단락에, 웹 사이트 이용자들이 받는 혜택과 동일하게 애플리케이션 이용자들에게도 제공한다는(We offer the same perks to application users that we do to Web site users) 말과 함께 그 혜택을 설명하고 있다. 이 중에서 기내에서 먹기를 원하는 것을 고를 수 있다는(choose what you would like to eat on the plane) 말이 있는데, 이는 식사를 애플리케이션으로 선택할 수 있다는 뜻이므로 (A)가 정답이다.

148. 특별 코드의 목적은 무엇인가?
(A) 체크인 절차를 빠르게 하는 것
(B) 항공편에 대해 할인을 받는 것
(C) 인터넷 서비스를 신청하는 것
(D) 예약 변경을 가능하게 하는 것

정답 (D)

해설 특별 코드가 언급된 마지막 단락에, 좌석 및 선호하는 식사를 변경하는 데 사용할 수 있는 특별 예약 코드를 받는다고(receive a special reservation code that you can use to make changes to your seat and meal preferences) 쓰여 있는데, 이는 예약 사항에 대한 변경을 의미하는 것이므로 (D)가 정답이다.

149-150 다음 제품 설명을 참조하시오.

> **오늘 여러분의 건강을 향상시키십시오!**
>
> 0.65리터의 용량으로 된, 이 149 믹서기는 시중에 나와 있는 대부분의 유사 모델들이 할 수 있는 것보다 더 많은 재료를 담을 수 있습니다. 전기 기사 마누엘 베가 씨에 의해 디자인된, 이 기기는 가정과 전문적인 환경에서 모두 사용하기에 완벽합니다. 150 1000 와트의 모터가 인상적인 동력과 효율성을 제공해 드리므로, 그 어느 때보다 더 빠르게 재료를 섞으실 수 있습니다. 그리고 분리 가능한 스테인리스 스틸 칼날이 수평으로, 그리고 수직으로 모두 잘라 드립니다! 흰색과 은색, 그리고 검정색으로 구매 가능한, 149 이 제품에는 요리책과 두 가지 다른 크기의 주스 컵이 포함되어 있습니다!

149. 무슨 종류의 제품이 설명되고 있는가?
(A) 소프트웨어 패키지
(B) 공사 도구
(C) 주방용 기기
(D) 가구

정답 (C)

해설 지문 시작 부분에 해당 제품을 믹서기(blender)라고 소개하고 있고, 마지막 부분에는 요리책과 주스 컵이 포함되어 있다고(a recipe book and two different sizes of juice cups) 알리고 있다. 따라서 음식 조리에 필요한 기기임을 알 수 있으므로 (C)가 정답이다.

150. 제품에 관해 무엇이 언급되는가?
(A) 강력하다.
(B) 가볍다.
(C) 가격이 저렴하다.
(D) 사용하기 쉽다.

정답 (A)

해설 중반부에 1000 와트의 모터가 인상적인 동력과 효율성을 제공한다고(The 1000-Watt motor provides impressive power and efficiency) 알

리는 부분을 통해 강력한 성능을 지니고 있는 것으로 생각할 수 있으므로 (A)가 정답이다.

151-152 다음 이메일을 참조하시오.

> 수신: 윌리엄 스택맨
> 발신: 마그달레나 호로비츠
> 날짜: 4월 26일
> 제목: 업데이트
>
> 안녕하세요, 윌리엄 씨.
>
> 마스턴 컨트리 파크의 조경 계약에 대한 우리 제안서를 업데이트해 주셨으면 합니다. 고객께서 방금 저에게 공원 내에 몇몇 소풍 구역을 원한다고 말씀해 주셨기 때문에, 151 우리 도면에 몇몇 잠재적인 부지를 추가하고 발표 자료에 그것들을 포함해 주셨으면 합니다. 저에게 이에 대해 가장 좋은 위치와 관련해 저만의 생각이 있기는 하지만, 어느 위치를 선택하시는지 먼저 확인해 보고 싶습니다.
>
> 또한, 매튜 윌킨슨 씨가 시청 조경 작업을 일정보다 뒤처져 진행하고 계시기 때문에, 152 5월 13일 월요일이나 되어야 마스턴 컨트리 파크에서 작업을 책임지실 수 있게 될 텐데, 이는 우리가 애초에 예정한 것보다 일주일이나 늦습니다. 우리가 고객들께 계획을 발표하기에 앞서 이 정보도 수정해 주셔야 합니다. 도와주셔서 감사합니다.
>
> 마그달레나

151. 호로비츠 씨는 왜 이메일을 보냈는가?
(A) 고용 제안을 받아들이기 위해
(B) 프로젝트 계획을 수정하기 위해
(C) 행사를 조직하는 것을 제안하기 위해
(D) 발표 자료 사본을 요청하기 위해

정답 (B)

해설 첫 단락에 조경 계약에 대한 제안서 업데이트를 요구함과 함께, 고객의 요청에 따라 도면에 소풍 구역을 추가하도록 부탁하는(I'd like you to add some potential sites to our diagram) 말이 쓰여 있다. 이는 프로젝트 계획을 수정하는 것에 해당되므로 (B)가 정답이다.

152. 스택맨 씨는 무엇을 하도록 요청받는가?
(A) 시청으로 가는 일
(B) 고객 회의 일정을 재조정하는 일
(C) 윌킨슨 씨에게 연락하는 일
(D) 시작 날짜를 변경하는 일

정답 (D)

해설 두 번째 단락에 해당 작업 프로젝트를 책임질 윌킨슨 씨가 예정보다 일주일 늦게 일을 시작할 수 있다는 말과 함께 그 정보도 함께 수정해 달라고(he'll not be able to take charge at Marston Country Park until Monday, May 13, one week later than we originally scheduled. You'll need to correct this information as well) 요청하는 내용이 있다. 이는 작업 시작 날짜를 변경해 달라는 뜻이므로 (D)가 정답이다.

153-154 다음 온라인 대화를 참조하시오.

> **온라인 메신저 V3.0**
>
> 커트 스탤리 [오후 2:11] 153 스파크 소프트웨어 사의 온라인 상담 서비스를 이용해 주셔서 감사합니다. 어떻게 도와 드릴까요?
>
> 아이리스 카발레라 [오후 2:13] 안녕하세요, 귀하의 기술자들 중 한 분께서 몇몇 저희 컴퓨터에 사진 편집 패키지를 설치해 주시기 위해 저희 리츠 매거진 사에 있는 사무실로 오늘 아침에 들르셨습니다. 하지만, 저는 그 프로그램을 여는 데 어려움을 겪고 있습니다.

커트 스탤리 [오후 2:14]	이상한 것 같네요. 그 프로그램을 시작하시려 할 때 어떤 종류의 메시지든 보이시나요?
아이리스 카발레라 [오후 2:15]	음, 제품 활성화 코드를 입력하도록 요청하네요. 그 기술자님께서 적어 주신 그대로 AB469를 타이핑하고 있어요. **153** 저희가 귀사에서 구입한 이전 버전은 아무런 문제도 없었어요.
커트 스탤리 [오후 2:17]	**154** 아, 알아냈어요! "B"가 사실 "8"인 것이 확실합니다. 코드에 오직 하나의 글자만 있어야 해요.
아이리스 카발레라 [오후 2:19]	그래서 그런 거군요. 저희가 그것을 다시 설치해야 하는지 걱정했거든요. 정말 감사합니다.

153.
리츠 매거진 사에 관해 알 수 있는 것은 무엇인가?

(A) 스파크 소프트웨어 사로 몇몇 결함이 있는 제품을 반품했다.

(B) 전에 스파크 소프트웨어 사의 제품을 구입한 적이 있다.

(C) 기술자에게 일부 장비를 수리하도록 요청했다.

(D) 그래픽 디자인 소프트웨어에 관한 기사를 출간할 것이다.

정답 **(B)**

해설 카발레라 씨가 오후 2시 15분에 쓴 메시지에 상대방 회사에서(스탤리 씨의 첫 메시지에 스파크 소프트웨어 사라고 언급됨) 이전 버전을 구입했던 사실(the previous versions we bought from you)을 알리는 말이 있는데, 이는 과거에 상대방의 회사로부터 제품을 구입한 적이 있다는 뜻이므로 (B)가 정답이다.

154.
오후 2시 19분에, 카발레라 씨가 "그래서 그런 거군요"라고 말한 의도는 무엇인가?

(A) 스탤리 씨의 앞선 설명을 오해했다.

(B) 스파크 소프트웨어 사에서 제품을 주문하는 방법을 배웠다.

(C) 왜 프로그램을 이용할 수 없는지 알아냈다.

(D) 기술자와 자신의 문제점을 이야기하고 싶어 한다.

정답 **(C)**

해설 'That explains it'이라는 말은 그대로 해석하면 '그것이 그 일을 설명해 준다'라는 의미로, 좀 더 자연스럽게 말하면 '그래서 그렇다'와 같은 뜻을 나타낸다. 이는 앞서 스탤리 씨가 제품 활성화 코드가 적용되지 않는 문제점의 원인을 알아냈다고(Oh, I've got it! I'm pretty sure the "B" is actually an "8". There should only be one letter in the code) 말한 것에 따른 반응이므로 (C)가 정답이다.

155-157 다음 이메일을 참조하시오.

발신: 테렌스 마테라조, 대표이사

수신: 모든 영업 임원들

제목: 회사 차량

날짜: 7월 10일, 수요일

안녕하세요,

어제 열린 이사회 회의에서, 아란델 제조사에 근무하는 **155** 우리 모두가 반드시 환경에 미치는 영향을 줄이는 데 더 크게 중점을 두어야 한다는 결정이 내려졌습니다. 앞으로 취해지게 될 한 가지 조치는 전기로 운행되면서 유해 가스를 내뿜지 않는 새로운 회사 차량을 구입하는 것입니다. 이 차량들은 모든 영업 임원들에게 이용 가능하게 될 것이며 우리 고객들을 방문하면서 이동할 때마다 사용되어야 합니다. **156** 여러분 중 일부가 이미 가스를 발생시키지 않는 모델로 바꾸신 사실을 알고 있습니다. 만일 그러시다면, 여러분 개인 소유의 차량을 계속 이용하시기 바라며, 월요일부터, 이제 회사에서 모든 전기 충전에 필요한 비용을 부담할 것입니다.

157(D) 이 새로운 차량들은 월요일에 우리 본사로 배달될 것이며, 여러분 모두가 오후 1시에 지하 주차장에 모여 주셨으면 합니다. **157(C)** 더 큰 상급 차량이 고위 임원들에게 제공될 예정인 반면, 하위 임원들은 일반 승용차를 받게 될 것입니다. 모든 차량은 아자리 모터스 사에서 제조된 것이며, **157(B)** 그곳 직원들 중 한 명이 함께 자리해 차량을 조작하는 방법과 배터리를 재충전하는 방법을 보여 드릴 것입니다. **157(A)** 그날 일과를 마칠 때, 얼마든지 각자의 차량을 타고 귀가하셔도 좋습니다.

안녕히 계십시오.

테렌스 마테라조

대표이사

아란델 제조사

155.
업체는 왜 회사 차량을 제공하는가?

(A) 사업의 성공적인 한 해를 기념하고 있다.

(B) 고객을 찾기 위해 직원들에게 더 먼 거리를 이동하도록 원하고 있다.

(C) 더욱 환경 친화적으로 변하기 위해 노력하고 있다.

(D) 가장 큰 성공을 거둔 영업 임원들에게 보상해 주고 있다.

정답 **(C)**

해설 첫 단락 시작 부분에, 반드시 환경에 미치는 영향을 줄이는 데 더 크게 중점을 두어야 한다고(all of us at Arandell Manufacturing must place greater emphasis on lessening our impact on the environment) 알리면서, 그 조치의 하나로 전기로 운행되면서 유해 가스를 내뿜지 않는 차량을 구입하는 것을 언급하고 있다. 이는 환경 친화적으로 변하기 위한 조치이므로 (C)가 정답이다.

156.
업체의 일부 영업 임원들에 관해 알 수 있는 것은 무엇인가?

(A) 일을 위해 출장을 갈 필요가 없다.

(B) 이미 전기차를 소유하고 있다.

(C) 현재 월간 출장 수당을 받고 있다.

(D) 운전하고 있는 차량에 대해 불만을 제기했다.

정답 **(B)**

해설 첫 단락 후반부에 수신인들 중 일부가 이미 가스를 발생시키지 않는 모델로 바꾼(some of you have already made the switch to a gas-free model) 사실이 쓰여 있는데, 이는 바로 앞서 언급된 것과 동일한 차량인 전기 운행 차량을 가리키므로 이와 같은 차량의 소유를 의미하는 (B)가 정답이다.

157.
회사 차량에 관해 알 수 있는 내용이 아닌 것은 무엇인가?

(A) 회사 주차장에 남아 있어야 한다.

(B) 자동차 회사 직원에 의해 시연될 것이다.

(C) 직책 서열을 바탕으로 배정될 것이다.

(D) 다음 주에 본사에 도착할 것이다.

정답 **(A)**

해설 마지막 단락에서, 자동차 회사 직원 한 명이 차량을 조작하는 방법과 배터리를 재충전하는 방법을 알려 준다고(one of its representatives will be on hand to show you how to operate the cars and recharge their batteries) 말하는 부분에서 (B)를, 더 큰 상급 차량이 고위 임원들에게 제공되고 하위 임원들은 일반 승용차를 받는다고(Larger, more advanced vehicles will be offered ~ will receive standard sedans) 알리는 부분에서 (C)를 확인할 수 있다. 또한, 새로운 차량이 월요일에 본사로 배달된다고(These new cars will be delivered to our head office on Monday) 알리는 부분에서 (D)도 확인 가능하다. 하지만 동일 단락 마지막 부분에 차량을 집으로 가져갈 수 있다고(you're free to take your vehicle home with you) 언급하고 있으므로 그 반대에 해당되는 (A)가 정답이다.

158-160 다음 광고를 참조하시오.

가버 제과점

가버 제과점은 고품질의 케이크와 패스트리 공급업체로 명성을 쌓아 왔습니다. 저희 회사는 37년 전에 폴 가버라는 이름의 숙련된 제빵사에 의해 설립되었는데, 그는 토론토에서 견습 제빵사로 근무한 후에 개인 사업을 시작하기 위해 그레이븐허스트로 이사하였습니다.

처음에, 가버 씨는 직접 모든 일일 운영 업무를 처리하였으며, 매일 아침 일찍 본인의 제품을 굽는 것뿐만 아니라, 매장 영업 준비를 하고 고객들에게 서비스를 제공하기까지 하였습니다. 결국, **159** 제과점이 큰 인기를 얻게 되어 아내와 조카, 그리고 남동생에게 도움을 요청할 수 밖에 없었습니다. 그들 모두 본점에서 지속적으로 도움을 제공하지만, 가버 씨는 160(B) 남동생인 마크 씨에게 고위 경영 업무를 넘겨 주었습니다. 저희 업체는 특히 지난 5년 동안 번창해 왔으며, 160(A) 제공 제품군을 확대하고 160(C) 헌츠빌과 브레이스브리지 같은 인근 도시에 작은 매장들을 개장 하게 되었습니다.

훌륭한 맛을 지닌 달콤한 간식을 간절히 원하신다면, 158 저희 가버 제과점에 들르셔서 제품을 한 번 맛보시기 바랍니다. 저희 본점은 로이드 약국 바로 옆 인 그레이븐허스트의 레이크사이드 로드 347번지에 위치해 있습니다. www. gerberbakedgoods.ca에서 온라인으로도 저희 제공 서비스를 확인해 보실 수 있습니다.

158. 어디에서 이 광고를 볼 수 있을 것 같은가?

(A) 비즈니스 저널에서
(B) 요리 학교에서
(C) 지역 출판물에서
(D) 취업 박람회에서

정답 **(C)**

해설 첫 단락과 두 번째 단락에서 업체 설립 배경을 설명한 후, 마지막 단락에 가서 자신들의 제과점에 들러 제품을 맛보라고 당부하면서 주소를 알려 주고 있 다(stop by Gerber Baked Goods to try our products. Our main store is located at 347 Lakeside Road, Gravenhurst, just next to Lloyd's Pharmacy). 이는 모든 일반 고객들, 즉 지역 주민들에게 전하는 말 에 해당되므로 지역 출판물에 실린 광고인 것으로 판단할 수 있다. 따라서 (C) 가 정답이다.

159. 가버 제과점에 관해 알 수 있는 것은 무엇인가?

(A) 설립자가 여러 상을 받았다.
(B) 본점이 헌츠빌에 있다.
(C) 견습 제빵사를 찾고 있다.
(D) 가족 운영 방식의 업체이다.

정답 **(D)**

해설 두 번째 단락에 아내와 조카, 그리고 남동생이 본점에서 지속적으로 도움을 제 공하는 사실과 남동생 마크 씨에게 고위 경영 업무를 넘겨준 사실을(ask for the help of his wife, his nephew, and his brother. All of them continue to help out at the main store, although Mr. Gerber has handed over senior management duties to his younger brother, Mark) 통해 가족이 경영하는 업체임을 알 수 있으므로 이를 언급한 (D)가 정답이다.

160. 업체가 시행한 변동 사항으로 언급되지 않은 것은 무엇인가?

(A) 새로운 제품의 추가
(B) 경영상의 변화
(C) 새 지점의 개장
(D) 가격 인하

정답 **(D)**

해설 두 번째 단락에서, 남동생에게 경영권을 넘겼다는 말을(Mr. Gerber has handed over senior management duties to his younger brother, Mark) 통해 (B)를, 그리고 인근 도시에 작은 매장을 개장했다는 말 을(opening smaller stores in nearby towns such as Huntsville and Bracebridge) 통해 (C)를 확인할 수 있다. 또한, 제공 제품군을 확대한 사실을(expanding its range of offerings) 통해 (A)도 확인 가능하다. 하지만 가격 인하는 언급되어 있지 않으므로 (D)가 정답이다.

161-164 다음 공지를 참조하시오.

독서의 필요성!

모든 작가 여러분께 알립니다! 저희 앨더데일 공공 도서관은 '독서의 필요성' 운동 을 위한 161 모금 활동을 준비하고 있으며, 이를 통해 162 지역 고아원의 아이들을 위한 도서와 만화책을 구입할 자금을 마련할 것입니다. 저희는 도움을 주실 모든 능력 수준 및 연령대의 작가를 찾고 있습니다!

4월 한 달 동안 정규 업무 시간(월요일부터 토요일, 오전 10시에서 오후 7시까지) 중에 언제든지 저희 도서관을 방문해 주시기 바랍니다. 163(C) 저희가 한 명의 역사 적 인물에 관해 글을 쓰시도록 배정해 드릴 것입니다. 선택할 수 있는 아주 다양한 흥미로운 사람들이 있습니다.

해당 인물에 대해 직접 조사하신 후에 삶과 업적에 관해 글을 쓰시기 바랍니다. 163(A) 마지막 부분에 여러분의 성함을 서명하는 것을 잊지 말아 주십시오.

여러분의 사진과 함께, 늦어도 4월 30일까지는 대출 데스크에 제출하시기 바랍니 다.
(하단 참조)

이 "인생 이야기"는 163(B) 5월 한 달 동안에 걸쳐 저희 도서관 내의 한쪽 벽에 전 시될 것입니다. 접수되는 각 이야기에 대해, 도서관에서 10달러를 저희 모금 운동 에 기부할 것입니다. 164 기고 작가들의 사진도 중앙 독서 구역 옆에 위치한 벽에 게시될 것입니다.

추가 상세 정보를 원하시는 분은, 앨더데일 공공 도서관에 555-2878번으로 직접 전화하시거나 www.alderdalelibrary.co.uk/lifestories를 방문하시기 바랍니다.

161. 공고를 읽는 사람들은 무엇을 하도록 권장되는가?

(A) 행사에서 돕도록 자원하는 일
(B) 모금 행사에 참가하는 일
(C) 지역 도서관 견학을 이끄는 일
(D) 자선 단체에 돈을 기부하는 일

정답 **(B)**

해설 첫 단락에, 모금 활동을 통해 지역 고아원의 아이들을 위해 도서와 만화책을 구입할 자금을 마련한다는 말과 함께, 그 방법으로 도움을 제공할 작가를 찾 고 있다고(organizing a fundraising activity for its Need to Read initiative, which raises money to purchase ~ age groups to lend a hand) 알리고 있다. 이는 모금 행사에 함께 하도록 권하는 것에 해당되므로 (B)가 정답이다.

162. '독서의 필요성' 모금 행사의 목적은 무엇인가?

(A) 새 도서관 시설을 만드는 데 자금을 제공하는 것
(B) 낡은 도서를 재활용하고 새로운 것을 만들어 내는 것
(C) 아이들을 위한 읽을거리를 제공하는 것
(D) 지역 도서 협의회를 주최하는 것

정답 **(C)**

해설 첫 단락에, 모금 활동을 통해 지역 고아원의 아이들을 위한 도서와 만화책 을 구입할 자금을 마련한다고(Need to Read initiative, which raises money to purchase books and comics for children at the local orphanage) 언급한 것이 해당 행사의 목적이므로 (C)가 정답이다.

163. "인생 이야기"에 관해 알 수 있는 내용이 아닌 것은 무엇인가?

(A) 반드시 작가가 서명해야 한다.
(B) 5월에 전시될 것이다.
(C) 다른 사람들에 관한 것이다.
(D) 경연대회에 출품될 것이다.

정답 **(D)**

해설 다섯 번째 단락에 "인생 이야기"라는 말이 언급되는데, 이는 작가들이 쓰는 글을 가리키는 말이다. 이 글과 관련해, 세 번째 단락에 서명하도록 요청하는 (Don't forget to sign your name at the end) 부분에서 (A)를, 다섯 번째 단락에서 5월 내내 전시된다고(will be displayed on a wall in the library throughout the month of May) 알리는 말에서 (B)를 확인할 수 있다. 또한 두 번째 단락에서 역사적 인물에 관해 쓰도록 배정해 준다고(We will assign you one historical figure to write about) 언급하는 부분 에서 (C)도 확인 가능하다. 하지만 경연대회와 관련된 정보는 제시되어 있지 않으므로 (D)가 정답이다.

164. 도서관 방문객들은 어디에서 작가 사진을 볼 가능성이 있는가?

(A) 대출 데스크에서
(B) 독서 구역 근처에서
(C) 웹 사이트에서
(D) 중앙 출입구에서

정답 (B)

해설 작가 사진이 언급되는 다섯 번째 단락에, 중앙 독서 구역 옆에 위치한 벽에 게시된다고(Photographs of contributing writers will be posted on the wall next to the main reading area) 알리고 있으므로 (B)가 정답이다.

165-167 다음 이메일을 참조하시오.

---

166 수신: 우드그레인 가구 매장 전 직원
166 발신: 필립 다우니, 매장 소유주
날짜: 6월 11일
제목: 하계 야유회

직원 여러분께,

우리의 연례 회사 야유회 시간이 거의 다가왔으며, 올해는 165 우리가 어디로 가야 할지에 관해 여러분의 의견을 요청하고자 합니다. 게다가, 이상적인 여행지에 대한 최고의 의견을 찾기 위해 경연도 진행할 것입니다! 직원 여러분께서는 이달 말까지 7월 말에 떠나는 3일간의 휴가에 대한 아이디어를 제시해 주시기 바랍니다. 여러분 각자는 6월 30일까지 행정부에 근무하시는 오길비 씨께 가장 좋은 선택권 세 가지를 제출하셔야 합니다. 저에 의해 선택되는 당첨 의견을 제출해 주시는 분께서는 166 우리 회사에서 바로 모퉁이를 돈 곳에 위치한 갤럭시 영화관에서 영화를 보실 수 있는 입장권 2장을 받으시게 될 것입니다.

의견 제출은 사무실에서 가져 가실 수 있는 참가 양식을 이용해 이뤄져야 합니다. 여러분의 의견을 판단할 때, 다음 요소들을 고려할 것입니다: 167(C) 아주 다양한 우리 직원들의 관심 여부뿐만 아니라 167(D) 제공되는 활동의 숫자(더 많을 수록 더 좋습니다!), 그리고 167(A) 교통 및 숙박 시설의 비용 적정성입니다.

여러분 모두에게 행운을 빕니다!

---

165. 이메일의 목적은 무엇인가?

(A) 경연대회를 알리는 것
(B) 직원들을 파티에 초대하는 것
(C) 교육 기회를 설명하는 것
(D) 사업 계획에 관한 상세 정보를 제공하는 것

정답 (A)

해설 첫 단락에 어디로 야유회를 가야 할지에 관해 의견을 요청한다는 말과 함께 최고의 의견을 찾기 위해 경연도 진행한다고(we will run a contest to find the best suggestion) 알리고 있다. 이는 일종의 경연대회를 의미하는 것이므로 (A)가 정답이다.

166. 갤럭시 영화관에 관해 알 수 있는 것은 무엇인가?

(A) 다른 회사와 합병했다.
(B) 소속 직원들에게 보상해 줄 것이다.
(C) 특별 행사를 주최할 것이다.
(D) 가구 매장 근처에 있다.

정답 (D)

해설 첫 단락 마지막 부분에 이메일 발신인의 회사에서 바로 모퉁이를 돈 곳에 갤럭시 영화관이 있다고(a movie at the theater around the corner from us, Galaxy Movie Theater) 알리고 있으며, 상단의 정보를 통해(To: All staff of Woodgrain Furniture Store / From: Philip Downie, Store Proprietor) 발신인이 가구 회사 소유주임을 알 수 있다. 따라서 이를 통해 확인 가능한 내용인 (D)가 정답이다.

167. 좋은 여행지의 한 측면으로 언급되지 않은 것은 무엇인가?

(A) 여행을 떠나기에 비싸지 않아야 한다는 점
(B) 넓은 호텔 객실이 있어야 한다는 점
(C) 모든 직원들에게 즐거워야 한다는 점
(D) 아주 다양한 이용 가능한 활동이 있어야 한다는 점

정답 (B)

해설 좋은 여행지의 조건이 언급되는 마지막 단락에서, 교통 및 숙박 시설의 비용 적정성(affordability of transportation and accommodation)을 통해 (A)를, 아주 다양한 직원들의 관심 여부(appeal to our diverse employees)를 통해 (C)를 확인할 수 있다. 또한, 활동이 많을 수록 좋다고 말하는(the number of activities on offer (the more, the better!)) 부분을 통해 (D)도 확인 가능하다. 하지만 넓은 호텔 객실은 언급되어 있지 않으므로 (B)가 정답이다.

168-171 다음 온라인 채팅을 참조하시오.

루카스 시어스 [오전 11:25]
안녕하세요, 여러분. 여러분 모두 각자의 일정에서 내일 점심 식사 이후에 회의할 시간을 내 주셨으면 합니다. 우리의 신제품 라인이 특별히 잘 판매되고 있지 않습니다. 우리의 초점을 전환하는 것을 고려해 봐야 합니다.

엠마 하딩 [오전 11:26]
생각해 두신 것이라도 있으신가요?

루카스 시어스 [오전 11:29]
168 하이 웨이브 사의 패션 액세서리에 대한 목표 시장이 대체로 십대들로 구성되어 있기 때문에, 169 인쇄 매체를 통한 것보다 온라인상에서 소비자들을 겨냥하는 것이 우리에게 더 적합한 일인 것 같아요.

머레이 헤니 [오전 11:31]
맞아요. 171 소셜 미디어와 기타 웹 사이트들이 요즘 점점 더 구매 결정에 영향을 미치고 있는 것 같아요.

리코 아우구스투스 [오전 11:33]
저도 그 생각에 전적으로 동의해요. 아마 우리가 일부 비용 견적을 받아 보기 위해 몇몇 소셜 미디어 회사에 연락하는 일을 시작해 볼 수 있을 거예요.

엠마 하딩 [오전 11:35]
좋은 생각입니다. 그리고 우리는 심지어 어느 사이트가 가장 접속량이 많은지도 알아봐야 할 수도 있어요.

루카스 시어스 [오전 11:37]
아주 좋습니다. 우리 모두가 같은 생각을 하고 있는 것 같네요. 내일 우리가 만나면, 일부 자료를 확인해 보고자 합니다. 170 171 서로 다른 온라인 플랫폼들을 살펴보고, 각각에 대해 광고를 내는 데 얼마의 비용이 드는지 알아봐 주세요. 그런 다음, 제가 그 결과물을 정리해서 이사회에 검토용으로 전달하겠습니다.

리코 아우구스투스 [오전 11:38]
170 제가 바로 시작하겠습니다.

루카스 시어스 [오전 11:39]
감사합니다, 그리고 어떤 질문이든 있으시면 저에게 바로 알려 주세요. 오후 내내 사무실에 있을 겁니다.

---

168. 하이 웨이브 사는 현재 무슨 종류의 제품을 판매하는가?

(A) 전자 기기
(B) 패션 액세서리
(C) 스포츠 장비
(D) 청소용 제품

정답 (B)

해설 시어스 씨가 11시 29분에 작성한 메시지에, 업체 이름과 특징이 대략적으로 언급된다. 하이 웨이브 사의 패션 액세서리라는 이름과 목표 시장이 십대들(target market for High Wave fashion accessories largely consists of teenagers)이라고 말하는 것을 통해 패션 액세서리를 판매하는 것으로 판단할 수 있으므로 (B)가 정답이다.

169.
오전 11시 25분에, 시어스 씨가 "우리의 초점을 전환하는 것을 고려해 봐야 합니다"라고 쓸 때 무엇을 의미하는가?

(A) 회사에서 몇몇 제품을 단종해야 한다.
(B) 회의가 다른 장소에서 열려야 한다.
(C) 회사에서 새로운 광고 전략을 채택해야 한다.
(D) 회의가 아주 다양한 주제를 포함해야 한다.

정답 (C)
해설 이 말을 한 시어스 씨는 바로 뒤이어 11시 29분에 작성한 메시지에서 인쇄 매체를 통한 것보다 온라인상에서 소비자들을 겨냥하는 것이 더 적합한 것 같다고(targeting consumers online rather than through print media seems like a better fit for us) 알리고 있다. 이는 광고 전략의 변화를 의미하는 말이므로 (C)가 정답이다.

170.
아우구스투스 씨는 곧이어 무엇을 할 것 같은가?

(A) 마케팅 예산을 수정하는 일
(B) 몇몇 가격 견적서를 요청하는 일
(C) 몇몇 서류를 시어스 씨에게 보내는 일
(D) 회사의 웹 사이트를 업데이트하는 일

정답 (B)
해설 시어스 씨가 11시 37분에 광고를 내는 데 얼마의 비용이 드는지 알아봐 달라고(find out how much it costs to run ads) 요청하는 것에 대해 아우구스투스 씨가 자신이 바로 시작하겠다고(I'll get right on it) 대답하고 있다. 이는 가격 견적을 알아보는 일에 해당되므로 (B)가 정답이다.

171.
시어스 씨는 이사회에 무엇을 제출할 것인가?

(A) 신제품 라인에 대한 의견
(B) 웹 사이트 접속량을 늘리기 위한 제안서
(C) 광고에 필요한 디자인
(D) 소셜 미디어에 관한 정보

정답 (D)
해설 시어스 씨가 11시 37분에 서로 다른 온라인 플랫폼들을 살펴보고, 광고 비용을 확인한 다음에 그 자료를 이사회에 전달하겠다고(Look into the different online platforms ~ I'll compile the findings and pass them on to the board for review) 알리고 있다. 이는 앞서 11시 31분에 헤니 씨가 말한 소셜 미디어 및 기타 웹 사이트들(Social media and other Web sites)과 관련된 자료를 가리키는 것이므로 (D)가 정답이다.

172-175 다음 기사를 참조하시오.

> **개장 예정인 카페 스펙타큘러 커피점**
>
> (런던, 2월 12일) — 프랑스 커피점 체인인 카페 스펙타큘러가 다음 달에 영국 베드포드셔에 세 번째 커피점을 개장할 예정입니다. **175** 이 업체는 던스터블의 이스틀리 애비뉴에 매장을 열 계획입니다. -[1]-.
>
> "**172** 던스터블에 고급 커피점이 많지 않기 때문에, 이 도시는 저희 최신 매장을 개장하기에 완벽한 곳입니다,"라고 이 커피 체인 업체의 소유주인 제롬 르뮤 씨는 밝혔습니다. "저희는 베드포드셔에 또 하나의 지점을 추가하게 되어 매우 흥분되며, 던스터블 주민들께 저희 고급 커피 제품을 제공해 드리는 것을 고대하고 있습니다." -[2]-.
>
> **173** 마르세유에 본사를 둔 이 커피 체인 업체는 또한 최근 북아일랜드의 벨파스트 시에도 커피점을 열었습니다. 르뮤 씨의 말에 따르면, **174** 다음 단계는 올해 말쯤 더 북쪽으로 올라가 스코틀랜드로의 경계를 넘어서는 일이 될 것입니다. -[3]-. 현 시점에서, 가장 유력한 장소는 글래스고우와 던디입니다. -[4]-.

172.
르뮤 씨는 신규 지점의 어떤 장점을 언급하는가?

(A) 알맞은 건물 가격
(B) 건물의 크기

(C) 경쟁 업체의 부족
(D) 많은 수의 주민들

정답 (C)
해설 르뮤 씨의 인터뷰 내용이 담긴 두 번째 단락에, 던스터블에 고급 커피점이 많지 않다는 사실이(Because there aren't many high-end coffee houses in Dunstable) 쓰여 있는데, 이는 경쟁 업체가 많지 않다는 뜻이므로 (C)가 정답이다.

173.
카페 스펙타큘러의 본점은 어디에 있는가?

(A) 던스터블에
(B) 벨파스트에
(C) 글래스고우에
(D) 마르세유에

정답 (D)
해설 마지막 단락에 마르세유에 본사를 둔 업체라고(The Marseilles-based coffee chain) 알리고 있으므로 (D)가 정답이다.

174.
기사에 따르면, 회사는 앞으로 무엇을 할 계획인가?

(A) 스코틀랜드로 사업을 확장하는 일
(B) 새로운 커피 제품을 발표하는 일
(C) 지역 커피 회사를 매입하는 일
(D) 베드포드셔에서 마케팅 캠페인을 시작하는 일

정답 (A)
해설 앞으로의 계획이 언급되는 마지막 단락에, 올해 말쯤 더 북쪽으로 올라가 스코틀랜드로의 경계를 넘어설 것이라고(the next step will be to move further north and over the border into Scotland later this year) 알리고 있는데, 이는 사업 확장을 뜻하는 것이므로 (A)가 정답이다.

175.
[1], [2], [3], [4]로 표시된 위치들 중에서, 다음 문장이 들어가기에 가장 적합한 곳은 어디인가?

"루턴과 켐스턴이 이미 매장을 보유하고 있는 나머지 도시들입니다."

(A) [1]
(B) [2]
(C) [3]
(D) [4]

정답 (A)
해설 여기서 the other는 이미 제시된 것을 제외한 특정한 나머지를 가리키므로 매장 위치와 관련된 정보를 언급한 문장 뒤에 쓰여야 한다는 것을 알 수 있다. 따라서 이스틀리 애비뉴에 매장을 열 계획이라고 알리는 문장 뒤에 위치한 [1]에 들어가 보유 매장의 여러 위치를 알리는 흐름이 되어야 적절하므로 (A)가 정답이다.

176-180 다음 웹 페이지와 이메일을 참조하시오.

http://www.woolcroftbusinessinstitute.com

홈 | 건물 편의시설 | 정규 과정 | **다가오는 세미나**

비즈니스 연설에 대한 자신감 세미나 시리즈
아나톨리아 레스토랑 출장 요리 서비스 제공

177(D) 울크로프트 비즈니스 학원(WBI)은 10월 세미나 시리즈를 공지해 드리게 되어 기쁘게 생각하며, **176** 이는 비즈니스 업계에서 종종 공개적으로 이야기할 필요가 있는 분들께 자신감을 드리기 위해 고안된 것입니다. 모든 세미나는 아주 다양한 비즈니스 분야에서 풍부한 경험을 보유하고 계신 강사진에 의해 진행됩니다. 각 세미나에 대한 공간이 수요가 높을 것이기 때문에, 세미나 시간당 최대 250명의 인원만 수용할 수 있습니다. 관심 있으신 분들께서는 온라인으로 또는 555-0127번으로 **177(A)** 저희에게 직접 전화하셔서 신청하실 수 있습니다. 각 시간에 참가하시는 분들께서는 **177(B)** 해당 시간 이후에 맛있는 뷔페 식사와 음료를 즐기실 수 있으며, 이는 지역 내 터키 음식점인 아나톨리아에서 제공합니다.

날짜	시간	주제	강사	행사장
10월 7일	오후 12:30 – 오후 2:00	연설하기 입문	케네스 리	**177(C)** WBI 본관 강당
10월 14일	오후 3:00 – 오후 4:30	목표 청중 이해하기	블랫코 안도노프	**177(C)** WBI 본관 강당
10월 21일	오후 4:30 – 오후 6:00	효과적인 발표	셰리 레너	**177(C)** WBI 본관 강당
10월 28일	오후 6:00 – 오후 7:30	**178** 모든 면접 상황에서 성공하기	**178** 카리스마 카푸르	**177(C)** WBI 본관 강당

수신: smeadows@estracorp.com
발신: registration@wbi.com
날짜: 10월 3일
제목: 세미나 등록
첨부: 스탠메도우즈.docx

메도우즈 씨께,

저희 10월 세미나 시리즈 시간들 중 하나에 대한 귀하의 등록을 확인해 드리기 위해 연락 드립니다. 해당 시간을 통해 귀하께서 **179** 배우게 되실 전략과 기술이 **178** 앞으로 문제가 될 수 있는 어떠한 구직 면접 상황을 피하는 데 도움이 될 것이라는 사실에 의심의 여지가 없습니다.

180 저희 학원에 관한 상세 정보를 제공해 드리는 첨부 문서를 확인해 보시기 바라며, 여기에는 건물 안내도와 편의시설에 대한 설명, 그리고 주차 관련 세부 사항이 포함되어 있습니다. 저희 정규 과정에 관해 더 많은 것을 알아보시는 데 관심이 있으실 경우, 저희 웹 사이트에서 정규 과정 목록을 찾아보실 수 있습니다. 세미나 당일에 저희 학원에 도착하시는 대로, 이름표를 받으실 수 있도록 안내 데스크로 곧장 가시기 바랍니다.

저희 울크로프트 비즈니스 학원은 전문 능력 개발 과정에 있어 자부심을 갖고 있는 선두주자입니다. 저희는 귀하의 역량을 발전시키는 데 도움을 드릴 수 있기를 고대합니다.

안녕히 계십시오.

수강 등록부
울크로프트 비즈니스 학원

---

176. 웹 페이지에 따르면, 무엇이 제공되고 있는가?
(A) 대중 연설 능력을 향상시킬 수 있는 기회
(B) 고용 기회에 관한 정보
(C) 업체 소유주들을 위한 재무 상담
(D) 마케팅 회사들을 위한 교류 행사

정답 (A)

해설 웹 페이지인 첫 번째 지문 시작 부분에, 세미나 시리즈를 소개하면서 비즈니스 업계에서 종종 공개적으로 이야기할 필요가 있는 사람들에게 자신감을 주기 위해 고안된 것이라고(is designed to give confidence to those who are often required to speak publicly in the business world) 알리고 있다. 이는 말하기 능력을 향상시킬 기회에 해당되는 것이므로 (A)가 정답이다.

177. 세미나와 관련해 알 수 있는 내용이 아닌 것은 무엇인가?
(A) 전화로 등록될 수 있다.
(B) 이후에 음식과 음료가 제공된다.
(C) 여러 행사장에서 개최된다.
(D) 울크로프트 비즈니스 학원에 의해 주최된다.

정답 (C)

해설 첫 지문 첫 단락에서, 전화를 걸어 등록할 수 있다고(by calling us directly at 555-0127) 알리는 부분을 통해 (A)를, 뷔페 식사와 음료를 즐길 수 있다고(will be able to enjoy a delicious buffet and drinks after the

---

session) 언급한 부분에서 (B)를 확인할 수 있다. 또한 첫 머리에 울크로프트 비즈니스 학원이 세미나 시리즈 주최측임을 공지하는(Woolcroft Business Institute (WBI) is delighted to announce its October seminar series) 부분에서 (D)도 확인 가능하다. 하지만 행사 일정이 언급된 도표에 그 장소가 모두 WBI Main Auditorium으로만 되어 있으므로 (C)가 정답이다.

178. 메도우즈 씨가 참석할 계획인 시간을 누가 가르칠 것인가?
(A) 리 씨
(B) 안도노프 씨
(C) 레너 씨
(D) 카푸르 씨

정답 (D)

해설 메도우즈 씨에게 보내는 이메일인 두 번째 지문 첫 단락에 앞으로 문제가 될 수 있는 어떠한 구직 면접 상황을 피하는 데 도움이 될 것이라고(help you to avoid any problematic job interviews in the future) 알리고 있다. 첫 지문 표에서 주제가 면접과 관련된 것은 마지막에 제시된 Succeeding in Any Interview Scenario이며, 해당 강사는 Karisma Kapoor이므로 (D)가 정답이다.

179. 이메일에서, 첫 번째 단락 두 번째 줄의 표현 "pick up"과 의미가 가장 가까운 것은 무엇인가?
(A) 나르다
(B) 선택하다
(C) 습득하다
(D) 배정하다

정답 (C)

해설 해당 표현이 제시된 you will pick up은 바로 앞에 위치한 두 개의 명사 strategies와 skills를 수식한다. 이는 각각 '전략'과 '기술'을 의미하는데, 이메일 수신인인 메도우즈 씨가 세미나를 통해 배우게 되는 것으로 판단할 수 있다. 따라서 pick up이 '배우다'와 같은 뜻으로 쓰였음을 알 수 있으므로 이와 유사한 의미로 '습득하다'를 뜻하는 (C) acquire가 정답이다.

180. 이메일에 무슨 문서가 첨부되어 있는가?
(A) 이용 가능한 강좌 목록
(B) 학원에 대한 안내 책자
(C) 등록 영수증
(D) 이름표

정답 (B)

해설 첨부 문서가 언급되는 두 번째 단락에, 건물 안내도와 편의시설에 대한 설명, 그리고 주차 관련 세부 사항이 포함되어 있다고(including a map of the building, a description of amenities, and details about parking) 알리고 있다. 이를 통해 해당 학원에 관한 안내 책자가 첨부된 것임을 알 수 있으므로 (B)가 정답이다.

181-185 다음 광고와 이메일을 참조하시오.

코스모 컴퓨터 튠업 – 특별 새해 요금
전화번호: 0898-555-0126
이메일: sales@cosmotuneups.com

새해의 시작을 기념하기 위해, 저희는 1월과 2월 중에 **182** 실시되는 모든 컴퓨터 정비 작업에 대해 **181** 특별 요금을 제공하고 있습니다. 이 할인은 오직 과거에 저희 서비스를 이용하신 적이 있는 기업 고객들만 이용 가능합니다. 저희 코스모 기술자들은 악성 소프트웨어 제거와 운영 시스템 최적화, 그리고 추천 업데이트를 설치함으로써 여러분의 컴퓨터 성능을 극대화시킬 혁신적인 진단 프로그램 및 수리 수단을 활용하고 있습니다. 저희 표준 요금 및 한정 기간 특별 요금은 다음과 같습니다.

컴퓨터 개수	표준 요금 (컴퓨터 1대당)	특별 요금 (컴퓨터 1대당)
1–9대	$20	$17

10-19대	$18	$15
184 20-29대	$16	184 $13
30대 이상	$14	$11

보너스 제공: 저희 서비스를 예약하시기 위해 연락 주실 때, 185 이메일 제목란에 특정 광고 코드 "MAT123"을 기입하시면, 정비 작업을 수행하기 위해 여러분의 업체를 방문할 때 최대 10개의 코스모 마우스 패드를 제공해 드립니다.

수신: 비앙카 랭카스터 <blancaster@romacorp.com>
발신: 애덤 크레나 <adamc@cosmotuneups.com>
날짜: 2월 2일
185 제목: 회신: MAT123

랭카스터 씨께,

로마 주식회사의 컴퓨터 정비 작업을 요청하신 귀하의 이메일에 감사드립니다. 183 제공해 주신 정보를 바탕으로, 2월 9일 오전 9시로 저희 서비스 일정을 잡아 드렸습니다. 이메일에서 언급해 주신 바와 같이, 184 귀사는 특별 새해 요금에 대한 자격이 있습니다. 저희 기술자들이 예정된 날짜에 시간에 맞춰 도착해 귀사의 사무실에 있는 20대의 컴퓨터에 정비 작업을 해 드릴 것입니다. 이 작업은 불과 3시간 밖에 걸리지 않을 것입니다.

저희 서비스에 관해 어떠한 질문이든 있으실 경우, 주저하지 마시고 저에게 다시 연락 주십시오. 귀하 및 귀사와 다시 한 번 거래하기를 고대합니다.

안녕히 계십시오.

애덤 크레나
고객 서비스부장
코스모 컴퓨터 튠업

---

181. 특별 요금에 관해 알 수 있는 것은 무엇인가?

(A) 오직 특정 브랜드의 컴퓨터에만 적용된다.
(B) 3개월 동안 제공될 것이다.
(C) 오직 웹 사이트를 통해서만 요청될 수 있다.
(D) 오직 기존 고객들만 이용 가능하다.

정답 (D)

해설 특별 요금이 언급되는 첫 지문 첫 단락에, 그 할인이 오직 과거에 서비스를 이용하신 적이 있는 기업 고객들만 이용 가능하다고(This offer is only available to business clients who have used our services in the past) 알리고 있다. 이는 기존 고객들만 이용할 수 있다는 뜻이므로 (D)가 정답이다.

182. 광고문에서, 첫 번째 단락 두 번째 줄의 단어 "performed"와 의미가 가장 가까운 것은 무엇인가?

(A) 수행되는
(B) 전시되는
(C) 향상되는
(D) 노력하는

정답 (A)

해설 해당 문장에서 performed는 과거분사로서 바로 앞에 언급된 명사구 all computer tune-ups를 뒤에서 수식하는 역할을 한다. tune-ups가 정비 작업을 의미하므로 특정 기간을 나타내는 말과 함께 이 명사를 수식하는 performed는 '(~ 중에) 실시되는, 수행되는' 등을 뜻한다는 것을 알 수 있다. 따라서 '수행되는'을 뜻하는 또 다른 동사의 과거분사인 (A) conducted가 정답이다.

183. 이메일의 주 목적은 무엇인가?

(A) 정보를 요청하는 것
(B) 서비스를 확인해 주는 것
(C) 예약 일정을 재조정하는 것
(D) 특별 할인을 홍보하는 것

정답 (B)

해설 이메일 첫 단락에, 제공해 준 정보를 바탕으로 2월 9일 오전 9시로 서비스 일정을 잡았다고 알리면서(Based on the information you provided, I've scheduled our service for February 9 at 9 A.M.), 그와 관련된 정보를 제공하고 있다. 이는 예약된 서비스를 확인해 주는 것에 해당되므로 (B)가 정답이다.

184. 로마 주식회사는 컴퓨터 정비 작업당 얼마를 지불할 것인가?

(A) $11
(B) $13
(C) $15
(D) $20

정답 (B)

해설 이메일 첫 단락에, 특별 새해 요금에 대한 자격이 있다는 말과 함께 20대의 컴퓨터에 정비 작업을 해 준다고(your company qualifies for our special New Year rates. ~ tune up the twenty computers in your offices) 쓰여 있다. 첫 지문의 도표를 보면, 20대의 컴퓨터에 대한 특별 요금이 13달러로 표기되어(20-29 / Special Rate (per computer) / $13) 있으므로 (B)가 정답이다.

185. 랭카스터 씨에 관해 알 수 있는 것은 무엇인가?

(A) 제조사에 의해 컴퓨터가 수리될 것이다.
(B) 소속 회사는 최근에 새 컴퓨터를 구입했다.
(C) 코스모 컴퓨터 튠업 전 직원이다.
(D) 무료 마우스 패드를 받을 것이다.

정답 (D)

해설 이메일 상단의 제목 부분을 보면, 회신 이메일이라는 표기와 함께 MAT123이 쓰여 있다(Subject: Re: MAT123). 이는 첫 지문 마지막 단락에 이메일 제목에 입력하면 최대 10개의 마우스 패드를 받을 수 있는 코드라고 언급한(if you write the specific advertisement code "MAT123" in the subject line of your e-mail, we'll provide up to 10 Cosmo mouse mats) 것에 해당된다. 따라서 무료 마우스 패드를 받을 수 있다는 것을 알 수 있으므로 (D)가 정답이다.

186-190 다음 안내 책자와 두 이메일을 참조하시오.

브라이트스파크 태양열 전지판 도매점

브라이트스파크는 유럽에서 손꼽히는 상업용 및 주거용 건물에 필요한 태양열 전지판 공급업체입니다. 저희는 세계 최고의 태양열 전지판 제조사로부터 공급받는 아주 다양한 전지판을 재고로 보유하고 있습니다. 아래에서, 몇몇 저희 베스트셀러 전지판에 관해 더 많은 것을 알아보실 수 있습니다.

188 **시너지 솔라:** 신뢰할 수 있고 비용 효율적인 단결정 전지판으로서, 각도에 상관없이 모든 형태의 지붕에 적합합니다. 각 전지판은 72개의 전지로 구성되어 있습니다.
솔 터보: 시너지 솔라와 유사하지만, 각 전지판에 있는 60개의 전지가 다결정으로 되어 있으며, 이는 전지판을 훨씬 더 비용 효율적으로 만들어 줍니다.
솔라 킹: 크게 양극 산화 처리된 알루미늄 프레임으로 구성된, 이 전지 60개짜리 단결정 전지판은 강한 바람과 폭설에 견디도록 만들어져 있습니다.
선 캐처: 단결정 전지판으로서, 각각 72개의 전지를 포함하고 있으며, 지붕 대신 건물의 세로 벽에 설치되도록 특별히 디자인되어 있습니다.

저희가 공급하는 전지판과 관련된 어떤 질문이든지, inquiries@brightspark.co.uk로 이메일 보내셔서 연락 주시기 바랍니다.

태양열 전지판을 구입하실 때, 전지판을 설치할 계획이신 표면에 대해 정확한 치수를 재는 것이 중요합니다. 그렇게 하신 후에, 전지판 유형을 선택하시고 나면, 186 저희 온라인 측정기가 주어진 공간을 덮기 위해 정확히 얼마나 많은 전지판을 구입하셔야 하는지 알려 드릴 것입니다. www.brightspark.co.uk/calculator에서 직접 한 번 해 보시기 바랍니다.

수신: inquiries@brightspark.co.uk
발신: crundgren@smarthomes.com
날짜: 3월 17일
제목: 최근 주문

브라이트스파크 사에 보냅니다,

저는 주택 개조 전문 업체의 소유주이며, 귀사의 단골 고객 중 한 명입니다. 3월 15일에, **188** 저는 제 고객 중 한 분의 주택에 필요한 전지 72개짜리 단결정 태양열 전지판 25개를 주문했습니다. 제가 연락 드리는 이유는, 제 고객께서 그 전지판에 대해 의구심을 갖고 계시기 때문입니다. **187 188** 그분은 해당 전지판이 호숫가에 위치한 그분의 별장 지붕에 설치되고 나면 매력적이지 않게 보일까봐 걱정하고 계십니다. 저는 그 전지판들이 비교적 작고 두드러지지 않다고 그분께 확신시켜 드리려 했습니다. 지붕에 이 전지판들이 설치되어 있는 주택을 찍은 어떤 사진이든 저에게 보내 주실 수 있으신가요? 그렇게 해 주시면 제 고객을 안심시켜 드릴 수 있을 것입니다.

그리고, 한 가지 더 있습니다. 제가 귀사로부터 지난번에 태양열 전지판을 주문했을 때, **190** 온라인으로 품질 보증 정보를 출력해 제 고객께 제공해 드릴 수 있었습니다. 하지만, 이번에는, 귀사의 사이트에서 이것을 찾을 수 없는 것 같습니다. 제 고객께서 전적으로 만족하실 수 있도록 제가 해당 정보로 안내해 주실 수 있다면 감사하겠습니다.

감사합니다.

콜린 룬드그렌

수신: crundgren@smarthomes.com
발신: anna321@brightspark.co.uk
189 날짜: 3월 17일
제목: 회신: 최근 주문

룬드그렌 씨께,

귀하의 최근 문의에 대해 감사 드립니다. 귀하께 배송해 드리기 위해 준비 중인 전지판은 저희의 가장 인기 있는 종류이므로, 귀하의 고객께서는 전혀 걱정하실 필요가 없습니다. 그분께서 직접 확인해 보실 수 있도록 제품에 만족하신 다른 고객들의 주택을 찍은 몇몇 이미지를 첨부해 드렸습니다. 만일 그분께서 만족하시지 못해서 **189** 다른 종류를 선택하기를 원하실 경우, 제가 주문 사항을 변경해 드릴 수 있도록 오늘 오후 5시까지 저에게 알려 주시기 바랍니다.

문의하신 다른 정보와 관련해서는, **190** 온전하고 상세히 설명된 문서를 받아 보기를 원하실 경우에 직접 해당 공급업체로 연락해 보셔야 할 것 같습니다.

안녕히 계십시오.

애나 손

---

186. 안내 책자에 따르면, 고객들은 웹 사이트에서 무엇을 할 수 있는가?

(A) 여러 공급업체의 가격을 비교해 보는 일
(B) 상담 서비스를 요청하는 일
(C) 전지판 설치 요건을 확인해 보는 일
(D) 고객 추천 후기를 읽어 보는 일

정답 (C)

해설 웹 사이트가 언급된 첫번째 지문의 마지막 단락을 보면, 온라인 측정기가 정확히 얼마나 많은 전지판을 구입해야 하는지 알려 준다는 말과 함께(our online calculation tool will tell you precisely how many panels you will need to buy), 웹 사이트 주소를 제공해 그곳에서 직접 해 보도록 권하고 있다. 이는 전지판 설치 요건을 사전에 확인해 보는 일에 해당되므로 (C)가 정답이다.

---

187. 룬드그렌 씨의 고객은 해당 전지판의 무슨 측면에 대해 우려하는가?

(A) 외관
(B) 설치 비용

(C) 에너지 생산량
(D) 내구성

정답 (A)

해설 룬드그렌 씨의 이름은 두 번째 지문으로 제시된 이메일의 작성자에 해당되며, 첫 번째 단락에서 고객의 우려 사항을 언급하고 있다. 여기서 그 고객이 전지판이 호숫가에 위치한 별장 지붕에 설치되고 나면 매력적이지 않게 보일까봐 걱정하고 있다고(She is worried that the panels will look unattractive) 알리고 있다. 이는 외관을 우려하는 것이므로 (A)가 정답이다.

---

188. 룬드그렌 씨는 자신의 고객을 위해 무슨 종류의 태양열 전지판을 주문했을 것 같은가?

(A) 시너지 솔라
(B) 솔 터보
(C) 솔라 킹
(D) 선 캐처

정답 (A)

해설 두 번째 지문 첫 단락에, 고객 중 한 명의 주택에 필요한 전지 72개짜리 단결정 태양열 전지판 25개를 주문했다고(I placed an order for 25 of your 72-cell monocrystalline solar panels) 알리고 있다. 또한 지붕에 설치된다는 내용도(once they have been installed on the roof) 알 수 있다. 첫 지문에서 지붕에 설치되는, 단결정 태양열 전지판으로 72개의 전지로 된 제품이 시너지 솔라(Synergy Solar: Reliable and cost-effective monocrystalline panels ~ Each panel is comprised of 72 cells)이므로 (A)가 정답이다.

---

189. 손 씨의 말에 따르면, 룬드그렌 씨는 왜 3월 17일에 다시 연락해야 할 수도 있는가?

(A) 일부 문서를 받기 위해
(B) 다른 전지판을 선택하기 위해
(C) 최종 비용을 지불하기 위해
(D) 설치 작업 일정을 재조정하기 위해

정답 (B)

해설 3월 17일이라는 날짜는 세 번째 지문으로 제시된 이메일의 발신 날짜로 쓰여 있으며, 지문 첫 단락에 다른 종류를 선택하기를 원할 경우에 주문 사항을 변경할 수 있도록 오늘 오후 5시까지 알려 달라는(If she is not satisfied and wishes to select a different type, please inform me by 5 P.M. this afternoon) 말이 쓰여 있다. 따라서 다른 전지판을 선택하기 위해 연락할 수도 있다는 것을 알 수 있으므로 (B)가 정답이다.

---

190. 제품 품질 보증 정보에 관해 유추할 수 있는 것은 무엇인가?

(A) 최근에 수정되었다.
(B) 제품 포장지에 포함되어 있다.
(C) 룬드그렌 씨의 고객에게 우편으로 발송될 것이다.
(D) 브라이트스파크의 웹 사이트에서 더 이상 이용할 수 없다.

정답 (D)

해설 제품 품질 보증 정보가 언급된 두 번째 지문 두 번째 단락에, 룬드그렌 씨는 전에 온라인으로 품질 보증 정보를 출력해 고객에게 줄 수 있었지만 이것을 업체 사이트에서 찾을 수 없다고(I was able to print out the warranty information online ~ I can't seem to find it on your site) 알리고 있다. 이와 관련해 세 번째 지문 두 번째 단락을 보면, 직접 해당 공급업체로 연락해 그 문서를 받아 보도록(you'll need to contact the supplier directly if you wish to receive the full, detailed document) 권하고 있다. 따라서 웹 사이트에서 더 이상 이용할 수 없다는 것을 알 수 있으므로 이를 언급한 (D)가 정답이다.

191-195 다음 광고와 양식, 그리고 이메일을 참조하시오.

191 귀사의 직원을 길포드 학원에 등록하십시오!

직원들에게 추가 교육을 제공함으로써, 적응력 있고 효율적이면서 화합하는 인력을 만드실 수 있습니다. 저희 길포드 학원에서는, 높이 평가 받고 있는 네 가지 전문 능력 개발 과정을 제공해 드리고 있습니다.

효과적인 리더십 – 회사에서 부서장과 관리자들뿐만 아니라 모든 직원들에게 리더십 교육을 제공하는 것은 중요합니다. 초기 단계에서 직원들의 리더십 능력을 발전시킴으로써, 향후에 리더십 역할을 맡을 때 필요한 지식을 갖추도록 할 수 있습니다. 최대 수강 인원: 40명. 강좌는 매주 월요일과 화요일에 진행됩니다.

192 *다양성 교육* – 요즘, 직장은 과거 그 어느 때보다 더 다양합니다. 모든 직원들이 반드시 다양성 문제를 이해하도록 하는 것은 중요합니다. 저희 다양성 교육 과정은 직원들의 지식을 향상시키고 직장 내의 다양성을 포용할 수 있도록 해 드립니다. **192** 최대 수강 인원: 70명. 강좌는 매주 화요일과 목요일에 진행됩니다.

시간 관리 – 시간은 모든 업체에 있어 소중하지만 한정적인 자원입니다. 하지만, 많은 직원들은 각자의 시간을 효과적으로 관리하는 데 필요한 지식과 교육이 부족합니다. 이는 종종 마감 시한을 놓치는 일과 저조한 업무의 질로 이어집니다. 저희 강좌는 직원들을 매일 체계적이고 집중적이며 더욱 생산적인 상태로 유지하는 데 도움을 드립니다. 최대 수강 인원: 60명. 강좌는 매주 월요일과 수요일에 진행됩니다.

193 *의사 소통 능력 향상* – 좋지 못한 의사 소통은 생산성 저하 및 불필요한 논쟁이라는 결과를 낳을 수 있습니다. 직접 대면해 소통하든 아니면 이메일로 의사 소통하든 상관없이, 모든 직원들은 의사 소통의 기본에 대해 이해해야 합니다. 저희 강좌는 직원들이 말로 그리고 서면으로 모두 의사 소통하는 데 필요한 필수 능력을 개발하도록 도와 드립니다. 최대 수강 인원: 50명. **193** 강좌는 매주 화요일과 수요일에 진행됩니다.

강좌 내용과 강좌 일정, 그리고 등록과 관련된 추가 정보를 원하시는 분은 inquiries@gilfordinstitute.com으로 저희에게 연락 주시기 바랍니다. **195** 모든 강좌는 러더포드 시내에 위치한 저희 본관 건물에서 제공됩니다.

길포드 학원 – 고급 비즈니스 교육 강좌

강좌 등록 양식

회사 대표자: 제임스 버크너
193 회사명: 마클리 주식회사
참석 직원 수: 33
193 강좌명: 의사 소통 능력 향상

등록 날짜: 4월 19일

수신: 길포드 학원 <inquiries@gilfordinstitute.com>
발신: 제임스 버크너 <jbuckner@markley.com>
날짜: 4월 27일
제목: 최근 강좌 등록

관계자께,
저는 최근 마클리 주식회사의 마케팅 부서 직원들을 귀 학원의 강좌 하나에 등록했습니다. 저희는 모두 해당 강좌를 시작해 강사의 전문 지식으로부터 도움을 받을 수 있기를 매우 **194** 간절히 바라고 있습니다. 저는 귀하의 학원 또는 근처에 주차 공간 이용 가능성과 관련해 연락 드렸습니다. **195** 저희가 시외에서 가는 것이기 때문에, 저희 직원들을 위해 버스를 대여할 예정입니다. 차량이 상당히 크기 때문에 (일반 52인석 버스), 주차할 적절한 공간을 찾아야 할 것입니다. 약도 및 찾아 가는 방법을 포함해 의견을 좀 제공해 주시겠습니까? 그렇게 해 주시면 저희에게 매우 도움이 될 것입니다.

안녕히 계십시오.

제임스 버크너
마케팅 부장
마클리 주식회사

---

191. 광고는 누구를 대상으로 할 것 같은가?
    (A) 최근 졸업생들
    (B) 취업 박람회 참석자들

    (C) 강좌 담당 강사들
    (D) 업체 소유주들

정답   (D)

해설   첫 지문 시작 부분에 직원들을 길포드 학원에 등록시키라고(Enroll Your Employees at The Gilford Institute!) 알리고 있는데, 이는 업체 소유주들에게 전하는 말에 해당되므로 (D)가 정답이다.

192. 어느 강좌가 가장 많은 참가자들을 수용할 수 있는가?
    (A) 효과적인 리더십
    (B) 다양성 교육
    (C) 시간 관리
    (D) 의사 소통 능력 향상

정답   (B)

해설   첫 지문 세 번째 단락에 제시된 '다양성 교육'의 최대 수강 인원이 다른 강좌들보다 많은 70명으로(Maximum class size: 70) 쓰여 있으므로 (B)가 정답이다.

193. 마클리 주식회사의 직원들은 언제 길포드 학원의 강좌에 참석할 것인가?
    (A) 매주 월요일과 화요일
    (B) 매주 월요일과 수요일
    (C) 매주 화요일과 수요일
    (D) 매주 화요일과 목요일

정답   (C)

해설   길포드 학원의 등록 양식인 두 번째 지문을 보면, 의사 소통 능력 향상 강좌에 등록했음을(Company: Markley Corporation / Course: Enhanced Communication) 알 수 있다. 첫 지문의 강좌 소개에서 의사 소통 능력 향상 강좌가 매주 화요일과 수요일에 진행된다고(Course runs on Tuesdays and Wednesdays) 쓰여 있으므로 (C)가 정답이다.

194. 이메일에서, 첫 번째 단락 두 번째 줄에 있는 단어 "eager"와 의미가 가장 가까운 것은 무엇인가?
    (A) 인내하는
    (B) 바람직한
    (C) 분명한
    (D) 열렬한

정답   (D)

해설   해당 문장의 바로 앞에 제시된 문장에 특정 강좌 하나에 등록했음을 알리고 있고, eager 뒤에 이어지는 to부정사구에 강좌를 시작해 강사의 전문 지식으로부터 도움을 받는 일이 쓰여 있다. 따라서 eager는 강좌 시작에 대한 열정적인 마음을 나타내기 위해 사용된 형용사인 것으로 판단할 수 있으며, 이와 유사한 것으로 '열렬한'을 뜻하는 (D) enthusiastic이 정답이다.

195. 마클리 주식회사와 관련해 버크너 씨가 나타내는 것은 무엇인가?
    (A) 러더포드 외부 지역에 본사를 두고 있다.
    (B) 일부 등록 상세 정보를 변경하고자 한다.
    (C) 과거에 길포드 학원과 함께 일한 적이 있었다.
    (D) 길포드 학원이 교통편을 제공해 줄 것으로 기대하고 있다.

정답   (A)

해설   버크너 씨가 보내는 이메일인 마지막 지문 중반부에 시외에서 간다고 쓰여 있고(Because we will be coming from out of town), 첫 지문 마지막 문장에 모든 강좌가 러더포드에 있는 학원 본관 건물에서 진행된다고(All courses are offered at our main campus building in downtown Rutherford) 알리고 있다. 따라서 마클리 주식회사는 러더포드 외부 지역에 위치한 회사임을 알 수 있으므로 (A)가 정답이다.

196-200 다음 두 이메일과 견적서를 참조하시오.

수신: 조 터너 <joeturner@lla.com>
발신: 로버타 플렉 <rfleck@fleckevents.com>
제목: 견적서

날짜: 12월 12일
첨부: 호텔_목록.docx

터너 씨께,

196 이곳 맨체스터에서 곧 개최하고자 하시는 러벳 문예 협회 시상식과 관련해 최근에 보내 주신 이메일을 받았습니다. 그와 같은 행사를 개최하는 데 적합한 대연회장을 보유하고 있는 호텔 목록을 확인해 보시기 바랍니다.

197 요청해 주신 그대로, 목록에 벨몬트에 위치한 호텔도 반드시 추가되도록 해 드렸습니다. 제가 개인적으로 그 호텔에서 열린 어떤 행사에도 관련된 적은 없었지만, 제 동료 직원이 대규모 행사를 열 수 있도록 잘 갖춰진 곳이라고 저에게 확신시켜 주었습니다.

결정을 내리시는 대로, 해당 공간이 예약되었음을 보장받으실 수 있도록 12월 15일까지 10퍼센트의 보증금을 지불해 주셔야 합니다. 지금은 행사장을 확보하는 데 있어 일년 중에서 특히 바쁜 시기입니다. 행사가 아주 큰 성공을 거두도록 만드는 데 도움을 드릴 수 있기를 고대합니다.

안녕히 계십시오.

로버타 플렉

행사 공간 대여 견적서

대여자: *러벳 문예 협회*　　　　행사 진행 시간: *4시간*
대략적인 참석자 수: *400명*　　행사 날짜: *2월 5일*

호텔	지역	추가 정보	시간당 비용	총액
알링턴 호텔	파이브 힐즈	라이브 음악 공연에 필요한 장비를 갖춤	£ 250	£ 1,000
테임즈 호텔	롱포드	옥상 행사 공간과 바	£ 300	£ 1,200
198 야로우 호텔	햄프턴	**198** 장애가 있는 분들을 위한 접근 용이 및 경사로	£ 225	£ 1,100
199 머스그로브 호텔	데이튼	**199** 새롭게 개조된 대연회장 및 무대	£ 275	**199** £ 1,300
197 애스콧 호텔	**197** 벨몬트	뷔페 식사 또는 세트 메뉴에 대한 선택권 제공	£ 325	£ 1,400

수신: 로버타 플렉 <rfleck@fleckevents.com>
발신: 조 터너 <joeturner@lla.com>
제목: 회신: 견적서
날짜: 12월 15일
첨부: 호텔_목록.docx

플렉 씨께,

저희 시상식 행사를 위해 정리해 주신 행사장 목록에 대해 대단히 감사드립니다. 저희가 모든 것을 준비하는 데 도움이 되도록 정말 열심히 노력해 주셨습니다. 조언해 주신 바와 같이, **199** 해당 호텔의 행사 공간을 미리 확보하기 위해 10퍼센트의 보증금을 지불했습니다. 테임즈 호텔의 옥상 행사 공간이 아주 좋은 것 같기는 했지만, **199** 최근에 개조 공사를 거친 행사장을 선택하는 것이 더 중요하다고 느꼈는데, 저희가 세련되고 매력적인 환경에서 행사를 개최하기를 원하기 때문입니다. 더욱이, 비가 내릴 경우에 대비해, 옥상 공간을 예약하고 싶지 않습니다.

제가 다음으로 고려해야 하는 것은 음식과 음료입니다. **200** 행사장에서 음식을 제공해 줄 좋은 출장 요리 업체를 추천해 주시겠습니까? 그 호텔의 지배인은 저희처럼 대규모 행사에 출장 요리를 제공하는 일을 전문으로 하는 업체를 고용하도록 추천해 주었습니다. **200** 몇몇 다른 선택권들을 한 번 살펴보기는 하겠지만, 귀하로부터 이야기를 들어 볼 때까지 최종 결정을 내리는 일을 미루겠습니다.

안녕히 계십시오.

조 터너

---

196. 플렉 씨에 관해 알 수 있는 것은 무엇인가?
(A) 맨체스터에 있는 호텔에서 근무한다.
(B) 한 가지 상에 대해 후보로 지명되었다.

(C) 특별 행사를 계획하고 있다.
(D) 벨몬트 지역에 살고 있다.

정답 (C)

해설 첫 지문 첫 단락을 보면, 맨체스터에서 개최하고자 하는 러벳 문예 협회 시상식과 관련해 상대방이 보낸 이메일을 받은 사실과 함께, 그 행사를 개최하는 데 적합한 대연회장을 보유한 호텔 목록을 확인해 보도록(I received your recent e-mail about your upcoming Lovett Literary Association awards show, ~ Please find a list of hotels that have suitable function rooms) 권하고 있다. 이를 통해 그 행사를 계획하는 과정에 있다는 것을 알 수 있으므로 (C)가 정답이다.

197. 플렉 씨는 터너 씨의 요청에 대한 답변으로 무슨 호텔을 포함했는가?
(A) 알링턴 호텔
(B) 테임즈 호텔
(C) 머스그로브 호텔
(D) 애스콧 호텔

정답 (D)

해설 첫 지문 두 번째 단락을 보면, 상대방의 요청대로 목록에 벨몬트에 위치한 호텔도 반드시 추가되도록 했다고(Just like you asked, I have made sure to add a hotel situated in Belmont) 알리고 있다. 이 목록을 볼 수 있는 두 번째 지문에, 벨몬트에 위치한 호텔이 애스콧 호텔로(Ascot Hotel / Belmont) 쓰여 있으므로 (D)가 정답이다.

198. 야로우 호텔에 관해 알 수 있는 것은 무엇인가?
(A) 휠체어 출입 공간을 제공한다.
(B) 행사 공간이 상대적으로 작다.
(C) 라이브 음악을 제공할 수 있다.
(D) 손님들이 뷔페를 즐길 수 있다.

정답 (A)

해설 두 번째 지문에서 야로우 호텔과 관련된 추가 정보 항목에 장애가 있는 사람들이 쉽게 접근할 수 있고 경사로가 있다(Yarrow Hotel / Easy access and ramps for those with disabilities) 말이 쓰여 있다. 이는 휠체어를 탄 사람들을 위한 조치에 해당되므로 (A)가 정답이다.

199. 터너 씨는 행사 공간을 위해 총 얼마를 지불할 예정인가?
(A) £ 1,000
(B) £ 1,200
(C) £ 1,300
(D) £ 1,400

정답 (C)

해설 터너 씨가 보낸 이메일인 세 번째 지문 첫 단락에 10퍼센트의 선금을 지불한 사실과 함께 최근에 개조 공사를 거친 곳을 선택한 사실이 언급되어 있다(I have paid a 10 percent deposit ~ it was more important to choose a venue that has recently undergone modifications). 두 번째 지문의 목록에서 새롭게 개조 공사가 이뤄진 곳이 머스그로브 호텔로 쓰여 있고, 총액이 £ 1,300로 표기되어(Musgrove Hotel / Newly renovated function room and stage / £ 1,300) 있으므로 (C)가 정답이다.

200. 두 번째 이메일에 따르면, 터너 씨는 다음으로 무엇을 할 것인가?
(A) 호텔 지배인에게 연락하는 일
(B) 몇몇 라이브 공연 선택지를 고려해 보는 일
(C) 플렉 씨와의 만남 일정을 정하는 일
(D) 출장 요리 제공 업체들을 비교해 보는 일

정답 (D)

해설 두 번째 이메일인 마지막 지문 두 번째 단락에, 행사장에서 음식을 제공해 줄 좋은 출장 요리 업체를 추천해 달라고 요청하면서 몇몇 다른 선택권들을 한 번 살펴보겠다고(Can you recommend a good caterer to provide food at the event? ~ I'll take a look at some different options) 알리고 있다. 이는 출장 요리 업체들을 비교해 보겠다는 뜻이므로 (D)가 정답이다.

TEST 2

시원스쿨 토익 실전 모의고사 3회분

정 답

PART 1

1. (B) 2. (A) 3. (C) 4. (A) 5. (D) 6. (A)

PART 2

7. (B) 8. (C) 9. (A) 10. (C) 11. (C) 12. (C) 13. (B) 14. (A) 15. (B) 16. (A) 17. (A) 18. (A) 19. (B) 20. (A)
21. (B) 22. (B) 23. (A) 24. (B) 25. (C) 26. (B) 27. (C) 28. (B) 29. (C) 30. (A) 31. (C)

PART 3

32. (A) 33. (A) 34. (D) 35. (D) 36. (C) 37. (D) 38. (D) 39. (C) 40. (C) 41. (A) 42. (C) 43. (C) 44. (D) 45. (D)
46. (C) 47. (D) 48. (A) 49. (A) 50. (A) 51. (C) 52. (C) 53. (A) 54. (A) 55. (C) 56. (C) 57. (A) 58. (A) 59. (C)
60. (A) 61. (A) 62. (C) 63. (A) 64. (D) 65. (C) 66. (B) 67. (A) 68. (D) 69. (A) 70. (C)

PART 4

71. (C) 72. (A) 73. (D) 74. (D) 75. (A) 76. (D) 77. (C) 78. (C) 79. (A) 80. (C) 81. (B) 82. (C) 83. (D) 84. (D)
85. (D) 86. (C) 87. (D) 88. (C) 89. (B) 90. (D) 91. (C) 92. (C) 93. (D) 94. (A) 95. (C) 96. (D) 97. (D) 98. (D)
99. (C) 100. (C)

PART 5

101. (A) 102. (C) 103. (A) 104. (B) 105. (C) 106. (D) 107. (D) 108. (B) 109. (D) 110. (B) 111. (C) 112. (C)
113. (B) 114. (C) 115. (C) 116. (A) 117. (B) 118. (B) 119. (D) 120. (A) 121. (D) 122. (B) 123. (D) 124. (D)
125. (A) 126. (C) 127. (A) 128. (C) 129. (A) 130. (C)

PART 6

131. (D) 132. (A) 133. (C) 134. (B) 135. (A) 136. (D) 137. (B) 138. (A) 139. (B) 140. (C) 141. (A) 142. (D)
143. (B) 144. (B) 145. (A) 146. (A)

PART 7

147. (D) 148. (A) 149. (A) 150. (D) 151. (D) 152. (B) 153. (A) 154. (B) 155. (D) 156. (B) 157. (A) 158. (D)
159. (D) 160. (C) 161. (B) 162. (D) 163. (A) 164. (B) 165. (C) 166. (D) 167. (B) 168. (C) 169. (A) 170. (D)
171. (A) 172. (B) 173. (D) 174. (C) 175. (B) 176. (A) 177. (C) 178. (D) 179. (C) 180. (A) 181. (C) 182. (D)
183. (A) 184. (A) 185. (B) 186. (C) 187. (C) 188. (B) 189. (A) 190. (B) 191. (B) 192. (D) 193. (B) 194. (C)
195. (A) 196. (B) 197. (A) 198. (D) 199. (B) 200. (C)

Part 1

1.

(A) She's washing the dishes.
(B) She's cooking some food.
(C) She's tying her apron.
(D) She's carrying a plate.

(A) 여자가 설거지를 하고 있다.
(B) 여자가 음식을 요리하고 있다.
(C) 여자가 앞치마 끈을 매고 있다.
(D) 여자가 접시를 나르고 있다.

정답 (B)

해설 1인 사진이므로 등장 인물의 동작이나 자세, 관련 사물에 초점을 맞춰 들어야 한다.
(A) 여자가 설거지를 하는 동작을 하는 것이 아니므로 오답.
(B) 여자가 음식을 요리하는 동작에 초점을 맞춰 묘사하므로 정답.
(C) 현재 앞치마 끈을 매는 것이라 아니라 이미 착용한 상태이므로 오답.
(D) 여자가 접시를 나르는 동작을 하는 것이 아니므로 오답.

2.

(A) Some people are walking through an archway.
(B) Some people are entering a building.
(C) Some people are looking into a store window.
(D) Some people are crossing a street.

(A) 몇몇 사람들이 아치형 입구를 지나 걷고 있다.
(B) 몇몇 사람들이 건물 안으로 들어가고 있다.
(C) 몇몇 사람들이 상점 창문을 들여다보고 있다.
(D) 몇몇 사람들이 길을 건너고 있다.

정답 (A)

해설 다인 사진이므로 사람들의 동작이나 자세, 주변 사물에 함께 초점을 맞춰 들어야 한다.
(A) 아치형 입구를 지나는 사람들의 동작에 초점을 맞춰 묘사하므로 정답.
(B) 건물 내부로 들어가는 사람들을 찾아볼 수 없으므로 오답.
(C) 상점 창문을 들여다보는 사람들을 찾아볼 수 없으므로 오답.
(D) 길을 건너는 사람들을 찾아볼 수 없으므로 오답.

3.

(A) She's hanging an artwork.
(B) She's distributing some pamphlets.
(C) She's reading in a library.
(D) She's arranging books on the bookshelf.

(A) 여자가 미술품 하나를 걸고 있다.
(B) 여자가 몇몇 팸플릿을 나눠주고 있다.
(C) 여자가 도서관에서 책을 읽고 있다.
(D) 여자가 책꽂이에 책을 정리하고 있다.

정답 (C)

해설 1인 사진이므로 등장 인물의 동작이나 자세, 관련 사물에 초점을 맞춰 들어야 한다.
(A) 여자가 미술품을 거는 동작을 하는 것이 아니므로 오답.
(B) 여자가 팸플릿을 나눠주는 동작을 하는 것이 아니므로 오답.
(C) 여자가 책을 읽고 있는 자세에 초점을 맞춰 묘사하므로 정답.
(D) 여자가 책꽂이에 책을 정리하는 동작을 하는 것이 아니므로 오답.

4.

(A) Some packages are piled on a cart.
(B) Some machines are being repaired.
(C) A courier is opening the trunk of a vehicle.
(D) A man is locking a garage.

(A) 몇몇 물품이 카트에 쌓여 있다.
(B) 몇몇 기계가 수리되고 있다.
(C) 택배 기사가 차량 트렁크를 열고 있다.
(D) 한 남자가 차고를 잠그고 있다.

정답 (A)

해설 1인 사진이므로 등장 인물의 동작이나 자세, 관련 사물에 초점을 맞춰 들어야 한다.
(A) 카트에 쌓여 있는 물품에 초점을 맞춰 묘사하므로 정답.
(B) 기계가 수리되는 동작을 찾아볼 수 없으므로 오답.
(C) 택배 기사가 차량 트렁크를 여는 동작을 찾아볼 수 없으므로 오답.
(D) 남자가 차고를 잠그는 동작을 찾아볼 수 없으므로 오답.

5.

(A) Some machines are being dusted off.
(B) They're facing each other.
(C) An audio system is being packed into a case.
(D) A man is adjusting some equipment.

(A) 일부 기계에서 먼지가 털어지고 있다.
(B) 사람들이 서로 마주보고 있다.
(C) 오디오 시스템이 상자에 담겨 포장되고 있다.
(D) 한 남자가 일부 장비를 조절하고 있다.

정답 (D)

해설 2인 사진이므로 두 사람의 공통된 동작이나 자세, 또는 주변 사물에 초점을 맞춰 들어야 한다.
(A) 기계에서 먼지를 털어내는 동작을 찾아볼 수 없으므로 오답.
(B) 사람들이 서로 마주보는 자세를 취하고 있는 것이 아니므로 오답.
(C) 오디오 시스템이 상자에 담겨 포장되는 동작을 찾아볼 수 없으므로 오답.
(D) 남자들 중 한 명이 장비를 조절하는 모습에 초점을 맞춰 묘사하므로 정답.

6.

(A) A few screens have been positioned side by side.
(B) Several pens have been placed on a desk.
(C) Some papers are spread out on the floor.
(D) Blinds have been pulled closed in the office.

(A) 몇 개의 스크린이 나란히 배치되어 있다.
(B) 여러 개의 펜이 책상 위에 놓여 있다.
(C) 몇몇 종이가 바닥에 펼쳐져 있다.
(D) 사무실에 있는 블라인드가 당겨져 닫혀 있다.

정답 (A)

해설 사물 사진이므로 각 사물의 명칭과 위치 관계에 초점을 맞춰 들어야 한다.

(A) 나란히 배치되어 있는 몇 개의 스크린에 초점을 맞춰 묘사하므로 정답.
(B) 책상 위에 놓여 있는 펜을 찾아볼 수 없으므로 오답.
(C) 바닥에 펼쳐진 종이를 찾아볼 수 없으므로 오답.
(D) 블라인드가 닫힌 상태가 아니므로 오답.

Part 2

7. Where is the expense report?
(A) It wasn't expensive.
(B) In my drawer.
(C) Every Friday.

어디에 비용 지출 보고서가 있나요?
(A) 그건 비싸지 않았어요.
(B) 제 서랍 안에요.
(C) 매주 금요일이요.

정답 (B)

해설 어디에 비용 지출 보고서가 있는지 묻는 Where 의문문이다.

(A) expense와 발음이 유사한 expensive를 활용한 오답.
(B) Where 의문문에 어울리는 위치 표현으로 답변하므로 정답.
(C) How often과 어울리는 빈도 표현이므로 오답.

8. When will the cooking contest begin?
(A) It's a new restaurant.
(B) Sure, anyone can enter.
(C) At 3 P.M.

언제 요리 대회가 시작되나요?
(A) 그건 새로 생긴 식당이에요.
(B) 물론이죠, 누구나 참가할 수 있어요.
(C) 오후 3시에요.

정답 (C)

해설 언제 요리 대회가 시작되는지 묻는 When 의문문이다.

(A) cooking에서 연상 가능한 restaurant을 활용한 오답.
(B) contest에서 연상 가능한 enter를 활용한 오답.
(C) When 의문문에 어울리는 특정 시점으로 답변하므로 정답.

9. What bus should I take to Mayfair Hotel?
(A) Number 32.
(B) About 30 minutes.
(C) Two tickets, please.

메이페어 호텔로 가려면 어느 버스를 타야 하나요?
(A) 32번 버스요.
(B) 약 30분이요.
(C) 티켓 2장 주세요.

정답 (A)

해설 어느 버스를 타고 메이페어 호텔로 가야 하는지 묻는 What 의문문이다.

(A) What bus에 어울리는 특정 버스 번호로 답변하고 있으므로 정답.
(B) How long 의문문에 어울리는 소요 시간으로 답변하므로 오답.
(C) How many 의문문에 어울리는 수량으로 답변하는 오답.

10. Who should I send these catalogs to?
(A) The new product range.
(B) In all of our branches.
(C) To our new customers, please.

누구에게 이 카탈로그들을 보내야 하나요?
(A) 새로운 제품군이요.
(B) 모든 우리 지점에서요.
(C) 우리의 신규 고객들에게 보내 주세요.

정답 (C)

해설 누구에게 카탈로그를 보내야 하는지 묻는 Who 의문문이다.

(A) catalog에서 연상 가능한 product range를 활용한 오답.
(B) Where 의문문에 어울리는 장소 표현으로 답변하므로 오답.
(C) Who와 어울리는 특정 대상자로 답변하는 정답.

11. May I see the menu again, please?
(A) I'm afraid he's busy all day.
(B) Yes, I'll have the steak.
(C) Certainly. Here you are.

메뉴 좀 다시 볼 수 있을까요?
(A) 그가 하루 종일 바쁜 것 같아요.
(B) 네, 저는 스테이크를 먹겠습니다.
(C) 물론입니다. 여기 있습니다.

정답 (C)

해설 메뉴를 다시 볼 수 있는지 묻는 요청 의문문이다.

(A) 대상을 알 수 없는 he에 관해 답변하므로 오답.
(B) menu에서 연상 가능한 steak를 활용한 오답.
(C) 수락을 뜻하는 Certainly와 함께 물건을 전해줄 때 사용하는 표현으로 답변하므로 정답.

12. Where should we hand out our brochures?
(A) Thanks, I got one.
(B) At least 500 copies.
(C) Liz has already picked a spot.

어디에서 우리가 안내 책자를 배부해야 하나요?
(A) 감사합니다, 하나 받았어요.
(B) 최소 500권이요.
(C) 리즈 씨가 이미 한 지점을 골랐어요.

정답 (C)

해설 어디에서 안내 책자를 배부해야 하는지 묻는 Where 의문문이다.

(A) 감사 인사이므로 질문과 맞지 않는 오답.
(B) How many 의문문에 어울리는 수량으로 답변하는 오답.
(C) 리즈 씨가 이미 한 곳을 선택한 사실을 알려주면서 배부 장소를 언급하므로 정답.

13. Excuse me, what sizes do these shoes come in?
(A) Come in anytime you like.
(B) We only have them in a 9.
(C) They look great on you.

실례합니다, 이 신발이 무슨 사이즈로 나오나요?
(A) 원하실 때 언제든지 오세요.
(B) 저희는 오직 9 사이즈만 보유하고 있습니다.
(C) 당신에게 아주 잘 어울려요.

정답 (B)

해설 신발이 무슨 사이즈로 나오는지 묻는 What 의문문이다.

(A) When 의문문에 어울리는 대략적인 시점으로 답변하므로 오답.
(B) 보유하고 있는 특정 사이즈를 알리고 있으므로 정답.
(C) 상대방에게 잘 어울린다는 말로서 질문과 상관없으므로 오답.

14. Who made the most sales this month?
(A) We're still going over the figures.
(B) It's 20 percent off right now.
(C) In the third quarter.

누가 이번 달에 가장 많은 판매량을 기록했나요?
(A) 저희가 여전히 수치를 검토하는 중입니다.
(B) 그건 지금 20퍼센트 할인됩니다.
(C) 3분기에요.

정답 (A)

해설 누가 이번 달에 가장 많은 판매량을 기록했는지 묻는 Who 의문문이다.
(A) 가장 많은 판매량을 기록한 사람을 확인할 수 있는 방법을 언급하므로 정답.
(B) sale에서 연상 가능한 할인 비율을 활용한 오답.
(C) When 의문문에 어울리는 특정 시점으로 답변하므로 오답.

15. You met Mr. Selleck at the staff orientation, didn't you?
(A) I'll be sure to let him know.
(B) Yes, we were introduced.
(C) Around twenty new employees.

직원 오리엔테이션에서 셀렉 씨를 만나지 않으셨나요?
(A) 제가 꼭 그분께 알려 드리겠습니다.
(B) 네, 서로 인사 나눴어요.
(C) 약 20명의 신입 사원들이요.

정답 (B)

해설 직원 오리엔테이션에서 셀렉 씨를 만나지 않았는지 확인하는 의문문이다.
(A) 만남 여부가 아닌 정보 전달과 관련된 답변이므로 오답.
(B) 긍정을 뜻하는 Yes와 함께 서로 인사했다는 말로 만난 적이 있음을 확인해 주므로 정답.
(C) staff orientation에서 연상 가능한 new employees를 활용한 오답.

16. Have you seen the schedule for tomorrow's training workshop?
(A) I didn't receive one.
(B) At 9 A.M. sharp.
(C) His train arrived late.

내일 열리는 교육 워크숍 일정표를 보셨나요?
(A) 저는 받지 못했어요.
(B) 오전 9시 정각이에요.
(C) 그분 기차가 늦게 도착했어요.

정답 (A)

해설 내일 열리는 교육 워크숍 일정표를 봤는지 확인하는 의문문이다.
(A) schedule을 one으로 지칭해 받지 못했다는 말로 일정표를 보지 못했음을 알리므로 정답.
(B) When 의문문에 어울리는 시점 표현으로 답변하므로 오답.
(C) 대상을 알 수 없는 His를 언급하므로 오답.

17. Which employee should we send to represent us at the convention?
(A) The one with the most experience.
(B) She forgot to register for the event.
(C) I found the presentation informative.

어느 직원을 협의회에서 우리를 대표하도록 보내야 하나요?
(A) 가장 경험이 많은 사람이요.
(B) 그녀는 그 행사에 등록하는 것을 잊었어요.
(C) 저는 그 발표가 유용하다고 생각했어요.

정답 (A)

해설 어느 직원을 협의회에서 대표하도록 보내야 하는지 묻는 Which 의문문이다.
(A) employee를 one으로 지칭해 가장 경험이 많은 사람이라는 말로 조건을 언급하므로 정답.
(B) 대상을 알 수 없는 She를 언급하므로 오답.
(C) 미래 시점(should we)의 일에 대한 질문 내용과 달리 과거 시점(found)의 일을 언급하므로 오답.

18. Do you like walking or riding a bike by the river?
(A) I prefer jogging.
(B) Let's use the bridge.
(C) Sure, I'll give you a ride.

강가에서 걷는 것을 좋아하세요, 아니면 자전거를 타는 게 좋으세요?
(A) 저는 조깅을 선호합니다.
(B) 다리를 이용합시다.
(C) 물론이죠, 제가 차로 태워 드릴게요.

정답 (A)

해설 강가에서 걷는 것과 자전거를 타는 것 중에 좋아하는 활동을 묻는 선택 의문문이다.
(A) 조깅을 선호한다는 말로 자신이 좋아하는 것을 밝히므로 정답.
(B) 이동 경로와 관련된 말이므로 질문에서 벗어난 오답.
(C) ride의 다른 의미(차로 태워 주는 일)를 활용한 오답.

19. Is there a way to adjust the speed of this photocopier?
(A) Copies of the meeting agenda.
(B) Yes, but let me check the manual first.
(C) You take lovely photographs.

이 복사기의 속도를 조절할 수 있는 방법이 있나요?
(A) 회의 안건 복사본이요.
(B) 네, 하지만 제가 사용 설명서를 먼저 확인해 볼게요.
(C) 아주 멋진 사진들을 찍으시네요.

정답 (B)

해설 복사기의 속도를 조절할 수 있는 방법이 있는지 확인하는 의문문이다.
(A) photocopier와 일부 발음이 유사한 Copies를 활용한 오답.
(B) 긍정을 뜻하는 Yes와 함께 정확한 방법을 확인할 수 있는 조건을 언급하므로 정답.
(C) photocopier와 발음이 유사한 photographs를 활용한 오답.

20. None of the shipments arrived this morning, right?
(A) I'll check with the receptionist.
(B) We needed more supplies.
(C) By 11 A.M., please.

어떤 배송 물품도 오늘 아침에 도착하지 않은 것이 맞죠?
(A) 제가 안내 담당 직원에게 확인해 볼게요.
(B) 우리는 더 많은 용품이 필요했어요.
(C) 오전 11시까지 부탁합니다.

정답 (A)

해설 배송 물품이 오늘 아침에 도착하지 않은 것이 맞는지 확인하는 부가 의문문이다.
(A) 질문에 언급된 일을 확인할 수 있는 방법으로 답변하므로 정답.
(B) 배송 물품 도착 여부가 아닌 주문 목적을 말하고 있어 질문과 무관하므로 오답.
(C) When 의문문에 어울리는 기한 표현으로 답변하는 오답.

21. Didn't Sally interview a job candidate yesterday?
(A) A position in our call center.
(B) She did, but he wasn't qualified.
(C) The deadline for submission is this Friday.

샐리 씨가 어제 구직 지원자 한 명을 면접 보지 않았나요?
(A) 저희 콜 센터의 직책이요.
(B) 그러기는 했지만, 그 사람은 자격이 없었어요.
(C) 제출 마감 기한이 이번 주 금요일입니다.

정답 (B)

해설 샐리 씨가 어제 구직 지원자 한 명을 면접 보지 않았는지 확인하는 부정 의문문이다.
(A) interview에서 연상 가능한 position을 활용한 오답.

(B) Sally를 지칭하는 She 및 조동사 did, 그리고 지원자를 가리키는 he와
함께 면접을 본 사실을 알리는 정답.
(C) 면접 실시 여부가 아닌 제출 마감 기한을 말하므로 오답.

22. Tim hasn't booked the hotel rooms for our trip yet.
(A) I enjoyed my stay.
(B) He'd better do it soon.
(C) Three days in London.

팀이 아직 우리 여행을 위한 호텔 객실을 예약하지 않았어요.
(A) 저는 제 숙박이 즐거웠어요.
(B) 그가 곧 하는 게 좋을 거예요.
(C) 런던에서 3일이요.

정답 **(B)**
해설 팀이 아직 여행을 위한 호텔 객실을 예약하지 않은 사실을 알리는 평서문이다.
(A) 답변자 자신의 경험을 말하므로 오답.
(B) Tim을 He로, 예약하는 일을 it으로 지칭해 곧 하는 게 좋겠다는 의미를
나타내므로 정답.
(C) 호텔 객실 예약 여부가 아닌 숙박 기간과 관련된 말이므로 오답.

23. Are you going to create the new employee handbook
this month or next month?
(A) I'll be too busy this month.
(B) You can get a copy from HR.
(C) Thanks for your help.

새로운 직무 안내서를 이번 달에 만드실 예정인가요, 아니면 다음 달에 만드
시나요?
(A) 제가 이번 달에는 너무 바쁩니다.
(B) 인사부에서 한 권 받으실 수 있어요.
(C) 도와주셔서 감사합니다.

정답 **(A)**
해설 새로운 직무 안내서를 이번 달에 만들 예정인지, 아니면 다음 달에 만들 것인지
묻는 선택 의문문이다.
(A) 이번 달에 너무 바쁘다는 말로 다음 달에 만들 것임을 의미하는 정답.
(B) 직무 안내서를 만드는 시점이 아니라 그것을 받을 수 있는 방법을 알리고
있으므로 오답.
(C) 상대방의 도움에 감사의 뜻을 전하는 말에 해당되므로 오답.

24. How do you like your new apartment?
(A) A studio downtown.
(B) I'm moving in this weekend.
(C) Thanks, I'm pleased with it too.

새 아파트가 마음에 드시나요?
(A) 시내에 있는 원룸이요.
(B) 이번 주말에 이사갑니다.
(C) 감사합니다, 저도 그것에 만족합니다.

정답 **(B)**
해설 새 아파트가 마음에 드는지 묻는 How do you like 의문문이다.
(A) Where 의문문에 어울리는 위치 표현으로 답변하므로 오답.
(B) 이번 주말에 이사간다는 말로 새 아파트가 마음에 든다는 뜻을 나타낸
정답.
(C) 상대방의 만족감에 대해 자신도 동의할 때 사용하는 말이므로 질문과 맞
지 않는 오답.

25. When did you buy your tablet computer?
(A) OK, you can borrow it.
(B) Well, you got a great deal.
(C) Actually, it belongs to my husband.

언제 태블릿 컴퓨터를 구입하셨나요?
(A) 좋아요, 빌려 가셔도 됩니다.
(B) 음, 아주 좋은 거래 제품을 구하셨네요.

(C) 실은, 제 남편 것입니다.

정답 **(C)**
해설 언제 태블릿 컴퓨터를 구입했는지 묻는 When 의문문이다.
(A) 빌려 가도 좋다고 허용하는 말이므로 질문에서 벗어난 오답.
(B) 답변자의 제품 구입 시점을 묻는 질문과 맞지 않는 오답.
(C) 자신의 남편 물건임을 밝히는 것으로 새로 구입한 제품이 아님을 언급하
는 정답.

26. I will buy tickets for the 8 P.M. movie.
(A) At Grand Movie Theater.
(B) There are no seats left.
(C) A new comedy film.

오후 8시 영화 입장권을 구입할 거예요.
(A) 그랜드 영화관에서요.
(B) 남은 좌석이 없어요.
(C) 새로 나온 코미디 영화요.

정답 **(B)**
해설 오후 8시 영화 입장권을 구입할 것이라는 의사를 밝히는 평서문이다.
(A) Where 의문문에 어울리는 장소 표현으로 답변하므로 오답.
(B) 남은 좌석이 없다는 말로 입장권 구입이 불가능함을 알리므로 정답.
(C) 영화의 장르를 언급하는 말이므로 질문의 핵심에서 벗어난 오답.

27. Why haven't you set up the window displays yet?
(A) Our summer clothing collection.
(B) You can set it down over there.
(C) Some stock still hasn't arrived.

창가 진열 제품을 왜 아직 설치하지 않았나요?
(A) 저희 여름 의류 컬렉션이요.
(B) 저기 저쪽에 내려 놓으시면 됩니다.
(C) 일부 재고가 여전히 도착하지 않았습니다.

정답 **(C)**
해설 창가 진열 제품을 아직 설치하지 않은 이유를 묻는 Why 의문문이다.
(A) 제품 종류를 말하는 답변이므로 질문에서 벗어난 오답.
(B) Where 의문문에 어울리는 위치 표현으로 답변하므로 오답.
(C) 일부 재고가 아직 도착하지 않았다는 말로 진열 제품을 설치하지 않은 이
유를 말하므로 정답.

28. Would you like an appetizer before your main course?
(A) I'll bring you a menu.
(B) Do you have any soup?
(C) Yes, it was delicious.

주 요리에 앞서 에피타이저를 드시겠습니까?
(A) 메뉴를 가져다 드리겠습니다.
(B) 어떤 수프라도 있나요?
(C) 네, 맛있었습니다.

정답 **(B)**
해설 주 요리에 앞서 에피타이저를 먹을 것인지 확인하는 의문문이다.
(A) 질문자인 식당 직원이 할 수 있는 말이므로 오답.
(B) appetizer에 해당되는 수프를 먹을 수 있는지 묻고 있으므로 정답.
(C) 긍정을 뜻하는 Yes 뒤에 이어지는 말이 질문과 달리 과거 시점의 일을 말
하고 있으므로 오답.

29. Isn't this year's Christmas party being held on the third
floor?
(A) No, it's in December.
(B) All staff are invited.
(C) It's usually on the fourth.

올해의 크리스마스 파티가 3층에서 열릴 예정이지 않나요?
(A) 아뇨, 12월입니다.

(B) 전 직원이 초대되었어요.
(C) 보통 4층에서 열립니다.

정답 (C)

해설 올해의 크리스마스 파티가 3층에서 열리는 것이 아닌지 확인하는 부정 의문문이다.
(A) 개최 장소가 아닌 개최 시점과 관련된 답변이므로 오답.
(B) 개최 장소가 아닌 초대 인원과 관련된 답변이므로 오답.
(C) 일반적으로 개최되는 장소를 말하는 것으로 상대방의 정보가 잘못되었음을 알리므로 정답.

30. Why don't we offer new gym members some complimentary gifts?
(A) That's a nice idea.
(B) I got a free towel.
(C) A six-month membership.

체육관 신규 회원들께 몇몇 무료 선물을 제공하면 어떨까요?
(A) 아주 좋은 생각입니다.
(B) 저는 무료 타월을 받았어요.
(C) 6개월 회원권입니다.

정답 (A)

해설 체육관 신규 회원들에게 무료 선물을 제공하는 것이 어떤지 묻는 제안 의문문이다.
(A) 아주 좋은 생각이라는 말로 상대방의 제안에 동의하므로 정답.
(B) 체육관 회원이 아닌 답변자 자신이 받은 선물을 언급하고 있으므로 오답.
(C) member와 일부 발음이 같은 membership을 활용한 오답.

31. Are you taking the clients for dinner, or to the theater?
(A) The new clients from Japan.
(B) You can buy tickets online.
(C) Both, if that's okay.

그 고객들을 모시고 저녁 식사하러 가시나요, 아니면 극장으로 가시나요?
(A) 일본에서 오는 신규 고객들입니다.
(B) 온라인으로 티켓을 구입하실 수 있습니다.
(C) 둘 다요, 그게 괜찮다면요.

정답 (C)

해설 고객들을 모시고 저녁 식사하러 가는지, 아니면 극장으로 가는지 묻는 선택 의문문이다.
(A) 이동 장소가 아니라 고객들의 출발지를 말하므로 오답.
(B) 티켓 구입 방법을 말하는 답변이므로 질문에서 벗어난 오답.
(C) 두 가지 모두를 언급하면서 그에 대한 조건을 덧붙이는 답변이므로 정답.

Part 3

Questions 32-34 refer to the following conversation.

W: Alex, **32** don't forget your briefcase in the trunk of the car.
M: I won't. I just hope we get to our hotel soon so we can take a rest.
W: Yeah. At least **32** this driver seems to know the fastest route. We should have time to rest and go over our speeches before the conference this afternoon.
M: By the way, **33** you did get our event passes from someone at the office, right?
W: Yes, **33** Olivia gave them to me just before we left. We'll need to show the passes at the main entrance.
M: Actually, **34** I'm going to call the conference center once we check in to our rooms. We'd better make sure that the schedule hasn't been changed.

여: 알렉스 씨, 자동차 트렁크에 있는 당신 여행 가방을 잊지 마세요.
남: 그럴게요. 우리가 휴식을 취할 수 있도록 곧 호텔에 도착하기만을 바라고 있어요.
여: 네. 적어도 이 기사님께서는 가장 빠른 경로를 알고 계신 것 같아요. 오늘 오후에 있을 회의에 앞서 휴식도 취하고 우리 연설 내용을 검토해 볼 시간이 있을 거예요.
남: 그건 그렇고, 사무실의 누군가로부터 우리의 행사 출입증을 받으신 것이 맞죠?
여: 네, 올리비아 씨가 출발 직전에 저에게 주셨어요. 중앙 출입구에서 그 출입증을 보여줘야 할 거예요.
남: 실은, 우리가 객실에 체크인하는 대로 컨퍼런스 센터에 전화해 볼 생각입니다. 일정이 변경되지 않았는지 확실히 해 두는 게 좋을 거예요.

32. 대화가 어디에서 이뤄지고 있을 것 같은가?
(A) 택시에서
(B) 비행기에서
(C) 버스 정류장에서
(D) 호텔에서

정답 (A)

해설 대화 초반부에 여자가 자동차 트렁크에 있는 남자의 여행 가방을 잊지 말라고 (don't forget your briefcase in the trunk of the car) 알리는 부분과, 이 운전 기사(this driver)라고 지칭하는 말을 통해 택시를 탄 상황임을 알 수 있으므로 (A)가 정답이다.

33. 올리비아 씨가 여자에게 무엇을 주었는가?
(A) 행사 입장권
(B) 식권
(C) 출장 예산안
(D) 도시 지도

정답 (A)

해설 대화 중반부에 남자가 사무실의 누군가로부터 행사 출입증을 받은 것이 확실한지(you did get our event passes from someone at the office, right?) 묻자, 여자가 올리비아 씨가 주었다고(Olivia gave them to me) 답하고 있으므로 (A)가 정답이다.

34. 남자는 왜 컨퍼런스 센터에 전화할 것인가?
(A) 연설을 취소하기 위해
(B) 찾아 가는 길을 요청하기 위해
(C) 장비를 대여하기 위해
(D) 일정을 확인하기 위해

정답 (D)

해설 대화 마지막에 남자가 컨퍼런스 센터에 전화하는 일을 언급하면서 일정이 변경되지 않았는지 확실히 해 두는 게 좋겠다고(I'm going to call the conference center once we check in to our rooms. We'd better make sure that the schedule hasn't been changed) 알리고 있으므로 (D)가 정답이다.

Questions 35-37 refer to the following conversation with three speakers.

M1: **35** You're listening to Money Matters on the WKRM Breakfast Show with me, Lee Walters, and my co-host Martin Shaw.
M2: Hi, everyone.
M1: This morning, **36** we have a guest in the studio who has recently published a book on financial management. Thanks for coming in today, Sarah.
W: No problem. It's a pleasure to be here.
M2: So, what made you want to write a book on managing money?
W: Well, to be honest, I found that most of the information available online was either incorrect, or too complicated for the average person. So, I wanted to simplify it.

M2: That's a great idea. Well, [37] I'm sure our listeners would love to hear some tips on handling their finances. Would you mind?

W: No, I'd love to help.

남1: 여러분은 지금 저 리 월터스 및 공동 진행자 마틴 쇼와 함께하는 WKRM 아침 프로그램의 머니 매터스를 청취하고 계십니다.

남2: 안녕하세요, 여러분.

남1: 오늘 아침에, 저희는 스튜디오에 초대 손님을 한 분 모셨는데, 최근에 재무 관리에 관한 책을 한 권 출간하신 분입니다. 오늘 자리해 주셔서 감사합니다, 새라 씨.

여: 별 말씀을요. 이곳에 나올 수 있어서 기쁩니다.

남2: 자, 무엇 때문에 자금 관리에 관한 책을 쓰고 싶어지셨나요?

여: 음, 솔직히 말씀드려서, 온라인에서 이용 가능한 대부분의 정보가 부정확하거나 일반 사람들에게는 너무 복잡하다는 사실을 알게 되었어요. 그래서, 저는 그것을 단순화하고 싶었어요.

남2: 아주 좋은 생각입니다. 저, 분명 저희 청취자들께서 각자의 재무를 다루는 일에 대한 몇몇 팁을 꼭 듣고 싶어하실 겁니다. 말씀해 주시겠습니까?

여: 그럼요, 꼭 도와 드리고 싶어요.

35. 남자들은 어디에서 일하고 있을 것 같은가?
(A) 은행에서
(B) 서점에서
(C) 회의장에서
(D) 라디오 방송국에서

정답 (D)

해설 대화를 시작하면서 남자 한 명이 WKRM 아침 프로그램의 머니 매터스를 청취하고 있다고(You're listening to Money Matters on the WKRM Breakfast Show with me) 알리는 부분을 통해 라디오 방송국에서 일하는 사람임을 알 수 있으므로 (D)가 정답이다.

36. 여자는 최근에 무엇을 했는가?
(A) 제품 하나를 디자인했다.
(B) 사업 하나를 시작했다.
(C) 책을 한 권 썼다.
(D) 영화 한 편을 감독했다.

정답 (C)

해설 대화 초반부에 남자 한 명이 초대 손님인 여자를 소개하면서 최근에 재무 관리에 관한 책을 한 권 출간한(we have a guest in the studio who has recently published a book on financial management) 사실을 언급하고 있으므로 (C)가 정답이다.

37. 여자는 곧이어 무엇을 할 것인가?
(A) 제품 하나를 소개하는 일
(B) 자신의 경력을 이야기하는 일
(C) 질문을 하는 일
(D) 몇몇 팁을 제공하는 일

정답 (D)

해설 대화 마지막에 남자 한 명이 여자에게 청취자들이 각자의 재무를 다루는 일에 대한 몇몇 팁을 꼭 듣고 싶어할 것이라고 말하면서 그것을 말해 주도록(I'm sure our listeners would love to hear some tips on handling their finances. Would you mind?) 요청하고 있으므로 (D)가 정답이다.

Questions 38-40 refer to the following conversation.

W: James, [38] isn't November 30 the day of Regina's final shift?

M: That's right. [38] I still can't believe she's retiring. She's been here ever since the factory opened.

W: I know! So, [39] did you make sure to add a bonus to her final pay? That's standard company policy.

M: Yeah, she'll receive an extra 50 percent for her final pay. And should we organize some kind of event for her?

W: Definitely. I was thinking we could book a table at the new Italian restaurant on Jensen Street.

M: Nice idea. [40] I'll make the booking later this afternoon.

여: 제임스 씨, 11월 30일이 레지나 씨의 마지막 교대 근무일 아닌가요?

남: 맞아요. 저는 그분이 은퇴하신다는 게 여전히 믿기지 않아요. 그분은 공장이 문을 연 이후로 줄곧 이곳에 계셨던 분이거든요.

여: 저도 알아요! 그럼, 그분의 마지막 급여에 보너스를 확실히 추가해 주셨나요? 그게 일반적인 회사 정책이잖아요.

남: 네, 마지막 급여에 추가로 50퍼센트를 받게 되실 거예요. 그리고 그분을 위해 우리가 무슨 행사라도 마련해야 할까요?

여: 물론이죠. 저는 젠슨 스트리트에 새로 문을 연 이탈리안 식당에 테이블을 하나 예약할 수 있을 거라고 생각하고 있었어요.

남: 아주 좋은 생각입니다. 제가 이따가 오후에 예약하겠습니다.

38. 화자들은 레지나 씨에 관해 무슨 말을 하는가?
(A) 승진되었다.
(B) 결혼한 상태이다.
(C) 상을 받았다.
(D) 은퇴할 예정이다.

정답 (D)

해설 대화 시작 부분에 여자가 레지나 씨의 마지막 교대 근무일에 대해 묻자(isn't November 30 the day of Regina's final shift?), 남자가 그 사람의 은퇴가 믿기지 않는다고(I still can't believe she's retiring) 답변하고 있으므로 (D)가 정답이다.

39. 여자는 무엇에 관해 묻는가?
(A) 근무 일정
(B) 예약
(C) 보너스
(D) 새로운 정책

정답 (C)

해설 대화 중반부에 여자가 마지막 급여에 보너스를 추가하는 일을 확실히 했는지(did you make sure to add a bonus to her final pay?) 묻는 말이 있으므로 (C)가 정답이다.

40. 남자는 오늘 오후에 무엇을 할 것이라고 말하는가?
(A) 선물을 구입하는 일
(B) 직원 회의에 참석하는 일
(C) 예약을 하는 일
(D) 식사를 하는 일

정답 (C)

해설 오늘 오후라는 시점이 언급되는 대화 마지막 부분에 남자가 오늘 오후에 예약하겠다고(I'll make the booking later this afternoon) 알리고 있으므로 (C)가 정답이다.

Questions 41-43 refer to the following conversation.

M: Ms. Park, I've been planning our company's end-of-year banquet, and I have some disappointing news. [41] I just received a call from the manager of The Belmont Hotel, and it turns out their ballroom is no longer available for our event.

W: Really? What was the problem?

M: A double booking, apparently. So, [42] I was considering booking a hall at the Grand Eagle Hotel instead. However, I'll need to raise our budget a little to cover the cost. Is that fine with you?

W: Okay, go ahead. It's been a successful year, and I want the event to be memorable. Oh, and 43 can you e-mail me a copy of the design you made for the invitations? I'd like to see it before you print them.

남: 박 씨, 제가 우리 회사의 연말 연회를 계획해오고 있는데, 일부 실망스러운 소식이 있어요. 방금 벨몬트 호텔 지배인으로부터 전화를 받았는데, 그곳 연회실이 더 이상 우리 행사를 위해 이용할 수 없는 것으로 드러났어요.

여: 정말로요? 무엇이 문제였나요?

남: 듣자 하니, 이중 예약된 것 같았어요. 그래서, 대신 그랜드 이글 호텔에 있는 홀을 예약하는 것을 고려 중입니다. 하지만, 그 비용을 부담하기 위해 우리 예산을 약간 늘려야 해요. 그렇게 해도 괜찮으신가요?

여: 좋아요, 그렇게 하세요. 올해가 성공적인 한 해였기 때문에, 이 행사가 기억에 남을 만한 것이었으면 좋겠어요. 아, 그리고 당신이 만든 초대장 디자인 사본을 저에게 이메일로 보내 주시겠어요? 인쇄하시기 전에 확인해 보고 싶어요.

41. 남자는 무엇에 대해 실망스러워하는가?
(A) 한 행사장이 이용 불가능하다.
(B) 방 한 곳이 너무 비싸다.
(C) 고객 한 명이 행사에 참석할 수 없다.
(D) 호텔 한 곳이 폐업했다.

정답 (A)

해설 대화를 시작하면서 남자가 벨몬트 호텔 지배인으로부터 전화를 받은 사실과 함께 그곳 연회실을 이용할 수 없다는(I just received a call from the manager of The Belmont Hotel, and it turns out their ballroom is no longer available) 정보를 전달하고 있으므로 (A)가 정답이다.

42. 남자는 무엇을 하기 위해 승인을 원하는가?
(A) 교통편을 마련하는 일
(B) 행사 일정을 재조정하는 일
(C) 예산을 늘리는 일
(D) 자신의 출장을 연장하는 일

정답 (C)

해설 대화 중반부에 남자가 그랜드 이글 호텔에 있는 홀을 예약하는 것을 고려 중이라는 말과 함께 그 비용을 부담하기 위해 예산을 약간 늘려야 한다고(I was considering booking a hall at the Grand Eagle Hotel instead. However, I'll need to raise our budget a little to cover the cost) 알리면서 그래도 되는지 묻고 있다. 따라서 예산을 늘리는 일에 대한 승인을 원하고 있음을 알 수 있으므로 (C)가 정답이다.

43. 여자는 남자에게 곧이어 무엇을 하도록 요청하는가?
(A) 일정표를 인쇄하는 일
(B) 비용을 지불하는 일
(C) 디자인을 보내는 일
(D) 일부 수치를 검토하는 일

정답 (C)

해설 대화 마지막에 여자가 초대장 디자인 사본을 이메일로 보내 달라고(can you e-mail me a copy of the design you made for the invitations?) 요청하고 있으므로 (C)가 정답이다.

Questions 44-46 refer to the following conversation.

W: Thanks for calling Toy Kingdom. My name is Rhonda. How can I help you?

M: Hi. 44 45 I'm calling about the remote-controlled car I bought for my son recently. It worked fine at first, but now the car doesn't respond when we try to make it move. Both my son and I are very upset about it. After all, I just bought it a few days ago.

W: I'm really sorry to hear that. Can I suggest some possible solutions? For example, did you try replacing the batteries in the controller?

M: Yes, of course I tried that. It didn't solve anything, though.

W: I see. And, did you make sure the car is set to remote control, instead of manual? 46 You can press a switch under the car's steering wheel.

M: Oh, I wasn't aware that I could change that. That might be the problem. 46 I'll change it and see if that works.

여: 토이 킹덤에 전화 주셔서 감사합니다. 제 이름은 론다입니다. 무엇을 도와 드릴까요?

남: 안녕하세요. 제가 최근에 아들에게 주려고 구입한 무선 조종 자동차 제품과 관련해서 전화 드렸어요. 그 제품이 처음에는 잘 작동되었는데, 지금 그 자동차는 저희가 움직이게 하려고 할 때 반응하지 않고 있어요. 제 아들과 저는 모두 이에 대해 매우 화가 나 있습니다. 어쨌든, 저는 불과 며칠 전에 그것을 구입했어요.

여: 그 말씀을 듣게 되어 정말로 유감스럽습니다. 몇몇 가능성 있는 해결책을 권해 드려도 될까요? 예를 들어, 조종 장치의 배터리를 한 번 교체해 보셨나요?

남: 네, 당연히 해 봤죠. 하지만 아무 것도 해결되지 않았어요.

여: 알겠습니다. 그럼, 그 자동차가 수동이 아닌 무선 조종 모드로 설정되도록 확실히 하셨나요? 그 자동차의 운전대 밑에 있는 스위치를 누르시면 됩니다.

남: 아, 제가 그걸 변경할 수 있는지는 알지 못했어요. 그게 문제였을지도 모르겠네요. 그 부분을 변경하고 작동되는지 확인해 볼게요.

44. 여자는 누구일 것 같은가?
(A) 마케팅 책임자
(B) 금융 상담가
(C) 안전 점검관
(D) 고객 서비스 직원

정답 (D)

해설 대화 초반부에 남자가 여자에게 자동차 제품이 처음에는 잘 작동되었는데 지금은 움직이려고 할 때 반응하지 않는다고(I'm calling about the remote-controlled car I bought for my son recently. It worked fine at first, but now the car doesn't respond) 불만을 표출하고 있다. 이는 고객 서비스 직원에게 할 수 있는 말에 해당되므로 (D)가 정답이다.

45. 남자가 "저는 불과 며칠 전에 그것을 구입했어요"라고 말한 의도는 무엇인가?
(A) 물품이 아직 배송되지 않았다.
(B) 청구서가 엉뚱한 사람에게 보내졌다.
(C) 물품 구입이 이뤄질 필요가 없다.
(D) 제품이 완벽한 상태여야 한다.

정답 (D)

해설 대화 초반부에 남자가 제품이 처음에는 잘 작동되었는데 지금은 움직이게 하려고 할 때 반응하지 않는다는(I'm calling about the remote-controlled car I bought for my son recently. It worked fine at first, but now the car doesn't respond) 불만 사항을 언급하면서 "불과 며칠 전에 그것을 구입했어요"라고 말하는 상황이다. 이는 해당 제품을 구매한지 얼마되지 않았기 때문에 고장 없이 제대로 작동되어야 한다는 것을 알리기 위한 말이므로 (D)가 정답이다.

46. 남자는 곧이어 무엇을 할 것 같은가?
(A) 영수증을 확인하는 일
(B) 부품을 교체하는 일
(C) 스위치를 누르는 일
(D) 사용 설명서를 읽어 보는 일

정답 (C)

해설 대화 후반부에 여자가 운전대 밑에 있는 스위치를 눌러 보라고(You can press a switch under the car's steering wheel) 권하자, 남자가 그것을 알지 못한 사실과 함께 그 부분을 변경한 후 작동되는지 확인해 보겠다고

(I'll change it and see if that works) 알리고 있다. 따라서 스위치를 누르는 일을 할 것으로 판단할 수 있으므로 (C)가 정답이다.

Questions 47-49 refer to the following conversation.

W: Derek, I wanted to speak with you about your role and responsibilities **47** here at the library. **48** Are you still interested in receiving some extra training?
M: Yes, I'd love to learn more.
W: Good. In that case, **48** I'd like to send you to a computer skills workshop this weekend. The workshop will teach you how to use a wide variety of computer programs. When you return, you'll be ready to do some shifts in the IT Lounge upstairs.
M: That sounds great! **49** Is the workshop being held at the local college?
W: Actually, no. You'll need to travel to Ashville Community Center, but we'll cover your bus fare.
M: Thanks a lot. I'm looking forward to it.

여: 데릭 씨, 이곳 도서관에서 당신의 역할과 직무에 관해 이야기를 했으면 합니다. 여전히 일부 추가 교육을 받는 데 관심이 있으신가요?
남: 네, 저는 더 배우고 싶습니다.
여: 좋습니다. 그러시면, 이번 주말에 열리는 컴퓨터 능력 개발 워크숍에 보내 드리고자 합니다. 이 워크숍에서 아주 다양한 컴퓨터 프로그램을 활용하는 방법을 가르쳐 드릴 겁니다. 돌아오시면, 위층에 있는 IT 라운지에서 몇몇 교대 근무를 하실 준비가 되실 겁니다.
남: 아주 좋은 것 같아요! 그 워크숍이 지역 대학교에서 열리는 건가요?
여: 실은, 아닙니다. 애쉬빌 지역 문화 회관으로 가셔야 하는데, 저희가 버스 요금을 부담할 거예요.
남: 정말 감사합니다. 그곳에 가는 것이 정말 기대되네요.

47. 화자들은 어디에서 근무하는가?
(A) 우체국에서
(B) 의료 시설에서
(C) 공장에서
(D) 도서관에서

정답 (D)

해설 대화를 시작하면서 여자가 이곳 도서관에서(here at the library)라는 말로 근무지를 언급하고 있으므로 (D)가 정답이다.

48. 여자는 남자에게 무엇을 제공하는가?
(A) 추가 교육
(B) 관리 경험
(C) 별도의 휴가
(D) 더 높은 급여

정답 (A)

해설 대화 초반부에 여자가 남자에게 추가 교육을 받는 데 관심이 있는지(Are you still interested in receiving some extra training?) 물으면서 컴퓨터 능력 개발 워크숍에 보내 주겠다고(I'd like to send you to a computer skills workshop) 말하고 있으므로 (A)가 정답이다.

49. 남자는 무엇에 관해 묻는가?
(A) 워크숍 장소
(B) 버스 시간표
(C) 티켓 비용
(D) 등록 과정

정답 (A)

해설 남자가 대화 중반부에 워크숍이 지역 대학교에서 열리는 것인지(Is the workshop being held at the local college?) 묻고 있으므로 워크숍 개최 장소를 궁금해한다는 것을 알 수 있다. 따라서 (A)가 정답이다.

Questions 50-52 refer to the following conversation with three speakers.

M1: Hi, Ms. Moxley. Thanks for agreeing to meet with us here today.
W: No problem. **50** I'm looking forward to making a start on the landscaping plans for the park.
M1: Great. This is the project manager and park administrator, Mike Fairchild. He has joined us for this meeting to review your landscaping proposal.
W: **52** Hi, Mike. Were you pleased with the ideas I submitted for the park?
M2: Yes, **51** we looked at your designs this morning and we were both very impressed. But, there's one thing I'd like you to change.
W: Sure, what is it?
M2: Well, I noticed that **52** you positioned the water fountain near the main entrance of the park, but I'd prefer to move it to the middle of the rose garden. Would that be okay?

남1: 안녕하세요, 먹슬리 씨. 오늘 이곳에서 저희와 만나는 데 동의해 주셔서 감사합니다.
여: 별 말씀을요. 공원에 필요한 조경 계획을 시작하기를 고대하고 있습니다.
남1: 아주 좋습니다. 이분은 프로젝트 책임자이자 공원 행정 담당자이신 마이크 페어차일드 씨입니다. 귀하의 조경 제안을 검토하기 위해 이번 회의에 함께 해 주셨습니다.
여: 안녕하세요, 마이크 씨. 제가 공원을 위해 제출한 아이디어들이 만족스러우셨나요?
남2: 네, 저희가 오늘 아침에 디자인을 살펴봤는데, 저희 둘 모두 매우 깊은 인상을 받았습니다. 하지만, 한 가지 변경해 주셨으면 하는 것이 있습니다.
여: 네, 뭔가요?
남2: 저, 분수대를 공원 중앙 출입구 근처에 배치하셨다는 것을 알게 되었는데, 장미 정원 가운데로 옮겼으면 합니다. 그렇게 해도 괜찮을까요?

50. 대화는 주로 무엇에 관한 것인가?
(A) 조경 프로젝트
(B) 지역 사회 행사
(C) 건물 개조 공사
(D) 기업 합병

정답 (A)

해설 대화 시작 부분에 여자가 공원에 필요한 조경 계획을 시작하기를 고대하고 있다고(I'm looking forward to making a start on the landscaping plans for the park) 언급한 뒤로 그 조경 작업 아이디어와 관련된 내용으로 대화가 진행되고 있으므로 (A)가 정답이다.

51. 남자들은 오늘 아침에 무엇을 했는가?
(A) 자재를 구입하는 일
(B) 작업 현장을 정리하는 일
(C) 디자인을 검토하는 일
(D) 구직 지원자들을 면접 보는 일

정답 (C)

해설 오늘 아침이라는 시점이 언급되는 중반부에 남자 한 명이 오늘 아침에 디자인을 살펴본 사실을(we looked at your designs this morning) 알리고 있으므로 (C)가 정답이다.

52. 마이크 씨는 무엇을 변경하고 싶어 하는가?
(A) 마감 기한
(B) 예산
(C) 위치
(D) 공급업체

정답 (C)

해설　대화 중반부에 여자가 한 남자에게 Mike라고 부른 이후로, 마지막에 가서 그
　　　남자가 분수대를 공원 중앙 출입구 근처에 배치한 사실과 함께 장미 정원 가
　　　운데로 옮겼으면 좋겠다고(you positioned the water fountain near
　　　the main entrance of the park, but I'd prefer to move it to the
　　　middle of the rose garden) 알리고 있다. 따라서 위치 변경을 요청하고
　　　있음을 알 수 있으므로 (C)가 정답이다.

Questions 53-55 refer to the following conversation.

M: Melissa, if you have some free time, **53** I'd like to talk
about a strategy we could use to promote the restaurant
and attract new customers.
W: I'd love to hear your ideas. It's about time we took a new
approach to promoting the business.
M: Well, **54** during the day, we don't have many customers,
so our part-time workers don't have much work to do. I
was thinking we could send them outside to distribute
flyers and menus to potential customers on the street.
W: Actually, we tried that strategy a couple of years ago,
and **55** the employees weren't happy because it was
sometimes raining or snowing while they were outside.

남: 멜리사 씨, 시간 여유가 좀 있으시면, 우리가 식당을 홍보하고 신규 고객들을 끌
　　어들이는 데 활용할 만한 전략에 관해 이야기해 보고 싶습니다.
여: 당신 아이디어를 꼭 들어보고 싶어요. 우리가 업체를 홍보하는 데 있어 새로운
　　접근법을 취해야 할 때가 되었어요.
남: 저, 낮 시간 중에, 손님이 많지 않기 때문에, 우리 시간제 근무자들이 할 일이 많
　　지 않습니다. 거리에서 잠재 고객들에게 전단과 메뉴를 배포할 수 있도록 우리
　　가 그 직원들을 밖으로 내보낼 수 있을 것으로 생각하고 있었어요.
여: 사실, 몇 년 전에 그 전략을 시도해 봤는데, 직원들이 밖에 나가 있는 동안 때때
　　로 비나 눈이 와서 즐거워하지 않았어요.

53. 남자는 무엇을 이야기하고 싶어 하는가?
　　(A) 홍보 전략
　　(B) 업체 이전
　　(C) 안전 절차
　　(D) 직원 장려책 계획

정답　(A)
해설　대화를 시작하면서 남자가 레스토랑을 홍보하고 신규 고객들을 끌어들이는
　　　데 활용할 만한 전략에 관해 이야기하고 싶다고(I'd like to talk about a
　　　strategy we could use to promote the restaurant and attract
　　　new customers) 말하고 있으므로 (A)가 정답이다.

54. 남자는 시간제 근무자들과 관련해 무슨 문제점을 언급하는가?
　　(A) 바쁘지 않다.
　　(B) 추가 교육을 필요로 한다.
　　(C) 최근에 고용되었다.
　　(D) 불만 사항을 접수했다.

정답　(A)
해설　대화 중반부에 남자가 낮 시간 중에 손님이 많지 않아서 시간제 근무자들은 할
　　　일이 많지 않다고(during the day, we don't have many customers,
　　　so our part-time workers don't have much work to do) 알리고 있
　　　으므로 (A)가 정답이다.

55. 여자의 말에 따르면, 직원들이 왜 기쁘지 않았는가?
　　(A) 더 높은 임금을 원했다.
　　(B) 교대 근무가 너무 길었다.
　　(C) 악천후를 겪었다.
　　(D) 휴가가 줄어들었다.

정답　(C)
해설　직원들이 기쁘지 않았던 일이 언급되는 후반부에, 직원들이 밖에 나가 있는

동안 때때로 비나 눈이 와서 즐거워하지 않았다고(the employees weren't
happy because it was sometimes raining or snowing while they
were outside) 언급하고 있으므로 (C)가 정답이다.

Questions 56-58 refer to the following conversation.

M: Hi, Deanna. Do we still have a photocopier here in the
library? It used to be right here at the circulation desk,
but **56** everything has been moved around now.
W: On the second floor, I think. You know, **56** the remodeling
of the library is good for all our members, but it's going
to take us a while to get used to it.
M: Yeah, that's for sure. The old layout was very convenient.
57 I used to grab a magazine to read while I ate lunch in
the staff room, but now all the magazines are on the third
floor, so I don't bother.
W: Oh, by the way, **58** do you know about the new bakery
that just opened across the street? You should go and
try their sandwiches and cakes during lunchtime today.

남: 안녕하세요, 디애나 씨. 이곳 도서관에 여전히 복사기가 있나요? 전에는 바로
　　이곳 대출 데스크에 있었는데, 지금은 모든 게 여기저기 옮겨졌네요.
여: 2층에 있는 것 같아요. 저기, 도서관 개조 공사가 저희 모든 회원들에게 좋은 것
　　이기는 하지만, 우리가 익숙해지는 데 한동안 시간이 걸릴 거예요.
남: 네, 분명 그렇습니다. 기존의 배치가 아주 편리했어요. 저는 전에 직원 휴게실에
　　서 점심 식사를 하는 동안 읽을 잡지를 가져가곤 했는데, 지금은 모든 잡지가 3
　　층에 있어서, 신경 쓰지 않고 있어요.
여: 아, 그건 그렇고, 길 건너편에 막 개업한 새 제과점에 대해 아시나요? 오늘 점심
　　시간 중에 그곳에 가셔서 샌드위치와 케이크를 한 번 드셔 보셔야 해요.

56. 도서관에 대해 암시된 것은 무엇인가?
　　(A) 영업 시간을 변경했다.
　　(B) 새로운 곳으로 이전했다.
　　(C) 최근에 개조되었다.
　　(D) 신입 직원을 고용하고 있다.

정답　(C)
해설　대화 시작 부분에 남자가 모든 게 여기저기 옮겨진 상태임을 언급하자
　　　(everything has been moved around now), 여자가 도서관 개조 공
　　　사가 진행된 사실을(the remodeling of the library is good for all our
　　　members) 말하고 있으므로 (C)가 정답이다.

57. 남자는 전에 무엇을 하곤 했다고 말하는가?
　　(A) 점심 시간 중에 책을 읽는 일
　　(B) 구내 식당에서 식사하는 일
　　(C) 잡지 기사를 작성하는 일
　　(D) 근처의 식당을 방문하는 일

정답　(A)
해설　대화 중반부에 남자가 전에 직원 휴게실에서 점심 식사를 하는 동안 읽을 잡
　　　지를 가져가곤 했다고(I used to grab a magazine to read while I ate
　　　lunch in the staff room) 알리고 있으므로 (A)가 정답이다.

58. 여자는 남자에게 무엇을 하도록 권하는가?
　　(A) 한 제과점을 방문하는 일
　　(B) 점심 식사를 건너뛰는 일
　　(C) 한 행사에 참석하는 일
　　(D) 일찍 퇴근하는 일

정답　(A)
해설　대화 마지막 부분에 여자가 길 건너편에 막 개업한 새 제과점에 대해 아는
　　　지 물으면서 그곳에 가서 샌드위치와 케이크를 한 번 먹어 보도록(do you
　　　know about the new bakery that just opened across the street?
　　　You should go and try their sandwiches and cakes) 권하고 있으므
　　　로 (A)가 정답이다.

Questions 59-61 refer to the following conversation.

W: Bobby, **59** I need to speak with you about the uniforms we ordered for our employees. The supplier just sent me some samples and I really don't like the design. Our company logo is too small, and the colors are too dark. But, **60** I'm afraid it's too late to ask for changes.

M: We have until Friday to confirm the order. Have you spoken to the supplier about it?

W: Not yet, but I guess I could give them a call after the staff meeting today.

M: Hmm… in order to save time, **61** why don't you go to the supplier today and speak with them in person? That way, you can easily explain what you want them to do.

여: 바비 씨, 우리가 직원들을 위해 주문한 유니폼과 관련해 당신과 얘기해야 합니다. 공급업체에서 저에게 막 몇몇 샘플을 보냈는데, 그 디자인이 너무 마음에 들지 않아요. 우리 회사 로고가 너무 작고, 색상은 너무 어두워요. 하지만, 변경을 요청하기에 너무 늦은 것 같아요.

남: 우리는 금요일까지 주문 사항을 확정해야 합니다. 공급업체와 그 부분에 관해 얘기해 보셨나요?

여: 아직이요, 하지만 오늘 직원 회의 이후에 그쪽에 전화해 볼 수 있을 거예요.

남: 흠… 시간을 절약하기 위해서, 오늘 공급업체에 가서 직접 만나서 얘기해 보시는 건 어떨까요? 그렇게 하시면, 그쪽에 원하시는 바를 쉽게 설명하실 수 있을 거예요.

59. 화자들은 주로 무엇을 이야기하고 있는가?
(A) 홍보 전단
(B) 직원 교육
(C) 근무용 유니폼
(D) 웹 사이트 디자인

정답 (C)

해설 대화를 시작하면서 여자가 직원들을 위해 주문한 유니폼과 관련해 남자와 얘기해 봐야 한다고(I need to speak with you about the uniforms we ordered for our employees) 알린 뒤로, 해당 유니폼의 단점에 대한 대화가 진행되고 있으므로 (C)가 정답이다.

60. 남자가 "우리는 금요일까지 주문 사항을 확정해야 합니다"라고 말하는 의도는 무엇인가?
(A) 여전히 변경할 시간이 있다.
(B) 일정보다 앞서 일을 끝낼 것이다.
(C) 추가 직원이 필요하다.
(D) 제품 숫자가 늘어나야 한다.

정답 (A)

해설 대화 중반부에 여자가 변경을 요청하기에 너무 늦은 것 같다고(I'm afraid it's too late to ask for changes) 알리자, 남자가 '금요일까지 주문 사항을 확정해야 합니다'라고 말하는 상황이다. 이는 아직 시간 여유가 있음을 알리는 것에 해당되므로 (A)가 정답이다.

61. 남자는 무엇을 하도록 권하는가?
(A) 업체를 방문하는 일
(B) 이메일을 발송하는 일
(C) 전화를 거는 일
(D) 회의를 취소하는 일

정답 (A)

해설 대화 마지막에 남자가 오늘 공급업체에 가서 직접 만나서 얘기해 보는 건 어떤지(why don't you go to the supplier today and speak with them in person?) 권하고 있으므로 (A)가 정답이다.

Questions 62-64 refer to the following conversation and comment card.

M: Hi, Loretta. **62** Did you have a chance to create the comment cards yet? The ones that we plan to leave in the rooms for our guests to fill out.

W: Yes, and I have a sample with me now. Would you like to take a look?

M: Sure, let me see. Well, they look great to me. **63** I see you've decided to ask for a score out of ten. Why did you choose that method?

W: Well, **63** I read an article in a marketing magazine and it recommended this method. It can give us more information than other methods.

M: I see. I'd like to make one suggestion, though. **64** I don't think it's necessary to ask guests to leave additional comments. We might not have time to read them all. Let's just keep it simple.

W: You might be right. I'll remove that item and let you see the finished version later today.

Comment Card (Please indicate a score out of 10)
1. Cleanliness : ☐
2. Service : ☐
3. Amenities : ☐
4. Additional Comments : _____
_____
_____

남: 안녕하세요, 로레타 씨. 혹시 의견 카드를 만들 기회가 있으셨나요? 고객들께서 작성하실 수 있도록 객실마다 우리가 놓아 두려고 계획하고 있는 것 말이에요.

여: 네, 그리고 지금 저에게 샘플이 하나 있어요. 한 번 보시겠어요?

남: 그럼요, 확인해 볼게요. 음, 저에겐 아주 좋아 보이네요. 10점 만점으로 점수를 요청하기로 결정하신 게 보이네요. 왜 그 방법을 선택하신 건가요?

여: 그게, 제가 한 마케팅 잡지에 실린 기사를 읽었는데 그 잡지에서 이 방법을 추천했어요. 다른 방법들보다 우리에게 더 많은 정보를 줄 수 있을 거예요.

남: 알겠습니다. 하지만 한 가지 제안을 해 드리고 싶어요. 저는 고객들에게 추가 의견을 남기도록 요청하는 것이 필요하다고 생각하지 않습니다. 우리가 그걸 전부 읽을 시간이 없을지도 몰라요. 그냥 단순하게 만듭시다.

여: 맞는 말씀이실 수도 있어요. 제가 그 항목을 없앤 다음에 오늘 이따가 완료된 버전을 보여 드리겠습니다.

의견 카드 (10점 만점으로 점수를 표시해 주십시오)
1. 청결도: ☐
2. 서비스: ☐
3. 편의시설: ☐
4. 추가적인 의견: _____
_____
_____

---

62. 의견 카드는 누구를 대상으로 하는가?
(A) 식당 손님들
(B) 항공기 탑승객들
(C) 호텔 손님들
(D) 행사 참석자들

정답 (C)

해설 대화 시작 부분에 남자가 의견 카드를 만들 기회가 있었는지 물으면서 고객들이 작성할 수 있도록 객실마다 놓아 두려고 계획하고 있는 것이라고(Did you have a chance to create the comment cards yet? The ones that we plan to leave in the rooms for our guests) 알리고 있다. 호텔 객실을 이용하는 손님이 대상임을 알 수 있으므로 (C)가 정답이다.

63. 여자는 의견 카드에 사용하는 점수 방식을 어떻게 선택했는가?
(A) 잡지 기사를 읽었다.
(B) 고객 의견을 요청했다.
(C) 상사와 상의했다.
(D) 경쟁사의 것을 베꼈다.

정답 (A)

해설 대화 중반부에 남자가 여자에게 10점 만점 방식으로 결정한 사실을(I see you've decided to ask for a score out of ten) 언급하자, 여자가 잡지 기사에서 그 방식을 추천한 사실을(I read an article in a marketing magazine and it recommended this method) 알리고 있으므로 (A)가 정답이다.

64. 시각 자료를 보시오. 의견 카드에서 어느 항목이 없어질 것인가?
(A) 1번 항목
(B) 2번 항목
(C) 3번 항목
(D) 4번 항목

정답 (D)

해설 대화 후반부에 남자가 추가 의견을 남기도록 요청하는 것이 필요하다고 생각하지 않는다고(I don't think it's necessary to ask guests to leave additional comments. ~ Let's just keep it simple) 말하고 있고, 여자는 남자의 의견에 동의하고(You might be right) 있다. 시각 자료에 추가 의견 항목이 4번으로 표기되어 있으므로 (D)가 정답이다.

Questions 65-67 refer to the following conversation and bar graph.

W: Vincent, here's the data for the pre-packaged coffee we sold at our coffee shop last month. Our French Roast coffee variety has proven to be really popular. I didn't expect to sell so many packets.
M: Well, 65 the new employees we hired last month really worked hard to push sales of the pre-packaged coffee. They've done a great job. But, I'm a little disappointed that 66 we only sold 100 packets of this coffee.
W: Me too. 66 Let's slightly reduce the price for that one, starting from August 1.
M: Yes, that should boost its popularity. Also, I think 67 we'll see a rise in the number of customers thanks to the range of coffee mugs we've just started selling.

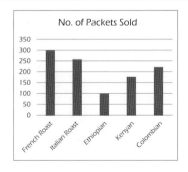

No. of Packets Sold

여: 빈센트 씨, 우리가 지난 달에 우리 커피 매장에서 판매했던 사전 포장된 커피에 대한 자료가 여기 있습니다. 우리의 프렌치 로스트 커피 제품이 정말로 인기가 많았던 것으로 드러났습니다. 이렇게 많은 팩이 판매될 것으로 예상하지 못했습니다.
남: 음, 우리가 지난달에 고용한 신입 직원들이 사전 포장된 커피의 판매를 촉진시키기 위해 정말로 열심히 일해 주었어요. 그 직원들이 아주 잘해 주었습니다. 하지만, 우리가 이 커피에 대해서는 겨우 100개만 판매한 것이 조금 실망스러워요.
여: 저도요. 8월 1일부터는 그 제품의 가격을 약간 낮춰 봐요.
남: 네, 그렇게 하면 그 제품의 인기가 높아지게 될 겁니다. 또한, 우리가 막 판매하기 시작한 커피 머그잔 제품들 덕분에 고객수의 증가도 경험하게 될 것이라고 생각해요.

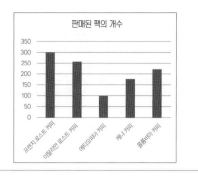

판매된 팩의 개수

65. 화자들은 지난달에 무엇을 했는가?
(A) 특별 행사를 주최했다.
(B) 새로운 업체를 개업했다.
(C) 추가 직원을 고용했다.
(D) 커피 매장을 개조했다.

정답 (C)

해설 지난달이라는 시점이 언급되는 중반부에 남자가 지난달에 신입 직원을 고용한 사실을(the new employees we hired last month) 말하고 있으므로 (C)가 정답이다.

66. 시각 자료를 보시오. 어느 커피 종류가 8월에 더 저렴한 가격에 판매될 것인가?
(A) 이탈리안 로스트 커피
(B) 에티오피아 커피
(C) 케냐 커피
(D) 콜롬비아 커피

정답 (B)

해설 대화 중반부에 남자가 겨우 100개만 판매된 제품을 언급하자(we only sold 100 packets of this coffee), 여자가 8월 1일부터 그 제품 가격을 낮춰 보자고(Let's slightly reduce the price for that one, starting from August 1) 권하고 있다. 시각 자료에서 판매 수량이 100인 제품이 Ethiopian이므로 (B)가 정답이다.

67. 남자는 왜 더 많은 고객들이 커피 매장에 올 것이라고 생각하는가?
(A) 새로운 종류의 제품들이 구매 가능하다.
(B) 계절 할인 행사가 열릴 것이다.
(C) 새로운 광고가 시작되었다.
(D) 회원 약정 서비스가 제공된다.

정답 (A)

해설 대화 마지막에 남자가 막 판매하기 시작한 커피 머그잔 제품들 덕분에 고객수의 증가도 경험하게 될 것이라고(we'll see a rise in the number of customers thanks to the range of coffee mugs we've just started selling) 알리고 있으므로 새로운 제품의 구매 가능성을 말하는 (A)가 정답이다.

Questions 68-70 refer to the following conversation and map.

M: Hi, Marion, it's Alan. I'm calling because a previous client of ours, EDP Corporation, 68 wants us to cater another large event for them.
W: Oh, that's good news. Is it another staff training workshop, just like last time?
M: Yes. They want us to attend a meeting at their new premises on Monday at 11A.M. 69 Their headquarters are now located in the Globe Building, just opposite the hospital, on Dixon Avenue.
W: Ah, right. I know that place. The problem is that I have a dentist appointment that morning, and then I'll need to take the subway to the EDP Corporation meeting. I might be a little late.

M: Well, 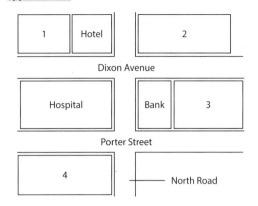 70 why don't I pick you up in my car after your appointment? That would save us some time.

딕슨 애비뉴 쪽으로 병원 맞은편에 위치한 건물이 1번으로 표기되어 있으므로 (A)가 정답이다.

70. 남자는 무엇을 하겠다고 제안하는가?
   (A) 여자에게 문서를 보내는 일
   (B) 회의 일정을 재조정하는 일
   (C) 여자를 차로 태워 주는 일
   (D) 치과 예약을 취소하는 일

정답   (C)

해설   대화 마지막에 남자가 자신이 차로 태우러 가는 게 어떤지(why don't I pick you up in my car after your appointment?) 제안하고 있으므로 (C)가 정답이다.

Part 4

Questions 71-73 refer to the following advertisement.

Attention, all adventurers! Do you love going camping? Do you like to spend the night in the great outdoors, but need a certain level of comfort and reliable protection from bad weather? 71 We're pleased to introduce the Explorer 500, a top-of-the-range tent that accommodates up to six people. The surprising thing about it is how light it is! 72 Thanks to the lightweight frame and material, you'll barely notice it when you are carrying it! In addition, until the end of this month, 73 we're offering a 10 percent discount on the Explorer 500, but only to those who purchase it through our Web site at www.hikersworld.com.

모험을 좋아하시는 모든 분들께 알립니다! 캠핑하러 가는 것을 아주 좋아하시나요? 아주 멋진 야외에서 밤을 보내고 싶지만, 일정 수준의 편안함 및 악천후로부터의 믿을 만한 보호가 필요하신가요? 저희는 최대 6명까지 수용하는 최고급 텐트인 익스플로러 500을 소개해 드리게 되어 기쁘게 생각합니다. 이 제품의 놀라운 점은 아주 가볍다는 것입니다! 경량 프레임과 재질 덕분에, 이 제품을 들고 다니실 때 거의 그 무게를 알아차리지 못하실 것입니다! 게다가, 이달 말까지, 저희는 익스플로러 500에 대해 10퍼센트의 할인을 제공해 드리고 있지만, 오직 저희 웹 사이트 www.hikersworld.com을 통해 구입하시는 분들에 한합니다.

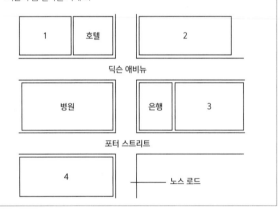

남: 안녕하세요, 매리언 씨, 저는 앨런입니다. 제가 전화 드리는 이유는 이전에 우리 고객이었던 EDP 주식회사가 우리에게 또 다른 큰 행사를 위한 출장 요리 서비스를 제공해 주기를 원하고 있기 때문입니다.

여: 아, 좋은 소식이네요. 지난 번과 마찬가지로 또 직원 교육 워크숍인가요?

남: 네. 그쪽 사람들이 월요일 오전 11시에 그 회사의 새 건물에서 열리는 회의에 우리가 참석하기를 원하고 있습니다. 그쪽 본사가 지금은 딕슨 애비뉴의 병원 바로 맞은편에 있는 글로브 빌딩에 위치해 있습니다.

여: 아, 맞아요. 그곳을 알고 있어요. 문제는 제가 그날 오전에 치과 예약이 있어서 그 후에 지하철을 타고 EDP 주식회사 회의에 가야 한다는 점입니다. 조금 늦을지도 몰라요.

남: 음, 그 예약 시간 후에 제가 제 차로 태워 드리러 가면 어떨까요? 그렇게 하면 시간이 좀 절약될 거예요.

68. 화자들은 어디에서 일하고 있을 것 같은가?
   (A) 법률 사무소에서
   (B) 부동산 중개업체에서
   (C) 마케팅 회사에서
   (D) 출장 요리 제공 업체에서

정답   (D)

해설   대화 시작 부분에 남자가 고객사에서 자신들에게 출장 요리 서비스를 제공해 주기를 원하고 있다는 사실을(wants us to cater another large event for them) 언급하고 있으므로 (D)가 정답이다.

69. 시각 자료를 보시오. 화자들은 월요일에 어느 건물로 갈 것인가?
   (A) 건물 1
   (B) 건물 2
   (C) 건물 3
   (D) 건물 4

정답   (A)

해설   대화 중반부에 남자가 고객사의 위치를 설명하면서 그 회사의 본사가 딕슨 애비뉴의 병원 바로 맞은편에 있는 글로브 빌딩에 위치해 있다고(Their headquarters are now located in the Globe Building, just opposite the hospital, on Dixon Avenue) 알리고 있다. 시각 자료에서

71. 무슨 종류의 제품이 광고되고 있는가?
   (A) 침낭
   (B) 부츠 한 켤레
   (C) 텐트
   (D) 배낭

정답   (C)

해설   담화 초반부의 배경 설명 이후로 최대 6명까지 수용하는 최고급 텐트인 익스플로러 500을 소개한다고(We're pleased to introduce the Explorer 500, a top-of-the-range tent) 알리고 있으므로 (C)가 정답이다.

72. 화자는 제품과 관련해 무엇이 놀라운 점이라고 말하는가?
   (A) 무게
   (B) 내구성
   (C) 외관
   (D) 가격

정답   (A)

해설   담화 중반부에 경량 프레임과 재질 덕분에 제품을 들고 다닐 때 거의 그 무게를 알아차리지 못할 것이라는 말로(Thanks to the lightweight frame and material, you'll barely notice it when you are carrying it!) 특징을 설명하고 있으므로 (A)가 정답이다.

73. 청자들은 할인을 받기 위해 무엇을 해야 하는가?
(A) 회원 가입 신청을 하는 일
(B) 개장식 행사에 참석하는 일
(C) 특정 금액을 소비하는 일
(D) 온라인으로 구매하는 일

정답 (D)

해설 담화 후반부에 10퍼센트의 할인을 제공한다는 말과 함께 그 조건으로 자사의 웹 사이트를 통해 구매하는 사람에 한한다고(we're offering a 10 percent discount on the Explorer 500, but only to those who purchase it through our Web site) 언급하고 있으므로 (D)가 정답이다.

Questions 74-76 refer to the following telephone message.

Hi, Greg, this is Sanjeet calling. Do you remember that the **74** CEO asked us to come up with ways to boost profits? Well, I've written a report on strategies for driving up sales, but I'm not sure how to submit it to the CEO. Apparently, **75** he has a new e-mail address, because the old one is no longer working. I promised I'd send the report to him by 5 P.M. today, and he's overseas on a business trip right now. **76** Can you help me find out the contact information for our CEO? You know Steve at the head office, right? **76** Perhaps he can help. Thanks in advance.

안녕하세요, 그렉 씨, 저는 샌지트입니다. 대표이사님께서 우리에게 수익을 증대할 방안을 찾도록 요청하신 것을 기억하고 계신가요? 음, 제가 매출을 끌어 올리는 데 필요한 전략에 관한 보고서를 작성했는데, 대표이사님께 제출할 방법이 확실치 않습니다. 분명히, 대표이사님께서 새로운 이메일 주소를 갖고 계신 것 같은데, 기존의 것이 더 이상 작동하지 않고 있기 때문입니다. 제가 오늘 오후 5시까지 보고서를 보내 드리기로 약속 드렸는데, 대표이사님께서 지금 출장으로 해외에 계십니다. 우리 대표이사님 연락 정보를 알아낼 수 있도록 도와 주시겠어요? 본사에 계신 스티브 씨를 알고 계시죠? 아마 그분께서 도와주실 수 있을 겁니다. 미리 감사드립니다.

74. 화자는 무엇에 관한 보고서를 작성하고 있는가?
(A) 숙련된 직원을 모집하는 방법
(B) 온라인으로 광고하는 것의 이점
(C) 쓰레기를 줄이기 위한 방법
(D) 매출을 늘리기 위한 아이디어

정답 (D)

해설 담화 시작 부분에 화자가 수익 증대 방안을 찾으라는 대표이사의 요청을 언급하면서 매출을 끌어 올릴 전략에 관한 보고서를 작성한 사실을(CEO asked us to come up with ways to boost profits? Well, I've written a report on strategies for driving up sales) 말하고 있으므로 (D)가 정답이다.

75. 화자의 말에 따르면, 무엇이 바뀌었는가?
(A) 이메일 주소
(B) 프로젝트 마감 시한
(C) 마케팅 캠페인
(D) 여행 일정

정답 (A)

해설 중반부에 화자가 대표이사를 he로 지칭해 그 사람이 새로운 이메일 주소를 갖고 있다는 말과 함께 기존의 것이 더 이상 작동하지 않고 있다고(he has a new e-mail address, because the old one is no longer working) 알리고 있다. 따라서 이메일 주소가 변경된 것으로 볼 수 있으므로 (A)가 정답이다.

76. 화자는 왜 "본사에 계신 스티브 씨를 알고 계시죠?"라고 말하는가?
(A) 스티브 씨를 회의에 초대하는 것을 제안하기 위해
(B) 한 프로젝트가 승인되었음을 확인해 주기 위해

(C) 청자에게 한 직책에 지원하도록 추천하기 위해
(D) 청자에게 동료 한 명에게 연락하도록 요청하기 위해

정답 (D)

해설 담화 마지막에 화자가 대표이사의 연락 정보를 알아낼 수 있도록 도와 달라고 요청하면서 '본사에 있는 스티브 씨를 알고 있는 것이 맞는지' 묻는 상황이다(Can you help me find out the contact information for our CEO?). 또한 바로 뒤이어 그 사람이 도와줄 수 있을 것이라고(Perhaps he can help) 언급하고 있는데, 이는 그 직원에게 연락해 도움을 받도록 요청하는 말에 해당되므로 (D)가 정답이다.

Questions 77-79 refer to the following introduction.

Good afternoon, everyone. **77** I'll start this meeting by telling you about the newest member of the board, Jeremy Lee, who has just joined us as our new marketing director. Many of you will probably already know that Jeremy had been working for Shazam Electronics for the past 15 years. He was responsible for **78** Shazam's highly successful tablet computer advertisement, which was shown throughout the entire world. Also, **79** Jeremy is keen to start up some activity clubs for our staff here, as he enjoys playing a wide range of sports and hiking in his spare time. Anyway, Jeremy, I'll let you tell the other members about yourself!

안녕하세요, 여러분. 여러분께 가장 최근에 이사진의 일원이 되신 제레미 리 씨에 관해 말씀 드리는 것으로 이번 회의를 시작할 것이며, 리 씨는 신임 마케팅 이사로 우리와 함께 하시게 되었습니다. 여러분 중 많은 분들이 아마 이미 제레미 씨께서 지난 15년 동안 샤잠 전자회사에서 근무해 오신 것을 알고 있을 겁니다. 제레미 씨는 샤잠 사에서 크게 성공을 거둔 태블릿 컴퓨터 광고를 책임지셨던 분이며, 이 광고는 전 세계에 걸쳐 공개되었습니다. 또한, 제레미 씨는 여기 우리 직원들을 위해 몇몇 활동 동아리를 시작하기를 몹시 바라고 계신데, 여유 시간에 아주 다양한 스포츠와 등산을 하는 것을 즐기시기 때문입니다. 어쨌든, 제레미 씨, 다른 직원들에게 본인에 관해 이야기할 시간을 드리도록 하겠습니다!

77. 누가 소개되고 있는가?
(A) 은퇴하는 이사
(B) 수상자
(C) 새로운 이사회 일원
(D) 회사의 고객

정답 (C)

해설 담화를 시작하면서 화자가 가장 최근에 이사진의 일원이 된 제레미 리 씨에 관해 얘기하는 것으로 회의를 시작한다고(I'll start this meeting by telling you about the newest member of the board, Jeremy Lee) 알리고 있으므로 (C)가 정답이다.

78. 광고에 관해 무엇이 언급되는가?
(A) 다양한 휴대전화기를 위한 것이었다.
(B) 예상보다 덜 성공적이었다.
(C) 전 세계에서 보여졌다.
(D) 15년 동안 방송되었다.

정답 (C)

해설 광고가 언급되는 중반부에 샤잠 사에서 크게 성공을 거둔 태블릿 컴퓨터 광고를 말하면서 그 광고가 전 세계에 걸쳐 공개되었음을(Shazam's highly successful tablet computer advertisement, which was shown throughout the entire world) 알리고 있으므로 (C)가 정답이다.

79. 제레미 리 씨에 관해 암시되는 것은 무엇인가?
(A) 활동적이다.
(B) 독서를 즐긴다.
(C) 업체 하나를 설립했다.
(D) 승진될 것이다.

정답 (A)

해설 담화 후반부에 제레미 씨가 직원들을 위해 몇몇 활동 동아리를 시작하기를 몹시 바라고 있다는 말과 함께 여유 시간에 아주 다양한 스포츠와 등산을 하는 것을 즐긴다고(Jeremy is keen to start up some activity clubs for our staff here, as he enjoys playing a wide range of sports and hiking) 알리고 있다. 이를 통해 매우 활동적인 사람인 것으로 판단할 수 있으므로 (A)가 정답이다.

Questions 80-82 refer to the following telephone message.

Hello, I'm leaving this message for Ms. Burton. **80** This is Angus calling from Jolly Food Company about your application for the sales manager position. I'm reviewing your documents now, but **81** it seems that you forgot to add the names and contact details of the two job references we require. That section of your form is completely blank. I'm afraid I won't be able to invite you for an interview until we receive those details. So, **82** would you mind getting back to me at this phone number at your earliest possible convenience? Thank you.

안녕하세요, 이 메시지는 버튼 씨에게 남기는 것입니다. 저는 귀하의 영업부장 직책 지원서와 관련해 졸리 식품 회사에서 전화 드리는 앵거스입니다. 제가 지금 귀하의 서류를 검토하는 중인데, 저희가 요구하는 추천인 두 명에 대한 성명과 연락처 상세 정보를 추가하는 것을 잊으신 것 같습니다. 제출하신 양식의 그 항목이 완전히 비어 있는 상태입니다. 저희가 그 상세 정보를 받은 후에야 귀하를 면접에 오시도록 요청 드릴 수 있을 것 같습니다. 따라서, 가급적 빨리 이 전화번호로 저에게 다시 연락해 주시겠습니까? 감사합니다.

80. 화자는 무엇에 관해 전화하는가?
(A) 사업 제안
(B) 곧 있을 할인 행사
(C) 구직 지원
(D) 프로젝트 마감 시한

정답 (C)

해설 담화 시작 부분에 상대방이 지원한 영업부장 직책과 관련해 전화한다고(This is Angus calling from Jolly Food Company about your application for the sales manager position) 알리고 있으므로 (C)가 정답이다.

81. 화자는 무슨 문제점을 언급하는가?
(A) 일정상의 충돌 문제가 발생되었다.
(B) 일부 정보가 빠져 있다.
(C) 일부 가이드라인이 부정확하다.
(D) 행사가 연기되었다.

정답 (B)

해설 담화 중반부에 화자가 상대방에게 추천인 두 명에 대한 성명과 연락처 상세 정보를 추가하는 것을 잊은 것 같다고(it seems that you forgot to add the names and contact details of the two job references) 알리고 있는데, 이는 정보가 빠진 것을 뜻하므로 (B)가 정답이다.

82. 화자는 청자에게 무엇을 하도록 요청하는가?
(A) 업체를 방문하는 일
(B) 면접에 참석하는 일
(C) 답신 전화를 하는 일
(D) 이메일을 보내는 일

정답 (C)

해설 담화 후반부에 화자가 가급적 빨리 자신에게 다시 연락하도록(would you mind getting back to me at this phone number at your earliest possible convenience?) 요청하고 있으므로 (C)가 정답이다.

Questions 83-85 refer to the following tour information.

Good morning, and welcome to the Old Town district of York City. We'll begin today's tour by visiting St. Mark's Cathedral. **83** This is one of the most popular historical sites in the city because it contains a large number of valuable paintings and sculptures. Many of these works are culturally significant, so people come from all over the world to see them. **84** While looking around, you might have some questions about them – that's why I'm here! But **85** please remember to be back in the parking lot by 11A.M. We will need to board the bus promptly to set off for our next destination.

안녕하세요, 그리고 요크 시의 구시가지 구역에 오신 것을 환영합니다. 우리는 세인트 마크 대성당을 방문하는 것으로 오늘의 투어를 시작할 것입니다. 이 성당은 시에서 가장 인기 있는 유적지들 중의 하나인데, 아주 많은 소중한 그림과 조각품들을 포함하고 있기 때문입니다. 이 작품들 중 많은 것이 문화적으로 중요하기 때문에, 전 세계의 사람들이 이 작품들을 보기 위해 찾아오고 있습니다. 돌아보시는 동안, 이 작품들에 관해 몇몇 질문들이 있으실 수 있는데, 그것이 바로 제가 여기 있는 이유입니다! 하지만 오전 11시까지 주차장으로 돌아오시는 것을 기억하시기 바랍니다. 다음 목적지를 향해 출발할 수 있도록 즉시 버스에 탑승해야 합니다.

83. 화자의 말에 따르면, 세인트 마크 대성당은 왜 인기 있는가?
(A) 특별 행사를 주최한다.
(B) 건축 양식이 독특하다.
(C) 입장료를 부과하지 않는다.
(D) 많은 예술품을 포함하고 있다.

정답 (D)

해설 초반부에 세인트 마크 대성당을 가장 인기 있는 유적지로 언급하면서 아주 많은 소중한 그림과 조각품을 포함하고 있다는 사실을(This is one of the most popular historical sites in the city because it contains a large number of valuable paintings and sculptures) 알리고 있으므로 (D)가 정답이다.

84. 화자가 "그것이 바로 제가 여기 있는 이유입니다!"라고 말한 의도는 무엇인가?
(A) 특정 명소를 추천하고 있다.
(B) 청자들이 자신을 따라오기를 원하고 있다.
(C) 늦게 도착한 것에 대해 사과하고 있다.
(D) 기꺼이 질문에 답변해 줄 것이다.

정답 (D)

해설 화자가 담화 중반부에 돌아보는 동안 작품들에 관해 몇몇 질문들이 있을 수 있다는(While looking around, you might have some questions about them) 말과 함께 '그것이 바로 제가 여기 있는 이유입니다!'라고 말하는 상황이다. 이는 질문에 답변해 주겠다는 뜻이므로 (D)가 정답이다.

85. 화자는 청자들에게 무엇에 관해 상기시키는가?
(A) 주차 허가증
(B) 특별 할인
(C) 버스 번호
(D) 출발 시간

정답 (D)

해설 담화 마지막에 오전 11시까지 주차장으로 돌아오도록 상기시키면서 다음 목적지를 향해 출발할 수 있도록 즉시 버스에 탑승해야 한다고(please remember to be back in the parking lot by 11 A.M. We will need to board the bus promptly to set off for our next destination) 알리고 있으므로 (D)가 정답이다.

Questions 86-88 refer to the following broadcast.

You're listening to Josh on Milford Radio 94.5 FM, and I'm here with a local news story. **86 The annual People of Milford Awards were presented yesterday, and Karen Gosford was named as the community's Person of the Year. 87 Ms. Gosford is a leading scientific researcher** at the Milford Agricultural Center and has been praised for her work in developing GM foods and pesticide-free farming practices. Before joining her current research team, she worked with local environmental groups to clean up the region's lakes and rivers. **88 I'd like to hear what you, our listeners, have to say about Ms. Gosford's contributions to our city. Call in at 555-8378** to let us know what you think.

여러분은 지금 밀포드 라디오 94.5 FM에서 조시의 방송을 청취하고 계시며, 지역 뉴스를 전해 드리겠습니다. 연례 밀포드 인물상이 어제 수여되었으며, 카렌 고스포드 씨께서 우리 지역 사회 올해의 인물로 선정되셨습니다. 고스포드 씨는 밀포드 농업 센터의 손꼽히는 과학 연구자이시며, 유전자 변형 식품 개발 및 살충제 없는 농법에 대한 업적으로 찬사를 받으신 바 있습니다. 현재의 연구팀에 합류하시기 전에는, 지역의 호수와 강을 정화하는 일을 하는 지역 환경 단체와 함께 일하셨습니다. 저는 우리 도시에 대한 고스포드 씨의 기여와 관련해 여러분, 즉 저희 청취자들께서 하시고자 하는 말씀을 들어 보고자 합니다. 555-8378번으로 전화 주셔서 저희에게 여러분의 생각을 알려 주시기 바랍니다.

86. 방송은 주로 무엇에 관한 것인가?
(A) 취업 기회
(B) 여가 시설
(C) 지역 사회의 상
(D) 곧 있을 행사

정답 (C)

해설 담화 시작 부분에 연례 밀포드 인물상이 어제 시상되었다는 사실과 함께 수상자의 이름을 밝히고(The annual People of Milford Awards were presented yesterday, and Karen Gosford was named as the community's Person of the Year) 있으므로 (C)가 정답이다.

87. 화자의 말에 따르면, 카렌 고스포드 씨는 무슨 분야에서 경력을 지니고 있는가?
(A) 연예
(B) 금융
(C) 마케팅
(D) 과학

정답 (D)

해설 고스포드 씨의 신분과 관련해 담화 중반부에 손꼽히는 과학 연구자(Ms. Gosford is a leading scientific researcher)라고 알리는 부분이 있으므로 (D)가 정답이다.

88. 화자는 청자들에게 무엇을 하도록 요청하는가?
(A) 질문을 하는 일
(B) 행사에 참석하는 일
(C) 각자의 의견을 공유하는 일
(D) 투표를 하는 일

정답 (C)

해설 담화 후반부에 청취자들이 하는 말을 들어 보고 싶다고 알리면서 전화하도록 요청하고 있는데(I'd like to hear what you, our listeners, have to say about Ms. Gosford's contributions to our city. Call in at 555-8378), 이는 의견을 공유하도록 요청하는 것과 같으므로 (C)가 정답이다.

Questions 89-91 refer to the following recorded message.

Hi. Thank you for calling me, Lisa Finnigan, an advisor at Silverado Investments. I'm sorry that I'm unable to take your call right now, but you are welcome to leave a message. **89 At Silverado Investments, we are dedicated to providing our clients with the best professional advice regarding their finances. 90 I am currently overseas for a week-long family holiday and will return on May 12.** I will return your call as soon as I get back to the office. However, **91 if you are an existing client and have an urgent issue, you may e-mail me at lisa@silverado.net.** Thank you.

안녕하세요. 실버라도 투자사의 자문인 저 리사 피니건에게 전화 주셔서 감사합니다. 유감스럽게도 지금 귀하의 전화를 받을 수는 없지만, 얼마든지 메시지를 남기셔도 좋습니다. 저희 실버라도 투자사는 고객들께 금융과 관련된 최고의 전문적인 조언을 제공해 드리는 데 전념하고 있습니다. 저는 현재 일주일 간의 가족 휴가로 해외에 있으며, 5월 12일에 복귀합니다. 사무실로 돌아가는 대로 당신 전화 드리겠습니다. 하지만, 귀하께서 기존의 고객이시고 긴급한 문제가 있으실 경우, lisa@silverado.net으로 저에게 이메일을 보내셔도 됩니다. 감사합니다.

89. 해당 회사는 무슨 서비스를 제공하는가?
(A) 주택 개조
(B) 금융 조언
(C) 행사 기획
(D) 여행 패키지

정답 (B)

해설 담화 중반부에 금융과 관련된 최고의 전문적인 조언을 제공하는 데 전념하고 있다고(we are dedicated to providing our clients with the best professional advice regarding their finances) 알리고 있으므로 (B)가 정답이다.

90. 화자는 왜 시간이 나지 않는가?
(A) 이사회 회의에 가 있다.
(B) 병가 중이다.
(C) 강좌를 진행 중이다.
(D) 휴가 중이다.

정답 (D)

해설 담화 중반부에 가족 휴가로 해외에 있다는 말과 함께 5월 12일에 복귀한다고(I am currently overseas for a week-long family holiday and will return on May 12) 알리고 있으므로 (D)가 정답이다.

91. 청자들은 긴급한 문제가 있을 경우에 무엇을 해야 하는가?
(A) 다른 번호로 전화하는 일
(B) 화자의 사무실을 방문하는 일
(C) 이메일을 보내는 일
(D) 서류를 검토하는 일

정답 (C)

해설 긴급한 문제 발생 시의 조치와 관련해, 담화 후반부에 이메일을 보내도록 요청하는(if you are an existing client and have an urgent issue, you may e-mail me at lisa@silverado.net) 말이 있으므로 (C)가 정답이다.

Questions 92-94 refer to the following excerpt from a meeting.

Well, we have finally come to the end of **92 our supermarket's orientation session.** Before you all go to your departments, there's one last thing to mention. As I'm sure you all know, the city will be hosting a festival to celebrate its 500th birthday on Saturday, June 16. A lot of popular bands and singers will be performing on Main Street. This will be an exciting event, and we understand that many of you will want to attend. 93 You can request leave at the HR office, starting today. Take note, many employees will want this day off. Also, 94 don't forget, you can ask the HR manager for extra hours if you want to make some more money.

자, 마침내 우리 슈퍼마켓 오리엔테이션 시간의 마지막에 이르렀습니다. 여러분 모두 각자의 부서로 가기 전에, 마지막으로 한 가지 언급해 드릴 것이 있습니다. 여러분 모두 알고 계시리라 확신하지만, 시에서 6월 16일 토요일에 설립 500주년을 기념하는 축제를 주최할 예정입니다. 많은 인기 밴드와 가수들이 메인 스트리트에서 공연할 것입니다. 이는 흥미로운 행사가 될 것이며, 여러분 중 많은 분들이 참석하기를 원하실 것이라고 생각합니다. 오늘부터 인사부에서 휴가를 신청하실 수 있습니다. 유의하셔야 할 점은, 많은 직원들이 이날 쉬기를 원할 것입니다. 또한, 잊지 마십시오, 돈을 조금 더 벌기를 원하신다면 인사부장님께 추가 근무 시간을 요청하실 수 있습니다.

92. 청자들은 어디에서 일하는가?

(A) 여행사에서
(B) 은행에서
(C) 슈퍼마켓에서
(D) 커피 매장에서

정답 (C)

해설 담화 시작 부분에 화자가 소속 업체를 우리 슈퍼마켓(our supermarket)이라고 언급하고 있으므로 (C)가 정답이다.

93. 화자가 "많은 직원들이 이날 쉬기를 원할 것입니다"라고 말한 의도는 무엇인가?

(A) 업체가 일시적으로 문을 닫을 것이다.
(B) 회사의 행사가 연기되어야 할 것이다.
(C) 청자들이 근무 일정표를 참고해야 한다.
(D) 청자들이 빨리 요청해야 한다.

정답 (D)

해설 화자가 담화 후반부에 오늘부터 인사부에서 휴가를 신청할 수 있다는 말과 함께 유의하라고 알리면서(You can request leave at the HR office, starting today. Take note) '많은 직원들이 이날 쉬기를 원할 것'이라고 알리는 상황이다. 이는 신속히 휴가를 신청하도록 권하는 말에 해당되므로 (D)가 정답이다.

94. 화자는 청자들에게 무엇을 하도록 권하는가?

(A) 추가 근무 시간을 요청하는 일
(B) 유니폼을 가져 가는 일
(C) 지불금을 내는 일
(D) 직무 안내서를 확인하는 일

정답 (A)

해설 담화 맨 마지막에 화자는 돈을 조금 더 벌기를 원할 경우에 인사부장에게 추가 근무 시간을 요청할 수 있다고(don't forget, you can ask the HR manager for extra hours if you want to make some more money) 알리고 있으므로 (A)가 정답이다.

Questions 95-97 refer to the following news report and forecast.

Now let's take a look at the upcoming weather. The good news is that it looks like the rain will stop before the outdoor concert takes place in Bishop Park. 95 It'll be cloudy and windy, but at least the concertgoers won't get wet. There will be several musical performances, but 96 I'm mostly looking forward to seeing Joe Whitman, my favorite comedian. If you have any interest in comedy, make sure you catch his set on the second stage. And, don't forget, 97 tickets for the event are cheaper if you purchase them online, so head

---

on over to the official concert Web site to take advantage of a 20 percent discount.

Friday	Saturday	Sunday	Monday
⛈	🌧	🌥	☀

이제, 다가오는 날씨를 한 번 살펴보도록 하겠습니다. 좋은 소식은 야외 콘서트가 비숍 공원에서 개최되기 전에 비가 그칠 것으로 보인다는 점입니다. 흐리고 바람이 불기는 하겠지만, 적어도 콘서트 참석자들께서 비에 젖지는 않겠습니다. 여러 음악 공연이 열릴 예정이지만, 저는 제가 가장 좋아하는 코미디언인 조 휘트먼 씨를 볼 수 있기를 주로 고대하고 있습니다. 코미디에 조금이라도 관심 있으신 분이시라면, 두 번째 무대에서 열리는 그분의 공연을 반드시 관람해 보시기 바랍니다. 그리고, 잊지 마십시오, 이번 행사의 입장권을 온라인으로 구입하시면 더 저렴하므로, 20퍼센트 할인 서비스를 이용하실 수 있도록 공식 콘서트 웹 사이트로 찾아가 보시기 바랍니다.

금요일	토요일	일요일	월요일
⛈	🌧	🌥	☀

95. 시각 자료를 보시오. 야외 콘서트가 언제 개최될 것인가?

(A) 금요일
(B) 토요일
(C) 일요일
(D) 월요일

정답 (C)

해설 담화 초반부에 행사 개최 당일 날씨와 관련해 흐리고 바람이 불기는 하겠지만, 적어도 비에 젖지는 않을 것이라고(It'll be cloudy and windy, but at least the concertgoers won't get wet) 알리고 있는데, 이에 해당되는 날씨가 Sunday이므로 (C)가 정답이다.

96. 화자는 무엇을 고대하고 있다고 말하는가?

(A) 가수
(B) 불꽃놀이
(C) 행진
(D) 코미디언

정답 (D)

해설 화자가 고대하는 것이 언급되는 중반부에, 가장 좋아하는 코미디언인 조 휘트먼 씨를 볼 수 있기를 주로 고대하고 있다고(I'm mostly looking forward to seeing Joe Whitman, my favorite comedian) 알리고 있으므로 (D)가 정답이다.

97. 화자는 청자들에게 무엇을 하도록 권하는가?

(A) 경연 대회에 참가하는 일
(B) 상품권을 요청하는 일
(C) 이메일을 보내는 일
(D) 웹 사이트를 방문하는 일

정답 (D)

해설 담화 마지막에 입장권을 온라인으로 구입하면 더 저렴하기 때문에 20퍼센트 할인 서비스를 이용하기 위해 공식 콘서트 웹 사이트로 가 보도록(tickets for the event are cheaper if you purchase them online, so head on over to the official concert Web site) 권하고 있으므로 (D)가 정답이다.

Questions 98-100 refer to the following excerpt from a meeting and agenda.

Good morning, everyone. As the general affairs manager, 98 it's my pleasure to welcome you all to our team here at Desner Designs. During this morning's session, you'll hear from several managers here at 99 our innovative furniture design company. By the time we're done, you should have a firm understanding of how our departments collaborate to produce our unique desks, chairs, and other furnishings. The original plan was for Stacey Naylor to speak next, but she's been held up in a product design meeting. Instead, 100 let's hear from our personnel manager about company policies.

Meeting Schedule		
9:15	Introduction	
9:30	Stacey Naylor	Product Design Manager
10:15	Phil Meeks	R&D Manager
10:45	Rosie Fisher	Personnel Manager
11:15	Abdul Singh	Marketing Manager

안녕하세요, 여러분. 총무부장으로서, 이곳 우리 데즈너 디자인즈의 팀에 합류한 여러분 모두를 환영해 드릴 수 있게 되어 기쁩니다. 이 아침 시간 동안, 우리 혁신적인 가구 디자인 회사에 계신 여러 부서장님들의 이야기를 듣게 되실 것입니다. 마칠 때쯤이면, 여러분은 우리 회사의 독특한 책상과 의자, 그리고 다른 가구들을 생산하기 위해 어떻게 부서들이 협업하는지에 대해 확실히 이해하게 될 것입니다. 원래 계획은 스테이시 네일러 씨께서 다음 순서로 이야기하는 것이었지만, 제품 디자인 회의 중이시라 지체된 상태입니다. 대신, 우리 인사부장님으로부터 회사 정책과 관련된 이야기를 들어 보겠습니다.

회의 일정		
9:15	소개	
9:30	스테이시 네일러	제품 디자인부장
10:15	필 믹스	연구 개발부장
10:45	로지 피셔	인사부장
11:15	압둘 싱	마케팅부장

98. 청자들은 누구일 것 같은가?
(A) 회사의 주주들
(B) 우대 고객들
(C) 잠재 고객들
(D) 신입 사원들

정답 (D)
해설 담화를 시작하면서 화자가 데즈너 디자인즈의 팀에 온 청자들을 환영한다고(it's my pleasure to welcome you all to our team here at Desner Designs) 인사하고 있는데, 이는 신입 사원들에게 할 수 있는 말에 해당되므로 (D)가 정답이다.

99. 해당 회사는 무슨 종류의 제품을 만드는가?
(A) 가전 기기
(B) 의류
(C) 가구
(D) 자동차

정답 (C)
해설 담화 초반부에 화자가 소속 회사를 우리 혁신적인 가구 디자인 회사(our innovative furniture design company)라고 언급하고 있으므로 (C)가 정답이다.

100. 시각 자료를 보시오. 누가 다음 순서로 이야기할 것인가?
(A) 스테이시 네일러
(B) 필 믹스

(C) 로지 피셔
(D) 압둘 싱

정답 (C)
해설 담화 맨 마지막에 인사부장으로부터 회사 정책과 관련된 이야기를 들어 보겠다고(let's hear from our personnel manager about company policies) 알리고 있는데, 시각 자료에 인사부장이 로지 피셔(Rosie Fisher / Personnel Manager)로 표기되어 있으므로 (C)가 정답이다.

Part 5

101.

정답 (A)
해석 손님들께서는 수영장 주변에서의 음료 주문에 대해 호텔 이용료 청구서에 자동으로 청구되도록 하실 수 있습니다.
정답 해설
'have + 목적어 + 과거분사'의 구조에서 목적어와 과거분사 사이에 위치한 빈칸은 과거분사를 수식할 부사 자리이므로 (A) automatically가 정답이다.

102.

정답 (C)
해석 헉스터블 미술관의 동쪽 동은 추가 공지가 있을 때까지 방문객들에게 폐쇄될 것이다.
정답 해설
형용사 further의 수식을 받음과 동시에 전치사 until의 목적어 역할을 할 명사가 필요하며, 건물 폐쇄가 종료되는 시점과 관련되어야 하므로 '추가 공지가 있을 때까지'라는 의미를 구성할 때 사용하는 (C) notice가 정답이다.

103.

정답 (A)
해석 체중을 줄이는 데 도움을 드릴 수 있는 많은 비타민과 보충제가 저희 건강 식품 매장에 있습니다.
정답 해설
동사 help와 to부정사 사이에 위치한 빈칸은 help의 목적어 역할을 할 단어가 필요한 자리이므로 목적격 대명사인 (A) you가 정답이다.

104.

정답 (B)
해석 시행되기 전에 고객들께서 우리의 새 영업 시간을 알고 계시는 것이 중요합니다.
정답 해설
'It is ~ that절'의 구조로 된 가주어-진주어 문장에서 is와 that절 사이에 보어로 쓰일 수 있는 형용사가 필요하므로 이 역할이 가능한 (B) critical이 정답이다.

105.

정답 (C)
해석 페르난도 볼레오의 그림이 예상 가치의 75퍼센트보다 낮은 수준으로 평가되었다.
정답 해설
be동사의 현재완료 시제인 has been과 결합 가능한 단어가 필요하고 사물 주어인 painting에 대한 평가가 완료되었다는 사실을 나타내는 과거분사가 쓰여야 적절하므로 (C) appraised가 정답이다.

106.

정답 (D)

해석 　마케팅 부서는 새 광고 캠페인에 발생된 문제점들로 인해 이번 주에 늦게까지 일할 것이다.

정답 해설
빈칸 뒤에 위치한 명사구를 목적어로 취할 전치사가 빈칸에 필요하며, 광고 캠페인의 문제점이 늦게까지 일하게 되는 원인에 해당되므로 '~로 인해, ~ 때문에'라는 의미로 원인을 나타내는 전치사 (D) due to가 정답이다.

107.

정답 　(D)

해석 　관객들께서는 그 가수의 예정된 공연 시간보다 최소 10분 전에 착석하시는 것이 권장됩니다.

정답 해설
일반 명사의 소유격과 명사구 performance time 사이에 위치한 빈칸은 명사구를 수식할 단어를 필요로 하는 자리이다. 따라서 현재분사와 과거분사 중에서 하나를 골라야 하는데, '공연 시간'은 사람에 의해 일정이 정해지는 대상에 해당되므로 수동의 의미를 나타낼 수 있는 과거분사 (D) scheduled가 정답이다.

108.

정답 　(B)

해석 　트레이 니스펠 씨의 정기 신문 칼럼인 '스포츠 브레이크다운'은 매주 토요일에 <리치몬드 타임즈>에 실린다.

정답 해설
칼럼(column)과 출판물(The Richmond Times) 사이의 관계를 나타낼 과거분사가 빈칸에 쓰여야 알맞으므로 '실리다, 출간되다' 등의 의미를 나타내는 (B) published가 정답이다.

109.

정답 　(D)

해석 　작업 지연을 피하기 위해, 크롤리 성의 복원 작업이 25명의 전문가로 구성된 팀에 의해 실시될 것이다.

정답 해설
정관사 the와 전치사 of 사이에 위치한 빈칸은 이 둘의 수식을 동시에 받을 명사 자리이므로 (D) restoration이 정답이다.

110.

정답 　(B)

해석 　새들러 호수의 수영 구역에 대한 개장 시간이 계절에 따라 분기별로 변동될 수 있다는 점에 유의하시기 바랍니다.

정답 해설
빈칸에 쓰일 부사는 바로 앞에 to부정사로 쓰인 동사 change를 수식해 개장 시간이 변동되는 방식을 나타내야 하는데, '계절에 따라(in accordance with the seasons)'라는 말과 어울려야 하므로 '분기별로'라는 의미로 쓰이는 (B) quarterly가 정답이다.

111.

정답 　(C)

해석 　바스 회계법인의 신입 직원들은 첫 출근일에 두 가지 종류의 신분증을 제공해야 한다.

정답 해설
빈칸에 쓰일 명사는 '두 가지 종류의'를 뜻하는 two forms of의 수식을 받을 수 있어야 하며, 신입 직원이 출근 첫 날 회사에 제공해야 하는 것을 나타내야 한다. 따라서 서류의 하나로서 제출 가능한 것을 나타내는 (C) identification이 정답이다.

112.

정답 　(C)

해석 　캐서린 브루어 씨는 폰티아나크에 있는 우리 공장에 새롭게 고용된 모든 직원들에 대한 교육을 총괄하는 데 필요한 경험을 지니고 있다.

정답 해설
빈칸에 쓰일 명사는 직원 교육을 총괄하는 데 필요한 것으로서 사람이 가질 수 있는 대상을 나타내야 하므로 '경험'을 뜻하는 (C) experience가 정답이다.

113.

정답 　(B)

해석 　이 임대 계약서의 조항에 따르면, 반드시 늦어도 10월 31일까지 아파트를 비워주셔야 합니다.

정답 해설
빈칸에 쓰일 명사는 of this lease의 수식을 받아야 하므로 계약서와 관련된 것을 나타내야 하며, According to의 목적어로서 반드시 늦어도 10월 31일까지 아파트를 비워야 하는 근거에 해당되는 것이어야 한다. 따라서 '(계약서 등의) 조항, 조건' 등을 의미하는 (B) terms가 정답이다.

114.

정답 　(C)

해석 　이번 여름에 초과 근무를 하는 데 관심이 있으신 레스토랑 직원들께서는 소유주께 직접 말씀하셔야 합니다.

정답 해설
빈칸 앞뒤에 각각 위치한 be동사 are 및 전치사 in과 어울려 쓰이는 단어가 필요하므로 이 둘과 함께 '~에 관심이 있다'라는 의미를 구성할 때 사용하는 형용사 (C) interested가 정답이다.

115.

정답 　(C)

해석 　힐사이드 치과 진료소의 대기실에는 건강 및 영양과 관련된 많은 잡지가 있다.

정답 해설
빈칸 앞뒤에 각각 위치한 be동사 are 및 전치사 to와 어울려 쓰이는 형용사가 필요하므로 이 둘과 함께 '~와 관련되어 있다'라는 의미를 구성할 때 사용하는 (C) relevant가 정답이다.

116.

정답 　(A)

해석 　런들 씨는 잠재적으로 위험할 수 있는 오작동으로 인해 그 공장의 절단기를 신속히 꺼야 했다.

정답 해설
동사구 turn off의 목적어 역할을 하는 명사구 the factory's cutting machine과 전치사 because of 사이에 위치한 빈칸은 동사를 뒤에서 수식할 부사 자리이므로 (A) quickly가 정답이다.

117.

정답 　(B)

해석 　레인보우 레스토랑에서 제공되는 요리들은 많은 수입산 재료로 만들어지는데, 심지어 인도의 농장으로부터 온 일부 재료들도 있다.

정답 해설
even 이하 부분은 그 앞에 위치한 many imported ingredients의 일부를 가리켜야 한다. many imported ingredients가 수입산 재료를 의미하므로 빈칸 뒤에 위치한 특정 농장을 가리키는 명사구는 그 출처 중 하나인 것으로 판단할 수 있다. 따라서 출처나 출발점 등을 나타낼 때 사용하는 전치사 (B) from이 정답이다.

118.

정답 　(B)

해석 　리젠트 화학 약품 주식회사에서는, 1년 기간의 응급 처치 교육을 이수하시면 직원 안전 위원회에 가입하도록 신청하실 수 있습니다.

정답 해설
빈칸이 속한 if절은 직원 안전 위원회에 가입하기 위한 조건을 나타내며, 1년 기간의 응급 처치 교육을 이수해야 가입할 수 있다는 의미가 되어야 적절하므로 '~을 이수하다, 완료하다' 등을 뜻하는 동사 complete의 과거분사인 (B) completed가 정답이다.

119.

정답   (D)

해석   연료 가격이 약간 하락하기는 했지만 교통편으로 자전거를 이용하는 일이 확대되고 있다.

정답 해설

빈칸 앞에 위치한 be동사 is와 결합 가능한 과거분사 (C) expanded와 현재분사 (D) expanding 중에서 하나를 골라야 한다. expand는 타동사와 자동사로 모두 쓰이는데, 연료 가격이 하락한 것과 상관없이 현재 자전거를 이용하는 일이 확대되는 중이라는 의미가 되어야 적절하므로 현재진행시제를 구성하는 현재분사 (D) expanding이 정답이다.

120.

정답   (A)

해석   경영진은 우리가 새로운 비디오 게임 프로젝트에 대해 이리듐 소프트웨어 사와 합병할 것이라고 알리게 되어 기뻐하고 있다.

정답 해설

동사 announce의 목적어 역할을 하는 that절에서 접속사 that과 조동사 will 사이에 위치한 빈칸은 that절의 주어 자리이므로 주격 대명사인 (A) we가 정답이다.

121.

정답   (D)

해석   셔틀 버스가 인기 있는 서비스가 되기 위해서는, 버스가 반드시 하루 종일 정확히 제 시간에 운행해야 한다.

정답 해설

주어가 the buses이므로 동사 run은 '운행하다'를 뜻하는 자동사에 해당된다. 따라서 자동사와 전치사구 사이에 빈칸이 위치한 구조에 해당되는데, 이때 빈칸은 자동사를 수식하는 부사 자리이므로 (D) exactly가 정답이다.

122.

정답   (B)

해석   브라질에 있는 많은 우림이 향후 20년 이내에 30퍼센트 정도 줄어들 것으로 예상된다.

정답 해설

빈칸 뒤에 위치한 명사구 the next two decades는 기간을 나타내므로 기간명사(구)를 목적어로 취하는 전치사 (B) within이 정답이다.

123.

정답   (D)

해석   대표이사님께서 스펜서 씨에게 분실된 그 잡지를 한 부 더 구입하도록 요청하셨다.

정답 해설

각 선택지에 동사 misplace의 여러 형태가 제시되어 있고 빈칸이 that 바로 뒤에 위치한 구조이다. that과 빈칸이 the magazine을 수식하는 관계사절이 되어야 하므로 빈칸이 that절의 동사 자리이며, the magazine은 사람에 의해 분실되는 대상에 해당되므로 수동의 의미를 나타낼 수 있는 수동태 동사의 형태인 (D) was misplaced가 정답이다.

124.

정답   (D)

해석   휴가 기간 중에, 식스턴 씨는 자신의 긴급한 주의를 필요로 하는 것들을 제외하고 그녀의 비서에게 모든 사안을 처리하게 할 것이다.

정답 해설

빈칸이 속한 that절은 those를 수식하며, 여기서 those는 전치사 except for의 목적

어로서 제외되는 대상을 가리킨다. 따라서 that절은 비서에게 맡기지 않는 일의 특성을 나타내야 하므로 attention과 함께 '긴급한 주의'라는 의미를 구성할 수 있는 (D) urgent가 정답이다.

125.

정답   (A)

해석   경영진이 직원 업무 능력을 효과적으로 평가할 수 있도록 의견 카드를 작성해주시기 바랍니다.

정답 해설

빈칸 앞에는 명령문 구조의 절이, 빈칸 뒤에는 주어와 동사가 포함된 또 다른 절이 위치해 있다. 따라서 빈칸은 두 개의 절을 연결할 접속사 자리이므로 선택지에서 유일한 접속사인 (A) so that이 정답이다.

126.

정답   (C)

해석   매달 첫 번째 월요일은 그 사무용 건물의 외부 창문들이 청소되는 때이다.

정답 해설

주어와 동사 is 뒤로 빈칸이 있고, 그 뒤로 주어와 동사가 포함된 하나의 절이 이어지는 구조이다. 따라서 빈칸 이하 부분은 is 뒤에서 보어 역할을 하는 명사절이 되어야 하므로 명사절 접속사가 빈칸에 필요하고, 창문들이 청소되는 시점을 나타내는 의미가 되어야 알맞으므로 '~하는 때'를 뜻하는 명사절 접속사 (C) when이 정답이다.

127.

정답   (A)

해석   책에 일부 어려운 어휘를 사용하고 있기는 하지만, 짐 월리스는 그럼에도 불구하고 젊은 독자들이 자신의 책을 즐겁게 생각할 것이라고 믿고 있다.

정답 해설

조동사 will과 동사 find 사이에 올 수 있는 부사가 빈칸에 필요하며, '책에 어려운 말이 있지만 그럼에도 불구하고 젊은 독자들이 좋아할 것'이라는 의미가 되어야 자연스러우므로 '그럼에도 불구하고'를 뜻하는 (A) still이 정답이다.

128.

정답   (C)

해석   첫 면접 단계를 통과하시는 대로, 저희가 전기 공학 지식을 입증하기 위한 필기 시험을 치르도록 여러분께 요청 드릴 것입니다.

정답 해설

빈칸 뒤로 주어와 동사가 각각 포함된 두 개의 절이 콤마뒤에 위치한 구조이므로, 빈칸은 이 절들을 연결할 접속사 자리이다. 따라서 선택지에서 유일한 접속사인 (C) Once가 정답이다.

129.

정답   (A)

해석   빨간색 스티커로 표기된 파일 폴더는 아직 모든 고객 서비스 교육 과정을 이수하지 않은 직원들을 위한 것입니다.

정답 해설

이미 문장의 동사 are가 있으므로 또 다른 동사 mark는 준동사의 형태로 쓰여 with red stickers와 함께 뒤에서 File folders를 수식하는 수식어구를 구성해야 한다. File folders는 사람에 의해 스티커로 표기되는 대상이므로 수동의 의미를 나타낼 수 있는 과거분사 (A) marked가 정답이다.

130.

정답   (C)

해석   저희 스쿠버 다이빙 강좌는 수중에서 맞닥뜨릴 수 있는 어떠한 장애물에 대해서도 대비하실 수 있도록 도와 드릴 것입니다.

정답 해설

관계대명사 that이 생략된 채로 'you may ~ underwater'가 바로 앞에 위치한 명사

구 any obstacles를 수식하는 구조이며, 수중에서 장애물과 관련해 발생 가능한 일을 나타낼 동사가 빈칸에 쓰여야 한다. 여기서 obstacles는 강좌를 통해 대비하는 대상에 해당되므로 '수중에서 맞닥뜨릴 수 있는 장애물'과 같은 의미가 되어야 적절하다. 따라서 '~와 맞닥뜨리다' 등을 뜻하는 (C) encounter가 정답이다.

Part 6

131-134 다음 이메일을 참조하시오.

수신: 프랭크 에드가 <fedgar@robocorp.com>
발신: 엘로이즈 던 <eloisedunn@estinc.com>
제목: 정보
날짜: 5월 4일

에드가 씨께,

귀하께서는 최근 베를린에서 열린 인공 지능 학회의 기조 연설자이셨으며, 저는 운 좋게도 귀하의 연설을 듣는 131 청중에 속해 있었습니다. 저는 귀하께서 자동차 제조 업계 내 로봇 공학의 미래에 관해 말씀해 주신 것이 대단히 많은 깨달음을 주었다고 생각했습니다. 132 실제로, 귀하의 연설은 제 회사에서 몇몇 큰 변화를 만드는 일을 고려해 보도록 해 주었습니다. 저희 공장에 진보된 로봇을 도입하는 일이 저희의 생산 효율성을 크게 향상시켜 줄 수도 있습니다! 저희 회사의 대표이사님과 저를 만나 보시겠습니까? 133 로봇 공학에 대한 귀하의 지식이 그분의 큰 관심을 끌 것입니다. 이번 달에 회의를 열기에 적합한 몇몇 날짜들을 134 제공하는 일정표를 첨부해 드렸습니다. 곧 귀하로부터 소식을 들을 수 있기를 바랍니다.

안녕히 계십시오.

엘로이즈 던
최고 운영 이사
EST 모터스 주식회사

131.

정답 (D)

정답 해설
빈칸이 속한 in 전치사구는 and절의 주어인 I, 즉 이메일 발신인이 속해 있던 대상 범위를 나타내야 자연스럽다. 빈칸 앞 부분에 상대방이 인공 지능 학회의 기조 연설자였음을 밝히는 것으로 볼 때 그 연설을 들은 사람들 중 하나였던 것으로 판단할 수 있으므로 '청중, 관객'을 뜻하는 (D) audience가 정답이다.

132.

정답 (A)

정답 해설
빈칸 앞에는 발신인 자신이 상대방의 연설을 통해 많은 깨달음을 얻은 사실이, 빈칸 뒤에는 큰 변화를 만드는 일을 고려해 보게 되었다는 말이 쓰여 있다. 따라서 깨달음을 통해 실제로 발생된 일을 예시로 언급하는 흐름임을 알 수 있으므로 '실제로, 사실' 등의 의미로 구체적인 예를 들 때 사용하는 접속부사 (A) In fact가 정답이다.

133.

정답 (C)

해석 (A) 그분께서는 귀하께서 문제를 해결하신 방식에 매우 깊은 인상을 받으셨습니다.
(B) 다시 한 번, 행사 연기에 대해 사과드립니다.
(C) 로봇 공학에 대한 귀하의 지식이 그분의 큰 관심을 끌 것입니다.
(D) 그 프로젝트는 완료하는 데 2개월도 채 걸리지 않을 것입니다.

정답 해설
바로 앞 문장에 회사의 대표이사 및 자신을 만날 수 있는지 묻고 있으므로 대표이사를 him으로 지칭해 만남에 대한 대표이사의 반응을 언급한 (C)가 정답이다.

134.

정답 (B)

정답 해설
빈칸 앞에 주어 I와 동사 've(have) attached, 그리고 목적어 a schedule로 구성된 완전한 절이 있으므로 빈칸 이하 부분은 수식어구가 되어야 한다. 따라서 빈칸 앞에 위치한 명사구 a schedule을 수식하는 관계사절을 구성하는 (B) that provides가 정답이다.

135-138 다음 공지를 참조하시오.

우리 포 포인츠 놀이공원에서는, 방문객 135 안전을 매우 중대한 문제로 다루고 있습니다. 악천후가 발생할 경우, 시시각각 기상 상태를 주시합니다. 강풍이나 폭우와 같이 상태가 심각해지면, 특정 놀이기구나 공원 구역, 또는 심지어 전체 공원 자체를 폐쇄할 필요가 있을 수 있습니다.

공원 관리자들이 방문객들께 새로운 소식을 직접, 그리고 장내 안내 방송 시스템을 통해 전달해 드릴 것입니다. 136 모든 방문객들께 반드시 계속 알려드리는 것이 우리의 우선 사항입니다. 방문객들께서 악천후로 인해 퇴장하셔야 하는 경우에는 향후 공원 방문에 이용하실 수 있는 무료 입장권을 137 받으실 것입니다. 직원들은 공원 밖으로 모든 방문객들을 모시도록 도와 드리는 대로, 즉시 138 일자리로 돌아와 공원 내 모든 구역을 폐쇄하는 일을 계속 해야 합니다. 악천후 절차와 관련해 더 많은 것을 알아보시려면, 여러분의 상사와 이야기하시기 바랍니다.

135.

정답 (A)

정답 해설
빈칸에 쓰일 명사는 바로 앞에 위치한 visitor와 복합명사를 구성해 방문객과 관련되어 중요하게 여겨지는 것을 나타내야 한다. 뒤에 이어지는 문장을 보면, 악천후 발생 시의 대처법이 제시되어 있는데, 이는 안전과 관련된 일이므로 '방문객 안전'이라는 의미를 구성하는 (A) safety가 정답이다.

136.

정답 (D)

해석 (A) 라이브 공연은 공원 내 야외 무대에서 열립니다.
(B) 개장 시간은 기상 상태에 따라 변동될 수 있습니다.
(C) 이 정책은 내년 중으로 시행될 것입니다.
(D) 모든 방문객들께 반드시 계속 알려드리는 것이 우리의 우선 사항입니다.

정답 해설
바로 앞 문장에 방문객들에게 새로운 소식을 직접, 그리고 안내 방송 시스템을 통해 전달한다는 말이 쓰여 있으므로 이와 같은 정보 전달의 의무와 관련된 의미를 담은 (D)가 정답이다.

137.

정답 (B)

정답 해설
빈칸 뒤에 위치한 if절을 보면 현재시제 동사 need가 쓰여 있다. if절에 현재시제 동사가 쓰일 때 주절의 동사는 미래시제가 되어야 알맞으므로 (B) will receive가 정답이다.

138.

정답 (A)

정답 해설
빈칸이 속한 주절은 직원들이 방문객들을 공원 밖으로 내보낸 후에 할 일을 나타내야 하므로 동사 return(자동사일 경우)과 결합해 '일자리로 돌아 가다'라는 의미를 구성할 수 있는 전치사구 (A) to work가 정답이다.

139-142 다음 이메일을 참조하시오.

수신: 모든 축제 조직 담당자들
발신: 로이 해튼, 조직 책임자
제목: 록 월드 음악 축제

올해의 록 월드 음악 축제는 7월 19일 토요일, 오전 10시에서 오후 11시까지 말린 호숫가에 마련된 장소에서 개최될 것입니다. 우리는 공연자들과 관객들 모두 똑같이 이 경치 좋은 **139** 장소를 즐기게 될 것이라고 확신합니다. 이번 행사는 인상적인 불꽃놀이와 함께 종료될 것이지만, 여러분의 교대 근무는 그 전에 끝날 것이므로 여러분 모두 **140** 참석하실 수 있습니다.

축제 입장권은 우리 웹 사이트와 다양한 판매업체를 통해 내일 판매될 것입니다. 직원들은 본인과 친구, 가족을 위해 할인된 요금으로 입장권을 구입하실 수 있을 것입니다. **141** 하지만, 입장권은 1인당 3장으로 제한됩니다.

142 이번 행사를 지금까지 있었던 축제들 중 최고의 축제로 만들기 위해 열심히 노력해 봅시다.

139.

정답   (B)

정답 해설
빈칸 앞에 위치한 this는 바로 앞서 언급한 특정 대상을 가리킬 때 사용하며, scenic은 '경치 좋은'을 뜻하므로 빈칸에 쓰일 명사는 앞서 언급한 장소, 즉 a site on the banks of Lake Marlin를 가리켜야 한다는 것을 알 수 있다. 따라서 '장소, 배경' 등을 의미하는 (B) setting이 정답이다.

140.

정답   (C)

정답 해설
접속사 so that 뒤로 all of you와 빈칸이 이어져 있다. 접속사는 주어와 동사를 필요로 하므로, all of you가 주어이고 빈칸에 동사가 와야 알맞은 구조가 된다. 따라서 조동사가 포함된 동사의 형태인 (C) can participate이 정답이다.

141.

정답   (A)

정답 해설
빈칸 앞에는 직원들이 본인과 친구, 가족을 위해 할인된 요금으로 입장권을 구입할 수 있다는 사실이, 빈칸 뒤에는 입장권이 1인당 3장으로 제한된다는 말이 쓰여 있다. 이는 '구입 가능성'과 '구입 수량 제한'이라는 대조적인 내용이 이어지는 흐름으로 볼 수 있으므로 '하지만, 그러나' 등의 의미로 대조 또는 반대를 나타낼 때 사용하는 (A) However가 정답이다.

142.

정답   (D)

해석   (A) 많은 투어 그룹이 올해 말린 호수를 방문할 것으로 예상됩니다.
        (B) 행사에서 공연하는 것에 대한 귀하의 관심에 감사드립니다.
        (C) 우리는 올 여름에 여러 콘서트를 주최할 예정입니다.
        (D) 이번 행사를 지금까지 있었던 축제들 중 최고의 축제로 만들기 위해 열심히 노력해 봅시다.

정답 해설
지문 상단 부분을 통해 행사 조직 책임자가 조직 담당자들에게 보내는 이메일임을 알 수 있으며, 지문 전체적으로 록 월드 음악 축제의 행사 일정 및 진행, 직원 입장권 구입 등과 관련된 정보를 담고 있다. 따라서 맨 마지막에 위치한 빈칸에 어울리는 문장으로 행사 주최와 관련해 주최측 사람들이 해야 하는 본연의 일, 즉 행사를 성공적으로 만들기 위해 노력해 보자고 당부하는 (D)가 정답이다.

143-146 다음 이용 후기를 참조하시오.

스플렌디드 케이터링과 관련해 이야기할 좋은 점과 나쁜 점이 있습니다. 이 업체는 아주 다양한 음식을 제공하며, 가격은 매우 합리적입니다. 하지만, 저는 이곳과 다시 **143** 거래할 생각이 없습니다. 제 최근 주문품에는 신선하지 않은 여러 제품이 포함되어 있었습니다. 이곳 직원들은 제가 주최한 행사에 배달해 준 샌드위치의 **144** 품질을 신경 써서 확인하지 않았던 것 같았습니다. **145** 그 중 절반이 넘는 것이 너무 이상해서 먹을 수 없었습니다. 어느 것도 웹 사이트에 광고된 사진처럼 보이지 않았습니다. 하지만 이 업체가 그것들을 새 것으로 교체하는 데 동의해 주었을까요? 아뇨, 그러지 않았습니다. 다음 번에 저는 기본적인 기대치를 충족하지 못하는 제품을 **146** 교환하게 해 주는 출장 요리 업체를 선택할 것입니다.

143.

정답   (B)

정답 해설
빈칸 뒤에 이어지는 내용은 작성자 자신이 과거에 겪은 일을 설명하고 있으며, 마지막 문장에서 미래시제 동사 will choose와 함께 과거의 경험을 바탕으로 앞으로 하려는 일을 말하는 흐름이다. 따라서 빈칸이 속한 문장은 앞으로 다시 거래하지 않겠다는 생각을 나타내는 문장이 되어야 자연스러우므로 will이 포함된 (B) will not be giving이 정답이다.

144.

정답   (B)

정답 해설
빈칸은 동명사 checking의 목적어 자리이며, 샌드위치와 관련해 확인하지 않은 것을 나타내야 한다. 앞선 문장에 언급된 여러 제품이 신선하지 않다는 사실과 어울려야 하므로 샌드위치의 품질을 확인하지 않았다는 뜻이 되어야 자연스럽다. 따라서 '품질, 질'을 의미하는 (B) quality가 정답이다.

145.

정답   (A)

해석   (A) 그 중 절반이 넘는 것이 너무 이상해서 먹을 수 없었습니다.
        (B) 대부분의 제 손님들은 음식에 깊은 인상을 받았습니다.
        (C) 이 업체는 대량 주문에 대해 할인을 제공해 줍니다.
        (D) 저희는 주문을 충족할 만큼 충분한 재료를 갖고 있지 않았습니다.

정답 해설
앞서 여러 제품이 신선하지 않았다는 사실과 샌드위치의 품질 문제를 언급한 내용이 제시되어 있으므로, 이와 같은 부정적인 상황과 어울리는 문장이 쓰여야 자연스럽다. 따라서 sandwiches를 them으로 지칭해 그것들 중 절반이 넘는 것이 신선하지 않고 이상해서 먹을 수 없었다는 사실을 언급한 (A)가 정답이다.

146.

정답   (A)

정답 해설
빈칸이 속한 that절은 작성자 자신이 앞으로 선택하겠다고 말하는 a catering firm을 수식한다. 앞선 문장에 한 업체가 제품을 새 것으로 교체해 주지 않았다는 말이 쓰여 있는 것으로 볼 때, 문제가 있는 제품을 바꿔 주는 곳을 선택하겠다고 말하는 의미가 되어야 적절하므로 '~을 교환하다'를 뜻하는 (A) exchange가 정답이다.

Part 7

147-148 다음 수령증을 참조하시오.

대여 기록	
날짜: 7월 26일	
성명: 스티븐 체임버스	

대여 상세 정보	품목
147 제가 8월 4일부터 8월 29일까지 소여 시티에서 진행하게 될 개조 공사 프로젝트(오래된 라티머 극장을 아파트 건물로 개조)를 완료하는 데 도움이 되기 위해서입니다.	대형 해머 (x 2) 시멘트 혼합기 보호 안경 (x 4) 전동 드릴 (x 2)
148 상기 품목에 대한 수령을 확인합니다. 서명 스티븐 체임버스	

147. 체임버스 씨는 8월에 소여 시티에서 무엇을 할 것인가?
(A) 교육 강좌를 진행하는 일
(B) 신입 사원을 고용하는 일
(C) 건물 임대 계약서에 서명하는 일
(D) 건물을 개조하는 일

정답 (D)

해설 소여 시티가 언급된 대여 상세 정보 항목에 8월 4일부터 8월 29일까지 소여 시티에서 개조 공사 프로젝트(a renovation project I will lead in Sawyer City from August 4 to August 29)를 진행하게 된다고 쓰여 있으므로 (D)가 정답이다.

148. 체임버스 씨는 무엇을 확인해 주는가?
(A) 장비를 받은 것
(B) 차량을 구입한 것
(C) 고용 제안을 수락한 것
(D) 기기를 수리한 것

정답 (A)

해설 지문 하단에 위에 언급된 품목에 대한 수령을 확인한다는 문장과 함께(I confirm receipt of the above items) 서명 표기가 되어 있으므로 (A)가 정답이다.

149-150 다음 공지를 참조하시오.

쿠퍼 치과 의료원
149 150 저희 애스트리드 쇼핑몰 지점에서
놀라운 할인 서비스를 이용하실 수 있습니다!

149 쿠퍼 치과가 개업 10주년을 기념합니다!
여러분의 미소를 가능한 한 최고의 것으로 만들어 보세요!
저희는 고품질의 임플란트와
치아 미백 치료를 15퍼센트 할인해 제공해 드립니다.
기타 엄선된 치료도 최대 30퍼센트 할인된 가격에 이용 가능합니다.
이 특가는 2월 1일에 시작해 3월 31일에 종료됩니다.
저희는 월요일부터 토요일, 오전 9시부터 오후 7시까지 영업합니다.

150 건물 2층에서 저희 치과를 찾으실 수 있으며,
중앙 출입구에 들어 오시자마자 에스컬레이터를 타고 올라오시면 바로 보입니다.

예약은 www.cooperdental.co.uk를 방문하시거나
555-0171번으로 전화하셔서 하실 수 있습니다.

149. 누가 공지를 게시했을 것 같은가?
(A) 업체 소유주
(B) 인사부장
(C) 위생 점검 담당자
(D) 웹 사이트 디자이너

정답 (A)

해설 지문 시작 부분에 할인 서비스를 이용할 수 있다는 말과 함께 개업 10주년을 기념한다고(Amazing discounts available ~ Cooper Dental is celebrating 10 years of business!) 알리고 있는데, 이를 통해 해당 업체 소유주가 게시한 공지인 것으로 판단할 수 있으므로 (A)가 정답이다.

150. 쿠퍼 치과에 관해 알 수 있는 것은 무엇인가?
(A) 더 큰 장소로 이전한다.
(B) 매달 다른 판촉 행사를 진행한다.
(C) 최근 새로운 장비를 구입했다.
(D) 쇼핑 센터 안에 진료소가 있다.

정답 (D)

해설 지문 시작 부분에 애스트리드 쇼핑몰(our Astrid Mall location) 지점이라는 말이 있고, 후반부에서 건물 2층에서 찾을 수 있다고(You can find us on the second floor of the building) 알리는 것으로 볼 때 쇼핑몰 내에 위치해 있음을 알 수 있으므로 (D)가 정답이다.

151-152 다음 지시 사항을 참조하시오.

언쇼 텍스타일 주식회사 사고 보고서 작성 가이드

* 관련된 직원(들)의 이름을 포함해 사건을 설명하십시오.

* 사고에 따른 결과로 기계가 꺼진 경우, "정지"라고 표기된 네모 칸에 표시하고 상세 정보를 제공해 주십시오.

* 보고서는 반드시 사고가 발생된 시점에 즉시 작성되어야 합니다.

* **151** 보고서에 날짜를 표기하고 **152** 행정실에 제출해 주십시오. 날짜 표기가 되지 않은 보고서는 제출자에게 되돌려 보내질 것입니다.

* 반드시 업무 공간이 안전하고 안심할 수 있는 곳이 되도록 하십시오.

152 공구 또는 기계 수리 작업은 보고서가 제출되는 대로 필요할 때마다 일정이 정해질 것입니다.

151. 지시 사항에 따르면, 모든 사고 보고서에 무엇이 반드시 나타나 있어야 하는가?
(A) 연락 전화번호
(B) 직원 성명
(C) 업체 주소
(D) 사건 발생 날짜

정답 (D)

해설 네 번째 항목에 보고서에 날짜를 표기하고 행정실에 제출하라는 말과 함께 날짜 표기가 되지 않은 보고서는 제출자에게 되돌려 보내진다는 말로(Date the report and submit it ~ Reports that are undated will be returned to the submitter) 반드시 사건 발생 날짜를 기입해야 함을 강조하고 있다. 따라서 (D)가 정답이다.

152. 언쇼 텍스타일 주식회사의 행정실에 관해 알 수 있는 것은 무엇인가?
(A) 정기적인 보건 안전 교육 시간을 운영한다.
(B) 장비가 수리되도록 조치를 취한다.
(C) 한 달 단위로 사고 보고서를 게재한다.
(D) 요청 시에 교체 작업 도구를 지급한다.

정답 (B)

해설 네 번째 항목에 보고서를 행정실에 제출하라고(submit it to the administration office) 알리고 있고, 마지막 문장에 보고서가 제출되는 대로 필요할 때마다 수리 작업 일정이 정해진다고(The repair of tools or machines will be scheduled ~ as soon as the report has been submitted) 쓰여 있다. 따라서 행정실이 장비 수리 조치를 취하는 주체임을 알 수 있으므로 (B)가 정답이다.

153-155 다음 광고를 참조하시오.

세상으로 나아가 보세요!
153 저희 퍼시피카가 여러분을 깜짝 놀라게 해드립니다!
153 154 올해의 국제 여행 시상식에서 "최고의 중간 가격대 여객선" 상 수상.

저희 퍼시피카는 다음 서비스를 제공합니다:

아주 멋진 경관! 저희 선박 갑판에서 장관을 이루는 산과 해안선을 보실 수 있습니다. 여러분을 둘러싸고 있는 물에서 돌고래와 고래들이 뛰어오르는 모습도 지켜 보실 수 있습니다.

놀라운 오락 프로그램! 저녁 시간에, 코미디 쇼와 마술 쇼, 라이브 음악, 그리고 연극 공연과 같은 아주 다양한 오락 프로그램 옵션들을 즐기실 수 있습니다.

세계적인 수준의 편의시설! 날씨가 좋은 경우, 몇몇 요가 강좌에 참여하시거나, 완전히 새로운 저희 배드민턴 코트를 이용하실 수 있습니다! 세 곳의 훌륭한 식당들을 선상에서 찾아보실 수 있지만, 편하게 쉬고 싶으실 경우, 객실 내에서 전화를 이용해 음식을 주문하실 수도 있습니다.

155 저희 퍼시피카의 모든 오락 프로그램과 활동들은 연극 작품을 제외하고 여객선 이용 요금에 포함되어 있습니다. 라이브 공연 입장권은 선상에서 구입하셔야 합니다.

153. 퍼시피카는 무엇일 것 같은가?
(A) 여객선
(B) 식당
(C) 극장
(D) 호텔

정답 (A)

해설 퍼시피카라는 명칭이 처음 등장하는 시작 부분에 여객선으로 상을 받은 사실이(Recipient of the "Best Mid-price Cruise Liner" award) 언급되어 있으므로 (A)가 정답이다.

154. 퍼시피카에 관해 알 수 있는 것은 무엇인가?
(A) 최근에 개조되었다.
(B) 세계적으로 인정 받았다.
(C) 손님들에게 가이드 동반 투어를 제공한다.
(D) 사적인 행사를 위해 예약될 수 있다.

정답 (B)

해설 지문 시작 부분에 국제 여행 시상식에서 여객선으로서 상을 받은 사실이(Recipient of the "Best Mid-price Cruise Liner" award at this year's Global Travel Awards) 쓰여 있는데, 이는 세계적으로 인정 받은 것을 의미하므로 (B)가 정답이다.

155. 추가 비용으로 제공되는 것은 무엇인가?
(A) 코미디 쇼
(B) 운동 강좌
(C) 출장 요리 식사
(D) 연극 공연

정답 (D)

해설 마지막 단락에 퍼시피카의 모든 오락 프로그램과 활동들은 연극 작품을 제외하고 여객선 이용 요금에 포함되어 있다고(All entertainment and activities on The Pacifica are included in our cruise price with the exception of theater productions) 알리고 있는데, 이는 연극 공연을 추가 요금으로 이용할 수 있다는 뜻이므로 (D)가 정답이다.

156-158 다음 이메일을 참조하시오.

발신: 라이언 케인
수신: 전 직원
날짜: 5월 16일

제목: 엘리베이터 교체

안녕하세요, 여러분,

우리 건물 내의 주요 엘리베이터들이 5월 21일부터 5월 24일까지 긴급 유지 보수 작업을 거치는 동안 이용할 수 없다는 점에 유의하시기 바랍니다. 우리는 이 엘리베이터들이 5월 25일 아침에 다시 이용 가능해질 수 있기를 바라고 있습니다. 직원 여러분께서는 그 동안에 계단을 이용하시도록 권해 드리며, **156** 아래 층들 중 한 곳에서 일시적으로 근무하는 것에 대한 가능성과 관련해 소속 부서장님과 이야기하실 수 있습니다. 이번 수리 작업에 의해 영향받지 않을 **157** 서비스 엘리베이터를 이용하기를 원하시는 분들께 제한된 숫자의 카드 키가 이용 가능하다는 점에 유의하시기 바랍니다.

또한, **158** 이번 작업이 완료되는 대로 주요 엘리베이터가 음성 인식 기술을 특징으로 할 것이라는 사실을 아시게 되면 분명 여러분 모두 흥미로워하실 것입니다. 이 기술을 효과적으로 사용하는 방법을 상세히 설명해 드리는 이메일을 5월 24일에 다시 한 번 보내 드리겠습니다.

라이언 케인

156. 이메일에 따르면, 직원들은 부서장과 무엇을 논의할 수 있는가?
(A) 업무 일정에 대한 변동 사항
(B) 다른 층에서 근무하는 것의 가능성
(C) 한 사무용 건물로 가는 가장 좋은 방법
(D) 다른 교육 강좌에 참석하는 것에 대한 선택권

정답 (B)

해설 부서장과 논의하는 일이 언급된 첫 단락 중반부에, 낮은 층들 중 한 곳에서 일시적으로 근무하는 것에 대한 가능성과 관련해 소속 부서장과 이야기할 수 있다는(can talk with their supervisors about the possibility of temporarily working on one of the lower floors) 말이 있으므로 (B)가 정답이다.

157. 서비스 엘리베이터에 관해 알 수 있는 것은 무엇인가?
(A) 이용하는 데 카드 키를 필요로 한다.
(B) 최근에 수리되었다.
(C) 5월 21일에 폐쇄될 것이다.
(D) 오직 낮은 층에만 멈춘다.

정답 (A)

해설 서비스 엘리베이터가 언급되는 첫 단락 마지막 부분에, 서비스 엘리베이터를 이용하는 데 제한된 숫자의 카드 키가 이용 가능하다는 말이(a limited number of keycards are available for those who wish to use the service elevator) 쓰여 있으므로 (A)가 정답이다.

158. 케인 씨는 주요 엘리베이터에 관해 무엇을 언급하는가?
(A) 에너지 효율적일 것이다.
(B) 10년이 넘은 것들이다.
(C) 오직 특정 층에만 접근할 수 있다.
(D) 새로운 기술을 활용할 것이다.

정답 (D)

해설 주요 엘리베이터가 언급되는 마지막 단락에, 음성 인식 기술을 특징으로 한다는(feature voice recognition technology) 말이 있으므로 이와 같은 신기술 활용 방식을 언급한 (D)가 정답이다.

159-160 다음 문자 메시지를 참조하시오.

제프 샌더슨 (오후 2:54)
159 막스 광고사에 계신 우리 고객들 중 한 분으로부터 막 전화를 받았습니다. 그 고객께서는 우리에게 8월 4일부터 8월 9일까지 독일로 가는 왕복 항공편을 예약하는 것을 요청하셨는데, 사업 회의 일정이 재조정되어서 돌아 가는 날짜를 8월 12일로 변경하기를 원하고 계세요.

무하메드 애니타 (오후 2:57)

알겠습니다. 음, 우리 여행사를 이용하는 경우라 하더라도, 고객들께서는 여전히 항공편 날짜를 변경하는 데 수수료를 지불하셔야 할 가능성이 클 겁니다. 하지만 **160** 종종 항공사에서 단골 탑승객에 대한 요금은 받지 않습니다. 그 항공사에 전화하셔서 예외로 해 줄 수 있는지 알아보실 건가요?

제프 샌더슨 (오후 3:01)

한 번 시도해 볼만 할 겁니다. 그 고객 성함이 클린턴 멀그루 씨인데, 일년에 여러 차례 라이네 항공사를 이용해 출장을 가시는 분입니다.

무하메드 애니타 (오후 3:03)

네, 그럼 그분은 보통 비즈니스 클래스 승객이시기 때문에, 항공사에서 더 이해해 줄 수도 있습니다.

제프 샌더슨 (오후 3:05)

맞아요. 어떻게 되는지 알려 드리겠습니다.

159.
고객이 무엇을 하고 싶어 하는가?

(A) 사업 회의 일정을 재조정하는 일
(B) 독일에 있는 숙박 시설을 예약하는 일
(C) 항공편을 타기 위해 일찍 체크인하는 일
(D) 출장에서 나중에 돌아 가는 일

정답 (D)

해설 샌더슨 씨가 작성한 첫 메시지에 고객으로부터 연락 받은 사실을 말하면서 사업 회의 일정 조정으로 인해 돌아가는 날짜를 9일에서 12일로 변경하기를(book a return flight to Germany for him, from August 4 to August 9 ~ as his business meetings have been rescheduled) 원한다는 것을 알리고 있다. 이는 원래 예정된 날짜보다 나중에 돌아 가는 것을 뜻하므로 (D)가 정답이다.

160.
오후 3시 01분에, 샌더슨 씨가 "한 번 시도해 볼만 할 겁니다"라고 쓸 때 무엇을 의미할 것 같은가?

(A) 요금이 너무 높다는 데 동의하고 있다.
(B) 고객이 일정 변경에 동의할 것으로 생각하고 있다.
(C) 항공사 직원에게 연락해 볼 의향이 있다.
(D) 다른 항공사를 이용하고 싶어 한다.

정답 (C)

해설 제시된 문장은 '한 번 해 볼만 하다'라는 의미를 나타내며, 애니타 씨가 2시 57분에 종종 항공사에서 단골 탑승객에 대한 요금은 받지 않는다고 알리면서 항공사에 전화해서 예외로 하는 일과 관련해 알아볼 것인지 묻는(sometimes an airline will waive the charge of its regular passengers. Are you going to call the airline and see if they'll make an exception?) 질문에 대한 답변으로 쓰인 말이다. 따라서 항공사에 연락해 볼 수 있다는 뜻으로 한 말임을 알 수 있으므로 (C)가 정답이다.

161-163 다음 편지를 참조하시오.

짐 피니건
아이다스 로드 45번지
펠섬, 미들섹스
TW14 8HA

피니건 씨께,

어제, 귀하께서는 펜맨 베리즈에서 보내 드리는 마지막 농산물 배송 물품을 받으셨습니다. **163** 저희는 아직 귀하로부터 공급업체로서 저희의 역할을 지속하기를 원하시는 지와 관련된 어떠한 통보도 받지 못했습니다. –[1]–. 회사 설립 이후로, 저희 펜맨 베리즈는 영국 내에서 딸기와 라즈베리, 그리고 블랙베리에 대해 손꼽히는 생산업체로 널리 인정 받아 왔습니다. –[2]–. 저희는 저희 상품이 귀사에 굉장히 소중하다고 생각하고 있습니다. 예를 들어, **161** 귀사의 과일 파이는 식사 손님들로부터 아주 많은 찬사를 받아왔습니다. –[3]–. 제가 동봉해 드린 수정된 사업 계약서를 시간 내어 읽어 보시기 바랍니다. 아시게 되겠지만, **162** 귀하께서 저희 고객으로 남아 계시기로 결정하실 경우에, 매달 표준 가격을 낮춰 드릴 의향이 있습니다.

이 특별 할인을 진심으로 고려해 주실 수 있다면 감사하겠습니다. –[4]–. 서면으로 또는 555-0198번으로 전화 주셔서 저에게 다시 연락하시면 됩니다.

안녕히 계십시오.

라다 롱고리아
고객 서비스부
펜맨 베리즈

161.
피니건 씨는 어디에서 근무하고 있을 것 같은가?

(A) 공장에서
(B) 식당에서
(C) 금융 기관에서
(D) 슈퍼마켓에서

정답 (B)

해설 지문 상단의 Dear Mr. Finnigan을 통해 피니건 씨가 수신인이라는 것을 알 수 있다. 지문 중반부에 피니건 씨를 your로 지칭해 과일 파이가 식사 손님들로부터 아주 많은 찬사를 받아왔다고(your fruit pies have received a high amount of praise from your diners) 알리는 부분을 통해 식당에서 일하는 사람임을 알 수 있으므로 (B)가 정답이다.

162.
롱고리아 씨는 무엇을 제안하는가?

(A) 제품 샘플
(B) 인센티브 프로그램
(C) 고용 기회
(D) 할인된 월간 이용 요금

정답 (D)

해설 지문 후반부에 고객으로 남아 있기로 결정할 경우에 매달 표준 가격을 낮춰 줄 의향이 있다고(we are willing to lower the standard price per month should you decide to remain our client) 제안하고 있다. 이는 월간 요금을 할인해 준다는 뜻이므로 (D)가 정답이다.

163.
[1], [2], [3], [4]로 표시된 위치들 중에서, 다음 문장이 들어가기에 가장 적합한 곳은 어디인가?

"저희는 그 이유가 단순히 귀하께서 최근에 너무 바쁘셨기 때문이기를 바랍니다."

(A) [1]
(B) [2]
(C) [3]
(D) [4]

정답 (A)

해설 제시된 문장은 앞서 언급된 특정한 일에 대한 이유를 the reason으로 지칭해 어떤 일과 관련해 상대방이 너무 바빠서 그랬을 것이라고 추정하는 의미를 담고 있다. 상대방이 뭔가 하지 못한 일이 언급되는 문장 뒤에 위치해야 자연스럽다는 것을 알 수 있으므로 공급업체로 계속 거래할 것인지에 대해 통보 받지 못한 사실이 언급되는 문장 뒤에 위치한 [1]에 쓰여야 알맞다. 따라서 (A)가 정답이다.

164-167 다음 이메일을 참조하시오.

수신: <미공개된 수신인들>
발신: abigailjordan@usmail.net
제목: 축제 취소
날짜: 5월 7일, 수요일

167 공연자들께,

164 유감스럽게도, NY 아트 센터에서 이번 주 토요일로 예정된 솔스티스 음악 축제가 계획대로 진행되지 않는다는 사실을 꼭 말씀드리고자 합니다. 이 안타까운 소식은 해당 건물 내의 침수 및 대체 공간의 부족 문제에 따른 결과입니다. 저희는 행사를 취소할 수 밖에 없을 것 같습니다.

어제 늦은 시간에, 저는 저희가 이용하려고 계획했던 공간인 갤러리 A가 행사용으로 이용할 수 없을 것이라는 얘기를 NY 아트 센터의 큐레이터 및 레크리에이션 담당 부처로부터 들었는데, 최근 있었던 홍수 피해 이후에 보수 공사를 위해 폐쇄되어 있기 때문입니다. 저희가 2층에 비어 있는 **165** 갤러리 B를 이용할 수 있을 것이라는 말을 듣기는 했지만, 갤러리 A 규모의 일부에 지나지 않습니다. 심지어 입장권 소지자들의 절반조차 밴드들이 공연하는 것을 보기 위해 비집고 들어 갈 수 있을 만한 가능성도 전혀 없습니다.

저는 여러분 모두가 이 상황을 이해해 주시고 해당 결정 사항이 저희 통제 밖의 문제임을 **166** 받아들여 주시기를 바랍니다. 저희가 다른 곳에서 유사한 행사 공간을 찾아봤지만, 이같은 갑작스러운 통보에 이용할 수 있는 곳이 없습니다.

167 이와 같은 마지막 순간의 취소에 대해 사과드리기 위해, 해당 갤러리 큐레이터께서 여러분 각자에게 갤러리 주요 전시회에 대한 무료 입장권을 제공해 주시겠다고 제안하셨습니다. 이는 보통 30달러의 비용이 들어가므로, 사려 깊은 조치이며, 여러분께서 분명 느끼고 계실 실망감에 대한 보상이 될 수 있기를 바랍니다.

안녕히 계십시오.

아비가일 조던

---

164. 조던 씨는 누구일 것 같은가?

(A) 갤러리 큐레이터
(B) 행사 조직 담당자
(C) 미술 전시 참가자
(D) 콘서트 공연자

정답　(B)

해설　지문 상단 부분을 통해 조던 씨가 발신인임을 알 수 있으며, 첫 단락 시작 부분에 NY 아트 센터에서 이번 주 토요일로 예정된 솔스티스 음악 축제가 계획대로 진행되지 않는다는(the Solstice Music Festival, scheduled for this Saturday at NY Art Center, will not be going ahead as planned) 사실을 전하는 것으로 볼 때 행사 주최를 담당하는 사람임을 알 수 있으므로 (B)가 정답이다.

165. NY 아트 센터의 갤러리 B에 관해 알 수 있는 것은 무엇인가?

(A) 현재 미술 전시회를 주최하고 있다.
(B) 적절한 조명을 갖추고 있지 않다.
(C) 대규모 인원을 수용할 수 없다.
(D) 구조적인 수리 작업을 거쳐야 할 것이다.

정답　(C)

해설　갤러리 B가 언급되는 두 번째 단락에, 갤러리 A 규모의 일부에 지나지 않고, 심지어 입장권 소지자들의 절반조차 비집고 들어 갈 수 있을 만한 가능성도 전혀 없다고(I was told that we could use the vacant Gallery B ~ even half of the ticket holders would be able to squeeze in) 알리고 있다. 이는 많은 인원을 수용하지 못한다는 뜻이므로 (C)가 정답이다.

166. 세 번째 단락 첫 번째 줄의 단어 "accept"와 의미가 가장 가까운 것은 무엇인가?

(A) 얻다
(B) 선호하다
(C) 들어 가다
(D) 인정하다

정답　(D)

해설　해당 문장에서 accept 앞에는 상황을 이해해 달라는 말이 있고, accept의 목적어로 쓰인 that절은 결정이 자신들의 통제 밖에 있음을 의미한다. 따라서 accpet는 통제할 수 없는 일이라는 것을 받아 들여 달라는 의미로 쓰였음을 알 수 있고, 이는 그와 같은 사실을 인정한다는 말과 같으므로 '인정하다'를 뜻하는 (D) recognize가 정답이다.

167. 솔스티스 음악 축제 공연자들은 무엇을 받을 것인가?

(A) 전액 환불
(B) 행사 입장권

(C) 안내 책자 묶음
(D) 최신 콘서트 일정표

정답　(B)

해설　지문 시작 부분의 Dear Performers를 통해 공연자들에게 보내는 이메일임을 알 수 있고, 마지막 단락에 공연자들을 each of you로 지칭해 행사 취소에 대한 사과의 의미로 갤러리 큐레이터가 갤러리 주요 전시회에 대한 무료 입장권을 제공해 준다는 사실을(the gallery curator has offered to provide each of you with a complimentary ticket for the gallery's main exhibition) 전하고 있으므로 (B)가 정답이다.

168-171 다음 온라인 채팅을 참조하시오.

> **클레어 쉘던 (오전 10:02)**
> 안녕하세요, 여러분. 차베즈 호텔로부터 혹시 무슨 연락이라도 다시 있었나요?
>
> **레오 굿맨 (오전 10:04)**
> 음, 제가 월요일에 차베즈 씨와 이야기했을 때, 오늘 아침에 이메일로 저에게 결정 사항을 알려 주시겠다고 말씀하셨어요. 하지만, 여전히 기다리는 중입니다.
>
> **클레어 쉘던 (오전 10:06)**
> 우리는 지금 시간이 없습니다. **168** 오늘 일과가 끝날 때까지 카펫 세척제와 얼룩 제거제를 주문하지 않으면, 우리가 이미 진공 청소와 먼지 제거를 완료한 상태라 하더라도 그쪽에서 제시한 마감 시한까지 그 일들을 완료할 수 없을 겁니다.
>
> **톰 번스테인 (오전 10:07)**
> 아… 실은, 제가 어제 이미 주문했습니다.
>
> **클레어 쉘던 (오전 10:09)**
> 그렇다면 잠재적으로 좋지 못한 조치가 될 겁니다, 톰 씨. **171** 우리가 차베즈 씨와의 계약을 따내지 못한다면, **169** 사용하지 않을 그 물품들에 대한 비용을 손해 보게 될 겁니다. 얼마를 소비하셨나요?
>
> **톰 번스테인 (오전 10:10)**
> 저는 그저 우리가 분명히 그 계약을 따낼 것이라고 생각했습니다. 흠… 확인해 보겠습니다.
>
> **클레어 쉘던 (오전 10:12)**
> 레오 씨, 아마 어떻게 되어 가고 있는지 알아볼 수 있도록 제가 차베즈 씨께 메시지를 한 번 더 보내야 할 것 같아요.
>
> **톰 번스테인 (오전 10:14)**
> 100달러를 조금 초과했는데, 다행히도, **171** 오늘 하기만 하면 취소하고 돈을 돌려받을 수 있습니다.
>
> **레오 굿맨 (오전 10:15)**
> 일부러 그럴 필요 없습니다, 클레어 씨. **170** 라이퍼 씨가 방금 저에게 연락 주셨습니다. **171** 차베즈 씨께서 죄송하지만 이번 특정 작업에 대해 에버글림 회사를 선택하셨다고 말씀하셨습니다.
>
> **클레어 쉘던 (오전 10:18)**
> 그럼, 최소한 어떻게 되어 가고 있는지 알게 되었네요. 우리에게 곧 다가올 다른 큰 작업들에 집중합시다.

---

168. 메시지 작성자들은 무슨 종류의 업체에서 일하고 있을 것 같은가?

(A) 출장 요리 제공업
(B) 인테리어 디자인
(C) 청소
(D) 조경

정답　(C)

해설　쉘던 씨가 10시 6분에 작성한 메시지에 업무의 특성이 드러나는데, 카펫 세척제와 얼룩 제거제가 필요하다는 점과 이미 진공 청소와 먼지 제거를 완료했다고 말하는 것을 통해(If we don't order the carpet cleaner and stain remover ~ even if we've already done the vacuuming and dusting) 청소 작업을 하는 업체에 속한 것으로 판단할 수 있으므로 (C)가 정답이다.

169. 오전 10시 10분에, 번스테인 씨가 "확인해 보겠습니다"라고 말할 때 무엇을 하겠다는 뜻을 나타내는가?

(A) 지불 비용 액수를 확인하는 일
(B) 배송 시간에 관해 묻는 일
(C) 대체 제품을 찾는 일
(D) 한 장소로 찾아 가는 방법을 제공하는 일

정답 (A)

해설 제시된 문장은 앞서 쉘던 씨가 사용하지 않게 되는 물품에 대한 비용을 손해 보게 된다고 언급하면서 얼마를 소비했는지 묻는 것에 대한(we'll lose money on those items that we won't use. How much did you spend on them?) 답변이다. 따라서 소비한 비용의 액수를 확인해 보겠다는 뜻인 것으로 생각할 수 있으므로 (A)가 정답이다.

170. 라이퍼 씨는 무슨 정보를 제공했는가?

(A) 차베즈 씨와 연락하는 방법
(B) 필요한 장비를 주문하는 곳
(C) 왜 차베즈 씨가 사업 제안을 수락했는지
(D) 누가 차베즈 호텔에 서비스를 제공할 것인지

정답 (D)

해설 굿맨 씨가 10시 15분에 작성한 메시지에 라이퍼 씨의 이름이 나타나며, 라이퍼 씨가 전화를 통해 차베즈 씨가 에버글림 회사를 선택한(Ms. Leiper just got in touch with me. She said that Mr. Chavez apologizes, but he's chosen Evergleam Company) 사실을 밝히고 있다. 이는 다른 업체를 선택했다는 뜻으로서 서비스 제공 주체를 알려준 것이므로 (D)가 정답이다.

171. 번스테인 씨는 곧이어 무엇을 할 것 같은가?

(A) 주문을 취소하는 일
(B) 작업 현장으로 가는 일
(C) 차베즈 씨에게 이메일을 보내는 일
(D) 에버글림 회사에 연락하는 일

정답 (A)

해설 번스테인 씨가 10시 14분에 마지막으로 쓴 메시지를 보면, 오늘 하기만 하면 취소 및 환불이 가능하다는(we can cancel and have our money returned) 말이 쓰여 있다. 이는 앞서 10시 9분에 쉘던 씨가 차베즈 씨와의 계약을 따내지 못하면 비용을 손해 본다고(If we don't get the contract with Mr. Chavez, we'll lose money) 말한 것에 대한 해결책이다. 그런데 굿맨 씨가 10시 15분에 쓴 메시지에 차베즈 씨가 다른 업체를 선택한(he's chosen Evergleam Company) 사실이 드러나므로, 결국 번스타인 씨는 주문을 취소할 것으로 생각할 수 있다. 따라서 이를 언급한 (A)가 정답이다.

172-175 다음 기사를 참조하시오.

OTC에서 전략을 변경할 예정인 새턴 사

시드니 (9월 19일) – 컴퓨터 제조사 새턴 일렉트로닉스는 12월에 5일간 열리는 올해의 오세아니아 기술 협회회(OTC)에서 자사의 최신 노트북 컴퓨터와 태블릿을 공개하지 않을 예정이라고 어제 발표했습니다. –[1]–.

OTC는 한때 호주의 기술 업계에서 연중 가장 172 주목할 만한 행사로 여겨졌으며, 이곳에서 전국의 손꼽히는 기술 회사들이 수천 명의 기술 제품 애호가들에게 곧 출시될 기기들을 시연해 보이곤 했습니다. 기기를 좋아하는 팬들뿐만 아니라, 이 행사는 종종 미디어의 상당한 관심도 끌었습니다. 175 하지만, 이 행사가 업체의 매출 및 인지도에 미치는 영향은 최근 수년 사이에 점차 약해졌습니다. –[2]–.

자사의 본사에서 기자들에게 이야기하면서, 새턴 사의 하워드 마클리 대표이사는 비록 회사에서 신제품에 대한 전면적인 시연회를 제공하지는 않겠지만, 덜 대중적인 방식으로 여전히 OTC와 관련되어 있을 것이라고 설명했습니다. –[3]–. "저희는 새로운 기기들이 무대에서 공개되는 것을 보기를 희망했던 저희 제품 팬 여러분께 사과드립니다. 전면적인 규모의 대중적인 발표회 대신, 저희는 팬 여러분들을 위해 매장에서 더욱 친근하고 흥미로운 것을 마련했습니다,"라고 마클리 씨는 밝혔습니다. "OTC 기간 내내, 저희는 전시 부스를 운영할 예정이며, 173 이곳에서 제한된

숫자의 운 좋은 분들께서 새로운 노트북 컴퓨터와 태블릿을 직접 다뤄 보는 경험을 할 기회를 가지시게 될 것입니다."

마클리 씨는 새턴 사가 소비자들로부터 소중한 의견을 직접 얻기를 원한다고 말하면서 회사의 새로운 접근 방식에 대해 자세히 설명했는데, 일부 제품이 여전히 개발 중이며 팬들의 반응을 바탕으로 여전히 변경될 수 있기 때문입니다. 또한, OTC에서 공식적으로 자사의 기기들을 공개하거나 시연하지 않음으로써, 174 새턴 사는 기술 관련 웹 사이트들과 잡지사들에 의해 게재되는 초기의 부정확한 평가에 소비자들이 관심을 갖지 못하도록 할 것입니다. "저희는 소비자들께서 저희 제품의 품질에 대해 스스로 결정을 내려 주셨으면 좋겠습니다,"라고 마클리 씨는 덧붙였습니다. –[4]–.

172. 두 번째 단락 첫 번째 줄의 단어 "notable"과 의미가 가장 가까운 것은 무엇인가?

(A) 반복적인
(B) 중요한
(C) 기록된
(D) 편리한

정답 (B)

해설 해당 문장에서 notable이 수식하는 event의 특성을 말하는 where절을 보면, 전국에서 손꼽히는 기술 회사들이 곧 출시될 기기들을 시연했다는 말이 있다. 이는 그 행사가 많은 업체와 방문객들이 찾는 중요한 행사임을 나타내는 말이므로 '중요한'을 뜻하는 (B) important가 정답이다.

173. 기사에 따르면, 새턴 일렉트로닉스 사는 OTC 기간 중에 무엇을 할 것인가?

(A) 기술 업계의 동향에 관해 발표하는 일
(B) 경쟁사의 제품에 대한 평가를 제공하는 일
(C) 지역 기자들과 기자 회견을 여는 일
(D) 참석자들에게 새로운 기기를 시험 사용하도록 해 주는 일

정답 (D)

해설 새턴 사가 OTC 기간에 하려는 일은 세 번째 단락 마지막 문장에서 찾아볼 수 있다. 마클리 대표이사가 제한된 숫자의 사람들이 새로운 노트북 컴퓨터와 태블릿을 직접 다뤄 보는 경험을 할 기회가 있을 것이라고(a limited number of lucky individuals will have a chance to get hands-on experience with the new laptops and tablets) 밝히고 있으므로 (D)가 정답이다.

174. 새턴 일렉트로닉스 사가 OTC 관련 계획을 변경한 한 가지 이유로 기사에 언급된 것은 무엇인가?

(A) 광고 캠페인을 시작할 계획을 세우고 있다.
(B) 다양한 잡지사들과 사업 계약을 맺고 있다.
(C) 소비자들에게 온라인상의 의견을 무시하기를 원하고 있다.
(D) 다른 행사에서 자사의 제품을 공개할 것이다.

정답 (C)

해설 마지막 단락에 새턴 사가 기술 관련 웹 사이트들과 잡지사들에 의해 게재되는 초기의 부정확한 평가에 소비자들이 관심을 갖지 못하도록 할 것이라고 (Saturn will discourage consumers from paying attention to early, inaccurate reviews printed by technology Web sites and magazines) 말하는 부분이 있다. 이는 그 의견들을 무시하게 만들 것이라는 뜻이므로 (C)가 정답이다.

175. [1], [2], [3], [4]로 표시된 위치들 중에서, 다음 문장이 들어가기에 가장 적합한 곳은 어디인가?

"따라서 새턴 사의 결정은 기술 업계를 면밀히 주시하는 분들께 엄청난 충격은 아니었습니다."

(A) [1]
(B) [2]
(C) [3]
(D) [4]

정답 (B)

해설 제시된 문장은 결과를 말할 때 사용하는 therefore와 함께 새턴 사의 결정이 그렇게 큰 충격은 아니었다는 의미를 나타내므로, 새턴 사의 결정 및 그 원인이 언급되는 문장 뒤에 쓰여야 자연스러워진다. 따라서 새턴 사의 결정을 말하는 첫 단락 이후로, 두 번째 단락 마지막에 OTC라는 행사가 미치는 영향력이 점차 약해졌다고 말하는 문장 뒤에 위치한 [2]에 들어가 원인과 결과에 따른 반응을 말하는 흐름이 되어야 적절하므로 (B)가 정답이다.

176-180 다음 공지와 이메일을 참조하시오.

브리지웰 시

겨울 얼음 축제 (1월 18일)

176 시의회에서는 사상 첫 겨울 얼음 축제를 마련하고 있으며, 이는 포브스 공원 및 인근 거리와 업체에서 개최될 것입니다. **177** 이번 축제가 기대만큼 인기 있는 것으로 드러날 경우, 시의회에서는 정기 행사로 만드는 것을 고려해 볼 예정입니다.

여러 재미 있고 흥미로운 행사들이 축제 기간 중에 개최될 것이며, 저희는 모든 지역 주민들께 이 축하 행사에 찾아오셔서 참가해 보시기를 권해 드립니다. 아래에 기재되어 있는 예정된 행사들뿐만 아니라, 음식 판매업체, 페이스 페인팅, 눈썰매 타기, 그리고 다양한 기념품 판매대도 있을 것입니다.

주요 축제 행사들은 다음과 같습니다.

180 오전 9:30 - 오전 10:30 얼음 조각품 전시 및 시연회
오전 10:30 - 오전 11:30 아이들의 눈사람 만들기 경연 대회
오전 11:30 - 오후 2:00 피크닉 구역에서의 바비큐 점심 식사 (1인당 10달러)
오후 2:00 - 오후 4:00 다양한 지역 음악가들이 펼치는 라이브 공연
178 오후 4:00 - 오후 5:30 불꽃놀이 및 무료 핫 초콜릿

입장료는 모든 분들에게 무료이지만, 기부금은 중앙 출입구에서 얼마든지 내셔도 좋습니다. 이번 행사에서 얻는 모든 수익금은 향후 도시 축제 및 지역 사회 행사에 사용될 것입니다. 저희는 여러분 모두를 겨울 얼음 축제에서 뵙기를 바랍니다!

수신: 브리지웰 시의회 <contact@bridgwell.gov>
발신: 마크 링컨 <mlincoln@newmail.com>
날짜: 1월 23일
제목: 겨울 얼음 축제

관계자께,

저는 브리지웰 지역 주민이며, 도시 곳곳에 겨울 얼음 축제를 위한 안내문을 처음 봤을 때 매우 들떴습니다. 제 두 아들들이 이 축제에서 즐거운 시간을 보내기는 했지만, **179** 다시 이 축제를 개최하실 계획이시라면 다른 방식으로 해 보셔야 할 몇 가지 사항들이 있다고 생각합니다. 우선, 배정된 주차 구역이 너무 많이 작습니다. **180** 제가 오전 9시 30분 정각에 도착했지만, 한 행사 조직 담당자께서 주차 구역이 이미 가득 찼다고 알려 주셨습니다. 저는 결국 축제 장소에서 몇 블록 떨어진 곳에 주차해야 했고, 계획보다 훨씬 더 늦게 도착하게 되었습니다. 다행히도, 눈사람 만들기 대회 시간에 딱 맞춰 그곳에 도착했고, 제 아들들이 정말로 즐거워했습니다. 두 번째로, 10달러는 제공된 음식에 비해 너무 높은 가격이었습니다. 참석자들은 아무 것도 곁들일 것 없이 한 개의 햄버거 또는 핫도그 중 하나에 대한 선택권으로 제한되어 있었습니다. 제 아이디어를 고려하셔서 향후 행사를 계획하실 때 활용해 보시기를 바랍니다.

안녕히 계십시오.

마크 링컨

176. 어디에서 행사가 개최될 것인가?
　(A) 공원에서
　(B) 시청에서
　(C) 스포츠 경기장에서
　(D) 식당에서

정답 (A)

해설 첫 지문 첫 단락에 포브스 공원 및 인근 거리와 업체에서(Winter Ice Festival, which will be held in Forbes Park and the surrounding streets and business) 행사가 개최된다고 알리고 있으므로, 이 중 하나에 해당되는 공원을 언급한 (A)가 정답이다.

177. 행사에 관해 암시된 것은 무엇인가?
　(A) 매년 개최된다.
　(B) 관광 산업을 촉진할 가능성이 있다.
　(C) 많은 사람들이 참석할 것으로 예상된다.
　(D) 지역 자선 단체를 위한 자금을 마련할 것이다.

정답 (C)

해설 첫 지문 첫 단락에 시의회에서 사상 첫 겨울 얼음 축제를 마련하고 있다고 (The city council is organizing its first ever Winter Ice Festival) 언급하고 있으므로 (A)는 오답이며, 관광 산업 행사에 대한 내용은 지문에 나와 있지 않으므로 (B) 역시 오답이다. 또한, 행사 수익금은 향후 도시 축제 및 지역 사회 행사에 사용된다고 쓰여 있으므로(Any proceeds from the event will be put toward future town festivals and community events) 지역 자선 단체를 위한 자금 마련을 언급한 (D)도 정답이 될 수 없다. 동일 지문 첫 단락에 '기대만큼 인기 있는 것으로 드러날 경우'라는 말이 있는데, 이는 많은 사람들이 축제에 참가할 것으로 예상하고 있다는 말이므로 이러한 예상에 해당되는 (C)가 정답이다.

178. 행사 참석자들은 언제 무료 음료를 받을 것 같은가?
　(A) 오전 10시 30분에
　(B) 오전 11시 30분에
　(C) 오후 2시에
　(D) 오후 4시에

정답 (D)

해설 첫 지문에 나와 있는 시간표를 보면, 오후 4시에 무료 핫 초콜릿을 제공한다는 (4:00 P.M.–5:30 P.M. Fireworks display and complimentary hot chocolate) 정보가 있으므로 (D)가 정답이다.

179. 링컨 씨가 보낸 이메일의 주 목적은 무엇인가?
　(A) 노력에 대해 행사 주최측에 감사하는 것
　(B) 부정확한 정보에 대해 불만을 제기하는 것
　(C) 행사에 대한 개선 사항을 제안하는 것
　(D) 다가오는 행사에 관해 문의하는 것

정답 (C)

해설 링컨 씨가 보낸 이메일인 두 번째 지문 시작 부분에, 다시 축제를 개최할 계획이라면 다른 방식으로 해 봐야 할 몇 가지 사항들이 있다고 생각한다고 밝히면서(I think there are a few things you should do differently if you plan to hold the event again) 그 내용을 구체적으로 언급하고 있다. 이는 개선 사항을 말하는 것이므로 (C)가 정답이다.

180. 링컨 씨는 행사의 어느 부분을 놓쳤는가?
　(A) 얼음 조각품 시연회
　(B) 눈사람 만들기 대회
　(C) 바비큐 점심 식사
　(D) 음악 공연

정답 (A)

해설 두 번째 지문 중반부에, 오전 9시 30분 정각에 도착했지만 주차 관련 문제를 겪었고 다행히 눈사람 만들기 대회 시간에 딱 맞춰 도착했다는(Fortunately, we got there just in time for the snowman building competition) 사실을 알리고 있다. 첫 지문의 시간표를 보면, 눈사람 만들기 대회에 앞서 오전 9시 30분부터 10시 30분까지 얼음 조각품 전시 및 시연회가 쓰여 있으므로(9:30 A.M.–10:30 A.M. Ice sculpture display and demonstration) 링컨 씨가 이 행사를 놓쳤다는 것을 알 수 있다. 따라서 (A)가 정답이다.

181-185 다음 회람과 이메일을 참조하시오.

---

182 수신: 부서 직원들
182 발신: 래리 갬본, 부서장
날짜: 1월 21일
제목: 페인트 작업

안녕하세요, 동료 직원 여러분,

아시다시피, 184 우리 부서에 1월 27일 수요일, 오후 1시부터 오후 4시까지 페인트칠이 될 예정입니다. 이 작업은 우리 팀 전체에 상당히 지장을 줄 것입니다. 지난주에 영업부와 마케팅부, 그리고 고객 서비스부에 페인트칠이 되었을 때, 많은 직원들이 페인트에서 나는 독한 냄새뿐만 아니라 소음에 대해 불만을 제기했습니다.

따라서, 181 저는 우리 모두가 페인트 작업 중에 오후 휴무 시간을 갖도록 본사로부터 승인을 받았습니다. 당일 정오까지 반드시 모든 긴급한 업무를 완료해 주시기 바라며, 그 후에 실내 장식 전문 팀이 들어와 준비할 수 있도록 우리 부서를 비워주어야 합니다. 여러분은 다음 날 아침에 평소대로 업무에 복귀할 수 있습니다. 182 여러분 중 많은 분들이 내년 예산안 작업을 하고 있다는 것을 알고 있습니다. 반드시 어떤 정보든 아무렇게나 놓여 있지 않도록 해 주시기 바랍니다. 파일 캐비닛 안에 넣어 안전하게 잠가 두셔야 합니다. 질문이 있으신데 제가 주변에 있지 않을 경우, 간단한 이메일을 보내 주시기 바랍니다.

감사합니다.

래리 갬본

수신: lgambon@baracaeng.com
발신: loxley@baracaeng.com
제목: 직원 급여 지급 문제
185 날짜: 1월 22일

갬본 씨께,

어제 부서 전체에 돌리신 회람을 받았으며, 제안해 주신 계획이 문제를 야기할 수 있다는 생각이 들었습니다. 아시다시피, 184 페인트 작업이 있는 날은 제가 직원 급여를 처리해야 하는 날입니다. 보통, 제가 필요로 하는 모든 정보를 오후 중에 받은 다음, 오후 2시에서 5시 사이에 직원 급여를 계산합니다. 183 184 저에게 하루 늦게 이 일을 하도록 권해 주셨지만, 분명 많은 직원들이 실망하게 될 것이므로, 대신 하루 일찍 해도 괜찮을까요? 만일 그렇다면, 다른 부서장들께도 필요한 자료를 저에게 일찍 보내도록 요청해 주셨으면 합니다. 또한, 185 제가 내일 오후에 사무실에서 자리를 비우게 된다는 점을 상기시켜 드리고 싶은데, 제 조카의 결혼 피로연에 참석할 예정이기 때문입니다.

감사합니다.

루시 옥슬리

---

181. 회람의 목적은 무엇인가?
(A) 업무 장소 장식 작업에 대한 아이디어를 구하는 것
(B) 직원들에게 소음을 적게 내도록 요청하는 것
(C) 직원들에게 일부 시간 동안 휴무하도록 지시하는 것
(D) 직원들에게 곧 있을 설치 작업에 관해 알리는 것

정답 (C)

해설 첫 지문 첫 단락에서 간략한 배경 설명을 한 후, 두 번째 단락에 가서 페인트 작업 중에 오후 휴무 시간을 갖도록 본사로부터 승인을 받았음을 알리고 (I have obtained permission from head office for all of us to take the afternoon off during the painting work) 그에 따라 해야 할 일을 설명하고 있다. 따라서 휴무를 지시하는 것이 목적임을 알 수 있으므로 (C)가 정답이다.

182. 갬본 씨는 무슨 부서에서 근무하고 있을 것 같은가?
(A) 고객 서비스
(B) 영업
(C) 마케팅
(D) 회계

정답 (D)

해설 첫 지문 상단 부분을 통해 부서장인 갬본 씨가 부서 직원들에게 보내는 회람임을 알 수 있고, 두 번째 단락에 부서 직원들이 예산안 업무를 하고 있음을 밝히는 부분이(I know many of you are working on next year's budget) 있는데, 이는 회계부에서 하는 일이므로 (D)가 정답이다.

183. 옥슬리 씨는 왜 업무의 일정을 재조정하고 싶어 하는가?
(A) 직원들을 기분 나쁘게 만들고 싶어 하지 않는다.
(B) 특히 업무량이 과중하다.
(C) 일부 정보에 접근할 수 없다.
(D) 일정에 다른 약속이 있다.

정답 (A)

해설 옥슬리 씨가 쓴 이메일인 두 번째 지문 중반부에, 하루 늦게 특정 업무를 하는 대신 하루 일찍 해도 괜찮은지 묻는 것으로 업무 일정 조정을 언급하고 있다. 여기서 많은 직원들이 실망할 것이라는 말로(I'm sure a lot of our workers will be disappointed, so would it be okay to do it a day earlier instead?) 그 이유를 말하고 있으므로 이에 해당되는 (A)가 정답이다.

184. 옥슬리 씨는 어느 날짜로 자신의 업무 일정을 재조정하기를 바라는가?
(A) 1월 26일
(B) 1월 27일
(C) 1월 28일
(D) 1월 29일

정답 (A)

해설 두 번째 지문 초반부에 페인트 작업이 있는 날이 급여 업무를 처리하는 날이라고 언급하고 있고(the day of the painting is the day that I should be processing the employee payroll), 중반부에 그 일을 하루 일찍 해도 되는지(would it be okay to do it a day earlier instead?) 묻고 있다. 첫 지문 시작 부분에 페인트 작업이 1월 27일에 예정되어 있다고 쓰여 있으므로(our department will be painted on Wednesday, January 27) 옥슬리 씨는 하루 전날인 1월 26일로 업무를 조정하고 싶어 한다는 것을 알 수 있다. 따라서 (A)가 정답이다.

185. 옥슬리 씨는 1월 23일에 무엇을 할 계획인가?
(A) 직원들에게 업무를 배정하는 일
(B) 가족 행사에 참석하는 일
(C) 직원 급여를 계산하는 일
(D) 갬본 씨와 만나는 일

정답 (B)

해설 두 번째 지문 상단의 이메일 작성 날짜가 1월 22일(January 22)로 되어 있고, 마지막 문장에 내일 오후에 사무실에서 자리를 비운다고(I'll be away from the office tomorrow afternoon) 언급하는 부분을 통해 1월 23일에 할 일을 알 수 있다. 자리를 비우는 이유로 조카의 결혼 피로연에 참석한다고(as I'll be attending my nephew's wedding reception) 알리고 있으므로 (B)가 정답이다.

186-190 다음 여행 일정표와 두 이메일을 참조하시오.

한프로 소프트웨어 주식회사
하비 킴 씨의 중국 출장, 3월 12일-16일

날짜	시간	세부 사항	호텔
189 3월 12일, 일요일	오후 7:15	푸동 국제 공항 도착	189 샤탄 호텔
		186 저우 렌터카 시설에서 차량 수령	189 상하이, 중국
3월 13일, 월요일	오전 10:30 – 오후 1:30	쑤저우로 차량 이동	제이드 플라워 호텔
		187(D) 선버스트 게임 회사 대표이사와 점심 회의	쑤저우, 중국
	오후 3:00 – 오후 5:00	쳉 컴퓨터 시스템 주식회사 대표와 회의	
3월 14일, 화요일	오전 9:30 – 오전 11:30	187(B) 월간 비디오 게이밍 잡지와 인터뷰	제이드 플라워 호텔
	190 오후 1:30 – 오후 4:00	190 E-소프트 디스트리뷰션 마케팅 책임자들을 대상으로 한 발표	쑤저우, 중국

3월 15일, 수요일	오전 10:00 - 오후 6:00	상하이로 차량 이동 아시안 기술 박람회에서 진행되는 187(A) 한프로 제품 출시회 및 연설	골든 게이트 호텔 상하이, 중국
3월 16일, 목요일	오전 11:00	186 저우 렌터카 시설에 차량 반납 푸동 국제 공항에서 출발	

수신: 하비 킴
발신: 앨리스 리
날짜: 3월 7일
제목: 중국 출장

킴 씨께,

요청하신 바와 같이, 귀하의 출장 일정을 최종 확정했으며, 오늘 앞서 팩스를 통해 받아 보셨을 겁니다. 188 저는 귀하께서 어떠한 큰 어려움 없이 차량으로 모든 목적지에 도달하실 수 있도록 여전히 다양한 지도와 추천 운전 경로를 모아 정리하고 있습니다. 이것들을 이번 주말 전까지 전송해 드리겠습니다.

각 호텔에서, 반드시 회사 법인 카드를 사용하셔야 하는데, 이용하실 객실을 위해 상당한 액수의 기업 할인 서비스를 협의해 두었기 때문입니다. 중국에서 일반적으로 그렇듯이, 189 외국인 방문객들은 보통 도착 시에 무료 선물을 받기 때문에, 상하이에 있는 샤 탄 호텔에 체크인하실 때 과일 및 기타 물품이 들어 있는 바구니를 받으실 것입니다.

질문이 있으시거나 추가 도움이 필요하실 경우, 주저하지 마시고 연락 주십시오.

안녕히 계십시오.

앨리스 리

수신: 앨리스 리
발신: 하비 킴
날짜: 3월 7일
제목: 회신: 중국 출장

안녕하세요, 앨리스 씨,

중국으로 떠나는 제 출장을 준비하시는 데 있어 기울여 주신 모든 노력에 정말로 감사드립니다. 제 계획에 대해 계속 생각해 보고 있는데, 도와주시면 감사드릴 만한 한 가지 일이 더 있습니다. 190 우리 회사의 모든 이사회 구성원들께 연락 드려서 화상 회의 일정을 잡아 주시겠습니까? E-소프트 디스트리뷰션 사의 마케팅 책임자들과 갖는 회의 직후에 그분들 모두와 이야기 나눠 보고자 합니다. 분명 그분들 모두 그 회의에서 논의될 모든 광고 전략에 관해 즉시 알고 싶어 하실 것입니다.

도와주셔서 다시 한 번 감사드립니다!

안녕히 계십시오.

하비 킴

---

186. 일정표에서 킴 씨에 관해 알 수 있는 것은 무엇인가?
(A) 상하이에 아침에 도착할 것이다.
(B) 출장 기간 동안 상하이에 머물 것이다.
(C) 방문 중에 대여한 차량을 이용할 것이다.
(D) 쑤저우에서 연결 항공편에 탑승할 것이다.

정답 (C)

해설 일정표에서 첫 날인 3월 12일에 저우 렌터카 시설에서 차량을 수령하고 (Collect car from Zhou Rental Facility), 마지막 날인 3월 16일에 반납한다고(Return car to Zhou Rental Facility) 쓰여 있는 것을 통해 대여 차량을 이용한다는 사실을 알 수 있으므로 (C)가 정답이다.

187. 킴 씨는 중국에서 무엇을 하지 않을 예정인가?
(A) 신제품을 논의하는 일
(B) 잡지 인터뷰에 참가하는 일
(C) 회사 사무실을 견학하는 일
(D) 대표이사와 만나는 일

정답 (C)

해설 일정표에서, 3월 13일의 선버스트 게임 회사 대표이사와 점심회의(Lunch meeting with CEO of Sunburst Game Company)에서 (D)를, 3월 14일의 월간 비디오 게이밍 잡지 인터뷰(Interview with Video Gaming Monthly Magazine)에서 (B)를 확인할 수 있고, 3월 15일로 예정된 한프로 제품 출시회 및 연설(HanPro product launch and talk)에서 (A)도 확인 가능하다. 하지만 사무실 견학은 언급된 바가 없으므로 (C)가 정답이다.

188. 리 씨는 킴 씨에게 무엇을 보낼 것인가?
(A) 호텔 할인 쿠폰
(B) 장소마다 찾아 가는 방법
(C) 회사 법인 카드
(D) 고객 연락처 정보 목록

정답 (B)

해설 두 번째 지문 첫 단락에, 리 씨는 여전히 다양한 지도를 모아 정리 중이며, 큰 어려움 없이 차량으로 모든 목적지에 도달할 수 있도록 추천 운전 경로를 담은 지도들을 주말 전까지 전송해 주겠다고(I'm still compiling a selection of maps and suggested driving routes ~ I'll forward these to you before the end of the week) 알리고 있다. 이는 길을 찾아 다니는 방법을 알려 주겠다는 뜻이므로 (B)가 정답이다.

189. 킴 씨는 언제 몇몇 무료 물품을 받을 것인가?
(A) 3월 12일에
(B) 3월 13일에
(C) 3월 14일에
(D) 3월 15일에

정답 (A)

해설 무료 선물이 언급되는 두 번째 지문 두 번째 단락에, 외국인 방문객들은 보통 도착 시에 무료 선물을 받는다고(foreign visitors typically receive free gifts upon arrival ~ when you check in to the Sha Tan Hotel in Shanghai) 알리고 있고, 일정표에 샤 탄 호텔에 도착하는 날짜가 3월 12일로 쓰여 있으므로 (A)가 정답이다.

190. 킴 씨는 하루 중 몇 시에 화상 회의를 열 계획인가?
(A) 오후 1시 30분
(B) 오후 4시
(C) 오후 5시
(D) 오후 6시

정답 (B)

해설 화상 회의 일정을 잡아 달라고 요청하는 세 번째 지문 중반부에, E-소프트 디스트리뷰션 사의 마케팅 책임자들과 갖는 회의 직후에 모든 이사회 구성원들과 이야기를 나눠 보고 싶다고(all of our board members and schedule a teleconference? ~ immediately after my meeting with the marketing managers from E-soft Distribution) 알리고 있다. 첫 지문에서 E-소프트 디스트리뷰션 사의 마케팅 책임자들을 만나는 시간이 3월 14일 오후 1시 30분에서 4시로 되어 있으므로(1:30 P.M. - 4:00 P.M. / Presentation to E-Soft Distribution marketing managers) 이 발표가 끝나는 직후인 오후 4시에 화상 회의를 할 것으로 생각할 수 있다. 따라서 (B)가 정답이다.

191-195 다음 웹 페이지와 양식, 그리고 이메일을 참조하시오.

테크놀로지 나우! 기술 분야의 최신 발전상에 대한 여러분의 온라인 가이드!
올해 최고의 TV/영화 재생 서비스

편집자가 선택한 최우수 업체: 유포리아

191 유포리아는 새로 공개되거나 지난 텔레비전 프로그램과 영화를 컴퓨터와 스마트폰으로 재생하는 가장 편리하면서 가격이 알맞은 신뢰할 수 있는 방법입니다. 유포리아는 거의 5년 동안 TV 재생 서비스 업체로서 이용 가능했지만, 자사의 온라인 서비스 선택권에 영화를 도입한 이후로 지난 18개월 동안에 걸쳐 불과 최근에야 인기를 얻게 되었습니다.

서비스 가입자들이 각자의 기기를 통해 어떤 콘텐츠든 재생할 때, **192** 유포리아는 시청 기록에 자동으로 기록하고 시청 습관을 바탕으로 추가적인 추천을 해 줍니다. 이 서비스는 또한 가입자들에게 채팅방에 들어가 각자 재생했던 모든 텔레비전 프로그램 또는 영화에 대해 의견과 평점을 남길 수 있도록 해 줍니다. 의견 및 평점에 대한 보답으로 보상 서비스가 제공됩니다. 한 달 사이에 최소 10편의 프로그램 또는 영화에 평점을 매기거나 후기를 남기는 모든 가입자들은 그 다음 달에 고정된 이용 한도를 초과하여 추가적인 콘텐츠를 재생할 수 있게 됩니다. **195** 기본적인 '캐주얼' 서비스는 한 달에 15달러로 시작되지만, 가입자들에게 오직 매달 15편의 TV 방송분과 10편의 영화만 재생하도록 해 줍니다. 기타 패키지들은 약간 증가된 요금에 이용 한도가 더 높습니다.

유포리아 재생 서비스에 오신 것을 환영합니다!

서비스 가입 과정을 완료하시려면, 아래에 필수 정보를 제공해 주시기 바랍니다. 24시간 이내에 확인 이메일을 받으시게 될 것입니다. 이메일 내의 링크를 클릭해 신분을 확인해 주시기 바라며, 그 후에 저희 서비스를 이용하는 것을 시작하실 수 있습니다. 유포리아에 가입하는 데 관심이 있으신 친구 또는 가족이 있으실 경우, 저희 서비스에 로그인하셔서 "친구 추천" 페이지를 방문하시면 개인적으로 추천하실 수 있습니다. 추천해 주시는 각 친구분에 대해, 매달 한 편의 추가 무료 영화를 받아 보실 수 있습니다.

가입자 상세 정보

성명: 리드 랜돌프
이메일: rrandolph@homenet.com
전화번호: 656-555-0196

온라인으로 얼마나 자주 TV 프로그램 또는 영화를 시청하시나요? 매일
TV 프로나 영화를 재생하기 위해 무슨 기기를 보통 이용하시나요? 스마트폰
가장 좋아하는 TV 프로그램: 크리미널 인텐트, 서버비아 테일즈, 카팩스 애비
가장 좋아하는 영화: 어 송 투 리멤버, 이레이즈드 메모리즈, 스톰 시티

어느 레벨의 서비스가 필요하신가요?

캐주얼: $15/1개월 ( )
프로: $20/1개월 ( )
193 익스트림: $25/1개월 (✓)
애딕트: $30/1개월 ( )

수신: rrandolph@homenet.com
발신: subscriberservices@youphoria.com
날짜: 1월 16일
제목: 새로운 업데이트

유포리아 서비스 가입자께,

2월 1일부터 저희 서비스에 몇몇 변동 사항이 있을 예정이라는 점에 유의하시기 바랍니다. 일부 요금을 약간 인상함으로써, **194(B)** 저희는 여러분께 더욱 다양한 프로그램과 영화를 전해 드릴 수 있을 것이며, 처음으로, **194(D)** 최고의 품질을 지닌 '4K 울트라 HD'로 제공해 드릴 수 있을 것입니다. 또한, 이를 통해 저희 콜 센터 인력 규모를 늘릴 수 있게 되며, 이는 **194(A)** 저희가 더욱 신속하고 효율적으로 고객들께 도움을 드릴 수 있다는 점을 의미합니다. 이 모든 혜택들이 경쟁사들보다 한 걸음 더 앞서 가도록 하는 데 도움이 됩니다. 익스트림 및 애딕트 서비스 가입자들께서는 또한 저희 '클래식 영화' 자료실이 4월에 선보이기 전에 특별 조기 이용 권한을 받으실 것입니다. 새로운 요금은 다음과 같습니다.

서비스 레벨	월간 재생 한도	월별 요금
195 캐주얼	20편의 TV 방송분 + 15편의 영화	$15
프로	30편의 TV 방송분 + 20편의 영화	$20
익스트림	50편의 TV 방송분 + 30편의 영화	$30
애딕트	무제한	$35

193 익스트림 및 애딕트 서비스 구독권을 보유하고 계실 경우, 직접 선택하신 영화를 거주 지역 내 시네-갤럭시 영화관에서 관람하실 수 있는 두 장의 무료 입장권을 받으시게 됩니다. 문의 사항이 있으시면, help@youphoria.com으로 저희에게 연락하실 수 있습니다.

---

191. 웹 페이지에 따르면, 유포리아 서비스는 가입자들에게 무엇을 할 수 있게 해 주는가?
(A) 최신 음악을 다운로드하는 일
(B) 온라인으로 새로운 출시 영화를 관람하는 일
(C) 웹 사이트에서 사진을 보는 일
(D) 영화관 입장권에 대해 할인을 받는 일

정답 **(B)**

해설 첫 지문 첫 단락에 유포리아를 소개하면서 새로 공개되거나 지난 텔레비전 프로그램과 영화를 컴퓨터와 스마트폰으로 재생하는 서비스를 제공한다고 (Youphoria is the most convenient, affordable, and reliable way to stream newly-released and past television shows and films on your computer or smart phone) 알리고 있으므로 (B)가 정답이다.

192. 유포리아 서비스에 관해 알 수 있는 것은 무엇인가?
(A) 최근에 텔레비전 프로그램을 제공하기 시작했다.
(B) 오직 휴대전화기를 통해서만 이용할 수 있다.
(C) 지난 5년 동안 성공을 거둬 왔다.
(D) 적합한 콘텐츠를 이용자들에게 제안해 준다.

정답 **(D)**

해설 첫 지문 두 번째 단락에, 유포리아가 시청 기록에 자동으로 기록하고 시청 습관을 바탕으로 추가적인 추천을 해 준다고(Youphoria automatically logs it in their viewing history and makes further recommendations based on their viewing habits) 알리는 부분이 있는데, 이는 시청자에게 적합한 콘텐츠를 추천해 준다는 뜻이므로 (D)가 정답이다.

193. 랜돌프 씨는 왜 두 장의 영화 입장권을 받을 자격이 있는가?
(A) 월간 재생 한도를 초과하지 않았다.
(B) 유포리아의 익스트림 서비스에 등록했다.
(C) 유포리아의 온라인 설문 조사에 참여했다.
(D) 가족 한 명을 유포리아에 추천했다.

정답 **(B)**

해설 두 장의 영화 입장권은 세 번째 지문 마지막 단락에 언급되는데, 익스트림 및 애딕트 서비스 구독권을 보유하는 것이(If you hold a subscription to Extreme and Addict services, you will receive two complimentary tickets to see a movie ~) 조건으로 제시되어 있다. 랜돌프 씨의 가입 정보가 쓰여 있는 두 번째 지문 하단을 보면, 익스트림 서비스를 선택한 것으로 표기되어 있으므로(Extreme: $25/month (✓)) 이에 대해 영화 입장권을 받을 자격이 있음을 알 수 있다. 따라서 (B)가 정답이다.

194. 이메일에 가격 변동에 대한 이유로 언급되지 않은 것은 무엇인가?
(A) 고객 서비스 향상
(B) 콘텐츠 수량 확대
(C) 경쟁사와의 합병
(D) 더 높은 품질의 영상 제공

정답 **(C)**

해설 요금 인상이 언급되는 세 번째 지문 첫 단락에 더욱 다양한 프로그램과 영화를 전해 줄 수 있다는(we will be able to bring you a larger selection of shows and movies) 부분에서 (B)를, 바로 뒤에 제시되는 최고의 품질을 지닌 '4K 울트라 HD'로 제공해 줄 수 있다는(offer them at the highest quality: 4K Ultra HD) 부분에서 (D)를 확인할 수 있으며, 그 뒤에 언급되는 더욱 신속하고 효율적으로 고객들께 도움을 줄 수 있다는(we will be able to assist our customers more quickly and efficiently) 점에서 (A)도 확인 가능하다. 하지만 경쟁사와의 합병은 언급되어 있지 않으므로 (C)가 정답이다.

195. 캐주얼 서비스에 무슨 특정한 변화가 이뤄지고 있는가?
(A) 재생 이용 한도가 높아진다.
(B) 월간 요금이 인상된다.
(C) 서비스 요금 지불 날짜가 변경될 것이다.
(D) 서비스 가입자들이 '클래식 영화' 자료실 이용 권한을 얻는다.

정답 **(A)**

해설　세 번째 지문에 제시된 도표에 캐주얼 서비스는 20편의 TV 방송분과 15편의 영화가(20 TV episodes + 15 Movies) 제공되는 것으로 쓰여 있다. 이는 첫 지문 두 번째 단락에 매달 15편의 TV 방송분과 10편의 영화만 재생하도록 해 준다고(allows subscribers to stream 15 TV episodes and 10 movies per month) 언급한 것보다 늘어난 분량에 해당되므로 이와 같은 변화를 말한 (A)가 정답이다.

196-200 다음 거래 내역서와 정책 정보, 그리고 이메일을 참조하시오.

오메가 건강 제품

주문 ID: 773678　　날짜: 2월 15일
고객 성명: 장 폴 졸리
배송지: 포터 스트리트 580번지, 레지나, SK S4M 0A1

제품 코드	수량	제품 상세 정보	개당 가격	총 가격
#3348	10	피넛 에너지 바	$2.69	$26.90
#2929	1	아틀라스 프로틴 파우더 (1kg, 딸기맛)	$60.00	$60.00
#4982	1	그린 티 기프트 세트	$75.00	$75.00
#4982		**197** 제품 준비	$15.00	$15.00
			소계	$176.90
		196 회원 할인(15%)		-$26.54
			배송비	$20.00
			총계	$170.36

오메가 건강 제품
주문 및 반품 정책

저희 제품을 주문하실 때, 온라인이나 전화 또는 실제 지점이든 상관없이, **197** 고객들께서는 선택된 제품에 대해 선물 포장 서비스를 요청하실 수 있습니다. 이 추가 서비스는 주문 거래 내역서에 '제품 준비'로 표기될 것이며, 제품마다 고정 비용입니다. 모든 주문은 원래의 배송 날짜에서 5일 이내에 배송 목적지에 도착하도록 보증해 드립니다. 주문품에 대해 마지막 순간의 변경이 이뤄지는 경우에, 추가 1일 또는 2일을 감안하시기 바랍니다.

반품이 수용되고 전액 또는 부분 환불이 제공되려면, 반드시 특정 조건이 충족되어야 합니다. 일반적으로, 오직 손상된 제품만 반품이 수용됩니다. 여기에는 운송 중에 입게 된 손상과 제조사 결함이 포함됩니다. 하지만 제품의 사이즈나 맛을 변경하기 위한 요청은 아래에 간략히 설명된 바와 같이 가격상의 모든 차이가 처리된 채로 받아들여질 수 있습니다. 거래 내역서에 명시된 대로 주문 ID를 제공해 주시기만 하면, 결함이 있는 상품을 반품하실 때 원본 영수증이 절대적으로 필요한 것은 아닙니다. 모든 반품 제품은 상태를 확인하기 위해 품질 관리 및 평가 과정의 대상이 될 것입니다. **198** 식품과 음료, 비타민, 그리고 보충제의 경우, 조금이라도 소비되었다면, 반품 또는 환불될 수 없을 것입니다.

제품 주문에 대해 수용 가능한 변경 사항이 이뤄지고 총계가 늘어날 때, 소비자들께서는 반드시 아래에 간략히 설명된 바와 같이 미지불 금액을 송금하셔야 합니다.

◆ **200** 50달러 이상의 지불 비용에 대해서는, 저희 RBU 은행 계좌로(계좌 번호: 5837939390) 이체를 통해 해당 금액을 송금하십시오.
◆ 50달러 미만의 지불 비용에 대해서는, 실제 저희 지점에서 현금으로 전달해 주시거나, 주문품을 배송하는 배송 기사에게 전해 주실 수 있습니다.

발신: jpjolie@maplemail.com
수신: customerservice@omegahealth.com
날짜: 2월 19일
제목: 최근의 주문

안녕하세요,

제가 지난 주에 귀사의 웹 사이트를 통해 했던 주문을 조정하고자 합니다. 제품 주문의 일부로, 저는 아틀라스 프로틴 파우더를 딸기맛으로 선택했습니다. **199** 제 개인 트레이너와의 논의 끝에, 1kg 대신 2kg짜리 봉지로 된 동일한 딸기맛 프로틴 파우더를 원합니다. 귀사의 웹 사이트에 있는 주문 추적 기능에 따르면, 제 주문품이 아직 유통 시설에서 출발하지 않았기 때문에, 제 요청을 수용해 주실 수 있기를 바랍니다.

이것이 어떠한 불편함이든 초래하게 된다면 사과드립니다. **200** 제가 추가 51달러의 금액을 어떻게 지불해야 하는지 알려 주시기 바랍니다.

안녕히 계십시오.

장 폴 졸리

---

196. 오메가 건강 제품에 관해 알 수 있는 것은 무엇인가?
(A) 레지나에 지점이 있다.
(B) 회원 프로그램을 운영하고 있다.
(C) 계절 세일 행사를 진행하고 있다.
(D) 최근에 설립되었다.

정답　(B)

해설　첫 지문 하단에 회원 할인 항목(Member's discount (15%))이 있는 것으로 볼 때, 회원 프로그램이 있다는 것을 알 수 있으므로 이를 언급한 (B)가 정답이다.

197. 졸리 씨는 왜 '제품 준비'에 대해 비용을 청구 받았을 것 같은가?
(A) 한 제품이 선물 포장되기를 원했다.
(B) 특급 배송을 요청했다.
(C) 주문품이 공급 받기 어려웠다.
(D) 주문품이 예상보다 더 컸다.

정답　(A)

해설　졸리 씨의 거래 내역서인 첫 지문 하단에 '제품 준비' 항목이 표기되어 있고, 두 번째 지문 시작 부분에 선물 포장 서비스를 요청할 경우에 '제품 준비'라는 명칭으로 표기된다고(customers may request gift wrapping for selected items. This additional service will be indicated as 'Preparation') 쓰여 있다. 따라서 졸리 씨가 선물 포장을 요청했다는 것을 알 수 있으므로 (A)가 정답이다.

198. 제품 반품 요청은 언제 거절되는가?
(A) 제품이 운송 중에 손상될 때
(B) 원본 영수증이 제공되지 않을 때
(C) 엉뚱한 제품이 주문에 포함되어 있을 때
(D) 제품이 부분적으로 사용되었을 때

정답　(D)

해설　반품이 될 수 없는 상황이 언급되는 두 번째 지문 두 번째 단락 마지막에, 식품과 음료, 비타민, 그리고 보충제의 경우, 조금이라도 소비되었다면 반품 또는 환불될 수 없다고(if these have been consumed at all, they will not be eligible for return or refund) 쓰여 있는데, 이는 제품이 사용되는 경우를 의미하므로 (D)가 정답이다.

199. 졸리 씨의 개인 트레이너는 무엇을 하도록 추천했을 것 같은가?
(A) 다른 맛을 지닌 제품을 시도해 보는 일
(B) 제품 크기를 변경하는 일
(C) 두 가지 다른 브랜드를 비교해 보는 일
(D) 주문 빈도를 늘리는 일

정답　(B)

해설　졸리 씨의 이메일인 세 번째 지문 첫 번째 단락에, 개인 트레이너와의 논의 끝에 1kg 대신 2kg짜리 봉지로 된 동일한 딸기맛 프로틴 파우더를 원한다고(After some discussion with my personal trainer, I would like the same strawberry protein powder, but in a 2kg bag instead of 1kg) 알리고 있다. 이는 제품 크기를 변경하는 것을 의미하므로 (B)가 정답이다.

200. 졸리 씨에 관해 무엇이 사실일 것 같은가?
(A) 다음 달에 주문품을 받을 것이다.
(B) 직접 업체를 방문해야 할 것이다.
(C) 은행 계좌 이체를 해야 할 것이다.
(D) 배송 기사에게 현금으로 금액을 전달할 것이다.

정답　(C)

해설　세 번째 지문 두 번째 단락에 졸리 씨가 추가 51달러의 금액을 어떻게 지불해야 하는지 알려 달라고(Please let me know how I should pay the additional amount of $51) 요청하고 있다. 두 번째 지문 하단에, 50달러 이상의 지불 비용에 대해서는 RBU 은행 계좌로 이체를 통해 해당 금액을 송금하라고(For payments of $50 or more, send the amount via bank transfer to our account) 쓰여 있으므로 졸리 씨는 계좌 이체를 해야 한다는 것을 알 수 있다. 따라서 이를 언급한 (C)가 정답이다.

TEST 3

시원스쿨 토익 실전 모의고사 3회분

정답

PART 1

1. (D) **2.** (C) **3.** (A) **4.** (B) **5.** (C) **6.** (B)

PART 2

7. (A) **8.** (C) **9.** (A) **10.** (A) **11.** (C) **12.** (B) **13.** (A) **14.** (B) **15.** (B) **16.** (A) **17.** (A) **18.** (C) **19.** (B) **20.** (C) **21.** (C) **22.** (B) **23.** (A) **24.** (A) **25.** (A) **26.** (B) **27.** (A) **28.** (C) **29.** (A) **30.** (B) **31.** (A)

PART 3

32. (A) **33.** (A) **34.** (A) **35.** (D) **36.** (C) **37.** (C) **38.** (B) **39.** (A) **40.** (D) **41.** (A) **42.** (D) **43.** (A) **44.** (C) **45.** (D) **46.** (B) **47.** (B) **48.** (D) **49.** (A) **50.** (C) **51.** (C) **52.** (D) **53.** (A) **54.** (B) **55.** (A) **56.** (C) **57.** (D) **58.** (A) **59.** (C) **60.** (A) **61.** (B) **62.** (B) **63.** (D) **64.** (C) **65.** (B) **66.** (D) **67.** (D) **68.** (B) **69.** (C) **70.** (D)

PART 4

71. (D) **72.** (A) **73.** (A) **74.** (B) **75.** (A) **76.** (C) **77.** (C) **78.** (C) **79.** (C) **80.** (C) **81.** (C) **82.** (D) **83.** (C) **84.** (D) **85.** (C) **86.** (A) **87.** (D) **88.** (C) **89.** (C) **90.** (A) **91.** (C) **92.** (C) **93.** (C) **94.** (C) **95.** (D) **96.** (D) **97.** (A) **98.** (B) **99.** (C) **100.** (B)

PART 5

101. (A) **102.** (C) **103.** (D) **104.** (B) **105.** (B) **106.** (D) **107.** (D) **108.** (D) **109.** (A) **110.** (A) **111.** (D) **112.** (A) **113.** (C) **114.** (A) **115.** (A) **116.** (A) **117.** (D) **118.** (B) **119.** (B) **120.** (A) **121.** (B) **122.** (C) **123.** (A) **124.** (B) **125.** (C) **126.** (C) **127.** (D) **128.** (B) **129.** (B) **130.** (D)

PART 6

131. (D) **132.** (D) **133.** (B) **134.** (C) **135.** (B) **136.** (D) **137.** (D) **138.** (C) **139.** (D) **140.** (A) **141.** (A) **142.** (D) **143.** (C) **144.** (C) **145.** (B) **146.** (A)

PART 7

147. (D) **148.** (C) **149.** (C) **150.** (A) **151.** (A) **152.** (D) **153.** (D) **154.** (B) **155.** (C) **156.** (A) **157.** (A) **158.** (B) **159.** (A) **160.** (C) **161.** (B) **162.** (C) **163.** (D) **164.** (C) **165.** (A) **166.** (D) **167.** (D) **168.** (D) **169.** (A) **170.** (B) **171.** (C) **172.** (C) **173.** (D) **174.** (B) **175.** (A) **176.** (A) **177.** (B) **178.** (D) **179.** (C) **180.** (B) **181.** (B) **182.** (B) **183.** (C) **184.** (D) **185.** (C) **186.** (D) **187.** (A) **188.** (B) **189.** (D) **190.** (B) **191.** (A) **192.** (D) **193.** (C) **194.** (D) **195.** (A) **196.** (A) **197.** (C) **198.** (C) **199.** (D) **200.** (A)

Part 1

1.

(A) She's resting on a sofa.
(B) She's clearing off the table.
(C) She's arranging the bookshelves.
(D) She's sweeping the floor.

(A) 여자가 소파에서 쉬고 있다.
(B) 여자가 식탁을 깨끗이 치우고 있다.
(C) 여자가 책장을 정리하고 있다.
(D) 여자가 바닥을 빗자루로 쓸고 있다.

정답 (D)

해설 1인 사진이므로 등장 인물의 동작이나 자세, 관련 사물에 초점을 맞춰 들어야 한다.
(A) 여자가 소파에서 쉬고 있는 자세를 취하는 것이 아니므로 오답.
(B) 여자가 식탁을 치우는 동작을 하는 것이 아니므로 오답.
(C) 여자가 책장을 정리하는 동작을 하는 것이 아니므로 오답.
(D) 여자가 바닥을 빗자루로 쓸고 있는 동작을 묘사하므로 정답.

2.

(A) She's displaying baked goods.
(B) She's wrapping a box of cookies.
(C) She's looking into a glass case.
(D) She's walking into a shopping mall.

(A) 여자가 제과 제품을 진열하고 있다.
(B) 여자가 쿠키 한 상자를 포장하고 있다.
(C) 여자가 유리 진열장을 들여다보고 있다.
(D) 여자가 쇼핑몰에 걸어 들어가고 있다.

정답 (C)

해설 1인 사진이므로 등장 인물의 동작이나 자세, 관련 사물에 초점을 맞춰 들어야 한다.
(A) 여자가 제과 제품을 진열하는 동작을 하는 것이 아니므로 오답.
(B) 여자가 쿠키 한 상자를 포장하는 동작을 하는 것이 아니므로 오답.
(C) 여자가 유리 진열장 내부를 들여다보는 모습을 묘사하므로 정답.
(D) 여자가 쇼핑몰에 걸어 들어가는 동작을 하는 것이 아니므로 오답.

3.

(A) A man is pointing at a computer screen.
(B) One of the women is writing on some chart paper.
(C) Some chairs are stacked in a corner.
(D) A door has been left open.

(A) 한 남자가 컴퓨터 화면을 가리키고 있다.
(B) 여자들 중 한 명이 일부 차트 종이에 필기하고 있다.
(C) 일부 의자들이 구석에 쌓여 있다.
(D) 문 하나가 열린 채로 있다.

정답 (A)

해설 다인 사진이므로 사람들의 동작이나 자세, 주변 사물에 함께 초점을 맞춰 들어야 한다.
(A) 컴퓨터 화면을 손으로 가리키는 남자의 동작을 묘사하므로 정답.
(B) 여자들 중에서 필기하는 동작을 하는 사람이 없으므로 오답.
(C) 구석에 쌓여 있는 의자를 찾아볼 수 없으므로 오답.
(D) 열린 채로 있는 문을 찾아볼 수 없으므로 오답.

4.

(A) One of the women is putting on a jacket.
(B) One of the women is holding a piece of paper.
(C) A man is making a pot of coffee.
(D) A man is distributing notepads.

(A) 여자들 중의 한 명이 재킷을 입는 중이다.
(B) 여자들 중의 한 명이 종이 한 장을 들고 있다.
(C) 한 남자가 커피 한 주전자를 끓이고 있다.
(D) 한 남자가 메모지를 나눠 주고 있다.

정답 (B)

해설 다인 사진이므로 사람들의 동작이나 자세, 주변 사물에 함께 초점을 맞춰 들어야 한다.
(A) 현재 재킷을 입는 동작을 하는 여자를 찾아볼 수 없으므로 오답.
(B) 여자 한 명이 종이를 들고 있는 자세에 초점을 맞춰 묘사하므로 정답.
(C) 남자가 커피를 끓이는 동작을 하는 것이 아니므로 오답.
(D) 남자가 메모지를 나눠 주는 동작을 하는 것이 아니므로 오답.

5.

(A) Some people are buying flowers.
(B) Some flowerpots are being moved.
(C) Some plants are on display.
(D) Some potted plants are being watered.

(A) 몇몇 사람들이 꽃을 구입하고 있다.
(B) 몇몇 화분들이 옮겨지고 있다.
(C) 몇몇 식물들이 진열되어 있다.
(D) 화분에 심은 몇몇 식물에 물이 뿌려지고 있다.

정답 (C)

해설 사물 사진이므로 각 사물의 명칭과 위치 관계에 초점을 맞춰 들어야 한다.
(A) 사진 속에서 사람을 찾아볼 수 없으므로 오답.
(B) 사진 속에서 화분이 옮겨지고 있지 않으므로 오답.
(C) 식물들이 진열되어 있는 상태에 초점을 맞춰 묘사하므로 정답.
(D) 식물에 물이 뿌려지고 있지 않으므로 오답.

6.

(A) One of the men is driving a truck.
(B) Some men are standing on a dock.
(C) There are boats approaching the shore.
(D) Some workers are unloading containers from the ship.

(A) 남자들 중의 한 명이 트럭을 운전하고 있다.
(B) 몇몇 남자들이 부두에 서 있다.
(C) 해안으로 다가오는 보트들이 있다.
(D) 몇몇 일꾼들이 배에서 컨테이너를 내리고 있다.

정답 (B)

해설 2인 사진이므로 두 사람의 공통된 동작이나 자세, 또는 주변 사물에 초점을 맞춰 들어야 한다.

(A) 트럭을 운전하는 자세를 취하는 남자를 찾아볼 수 없으므로 오답.

(B) 남자들이 부두에 서 있는 모습에 초점을 맞춰 묘사하므로 정답.

(C) 해안 쪽으로 이동하는 보트를 찾아볼 수 없으므로 오답.

(D) 배에서 컨테이너를 내리는 동작을 하는 사람을 찾아볼 수 없으므로 오답.

Part 2

7. Who's responsible for the annual bonuses?
(A) The payroll manager.
(B) 500 dollars.
(C) In December.

누가 연례 보너스를 책임지고 있나요?
(A) 급여 담당 부장님이요.
(B) 500달러요.
(C) 12월에요.

정답 (A)

해설 누가 연례 보너스를 책임지고 있는지 묻는 Who 의문문이다.

(A) Who에 어울리는 특정 직책에 있는 사람을 언급하므로 정답.

(B) How much 의문문에 어울리는 비용 표현으로 답변하므로 오답.

(C) When 의문문에 어울리는 시점 표현으로 답변하므로 오답.

8. Do you prefer taking the bus or the train?
(A) The station on Main Street.
(B) It's a direct route.
(C) I like buses.

버스를 타는 것을 선호하시나요, 아니면 기차를 선호하시나요?
(A) 메인 스트리트에 있는 역이요.
(B) 직통 노선입니다.
(C) 저는 버스를 좋아해요.

정답 (C)

해설 버스와 기차 중에 어느 것을 타기를 선호하는지 묻는 선택 의문문이다.

(A) Where 의문문에 어울리는 장소 표현으로 답변하므로 오답.

(B) 이동 경로의 특징을 말하고 있어 질문의 핵심에서 벗어난 오답.

(C) 두 가지 선택 대상 중 하나인 버스를 언급하므로 정답.

9. When will the next company newsletter be sent out?
(A) In August.
(B) No, at this company.
(C) Make sure I get a copy.

언제 다음 회사 소식지가 발송되는 건가요?
(A) 8월에요.
(B) 아뇨, 이 회사에서요.
(C) 반드시 제가 1부 받도록 해 주세요.

정답 (A)

해설 언제 다음 회사 소식지가 발송되는지 묻는 When 의문문이다.

(A) When 의문문에 어울리는 특정 시점으로 답변하므로 정답.

(B) 의문사 의문문에 맞지 않는 No로 답변하므로 오답.

(C) 답변자 자신이 1부 받도록 해 달라고 요청하는 말이므로 질문의 핵심에서 벗어난 오답.

10. How long is tomorrow's seminar?
(A) Three hours, I think.
(B) Sure, I can attend.
(C) At least 100 people.

내일 있을 세미나는 얼마나 오래 걸리나요?
(A) 3시간인 것 같아요.
(B) 물론이죠, 참석할 수 있어요.
(C) 최소 100명의 사람들이요.

정답 (A)

해설 내일 있을 세미나가 얼마나 오래 걸리는지 묻는 How long 의문문이다.

(A) How long 의문문에 어울리는 지속 시간으로 답변하므로 정답.

(B) 의문사 의문문에 맞지 않는 Sure로 답변하므로 오답.

(C) How many 의문문에 어울리는 인원수로 답변하는 오답.

11. Doesn't this bakery sell drinks?
(A) That's not too expensive.
(B) A wide range of bread.
(C) There's a coffee shop next door.

이 제과점은 음료를 판매하지 않나요?
(A) 그건 그렇게 많이 비싸지 않네요.
(B) 아주 다양한 빵이요.
(C) 옆 건물에 커피 매장이 있습니다.

정답 (C)

해설 제과점에서 음료를 판매하지 않는지 확인하는 부정 의문문이다.

(A) 음료 판매 여부가 아닌 비용 수준을 말하는 답변이므로 오답.

(B) 빵 제품의 다양성을 언급하고 있으므로 질문의 핵심에서 벗어난 오답.

(C) 옆 건물에 커피 매장이 있다는 말로 음료를 판매하지 않는다는 뜻을 나타내므로 정답.

12. Can we have another look at the menu, please?
(A) Yes, it was delicious.
(B) I'll be right back.
(C) I can see that.

저희가 메뉴를 다시 한 번 볼 수 있을까요?
(A) 네, 맛있었습니다.
(B) 곧 다시 돌아 오겠습니다.
(C) 그걸 볼 수 있어요.

정답 (B)

해설 메뉴를 다시 한 번 볼 수 있을지 묻는 요청 의문문이다.

(A) 앞으로의 일에 대한 요청과 달리 과거 시점(was)의 일을 언급하므로 오답.

(B) 메뉴를 보여줄 수 있도록 메뉴를 갖고 다시 오겠다는 의미에 해당되는 답변이므로 정답.

(C) look에서 연상 가능한 see로 답변하는 오답.

13. Why didn't the box of product catalogs arrive yesterday?
(A) Because of a shipping error.
(B) I like the new merchandise.
(C) Next day delivery, please.

왜 제품 카탈로그가 담긴 상자가 어제 도착하지 않았나요?
(A) 배송 오류 때문입니다.
(B) 저는 새 상품이 마음에 들어요.
(C) 익일 배송으로 부탁합니다.

정답 (A)

해설 제품 카탈로그가 담긴 상자가 어제 도착하지 않은 이유를 묻는 Why 의문문이다.

(A) Why와 어울리는 Because of와 함께 배송 오류를 이유로 언급하므로 정답.

(B) product에서 연상 가능한 merchandise를 활용한 오답.

(C) product와 arrive에서 연상 가능한 Next day delivery를 활용한 오답.

14. Who requested to swap work shifts this Saturday?
(A) It's our busiest day.
(B) I'll check the schedule.
(C) You'll need authorization.

누가 이번 토요일에 교대 근무를 맞바꾸도록 요청했나요?
(A) 우리의 가장 바쁜 날입니다.
(B) 제가 일정표를 확인해 보겠습니다.
(C) 승인이 필요하실 겁니다.

정답   (B)
해설   누가 이번 토요일에 교대 근무를 맞바꾸도록 요청했는지 묻는 Who 의문문이다.
(A) 특정 근무일의 특성을 말하는 답변이므로 질문의 핵심에서 벗어난 오답.
(B) 질문에서 언급하는 정보를 확인할 수 있는 방법으로 답변하므로 정답.
(C) requested to swap work shifts에서 연상 가능한 authorization을 활용한 오답.

15. Should I finish this before lunchtime, or can it wait until later?
(A) The restaurant across the road.
(B) This afternoon's fine.
(C) No, I got here on time.

이것을 점심 시간 전에 끝내야 하나요, 아니면 나중으로 미뤄도 될까요?
(A) 길 건너편에 있는 레스토랑이요.
(B) 오늘 오후면 괜찮습니다.
(C) 아뇨, 저는 여기 제 시간에 왔어요.

정답   (B)
해설   어떤 일을 점심 시간 전에 끝내야 하는지, 아니면 나중으로 미뤄도 되는지 묻는 선택 의문문이다.
(A) lunchtime에서 연상 가능한 restaurant을 활용한 오답.
(B) 오늘 오후라면 괜찮다는 말로 조금 미뤄도 된다는 뜻을 나타낸 답변이므로 정답.
(C) 업무 완료 시점과 관련 없는 도착 시점을 언급하므로 오답.

16. Where can I sign up for the marketing workshop?
(A) You can sign up right here.
(B) Anyone can attend.
(C) A new farmers' market.

어디에서 마케팅 워크숍에 등록할 수 있나요?
(A) 바로 여기서 등록하실 수 있습니다.
(B) 누구나 참석할 수 있습니다.
(C) 새로 생긴 농산물 시장이요.

정답   (A)
해설   어디에서 마케팅 워크숍에 등록할 수 있는지 묻는 Where 의문문이다.
(A) Where에 어울리는 here라는 위치 표현으로 등록 장소를 언급하므로 정답.
(B) 등록 장소가 아닌 등록 자격과 관련된 답변이므로 오답.
(C) marketing과 일부 발음이 같은 market을 활용한 오답.

17. You know the supervisor of the graphic design department, don't you?
(A) Yes, he's a friend of mine.
(B) Several designer vacancies.
(C) This one's my favorite.

그래픽 디자인부의 부장님을 알고 계시지 않나요?
(A) 네, 제 친구입니다.
(B) 여러 디자이너 공석이요.
(C) 이것이 제가 가장 좋아하는 것입니다.

정답   (A)
해설   그래픽 디자인부의 부장님을 알고 있지 않은지 확인하는 부가 의문문이다.
(A) 긍정을 뜻하는 Yes와 함께 어떤 관계인지 덧붙이는 것으로 알고 있음을 말하는 정답.
(B) design과 발음 및 의미가 유사한 designer를 활용한 오답.
(C) 답변자 자신이 좋아하는 대상을 말하는 답변이므로 질문의 핵심에서 벗어난 오답.

18. Isn't Ms. Findlay's car in the parking lot?
(A) The parking fee is 5 dollars.
(B) I parked across the street.
(C) I didn't see it there.

핀들레이 씨의 차가 주차장에 있지 않나요?
(A) 주차 요금은 5달러입니다.
(B) 저는 길 건너편에 주차했어요.
(C) 그곳에서 보지 못했어요.

정답   (C)
해설   핀들레이 씨의 차가 주차장에 있지 않은지 확인하는 부정 의문문이다.
(A) 주차 요금을 알리는 답변이므로 질문의 핵심에서 벗어난 오답.
(B) 핀들레이 씨의 차가 아닌 답변자 자신의 차량 주차 위치를 말하는 답변이므로 오답.
(C) Findlay's car를 it으로, parking lot을 there로 각각 지칭해 보지 못했다는 말로 주차장에 없음을 알리고 있으므로 정답.

19. How do I apply for a store membership?
(A) All twenty branches.
(B) You need to visit our Web site.
(C) That position has been filled.

어떻게 매장 회원 자격을 신청하나요?
(A) 전부 20곳의 지점이요.
(B) 저희 웹 사이트를 방문하셔야 합니다.
(C) 그 직책은 충원되었습니다.

정답   (B)
해설   어떻게 매장 회원 자격을 신청하는지 묻는 How 의문문이다.
(A) How many 의문문에 어울리는 지점 개수로 답변하고 있으므로 오답.
(B) 웹 사이트를 방문하라는 말로 신청 방법을 알리고 있으므로 정답.
(C) apply에서 연상 가능한 position과 filled로 답변하는 오답.

20. I'm going to the concert at AGS Music Hall tonight.
(A) Lots of great musicians.
(B) Sure, I'd love to.
(C) Hasn't it been canceled?

저는 오늘밤에 AGS 뮤직 홀에서 열리는 콘서트에 갈 예정입니다.
(A) 아주 뛰어난 많은 음악가들이요.
(B) 물론이죠, 꼭 그러고 싶어요.
(C) 그거 취소되지 않았나요?

정답   (C)
해설   오늘밤에 AGS 뮤직 홀에서 열리는 콘서트에 갈 예정임을 알리는 평서문이다.
(A) concert와 Music Hall에서 연상 가능한 musicians를 활용한 오답.
(B) 상대방의 제안에 대해 수락하는 의미를 나타낼 때 사용하는 답변이므로 오답.
(C) concert를 it으로 지칭해 취소된 행사가 아닌지 확인하기 위해 되묻고 있으므로 정답.

21. What do you think about this hotel?
(A) A single room, please.
(B) No, we're fully booked.
(C) I love staying here.

이 호텔에 대해 어떻게 생각하세요?
(A) 싱글 룸으로 부탁합니다.
(B) 아뇨, 저희는 모두 예약되었습니다.
(C) 저는 이곳에 머무는 것이 마음에 들어요.

정답 (C)

해설 특정 호텔에 대해 어떻게 생각하는지 묻는 What 의문문이다.

(A) 특정 객실을 요청할 때 사용하는 말이므로 질문의 핵심에서 벗어난 오답.

(B) 의문사 의문문에 맞지 않는 No로 답변하는 오답.

(C) this hotel을 here로 지칭해 숙박하는 것이 마음에 든다는 의견을 밝히고 있으므로 정답.

22. Why don't we go to the food fair in Waterside Park?
(A) Yes, it's delicious.
(B) Sounds great to me.
(C) Around 30 vendors.

워터사이드 공원에서 열리는 식품 박람회에 가보는 건 어떨까요?
(A) 네, 맛있습니다.
(B) 저는 아주 좋은 것 같아요.
(C) 약 30곳의 판매업체들이요.

정답 (B)

해설 워터사이드 공원에서 열리는 식품 박람회에 가보는 게 어떤지 묻는 제안 의문문이다.

(A) food에서 연상 가능한 delicious를 활용한 오답.

(B) 상대방의 제안을 수락할 때 사용하는 답변이므로 정답.

(C) 참가업체의 규모와 관련된 답변이므로 질문의 핵심에서 벗어난 오답.

23. 8 A.M. isn't the best time for a staff meeting, is it?
(A) You're right. It's too early.
(B) For all full-time employees.
(C) In the upstairs conference room.

오전 8시는 직원 회의를 하기에 가장 좋은 시간은 아니지 않나요?
(A) 맞습니다. 너무 이릅니다.
(B) 모든 정규직 직원들을 대상으로요.
(C) 위층에 있는 대회의실에서요.

정답 (A)

해설 오전 8시가 직원 회의를 하기에 가장 좋은 시간은 아니지 않은지 확인하는 부가 의문문이다.

(A) 동의를 나타내는 말과 함께 오전 8시가 회의 시간으로 부적합한 이유를 덧붙인 정답.

(B) 회의 개최 시간이 아닌 회의 참가 대상을 말하고 있어 질문의 핵심에서 벗어난 오답.

(C) Where 의문문에 어울리는 장소 표현으로 답변하는 오답.

24. I haven't applied for the head librarian job yet.
(A) The closing date is this Friday.
(B) I don't think I'm qualified.
(C) Mark was the right choice.

저는 아직 선임 사서 자리에 지원하지 않았어요.
(A) 지원 마감일이 이번 주 금요일입니다.
(B) 저는 자격이 있는 것 같지 않아요.
(C) 마크 씨가 좋은 선택입니다.

정답 (A)

해설 아직 선임 사서 자리에 지원하지 않았다는 사실을 말하는 평서문이다.

(A) 지원 마감일을 말하는 것으로 빨리 지원하도록 권하는 의미를 나타내고 있으므로 정답.

(B) 상대방의 지원 여부가 아니라 답변자 자신의 자격 요건을 말하고 있어 핵심에서 벗어난 오답.

(C) 상대방의 지원 여부가 아니라 가장 좋은 후보자를 말하는 답변이므로 오답.

25. Which restaurant should I take Mr. Cheng to?
(A) Alice can recommend one.
(B) He's one of our new clients.
(C) Thanks, but I already had dinner.

어느 식당으로 쳉 씨를 모시고 가야 할까요?
(A) 앨리스 씨가 한 곳을 추천해 드릴 수 있을 거예요.
(B) 그분은 우리 신규 고객들 중 한 분입니다.
(C) 감사합니다만, 저는 이미 저녁 식사를 했습니다.

정답 (A)

해설 어느 식당으로 쳉 씨를 모시고 가야 하는지 묻는 Which 의문문이다.

(A) restaurant을 one으로 지칭해 좋은 곳을 추천해 줄 수 있는 사람을 언급하는 정답.

(B) 목적지인 식당이 아닌 고객의 특징과 관련된 답변이므로 오답.

(C) 답변자 자신의 식사 여부를 말하는 답변이므로 질문의 핵심에서 벗어난 오답.

26. Would you like to become a member of our gym?
(A) It costs 30 dollars per month.
(B) I already have a membership here.
(C) The weights are next to the entrance.

저희 체육관 회원이 되고 싶으신가요?
(A) 한 달에 30달러의 비용이 듭니다.
(B) 저는 이미 이곳 회원권을 갖고 있어요.
(C) 웨이트 기구는 입구 옆에 있습니다.

정답 (B)

해설 체육관 회원이 되고 싶은지 묻는 제안 의문문이다.

(A) 회원 가입 여부가 아닌 비용 수준을 말하고 있으므로 질문의 핵심에서 벗어난 오답.

(B) 이미 회원권을 갖고 있다는 말로 회원으로 가입했음을 알리는 정답.

(C) 회원 가입 여부가 아니라 운동 장비의 위치를 말하는 답변이므로 오답.

27. Are the product samples being sent out today or tomorrow?
(A) Michael already delivered them.
(B) Our new range of camping supplies.
(C) Yes, it was simple to use.

제품 샘플이 오늘 발송되는 건가요, 아니면 내일 되는 건가요?
(A) 마이클 씨가 이미 배송했어요.
(B) 우리 새 캠핑 용품 제품군이요.
(C) 네, 사용하기 간편했어요.

정답 (A)

해설 제품 샘플이 오늘 발송되는 건지, 아니면 내일 되는 것인지 묻는 선택 의문문이다.

(A) product samples를 them으로 지칭해 이미 발송된 사실을 알리는 정답.

(B) 발송 시점이 아닌 제품의 종류를 언급하고 있어 질문의 핵심에서 벗어난 오답.

(C) sample과 발음이 유사한 simple을 활용한 오답.

28. When is the retirement party for the general manager?
(A) Everyone had a great time.
(B) David will replace him.
(C) I wasn't invited to that.

언제 총무부장님을 위한 은퇴 기념 파티가 열리나요?
(A) 모두 아주 즐거운 시간을 보냈어요.
(B) 데이빗 씨께서 그분의 후임이 되실 겁니다.
(C) 저는 그곳에 초대 받지 않았어요.

정답 (C)

해설 언제 총무부장의 은퇴 기념 파티가 열리는지 묻는 When 의문문이다.

(A) 질문에서 말하는 시점과 달리 과거 시점(had)의 일을 언급하는 답변이므로 오답.

(B) Who 의문문에 어울리는 후임자 이름으로 답변하는 오답.

(C) retirement party를 that으로 지칭해 초대 받지 않았다는 말로 파티 개최 시점을 알 수 없다는 뜻을 나타낸 정답.

29. Does this bus seem too small for all the tour group members?

    (A) No, it should be fine.
    (B) Thanks, I'd love to participate.
    (C) There are several sites to visit.

이 버스는 모든 투어 그룹 인원을 태우기에 너무 작은 것 같은데요?
    (A) 아뇨, 괜찮을 겁니다.
    (B) 감사합니다, 저는 꼭 참가하고 싶습니다.
    (C) 방문할 여러 장소가 있습니다.

정답   (A)

해설   버스가 모든 투어 그룹 인원을 태우기에 너무 작은 것 같다고 묻는 의문문이다.
    (A) 부정을 뜻하는 No와 함께 동의하지 않는다는 뜻을 알리는 정답.
    (B) tour에서 연상 가능한 participate를 활용한 오답.
    (C) tour에서 연상 가능한 sites to visit을 활용한 오답.

30. Why will the Web site be offline this afternoon?
    (A) I don't know the address.
    (B) Didn't you read the notice?
    (C) At around 3 P.M.

왜 웹 사이트가 오늘 오후에 오프라인 상태가 되는 거죠?
    (A) 저는 그 주소를 알지 못합니다.
    (B) 공지 사항을 읽지 못하셨나요?
    (C) 오후 3시쯤에요.

정답   (B)

해설   웹 사이트가 오늘 오후에 오프라인 상태가 되는 이유를 묻는 Why 의문문이다.
    (A) Web site에서 연상 가능한 address를 활용한 오답.
    (B) 공지를 읽지 않았는지 되묻는 것으로 관련 정보를 확인하는 방법을 언급한 정답.
    (C) When 의문문에 어울리는 시점 표현으로 답변하는 오답.

31. How can we attract more customers to our store?
    (A) Paul's going to hand out flyers.
    (B) You can store it here for now.
    (C) Yes, it's really boosted our profits.

어떻게 우리가 매장으로 더 많은 고객을 끌어들일 수 있을까요?
    (A) 폴 씨가 전단을 배부할 예정입니다.
    (B) 우선은 여기에 그것을 보관하시면 됩니다.
    (C) 네, 그것이 정말로 우리 수익을 증대해 주었어요.

정답   (A)

해설   매장으로 더 많은 고객을 끌어들일 수 있는 방법을 묻는 How 의문문이다.
    (A) 더 많은 고객을 끌어들이는 일과 관련해 전단 배부라는 방법을 언급한 정답.
    (B) store의 다른 의미(보관하다)를 활용한 오답.
    (C) 의문사 의문문에 맞지 않는 Yes로 답변하는 오답.

Part 3

Questions 32-34 refer to the following conversation.

W: I'm so happy that 32 our sportswear store is already making a good profit, Chris. There seems to be a high demand for the range of running shoes, T-shirts, and shorts we carry.

M: Yes, and 33 when we finally launch our Web site this weekend, we can expect even more shoppers to come to the store.

W: I agree. Oh, by the way, 34 are you still designing an advertisement that we can run in the local newspaper?

M: 34 Yes, I'm almost done with it. It should be ready by the end of the week.

여: 저는 우리 스포츠 의류 매장이 이미 높은 수익을 올리고 있어서 너무 기뻐요, 크리스 씨. 우리가 취급하는 운동화와 티셔츠, 그리고 반바지 제품군에 대한 수요가 높은 것 같아요.

남: 네, 그리고 우리가 드디어 이번 주말에 웹 사이트를 운영하기 시작하면, 훨씬 더 많은 쇼핑객들이 매장으로 찾아올 것으로 기대할 수 있습니다.

여: 동의해요. 아, 그건 그렇고, 우리가 지역 신문에 게재할 수 있는 광고를 여전히 고안하고 계신가요?

남: 네, 거의 완료되었습니다. 주말까지는 준비될 거예요.

32. 화자들은 어디에서 일하는가?
    (A) 의류 매장에서
    (B) 피트니스 센터에서
    (C) 건강 식품 매장에서
    (D) 그래픽 디자인 회사에서

정답   (A)

해설   대화를 시작하면서 여자가 우리 스포츠 의류 매장(our sportswear store)이라는 말로 소속 업체를 언급하고 있으므로 (A)가 정답이다.

33. 이번 주말에 무슨 일이 있을 것인가?
    (A) 웹 사이트가 운영되기 시작할 것이다.
    (B) 신제품이 공개될 것이다.
    (C) 할인 서비스가 제공될 것이다.
    (D) 신규 지점이 개장할 것이다.

정답   (A)

해설   이번 주말이라는 시점이 언급되는 대화 중반부에 남자가 이번 주말에 웹 사이트를 운영하기 시작한다고(when we finally launch our Web site this weekend) 알리고 있으므로 (A)가 정답이다.

34. 남자는 자신이 무엇에 대한 작업을 해 오고 있다고 말하는가?
    (A) 신문 광고
    (B) 제품 카탈로그
    (C) 포스터
    (D) 로고 디자인

정답   (A)

해설   대화 후반부에 여자가 남자에게 지역 신문에 게재할 수 있는 광고를 여전히 고안하고 있는지(are you still designing an advertisement that we can run in the local newspaper?) 묻자, 남자가 거의 완료되었다고 답변하고 있으므로 (A)가 정답이다.

Questions 35-37 refer to the following conversation.

M: Good morning. 35 You've reached the customer service department at Pulsar Telecom. You're speaking to Zara. What can I do for you today?

W: It's about time. 36 I was put through to the wrong department earlier. I'm becoming quite annoyed. This happened the last few times I called, too.

M: I'm sorry about that, ma'am. We've had a problem with our switchboard, and some calls are being put through to the wrong extension numbers. We're doing our best to fix the problem. Now, before I can help you today, 37 would you mind giving me your customer identification number? I'll need that to access your account details.

남: 안녕하세요. 펄사 텔레콤 고객 서비스부에 전화 주셨습니다. 저는 자라입니다. 오늘 무엇을 도와 드릴까요?

여: 드디어 됐네요. 제가 아까 엉뚱한 부서로 연결이 되었는데요. 꽤 짜증이 나네요. 이런 일이 전에 몇 차례 전화했을 때도 있었거든요.

남: 죄송합니다, 고객님. 저희 전화 교환대에 문제가 좀 있어서, 일부 전화가 엉뚱한 내선 번호로 연결되고 있습니다. 저희가 문제를 바로잡기 위해 최선을 다하고 있습니다. 이제, 오늘 도움을 드리기에 앞서, 고객 확인 번호를 저에게 말씀해 주시겠습니까? 제가 고객님의 계정 세부 사항에 접근하기 위해 필요합니다.

35. 남자는 누구일 것 같은가?
(A) 영업 사원
(B) 수리 기사
(C) 직원 모집 책임자
(D) 고객 상담원

정답 **(D)**

해설 대화 시작 부분에 남자가 펄사 텔레콤 고객 서비스부에 전화했다고(You've reached the customer service department at Pulsar Telecom) 알리고 있으므로 (D)가 정답이다.

36. 여자는 왜 짜증이 났는가?
(A) 엉뚱한 매장 지점을 방문했다.
(B) 예정된 배송 물품을 받지 못했다.
(C) 엉뚱한 사람에게 연결되었다.
(D) 결함이 있는 제품을 구입했다.

정답 **(C)**

해설 대화 초반부에 여자가 엉뚱한 부서로 연결되었다는 말과 함께 짜증이 난다고(I was put through to the wrong department earlier. I'm becoming quite annoyed) 언급하고 있으므로 (C)가 정답이다.

37. 남자는 여자에게 무엇을 제공하도록 요청하는가?
(A) 제품명
(B) 집 주소
(C) 확인 번호
(D) 신용카드 번호

정답 **(C)**

해설 대화 마지막에 남자가 고객 확인 번호를 알려 달라고(would you mind giving me your customer identification number?) 요청하고 있으므로 (C)가 정답이다.

Questions 38-40 refer to the following conversation with three speakers.

W1: Excuse me, sir. **38** My sister and I were wondering whether we can check in to our room a little early. We know that the check-in time is supposed to be 2 P.M. It's under the name Williams.
M: Let's see… Ah, yes, Williams. **39** I'm afraid there's a small problem. We accidently double booked the twin room you wanted, and we already have a guest in there now. However, the manager has offered to upgrade you to a suite at no extra cost. **40** You just need to pay a $100 security deposit.
W2: That sounds great! **40** Annie, can you handle that for us?
W1: **40** Sure, I'll put it on my card.

여1: 실례합니다. 제 여동생과 제가 조금 일찍 저희 객실로 체크인할 수 있는지 궁금합니다. 체크인 시간이 오후 2시로 되어 있다는 것을 알고는 있습니다. 윌리엄스라는 이름으로 예약되어 있습니다.
남: 확인해 보겠습니다… 아, 네, 윌리엄스 씨. 작은 문제가 하나 있는 것 같습니다. 고객님께서 원하신 트윈 룸을 저희가 실수로 이중 예약을 했는데, 지금 이미 그곳에 손님이 있습니다. 하지만, 지배인님께서 추가 비용 없이 스위트룸으로 업그레이드해 드리겠다고 제안해 주셨습니다. 100달러의 보증금만 지불하시면 됩니다.
여2: 아주 잘 된 것 같습니다! 애니, 이 비용 좀 처리해 줄래?
여1: 물론이지, 내 카드로 할게.

38. 남자는 누구일 것 같은가?
(A) 항공사 직원
(B) 호텔 직원
(C) 여행사 직원
(D) 티켓 판매원

정답 **(B)**

해설 대화를 시작하면서 여자 한 명이 조금 일찍 객실로 체크인할 수 있는지 궁금하다고(My sister and I were wondering whether we can check in to our room a little early) 남자에게 말하고 있는데, 이는 호텔에서 들을 수 있는 말에 해당되므로 (B)가 정답이다.

39. 남자는 무슨 문제점을 언급하는가?
(A) 예약 오류가 있었다.
(B) 특별 요금을 이용할 수 없다.
(C) 운행 지연 문제가 있다.
(D) 여행 가방이 분실되었다.

정답 **(A)**

해설 남자는 대화 중반부에 작은 문제가 하나 있다는 말과 함께 여자들이 원한 객실이 이중 예약된 사실을(I'm afraid there's a small problem. We accidently double booked the twin room you wanted) 알리고 있으므로 (A)가 정답이다.

40. 애니 씨는 곧이어 무엇을 할 것인가?
(A) 몇몇 가방을 나르는 일
(B) 지배인과 이야기하는 일
(C) 양식을 작성하는 일
(D) 보증금을 지불하는 일

정답 **(D)**

해설 대화 후반부에 남자가 100달러의 보증금 지불을 요청하자(You just need to pay a $100 security deposit), 여자 한 명이 Annie를 부르면서 처리하도록(Annie, can you handle that for us?) 요청하고 있다. 이에 대해 다른 여자가 수락하고(Sure, I'll put it on my card) 있으므로 (D)가 정답이다.

Questions 41-43 refer to the following conversation.

M: Hey, Ursula, **41** do you know if there's a dry cleaner near our apartment building?
W: Actually, I'm not sure. Why do you ask?
M: Well, **42** my washing machine has broken down. I really need to clean my favorite shirt and pants before my job interview tomorrow morning.
W: Well, you could try looking online for one, but if there isn't one nearby, **43** you could come to my place and use my machine. You know, I'm in Apartment 5C, just above you.
M: Thanks, I really appreciate it.

남: 안녕하세요, 어슬라 시, 우리 아파트 건물 근처에 세탁소가 있는지 아시나요?
여: 실은, 확실치 않아요. 왜 그러시죠?
남: 저, 제 세탁기가 고장 났어요. 내일 오전에 있을 구직 면접에 앞서 제가 가장 좋아하는 셔츠와 바지를 꼭 세탁해야 하거든요.
여: 음, 온라인으로 한 번 찾아 보실 수 있겠지만, 근처에 없을 경우에, 저희 집으로 오셔서 제 세탁기를 이용하셔도 됩니다. 저기, 저는 아파트 5C에 살아요, 당신 집 바로 위에요.
남: 고마워요, 정말로 감사합니다.

41. 남자는 여자에게 무엇에 대해 묻는가?
(A) 드라이 클리닝
(B) 집안 장식

(C) 비어 있는 건물
(D) 구직 기회

정답 (A)

해설 대화를 시작하면서 남자가 아파트 건물 근처에 세탁소가 있는지 (do you know if there's a dry cleaner near our apartment building?) 묻고 있으므로 (A)가 정답이다.

42.
남자에게 무슨 문제가 있는가?
(A) 셔츠가 손상되었다.
(B) 면접 시간이 변경되었다.
(C) 차량이 수리 중이다.
(D) 가전 기기가 제대로 작동하지 않았다.

정답 (D)

해설 대화 초반부에 남자가 자신의 세탁기가 고장 난 사실을(my washing machine has broken down) 알리고 있으므로 (D)가 정답이다.

43.
여자는 남자에게 무엇을 하도록 권하는가?
(A) 자신의 아파트로 찾아 오는 일
(B) 건물 관리인에게 연락하는 일
(C) 수리 서비스를 요청하는 일
(D) 의류 매장을 방문하는 일

정답 (A)

해설 대화 후반부에 여자가 자신의 집으로 와서 세탁기를 이용해도 된다고(you could come to my place and use my machine) 권하면서 아파트 호수를 알려 주고 있으므로 (A)가 정답이다.

Questions 44-46 refer to the following conversation.

M: Janice, I just heard that **44** your department won the construction contract to collaborate with Cheng Engineering in China. Well done! That's a big deal for everyone here at our firm.

W: Thanks a lot! We have a lot of hard work ahead of us, but **45** I'm really looking forward to working overseas.

M: It will certainly be an amazing experience. **46** If you don't have any plans, I'd love to treat you to lunch today to celebrate. Are you free at noon?

W: I appreciate the offer, but... I'm having lunch with the board members.

M: Oh, no problem! Maybe another time then.

남: 재니스 씨, 당신 부서가 중국에 있는 쳉 엔지니어링 사와 협업하는 공사 계약을 따냈다는 얘기를 막 들었어요. 정말 잘 되셨네요! 그건 이곳 우리 회사의 모든 사람에게 있어 중요한 거래입니다.

여: 정말 감사해요! 앞으로 열심히 해야 할 일이 많이 있지만, 저는 해외에서 일하는 것을 정말로 고대하고 있어요.

남: 분명 놀라운 경험이 될 겁니다. 별 다른 계획이 있지 않으시면, 기념하기 위해 오늘 점심 식사를 꼭 대접해 드리고 싶어요. 정오에 시간 되시나요?

여: 제안은 감사하지만... 이사회 임원들과 점심 식사를 할 예정입니다.

남: 아, 괜찮습니다! 그럼 아마 다음 기회가 있을 겁니다.

44.
남자는 무엇에 대해 여자에게 축하 인사를 하는가?
(A) 상을 받은 것
(B) 승진된 것
(C) 계약을 따낸 것
(D) 업체를 설립한 것

정답 (C)

해설 대화 시작 부분에 남자가 여자에게 중국의 업체와 협업하는 공사 계약을 따낸 사실을 언급하면서 축하 인사를 전하고(your department won the construction contract to collaborate with Cheng Engineering in China. Well done!) 있으므로 (C)가 정답이다.

45.
여자는 무엇을 고대하고 있는가?
(A) 제품을 개발하는 일
(B) 신입 직원을 모집하는 일
(C) 교육 워크숍에 참석하는 일
(D) 외국에서 근무하는 일

정답 (D)

해설 대화 중반부에 여자가 해외에서 일하는 것을 정말로 고대하고 있다고(I'm really looking forward to working overseas) 알리는 부분이 있으므로 (D)가 정답이다.

46.
여자는 왜 "이사회 임원들과 점심 식사할 예정입니다"라고 말하는가?
(A) 지연 문제에 대해 사과하기 위해
(B) 초대를 거절하기 위해
(C) 찾아 가는 길을 요청하기 위해
(D) 남자에게 자신과 함께 하도록 요청하기 위해

정답 (B)

해설 대화 중반부에 남자가 기념을 위해 오늘 점심 식사를 대접하겠다는 말과 함께 정오에 시간이 되는지(If you don't have any plans, I'd love to treat you to lunch today to celebrate. Are you free at noon?) 묻자, 여자가 '이사회 임원들과 점심 식사를 할 예정입니다'라고 말하는 상황이다. 이는 남자의 초대를 거절하는 것에 해당되므로 (B)가 정답이다.

Questions 47-49 refer to the following conversation with three speakers.

M1: Hi, Claire. I'm Craig Collingwood, the personnel manager here at Margate Manufacturing. This is the head of operations, Bill Hendry, and **47** we'll be reviewing your job performance today.

W: Hi, it's great to meet both of you.

M2: It's good to see you, Claire. Now, **48** you've been supervising our warehouse for the past 6 months, and we've been very pleased with your performance. Do you think you've learned a lot in that time?

W: Oh, definitely. **49** I'm very pleased that the company runs training workshops every month. Those have allowed me to gain a lot of new skills that help me perform better in my job.

M1: I'm glad to hear that. It's important to us that our employees always try to learn new skills.

남1: 안녕하세요, 클레어 씨. 저는 크레이그 콜링우드이며, 이곳 마게이트 제조사의 인사부장입니다. 이분은 운영부장이신 빌 헨드리 씨이며, 저희가 오늘 당신의 업무 능력을 평가할 예정입니다.

여: 안녕하세요, 두 분 모두 만나 뵙게 되어 기쁩니다.

남2: 만나서 반갑습니다, 클레어 씨. 자, 지난 6개월 동안 우리 창고를 관리해 오셨는데, 저희는 당신의 업무 능력에 매우 만족하고 있습니다. 그 기간에 많은 것을 배우셨다고 생각하시나요?

여: 아, 당연하죠. 회사에서 매달 교육 워크숍을 운영하고 있다는 점이 매우 만족스럽습니다. 그로 인해 제가 제 직무를 더 잘 수행할 수 있도록 도움을 주는 새로운 기술을 많이 습득하게 되었습니다.

남1: 그 말씀을 듣게 되어 기쁩니다. 직원들이 항상 새로운 기술을 배우도록 노력하는 것이 저희에게는 중요합니다.

47.
화자들은 왜 만나고 있는가?
(A) 프로젝트 업데이트를 위해
(B) 업무 능력 평가를 위해
(C) 구인 면접을 위해
(D) 영업 보고를 위해

정답 (B)

해설 대화 초반부에 남자 한 명이 여자에게 업무 능력을 평가할 예정이라고(we'll

be reviewing your job performance today) 알리고 있으므로 (B)가 정답이다.

48. 여자의 직업은 무엇일 것 같은가?
(A) 마케팅 이사
(B) 영업팀 팀장
(C) 채용 컨설턴트
(D) 창고 관리자

정답 (D)

해설 대화 중반부에 남자 한 명이 여자에게 창고를 관리해 온 사실을(you've been supervising our warehouse) 언급하는 부분이 있으므로 (D)가 정답이다.

49. 여자는 회사와 관련해 무엇이 마음에 든다고 말하는가?
(A) 주기적인 교육을 제공한다.
(B) 경쟁력 있는 연봉을 제공한다.
(C) 고품질의 제품을 생산한다.
(D) 직원들의 얘기를 들어준다.

정답 (A)

해설 대화 후반부에 여자가 회사에서 매달 교육 워크숍을 운영하고 있다는 점이 매우 만족스럽다고(I'm very pleased that the company runs training workshops every month) 언급하고 있으므로 (A)가 정답이다.

Questions 50-52 refer to the following conversation.

M: 50 Thanks for calling the High Street branch of Meadowside Bank. How can I help you?
W: Hi, I'd like to open a savings account online, but I'm having trouble using your Web site. My name is Emma Smith.
M: Okay, do you already have an account with us?
W: Yes. I've had a checking account for a few years.
M: Well, 51 we have a new policy, and you can now open a new account directly over the phone. I'll just need to ask you a few security questions before we get started.
W: Great! But, will it take long? I'm actually in a bit of a hurry. Perhaps I should call back.
M: It should take 10 to 15 minutes to set up the new account.
W: In that case, 52 it's better that I call again later today. Thanks for your help!

남: 메도우사이드 은행의 하이 스트리트 지점에 전화 주셔서 감사합니다. 무엇을 도와 드릴까요?
여: 안녕하세요, 제가 온라인으로 저축 예금 계좌를 하나 개설하고 싶은데, 웹 사이트를 이용하는 데 어려움이 있습니다. 제 이름은 엠마 스미스입니다.
남: 알겠습니다, 저희 은행에 이미 계좌가 있으신가요?
여: 네. 몇 번째 당좌 예금 계좌를 이용해 왔어요.
남: 음, 저희에게 새로운 정책이 있는데, 이제 전화상으로 곧바로 신규 계좌를 개설하실 수 있습니다. 시작하기에 앞서 몇 가지 보안 관련 질문만 좀 드려야 합니다.
여: 잘됐네요! 하지만, 오래 걸리나요? 제가 사실 좀 급한 상태거든요. 아마 다시 전화해야 할 것 같네요.
남: 신규 계좌를 설정하는 데 10분에서 15분이 소요될 겁니다.
여: 그러면, 오늘 이따가 다시 전화하는 게 더 나을 거예요. 도와 주셔서 감사합니다!

50. 남자는 무슨 종류의 업체에서 근무하고 있을 것 같은가?
(A) 공급 회사
(B) 도서관
(C) 은행
(D) 인터넷 서비스 제공 업체

정답 (C)

해설 대화를 시작하면서 남자가 메도우사이드 은행의 하이 스트리트 지점에 전화한 것에 대해 감사하다고(Thanks for calling the High Street branch of Meadowside Bank) 인사하고 있으므로 (C)가 정답이다.

51. 남자는 여자에게 무슨 새로운 정책에 관해 말하는가?
(A) 업체가 주말마다 문을 닫을 것이다.
(B) 고객들이 반드시 신분을 확인해 주어야 한다.
(C) 계좌가 전화로 개설될 수 있다.
(D) 웹 사이트가 비밀번호를 필요로 한다.

정답 (C)

해설 대화 중반부에 남자가 새로운 정책을 언급하면서 전화상으로 신규 계좌를 개설할 수 있다고(we have a new policy, and you can now open a new account directly over the phone) 알리는 부분이 있으므로 (C)가 정답이다.

52. 여자는 무엇을 할 것이라고 말하는가?
(A) 업체를 직접 방문하는 일
(B) 비용을 지불하는 일
(C) 웹 사이트에서 등록하는 일
(D) 나중에 다시 전화하는 일

정답 (D)

해설 대화 마지막 부분에 여자가 이따가 다시 전화하는 게 낫겠다고(it's better that I call again later today) 알리고 있으므로 (D)가 정답이다.

Questions 53-55 refer to the following conversation.

W: Hi, Paul.
M: Hi, Joanne. Do you need something?
W: Well, 53 I was just speaking with our department managers about the company workshop at the end of this month, and, it seems that quite a few of our staff members will not be able to attend the training due to work deadlines. 54 I was wondering if we could postpone the event until the following month.
M: Oh, but… We have a lot going on next month.
W: I know, but, it would be really unfair if some employees were forced to miss out. Everyone has been really looking forward to it.
M: Well, 55 I'll speak with Geraldine in General Affairs. Maybe she can find some space in next month's schedule for us.

여: 안녕하세요, 폴 씨.
남: 안녕하세요, 조앤 씨. 필요하신 거라도 있으신가요?
여: 음, 이달 말에 열리는 회사 워크숍과 관련해 우리 부서장님들과 막 이야기하고 있었는데, 업무 마감 시한으로 인해 꽤 많은 우리 직원들이 그 교육 시간에 참석할 수 없을 것 같아요. 다음 달로 이 행사를 연기할 수 있는지 궁금해요.
남: 아, 하지만… 다음 달에는 진행되는 일이 많아요.
여: 저도 알고 있기는 하지만, 일부 직원들이 어쩔 수 없이 놓치게 된다면 정말로 불공평할 거예요. 모든 사람이 정말로 고대해 왔거든요.
남: 음, 제가 총무부의 제랄딘 씨와 이야기해 볼게요. 아마, 그분이 다음 달 일정에서 우리를 위해 빈 시간을 찾아 줄 수 있을 거예요.

53. 화자들은 주로 무엇을 이야기하고 있는가?
(A) 교육 워크숍
(B) 회사 위치 이전
(C) 부서 통합
(D) 개장 기념 행사

정답 (A)

해설 대화 초반부에 여자가 회사 워크숍과 관련해 부서장들과 이야기한 사실을

(I was just speaking with our department managers about the company workshop) 언급한 뒤로 해당 워크숍의 일정과 관련해 대화가 이어지고 있으므로 (A)가 정답이다.

54. 남자가 "다음 달에는 진행되는 일이 많아요"라고 말한 의도는 무엇인가?
(A) 몇몇 업무에 대한 도움에 감사할 것이다.
(B) 행사 일정이 재조정될 수 있는지 의문을 갖고 있다.
(C) 마감 시한을 뒤로 미루고 싶어 한다.
(D) 회사의 성공에 기뻐하고 있다.

정답 **(B)**

해설 대화 중반부에 여자가 다음 달로 행사를 연기할 수 있는지 궁금하다고(I was wondering if we could postpone the event until the following month) 말하자, 남자가 '다음 달에는 진행되는 일이 많다'고 알리는 상황이다. 이는 행사를 연기하는 것이 어렵다는 뜻을 나타내는 말이므로 (B)가 정답이다.

55. 남자는 무엇을 하겠다고 제안하는가?
(A) 동료 직원과 이야기하는 일
(B) 부서 회의를 소집하는 일
(C) 업무 일정표를 게시하는 일
(D) 행사장을 예약하는 일

정답 **(A)**

해설 대화 마지막에 남자가 총무부의 제랄딘 씨와 이야기해 보겠다고(I'll speak with Geraldine in General Affairs) 말하는 부분이 있는데, 이는 동료 직원과 이야기하는 것을 뜻하므로 (A)가 정답이다.

Questions 56-58 refer to the following conversation.

W: Colin, do you have a minute? 56 I want to design an advertisement for our new range of fruit smoothies. Do you think it would be a good idea?
M: Definitely. Our new flavors could be a huge success, so the more people who know about them, the better. But, you don't have much experience with advertising, right? 57 Why don't you work on it with James from the graphic design team?
W: Okay. We've actually worked together on some projects in the past.
M: Great. And it might be a good idea if you taste our new smoothie flavors first. 58 Why don't you come with me to the product launch at the Food & Beverage Expo tomorrow?
W: 58 I'd love to! I can't wait to try them.

여: 콜린 씨, 잠깐 시간 있으세요? 우리의 새 과일 스무디 제품군에 대한 광고를 고안하고 싶어요. 그게 좋은 아이디어라고 생각하시나요?
남: 물론이죠. 새로운 맛을 지닌 우리 제품들이 엄청난 성공작이 될 수 있기 때문에, 그것들에 대해 아는 사람들이 더 많을수록, 더 좋습니다. 하지만, 광고 업무에 경험이 많지는 않으시죠? 그래픽 디자인팀의 제임스 씨와 함께 작업해 보시는 건 어때요?
여: 좋아요. 사실 과거에 함께 몇몇 프로젝트에 대해 작업해 본 적이 있어요.
남: 잘됐네요. 그리고 새로운 맛을 지닌 우리 스무디 제품을 먼저 맛보시는 게 좋은 생각일지도 몰라요. 내일 열리는 식품 및 음료 박람회에서 진행되는 제품 출시 행사에 저와 함께 가보시는 건 어때요?
여: 꼭 가 보고 싶어요! 빨리 한 번 맛보고 싶네요.

56. 여자는 무엇을 하고 싶어 하는가?
(A) 사무용품을 주문하는 일
(B) 직원 야유회를 준비하는 일
(C) 광고를 만드는 일
(D) 웹 사이트를 다시 디자인하는 일

정답 **(C)**

해설 대화를 시작하면서 여자가 새 과일 스무디 제품군에 대한 광고를 고안하고 싶다고(I want to design an advertisement for our new range of fruit smoothies) 알리고 있으므로 (C)가 정답이다.

57. 남자는 무엇을 하도록 권하는가?
(A) 문서를 검토하는 일
(B) 팀 회의를 연기하는 일
(C) 몇몇 가격을 비교하는 일
(D) 동료 직원과 협업하는 일

정답 **(D)**

해설 대화 중반부에 남자가 여자의 경험을 언급하면서 그래픽 디자인팀의 제임스 씨와 함께 작업해 보도록 권하고(Why don't you work on it with James from the graphic design team?) 있으므로 (D)가 정답이다.

58. 여자는 내일 무엇을 할 것 같은가?
(A) 제품 출시 행사에 참석하는 일
(B) 설문 조사를 실시하는 일
(C) 디자인을 제출하는 일
(D) 고객들과 만나는 일

정답 **(A)**

해설 대화 마지막에 남자가 내일 열리는 식품 및 음료 박람회에서 진행되는 제품 출시 행사에 함께 가보도록 권하는 것에 대해(Why don't you come with me to the product launch at the Food & Beverage Expo tomorrow?) 여자가 꼭 가 보고 싶다고(I'd love to!) 답변하고 있으므로 (A)가 정답이다.

Questions 59-61 refer to the following conversation.

M: Hi, Alison. 59 The technician just installed the Apex Gateway, our building's new electronic door security system. Only the residents will be able to use it, so we can prevent any salespeople and other uninvited individuals from entering the building now.
W: Great! So, 60 the residents will just need to enter the correct pass code to open the door?
M: Exactly, so they'll need to stop by the building office 60 some time tomorrow so that I can tell them the door code.
W: Sounds perfect. Do you think we could install the system on the fitness room door, too?
M: I'm considering that. 61 The Apex Gateway is not very expensive at all, so we could definitely afford to purchase another one.

남: 안녕하세요, 앨리슨 씨. 기술자가 우리 건물의 새 전자식 출입문 보안 시스템인 에이펙스 게이트웨이를 방금 설치했습니다. 오직 입주자들만 그것을 이용할 수 있기 때문에, 이제 어떠한 영업 사원들이나 기타 불청객이든 건물에 출입하는 것을 막을 수 있습니다.
여: 잘됐네요! 그럼, 입주자들이 문을 열기 위해 정확한 비밀번호를 입력하기만 하면 되는 건가요?
남: 바로 그겁니다, 따라서 입주자분들은 제가 그분들에게 출입문 비밀번호를 말씀드릴 수 있도록 내일 중으로 건물 관리소에 들르셔야 할 겁니다.
여: 완벽한 것 같아요. 그 시스템을 피트니스 룸 출입문에도 설치할 수 있다고 생각하세요?
남: 그 부분을 고려 중입니다. 에이펙스 게이트웨이가 전혀 비싼 것이 아니기 때문에, 분명 하나 더 구입할 여유가 있을 겁니다.

59. 화자들은 주로 무엇을 이야기하고 있는가?
(A) 건물 개조 공사
(B) 주차 정책
(C) 출입문 시스템
(D) 휴대전화 앱

정답 (C)

해설 대화를 시작하면서 남자가 건물의 새 전자식 출입문 보안 시스템인 에이펙스 게이트웨이가 방금 설치된(The technician just installed the Apex Gateway, our building's new electronic door security system) 사실을 언급한 뒤로 해당 시스템과 관련된 내용으로 대화가 이어지고 있으므로 (C)가 정답이다.

60. 입주자들이 내일 무엇을 받을 것인가?
(A) 비밀번호
(B) 카드 키
(C) 사용자 이름
(D) 사용 설명서

정답 (A)

해설 대화 중반부에 여자가 입주자들이 문을 열기 위해 정확한 비밀번호를 입력해야 하는지(the residents will just need to enter the correct pass code to open the door?) 묻자, 남자가 내일 중으로 그 비밀번호를 알려줄 것이라고(some time tomorrow so that I can tell them the door code) 알리고 있으므로 (A)가 정답이다.

61. 남자는 에이펙스 게이트웨이의 장점이 무엇이라고 말하는가?
(A) 신뢰할 만하다.
(B) 가격이 비싸지 않다.
(C) 사용자 친화적이다.
(D) 크기가 작다.

정답 (B)

해설 대화 후반부에 남자가 에이펙스 게이트웨이가 전혀 비싸지 않다고(The Apex Gateway is not very expensive at all) 알리고 있으므로 (B)가 정답이다.

Questions 62-64 refer to the following conversation and table.

M: Hi, Phoebe. I'm making sure we have all the equipment and materials we need for the volunteers helping out with **62** the outdoor concert this weekend.
W: I'm pretty sure we have everything we need. It should be a huge success.
M: Well, as you know, all our volunteers are supposed to wear color-coded vests so that attendees can easily identify them. But, it seems like **63** we don't have enough green vests for the team that will wear them.
W: That's not a big problem. **63** Those volunteers won't be on the event site for another three days. That gives us plenty of time to purchase more vests in that color.
M: I guess you're right. **64** I'll call the supplier now to place an order.

Volunteer Group	Vest Color
Ticket sellers	Orange
Parking attendants	Purple
Information helpers	Blue
Waste collectors	Green

남: 안녕하세요, 피비 씨. 이번 주말에 열리는 야외 콘서트에 도움을 줄 자원 봉사자들에게 필요한 모든 장비와 물품들을 우리가 갖고 있는지 확실히 해 두는 중입니다.
여: 우리에게 필요한 모든 것이 있다고 아주 확신합니다. 그 행사는 엄청난 성공을 거둘 거예요.
남: 저, 아시다시피, 행사 참석자들이 쉽게 식별할 수 있도록 모든 자원 봉사자들이 색상 표시가 된 조끼를 입을 예정입니다. 하지만, 녹색 조끼를 입을 팀에게 그 조끼가 충분히 있는 것 같지 않아요.

여: 그건 큰 문제가 아닙니다. 그 자원 봉사자들은 3일이나 더 있어야 행사장에 올 것입니다. 그 정도면 우리에게 그 색상으로 된 조끼를 더 많이 구입할 시간이 충분히 있습니다.
남: 맞는 말씀인 것 같아요. 물품 주문을 할 수 있도록 제가 지금 공급업체에 전화하겠습니다.

자원 봉사자 그룹	조끼 색상
티켓 판매 담당	오렌지색
주차 안내 담당	자주색
정보 제공 도움 담당	파란색
쓰레기 수거 담당	녹색

62. 화자들은 무슨 종류의 행사를 이야기하고 있는가?
(A) 협의회
(B) 콘서트
(C) 거리 행진
(D) 식품 박람회

정답 (B)

해설 행사의 종류와 관련해, 대화 시작 부분에 남자가 이번 주말에 있을 야외 콘서트(the outdoor concert this weekend)를 언급하고 있으므로 (B)가 정답이다.

63. 시각 자료를 보시오. 어느 그룹의 자원 봉사자들이 3일 후에 일을 시작할 것인가?
(A) 티켓 판매 담당
(B) 주차 안내 담당
(C) 정보 제공 도움 담당
(D) 쓰레기 수거 담당

정답 (D)

해설 대화 중반부에 남자가 녹색 조끼를 입을 팀에게 그 조끼가 부족하다는(we don't have enough green vests for the team that will wear them) 사실을 알리자, 여자가 그 자원 봉사자들이 3일이나 더 있어야 행사장에 온다고(Those volunteers won't be on the event site for another three days) 말하고 있다. 시각 자료에서 Green으로 표기된 팀이 Waste collectors이므로 (D)가 정답이다.

64. 남자는 곧이어 무엇을 할 것인가?
(A) 주문을 취소하는 일
(B) 일정표를 수정하는 일
(C) 공급업체에 연락하는 일
(D) 행사장을 방문하는 일

정답 (C)

해설 대화 맨 마지막에 남자가 공급업체에 지금 전화하겠다고(I'll call the supplier now) 알리고 있으므로 (C)가 정답이다.

Questions 65-67 refer to the following conversation and sign.

W: Hello, and welcome to King's Fried Chicken.
M: Hi, **65** I'm the director of a play at the nearby theater, and I'd like to buy some chicken to celebrate our opening night tonight.
W: Oh, I think I saw some advertisements for that play. Well, I have good news for you. We are currently offering a discount on all our chicken buckets. You can take a look at this sign to see our sizes and prices.
M: Thanks. Well, we'll still need a lot of chicken, so **66** twenty pieces should be perfect. But, is it possible to have this delivered to the theater? I have some other errands to run right now. **67** I could give you the address.
W: Sure. Hold on a moment while I grab a pen.

King's Fried Chicken	
8-Piece Bucket	$13.99
12-Piece Bucket	$20.49
16-Piece Bucket	$24.99
20-Piece Bucket	$28.49

여: 안녕하세요, 그리고 킹스 프라이드 치킨에 오신 것을 환영합니다.

남: 안녕하세요, 저는 근처 극장의 연극 공연 연출자인데, 오늘밤에 있을 개막식을 기념하기 위해 치킨을 좀 구입하고자 합니다.

여: 아, 그 연극에 대한 몇몇 광고를 본 것 같군요. 저, 좋은 소식이 있습니다. 저희가 현재 모든 저희 치킨 바구니에 대해 할인을 제공해 드리고 있습니다. 이 표지판을 한 번 보시면 크기와 가격을 확인해 보실 수 있습니다.

남: 감사합니다. 음, 저희가 여전히 많은 치킨이 필요하기 때문에, 20조각이면 완벽할 것 같습니다. 하지만, 극장으로 배달시키는 것이 가능한가요? 지금 바로 또 다른 볼일들이 좀 있어서요. 주소를 알려 드릴 수 있습니다.

여: 물론입니다. 제가 펜을 가져 오는 동안 잠시 기다려 주시기 바랍니다.

킹스 프라이드 치킨	
8-조각 바구니	$13.99
12-조각 바구니	$20.49
16-조각 바구니	$24.99
20-조각 바구니	$28.49

65. 남자는 누구인가?
(A) 사무실 관리자
(B) 연출자
(C) 가수
(D) 음식 평론가

정답 (B)

해설 대화 초반부에 남자가 자신의 신분을 근처 극장의 연극 공연 연출자(I'm the director of a play at the nearby theater)라고 밝히고 있으므로 (B)가 정답이다.

66. 시각 자료를 보시오. 남자는 주문품에 대해 얼마를 지불할 것인가?
(A) $13.99
(B) $20.49
(C) $24.99
(D) $28.49

정답 (D)

해설 대화 중반부에 남자가 자신이 원하는 치킨의 수량과 관련해 20조각이 완벽할 것(twenty pieces should be perfect)이라고 알리고 있다. 시각 자료에서 20-Piece Bucket에 해당되는 가격이 $28.49로 표기되어 있으므로 (D)가 정답이다.

67. 남자는 곧이어 무엇을 할 것인가?
(A) 양식을 작성하는 일
(B) 제품을 시식하는 일
(C) 쿠폰을 사용하는 일
(D) 주소를 제공하는 일

정답 (D)

해설 대화 후반부에 남자가 주소를 알려 주겠다고(I could give you the address) 말하자, 여자가 그것을 받아 적기 위해 펜을 가져 오겠다고 알리고 있으므로 (D)가 정답이다.

Questions 68-70 refer to the following conversation and floor plan.

W: Silver Sun Mall. This is Carol speaking. You've reached the Maintenance Department. What can I do for you?

M: Hi, Carol. This is Bradley Peters. 68 I work in the Customer Service office here at the mall.

W: Hi, Bradley. Is there something I can help you with?

M: Well, I just used one of the elevators and when I came out I noticed a puddle of water on the floor. I think the roof might be leaking. 69 Could someone come up to the third floor to mop up the water?

W: I'll head up there right away. What number is the elevator?

M: Umm… I'm not sure which number it is.

W: Hmm… can you tell me which shops you see nearby?

M: Okay. Ah, 70 it's right in between Sparta Health Foods and Ace Hardware.

W: Thanks. I'll be there soon.

Merline Toy Store		Black Bean Coffee		Zap Electronics
	Elevator 1		Elevator 2	
Silver Sun Mall – Third Floor				
Elevator 3	Sparta Health Foods	Elevator 4	Ace Hardware	Cherry Clothing

여: 실버 선 몰입니다. 저는 캐롤입니다. 귀하께서는 시설 관리부에 연락 주셨습니다. 무엇을 도와 드릴까요?

남: 안녕하세요, 캐롤 씨. 저는 브래들리 피터스입니다. 이곳 쇼핑몰에 있는 고객 서비스부에서 근무하고 있습니다.

여: 안녕하세요, 브래들리 씨. 제가 도와 드릴 일이라도 있으신가요?

남: 저, 제가 방금 엘리베이터 중 한 대를 이용했는데, 제가 나올 때 바닥에 물이 한 웅덩이 있는 것을 발견했어요. 제 생각엔 지붕이 새는 것 같아요. 누군가가 3층으로 올라와서 그 물을 대걸레로 닦아주실 수 있나요?

여: 제가 지금 바로 그곳으로 올라가겠습니다. 몇 번 엘리베이터인가요?

남: 음… 몇 번인지 확실치 않아요.

여: 흠… 근처에 어느 매장들이 보이시는지 알려 주시겠어요?

남: 좋아요. 아, 스파르타 건강 식품 매장과 에이스 철물점 바로 중간에 있어요.

여: 감사합니다. 곧 가겠습니다.

멀린 장난감 매장		블랙 빈 커피		잽 전자제품 매장
	엘리베이터 1		엘리베이터 2	
실버 선 몰 – 3층				
엘리베이터 3	스파르타 건강 식품	엘리베이터 4	에이스 철물점	체리 의류 매장

68. 남자는 무슨 부서에서 근무하는가?
(A) 시설 관리
(B) 고객 서비스
(C) 마케팅
(D) 영업

정답 (B)

해설 대화 초반부에 남자는 고객 서비스부에서 근무한다고(I work in the

Customer Service office here at the mall) 자신의 신원을 밝히고 있으므로 (B)가 정답이다.

69. 남자는 여자에게 무엇을 하도록 요청하는가?
(A) 지붕을 수리하는 일
(B) 물품을 주문하는 일
(C) 바닥을 대걸레로 닦는 일
(D) 표지판을 세워놓는 일

정답 (C)

해설 대화 중반부에 남자가 누군가 3층으로 올라와서 물을 대걸레로 닦도록 (Could someone come up to the third floor to mop up the water?) 요청하고 있으므로 (C)가 정답이다.

70. 시각 자료를 보시오. 남자는 어느 엘리베이터를 언급하는가?
(A) 엘리베이터 1
(B) 엘리베이터 2
(C) 엘리베이터 3
(D) 엘리베이터 4

정답 (D)

해설 문제가 발생된 엘리베이터의 위치와 관련해 남자가 대화 후반부에 스파르타 건강 식품 매장과 에이스 철물점 바로 중간에 있다고(it's right in between Sparta Health Foods and Ace Hardware) 알리고 있다. 시각 자료에서 이 두 곳의 매장 사이에 위치한 엘리베이터가 'Elevator 4'이므로 (D)가 정답이다.

Part 4

Questions 71-73 refer to the following excerpt from a seminar.

Hi, everybody. I'm Tina Underwood, and I'll be leading the seminar this afternoon. A large number of you here today are university undergraduates, which means **71** you will soon be graduating and attending many job interviews. Being able to impress potential employers during interviews is a crucial skill because **72** there is more competition in the job market than ever before. Many positions will attract more than 500 job applicants, and you need to do everything you can to make yourself stand out. Now, before we start, **73** I'd like you to put up your hand if you have ever been rejected for a job. Then we can look at the reasons why.

안녕하세요, 여러분. 저는 티나 언더우드이며, 제가 오늘 오후의 세미나를 진행할 예정입니다. 오늘 이곳에 오신 여러분 중 아주 많은 분들이 대학교 재학생인데, 이는 여러분이 곧 졸업을 하고 많은 구직 면접 자리에 참석할 예정이라는 것을 의미합니다. 면접 중에 잠재 고용주들에게 깊은 인상을 남길 수 있다는 것은 중요한 능력인데, 과거 그 어느 때보다 구직 시장 내의 경쟁이 더 치열하기 때문입니다. 많은 일자리가 500명이 넘는 구직 지원자들을 끌어들일 것이며, 여러분은 스스로를 두드러지도록 만들기 위해 할 수 있는 모든 것을 해야 합니다. 자, 시작하기에 앞서, 한 번이라도 일자리에 대해 거절 당한 적이 있으시면 손을 들어 주시기 바랍니다. 그런 다음에 우리가 그 이유를 살펴 볼 수 있을 것입니다.

71. 세미나의 주제는 무엇인가?
(A) 재무 관리
(B) 창업
(C) 제품 마케팅
(D) 구직 면접

정답 (D)

해설 담화 초반부에 화자가 청자들에게 졸업 후에 면접 자리에 참석하는 일을 언급하면서 면접 중에 깊은 인상을 남기는 일의 중요성을 말하고(you will soon

be graduating and attending many job interviews. Being able to impress potential employers during interviews is a crucial skill) 있으므로 (D)가 정답이다.

72. 왜 화자는 한 가지 능력이 중요하다고 말하는가?
(A) 경쟁이 치열하다.
(B) 기술이 더 복잡해졌다.
(C) 소비자 지출 경향이 바뀌고 있다.
(D) 많은 회사가 축소되고 있다.

정답 (A)

해설 담화 중반부에 면접 중에 깊은 인상을 남기는 것의 중요성을 언급하면서 그 이유로 과거 그 어느 때보다 구직 시장 내의 경쟁이 치열하다는(there is more competition in the job market than ever before) 사실을 알리고 있으므로 (A)가 정답이다.

73. 화자는 청자들에게 무엇을 하도록 요청하는가?
(A) 손을 드는 일
(B) 양식을 작성 완료하는 일
(C) 일부 정보를 읽어 보는 일
(D) 질문을 하는 일

정답 (A)

해설 담화 후반부에 화자가 청자들에게 일자리에 대해 거절 당한 적이 있으면 손을 들도록(I'd like you to put up your hand if you have ever been rejected for a job) 요청하고 있으므로 (A)가 정답이다.

Questions 74-76 refer to the following announcement.

It's nice to see all of you here today for the opening of the new fitness center **74** here at Maryfield Hospital. Thanks to the financial support that you and other investors have provided, our long-term patients will be able to keep fit by using the new gym. **75** They will also be able to attend free fitness classes and receive professional advice from the instructors. **76** Now, I'd like you all to join me for a quick tour of the gym, where you'll see some of the advanced machines and equipment in use. When we are done looking around, let's have some drinks and sandwiches in the lounge.

이곳 메리필드 병원의 새 피트니스 센터 개장을 위해 오늘 이 자리에 오신 여러분 모두를 뵙게 되어 반갑습니다. 여러분과 다른 투자자들께서 제공해 주신 재정 지원 덕분에, 저희 장기 입원 환자들께서 새 체육관을 이용함으로써 건강을 유지할 수 있게 될 것입니다. 그 환자들께서는 또한 무료 피트니스 강좌에 참석하고 강사들로부터 전문적인 조언도 얻으실 수 있을 것입니다. 이제, 여러분 모두 잠시 동안 진행되는 체육관 견학에 저와 함께 해 주시기 바라며, 이곳에서 이용되는 몇몇 고급 기계와 장비를 확인하시게 될 것입니다. 돌아 보시는 일을 마치고 나면, 라운지에서 일부 음료와 샌드위치를 함께 드시겠습니다.

74. 공지는 어디에서 이뤄지고 있는가?
(A) 대학교에서
(B) 병원에서
(C) 공항에서
(D) 호텔에서

정답 (B)

해설 담화 시작 부분에 화자가 현재 있는 장소를 이곳 메리필드 병원(here at Maryfield Hospital)이라고 언급하고 있으므로 (B)가 정답이다.

75. 화자는 무슨 새로운 서비스를 언급하는가?
(A) 운동 강좌
(B) 재정 관련 조언

(C) 피부 미용 관리
(D) 무료 교통편

정답 (A)

해설 담화 중반부에 화자는 체육관 이용과 관련해 무료 피트니스 강좌에 참석할 수 있다는(They will also be able to attend free fitness classes) 사실을 밝히고 있으므로 (A)가 정답이다.

76. 청자들은 곧이어 무엇을 할 것인가?
(A) 세미나에 참석하는 일
(B) 레스토랑에 가는 일
(C) 견학에 참가하는 일
(D) 행사에 등록하는 일

정답 (C)

해설 담화 후반부에 화자가 이제 잠시 동안 진행되는 체육관 견학에 함께 해 달라고(Now, I'd like you all to join me for a quick tour of the gym) 요청하고 있으므로 (C)가 정답이다.

Questions 77-79 refer to the following excerpt from a meeting.

I just have a couple of things to mention before **77** we get the beach prepared for visitors this morning. As you know, the summer holidays are just around the corner. So, **78** please let me know if you are prepared to work some extra shifts over the coming months. And another thing…, I just wanted to remind you about our regular lifeguard training session tomorrow morning. **79** Don't forget to bring the presentation notes I gave you last week about medical procedures, as I'll be testing you on some of the most important points.

오늘 아침에 방문객들을 위해 해변 공간을 준비하기에 앞서 몇 가지 언급할 사항이 있습니다. 아시다시피, 여름 휴가 기간이 바로 코 앞에 닥쳐 있습니다. 따라서, 다가오는 몇 달 동안에 걸쳐 추가 교대 근무를 할 준비가 되어 있으시면 저에게 알려 주시기 바랍니다. 그리고, 또 다른 한 가지는…, 내일 아침에 있을 우리의 정기 인명 구조 교육 시간에 대해 여러분께 상기시켜드리고자 합니다. 제가 의료 절차와 관련해 지난주에 여러분께 드린 발표 자료를 잊지 말고 지참해 오셨으면 하는데, 몇몇 가장 중요한 사항들에 대해 제가 여러분을 테스트할 예정이기 때문입니다.

77. 청자들은 어디에서 근무하는가?
(A) 호텔에서
(B) 레스토랑에서
(C) 해변에서
(D) 공원에서

정답 (C)

해설 담화 시작 부분에 화자는 자신과 청자들을 we로 지칭해 방문객들을 위해 해변 공간을 준비하는 일(we get the beach prepared for visitors)을 언급하고 있으므로 (C)가 정답이다.

78. 화자가 "여름 휴가 기간이 바로 코 앞에 닥쳐 있습니다"라고 말한 의도는 무엇인가?
(A) 직원들이 휴가를 요청해야 한다.
(B) 휴가 기간 일정이 재조정되었다.
(C) 한 지역에 곧 더 많은 방문객이 올 것이다.
(D) 신규 업체들이 근처에 개업할 예정이다.

정답 (C)

해설 담화 초반부에 화자가 '여름 휴가 기간이 바로 코 앞에 닥쳐 있다'고 알리면서, 추가 교대 근무를 하려면 자신에게 알려 달라고(please let me know if you are prepared to work some extra shifts over the coming months) 말하고 있다. 이는 여름 휴가 기간이 다가오면서 해변으로 오는 방문객이 증가할 것에 대비하려는 조치이므로 (C)가 정답이다.

79. 화자는 청자들에게 무엇을 하도록 상기시키는가?
(A) 일정을 확인하는 일
(B) 설문지를 작성 완료하는 일
(C) 일부 자료를 가져 오는 일
(D) 서류를 제출하는 일

정답 (C)

해설 담화 후반부에 화자가 자신이 준 발표 자료를 잊지 말고 지참해 오도록(Don't forget to bring the presentation notes) 상기시키고 있으므로 (C)가 정답이다.

Questions 80-82 refer to the following telephone message.

Hi, Emma. **80** I'm calling about revisions I'm making to the new edition of our city restaurant guidebook. The editor-in-chief informed me that our section on the Burnside district is very outdated, as many of the restaurants we listed have now closed, and new ones have opened. We need someone to visit the area and compile accurate data about all current restaurants. **81** I'd like to pick you for this assignment because you used to live in Burnside and know your way around there. **82** Let's get together for a meeting to discuss the exact details of what I want you to do. Just get back to me to let me know a suitable time. Thanks.

안녕하세요, 엠마 씨. 우리 도시의 레스토랑 가이드북 신판에 대해 제가 작업하고 있는 개정 사항과 관련해 전화 드립니다. 편집장님께서 저에게 번사이드 지역에 대한 부분이 매우 오래되었다고 알려 주셨는데, 우리가 목록에 실었던 많은 레스토랑들이 지금은 폐업하고 새로운 곳들이 문을 열었기 때문입니다. 누군가가 그 지역을 방문해 현재 영업중인 모든 레스토랑과 관련된 정확한 자료를 모아 정리해야 합니다. 저는 이 업무에 대해 당신을 선택하고 싶은데 한때 번사이드 지역에서 산 적이 있으셔서 그쪽 주변 지리에 밝으시기 때문입니다. 제가 원하는 일에 대한 정확한 세부 사항을 이야기할 수 있도록 함께 모여 회의를 해 봅시다. 저에게 다시 전화 주셔서 적합한 시간대를 알려 주시기만 하면 됩니다. 감사합니다.

80. 화자는 무엇과 관련해 전화하는가?
(A) 도시 안내 지도
(B) 휴대전화 앱
(C) 가이드북
(D) 광고

정답 (C)

해설 담화 시작 부분에 화자가 레스토랑 가이드북 신판에 대해 자신이 작업하고 있는 개정 사항과 관련해 전화한다고(I'm calling about revisions I'm making to the new edition of our city restaurant guidebook) 알리고 있으므로 (C)가 정답이다.

81. 왜 청자가 한 가지 할당 업무에 대해 일하도록 선택되었는가?
(A) 특정 브랜드에 관해 알고 있다.
(B) 전에 유사한 일을 한 적이 있다.
(C) 한 지역에 익숙하다.
(D) 일정에 여유 시간이 있다.

정답 (C)

해설 담화 중반부에 화자는 청자를 선택한 사실과 함께 그에 대한 이유로 번사이드 지역에서 산 적이 있어서 그쪽 주변 지리에 밝다는(I'd like to pick you for this assignment because you used to live in Burnside and know your way around there) 점을 언급하고 있으므로 (C)가 정답이다.

82. 화자는 무엇을 하고 싶어 하는가?
(A) 신입 사원을 고용하는 일
(B) 업체 부지를 방문하는 일
(C) 업무 마감 시한을 변경하는 일
(D) 회의 시간을 마련하는 일

정답 (D)
해설 담화 후반부에 함께 모여 회의를 하도록(Let's get together for a meeting) 제안하는 내용이 있으므로 이를 언급한 (D)가 정답이다.

Questions 83-85 refer to the following speech.

> **83** My new Web site, EuroTravelSource.com, is for anyone interested in taking a trip around Europe. Travelers often search for information online about accommodations, transportation, and restaurants, but finding the information they need is often time-consuming. My Web site compiles all of this information into one user-friendly database. **84** I also provide my personal sightseeing recommendations to travelers based on their destination. And I worked as a tour guide in several European cities. After my presentation tonight, **85** I'll give each of you a special promo code. You can use this on my site to get 10 percent off selected hotel bookings.

새로운 제 웹 사이트인 EuroTravelSource.com은 유럽 지역에 걸쳐 여행하는 데 관심이 있는 모든 분들을 위한 것입니다. 여행객들은 흔히 숙소와 교통편, 그리고 식당과 관련해 온라인으로 정보를 검색하지만, 필요로 하는 정보를 찾는 일은 보통 시간이 많이 소모됩니다. 제 웹 사이트는 이 모든 정보를 하나의 사용자 친화적인 데이터베이스로 모아 정리한 것입니다. 저는 또한 여행객들의 목적지를 바탕으로 개별적인 추천 관광지도 제공해 드립니다. 그리고 저는 유럽의 여러 도시에서 여행 가이드로 일했습니다. 오늘밤 제 발표가 끝나고 나면, 여러분 각자에게 특별 판촉 코드를 제공해 드릴 것입니다. 제 웹 사이트에서 이것을 이용해 선택하신 호텔 예약 사항에 대해 10퍼센트 할인을 받으실 수 있습니다.

83. 화자는 최근에 무엇을 했는가?
(A) 제품을 디자인한 일
(B) 책을 저술한 일
(C) 웹 사이트를 시작한 일
(D) 여행을 떠난 일

정답 (C)
해설 담화를 시작하면서 화자가 자신의 새로운 웹 사이트 이름과 그 목적을 간단히 소개하고(My new Web site, EuroTravelSource.com, is for anyone interested in taking a trip around Europe) 있으므로 웹 사이트를 시작한 일을 의미하는 (C)가 정답이다.

84. 화자가 "그리고 저는 유럽의 여러 도시에서 여행 가이드로 일했습니다"라고 말한 의도는 무엇인가?
(A) 유럽으로의 여행을 계획하도록 권하고 있다.
(B) 자신의 이력서에 일부 정보를 포함하는 것을 잊었다.
(C) 해외로 이주할 준비를 하고 있다.
(D) 자신의 분야에서 아는 것이 매우 많다.

정답 (D)
해설 담화 중반부에 화자가 여행객들의 목적지를 바탕으로 개별적인 추천 관광지도 제공해 준다고(I also provide my personal sightseeing recommendations to travelers based on their destination) 말한 뒤로 '유럽의 여러 도시에서 여행 가이드로 일했'고 알리는 상황이다. 이는 자신이 해당 분야에서 많은 경험이나 지식을 지니고 있음을 나타내는 것이므로 (D)가 정답이다.

85. 청자들은 코드를 입력함으로써 무엇을 받을 수 있는가?
(A) 소식지
(B) 무료 선물
(C) 할인
(D) 회원 자격

정답 (C)

코드 입력이 언급되는 후반부에, 특별 판촉 코드를 이용해 호텔 예약에 대해 10퍼센트 할인을 받을 수 있다는(I'll give each of you a special promo code. You can use this on my site to get 10 percent off) 것을 알리고 있으므로 (C)가 정답이다.

Questions 86-88 refer to the following broadcast.

> **86** Good evening, viewers. I'm Jerry Chapman, and you're watching Jerry's Place, my new chat show on the HTO cable TV network. Just before the commercial break, a member of the audience asked me why I recently decided to become a vegetarian. Well, I had been thinking about stopping eating meat for several years. Then, a few months ago, **87** I picked up a copy of a health & nutrition magazine, and an article on plant-based diets really surprised me. I realized that by changing my diet, I could feel much healthier. And now, **88** I'm going to show you how to cook one of my favorite vegetarian dishes. Let's move to the kitchen area.

안녕하세요, 시청자 여러분. 저는 제리 채프먼이며, 여러분은 지금 HTO 케이블 TV 방송국에서 진행되는 새로운 제 토크쇼 '제리스 플레이스'를 시청하고 계십니다. 광고 시작 직전에, 방청객 한 분께서 제가 왜 최근에 채식주의자가 되기로 결정했는지를 여쭤 보셨습니다. 음, 저는 여러 해 동안 고기를 먹는 것을 중단하는 일에 대해 생각했었습니다. 그런 다음, 몇 달 전에, 건강 및 영양 관련 잡지 한 부를 구입했는데, 식물을 기반으로 하는 식단에 관한 한 기사가 저를 정말 놀라게 했습니다. 저는 제 식단을 바꿈으로써 훨씬 더 건강히 느낄 수 있다는 것을 깨닫게 되었습니다. 그리고 지금, 제가 가장 좋아하는 채식 요리들 중의 하나를 요리하는 방법을 여러분께 알려 드리고자 합니다. 주방 공간으로 자리를 옮겨 보겠습니다.

86. 화자는 누구인가?
(A) TV 프로그램 진행자
(B) 라디오 방송 진행자
(C) 피트니스 강사
(D) 영화 감독

정답 (A)
해설 담화 시작 부분에 화자가 시청자에게 인사하면서 현재 시청 중인 프로그램 이름을 소개하고(Good evening, viewers. I'm Jerry Chapman, and you're watching Jerry's Place) 있으므로 (A)가 정답이다.

87. 무엇이 화자에게 채식주의자가 되도록 영감을 주었는가?
(A) 영화를 관람한 일
(B) 의사와 이야기한 일
(C) 광고를 본 일
(D) 기사를 읽은 일

정답 (D)
해설 담화 중반부에 화자가 건강 및 영양 관련 잡지 한 부를 구입한 사실과 함께, 식물 기반의 식단에 관한 한 기사에 놀란 일과 식단을 바꿈으로써 훨씬 더 건강하게 느낄 수 있다는 점을(I picked up a copy of a health & nutrition magazine, and an article on plant-based diets really surprised me. I realized that by changing my diet, I could feel much healthier) 알리고 있다. 따라서 기사를 읽고 영감을 얻었음을 알 수 있으므로 (D)가 정답이다.

88. 곧이어 무슨 일이 있을 것인가?
(A) 초대 손님 인터뷰
(B) 운동 순서
(C) 요리 시연
(D) 제품 홍보 행사

정답 (C)
해설 담화 마지막에 가장 좋아하는 채식 요리를 만드는 방법을 알려 준다고 말하면서 주방 공간으로 이동하겠다고(I'm going to show you how to cook

one of my favorite vegetarian dishes. Let's move to the kitchen area) 언급하고 있다. 이는 요리 시연을 하겠다는 뜻이므로 (C)가 정답이다.

Questions 89-91 refer to the following excerpt from a meeting.

I'm pleased that you all found time to come to this last-minute managers' meeting. As you know, **89** our company's annual career fair will take place early next month. This year's event is especially important, as we plan to expand our operations and will need to recruit a large number of workers. **90** We already have some volunteers passing out flyers and putting up posters to publicize the event. However, I think we also need to advertise online. So, **91** can anyone recommend some sites that might be suitable for running our advertisement?

마지막 순간에 진행되는 이 부서장 회의에 오실 수 있도록 여러분께서 시간을 내 주신 것에 대해 기쁘게 생각합니다. 아시다시피, 우리 회사의 연례 취업 박람회 행사가 다음 달 초에 개최될 것입니다. 올해의 행사는 특히 중요한데, 우리가 사업 운영 규모를 확대할 계획이라서 아주 많은 직원들을 모집해야 하기 때문입니다. 우리는 이미 행사를 알리기 위해 자원 봉사자들에게 전단을 배부하고 포스터를 부착하게 하고 있습니다. 하지만, 저는 우리가 온라인으로도 광고해야 한다고 생각합니다. 따라서, 우리 광고를 게시하기에 적합할 수 있는 몇몇 사이트를 추천해 주실 분이 있으신가요?

89. 무슨 행사가 계획되고 있는가?
(A) 제품 출시회
(B) 개장식
(C) 취업 박람회
(D) 오리엔테이션

정답 (C)

해설 화자가 담화 초반부에 자사의 연례 취업 박람회 행사가 다음 달에 개최된다고(our company's annual career fair will take place early next month) 알리면서 행사 개최 준비와 관련된 내용으로 담화가 진행되고 있으므로 (C)가 정답이다.

90. 화자의 말에 따르면, 자원 봉사자들이 행사를 위해 무엇을 해 오고 있는가?
(A) 전단을 배부하는 일
(B) 방 하나를 준비하는 일
(C) 일반 대중에게 설문 조사하는 일
(D) 부스를 설치하는 일

정답 (A)

해설 자원 봉사자들이 언급되는 중반부에, 전단을 배부하고 포스터를 부착하는 일을 하고 있다고(We already have some volunteers passing out flyers and putting up posters) 알리고 있으므로 이 둘 중 하나에 해당되는 (A)가 정답이다.

91. 화자는 청자들에게 무엇을 요청하는가?
(A) 잠재적인 행사장
(B) 광고 지출 비용
(C) 웹 사이트 추천
(D) 직원들을 끌어들이기 위한 아이디어

정답 (C)

해설 담화 맨 마지막에 광고를 게시하기에 적합할 수 있는 사이트를 추천해 줄 사람이 있는지(can anyone recommend some sites that might be suitable for running our advertisement?) 묻고 있으므로 (C)가 정답이다.

Questions 92-94 refer to the following talk.

92 It's my pleasure to welcome you all to this year's Web design seminar. As a Web site designer with over twenty years of experience, I have several tips for you on how to build a commercial Web site. Now, most companies employ market research firms to poll consumers and gather feedback about Web site layouts and features, but **93** this process can be time-consuming and a waste of money. Your employees use the Internet all the time. **93** Who better to ask about Web design than your own staff? After all, they are consumers, too. Just make sure that you use an effective information-gathering method. **94** I've listed some of these in the information packs, which I'm going to pass around to each of you now.

올해의 웹 디자인 세미나에 오신 여러분 모두를 환영하게 되어 기쁩니다. 20년이 넘는 경력을 지닌 웹 사이트 디자이너로서, 저는 상업적인 웹 사이트를 구축하는 방법에 관해 여러분께 말씀 드릴 여러 가지 팁을 갖고 있습니다. 지금, 대부분의 회사들은 소비자들을 대상으로 여론 조사를 하고 웹 사이트 구성 및 특징과 관련된 의견을 모으기 위해 시장 조사 전문 업체를 고용하고 있지만, 이 과정은 시간이 많이 소모되는 일이자 비용 낭비일 수 있습니다. 여러분의 직원들은 항상 인터넷을 이용하고 있습니다. 소속 직원들 외에 누구에게 웹 디자인에 관해 더 잘 물어볼 수 있을까요? 결국, 그들도 소비자입니다. 단지 반드시 효과적인 정보 수집 방법을 활용하도록 하십시오. 제가 정보 안내 책자 묶음에 몇몇 이러한 내용들을 기재해 두었으며, 지금 여러분 각자에게 나눠 드리도록 하겠습니다.

92. 담화가 어디에서 진행되고 있는가?
(A) 시의회 회의
(B) 업무 능력 평가 시간
(C) 전문 세미나
(D) 고객 발표회

정답 (C)

해설 담화를 시작하면서 화자가 올해의 웹 디자인 세미나에 온 것을 환영한다고(It's my pleasure to welcome you all to this year's Web design seminar) 인사하고 있으므로 (C)가 정답이다.

93. 화자는 왜 "여러분의 직원들은 항상 인터넷을 이용하고 있습니다"라고 말하는가?
(A) 인터넷 이용을 제한하도록 권하기 위해
(B) 청자들의 노력에 대해 축하해 주기 위해
(C) 다른 접근 방식을 추천하기 위해
(D) 자원 봉사자에게 자신을 돕도록 요청하기 위해

정답 (C)

해설 담화 중반부에 화자가 여론 조사 및 의견 수집 과정이 시간과 돈이 많이 든다고(this process can be time-consuming and a waste of money) 알린 뒤로, '여러분의 직원들이 항상 인터넷을 이용하고 있다'고 알리는 상황이다. 뒤이어 누구에게 더 잘 물어 볼 수 있을지 물으면서 직원들도 소비자라는 사실을(Who better to ask about Web design than your own staff? After all, they are consumers, too) 말하고 있다. 이는 정보 수집과 관련해 기존의 방식과 다르게 접근하도록 권하는 것에 해당되므로 (C)가 정답이다.

94. 화자는 청자들에게 무엇을 줄 것인가?
(A) 회원 카드
(B) 웹 사이트 주소
(C) 정보 안내 책자 묶음
(D) 식권

정답 (C)

해설 담화 맨 마지막에 화자가 정보 안내 책자 묶음을 언급하면서 그것을 각자에게 나눠 주겠다고(I've listed some of these in the information packs, which I'm going to pass around) 알리고 있으므로 (C)가 정답이다.

Questions 95-97 refer to the following excerpt from a meeting and chart.

95 Welcome to this morning's product design meeting. We're here to discuss the plans for our first ever ice cream cake, which we plan to sell in our own stores and in other retailers. This product needs to be perfect – if it is a success, we plan to release more cakes using our ice cream in the future. So, 96 I'd like you all to split into pairs and come up with some ideas for how the cake should look. Make sure that it's eye-catching and innovative. By the way, 97 the first cake in our range will use our best-selling flavor of ice cream. You can take a look at this chart to see which flavors sell the most.

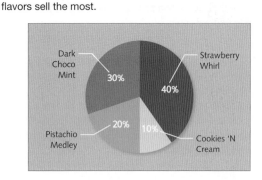

오늘 아침에 진행되는 제품 디자인 회의에 오신 것을 환영합니다. 우리는 회사 역사상 첫 번째 아이스크림 케이크에 대한 계획을 논의하기 위해 이 자리에 모였으며, 우리는 이 제품을 우리 회사 소유의 매장 및 기타 소매점에서 판매할 계획입니다. 이 제품은 완벽해야 하며, 성공작이 될 경우, 앞으로 우리 아이스크림을 활용해 더 많은 케이크를 출시할 계획입니다. 따라서, 저는 여러분 모두가 2인 1조로 나눠 이 케이크가 어떻게 보여야 하는지에 대한 몇몇 아이디어를 제안해 주셨으면 합니다. 반드시 눈길을 사로 잡으면서 혁신적인 제품이 되도록 해 주십시오. 그건 그렇고, 우리 제품군의 첫 번째 케이크는 우리 아이스크림 중에서 가장 잘 판매되는 맛을 활용할 것입니다. 어느 맛이 가장 잘 판매되는지 확인해 보실 수 있도록 이 차트를 한 번 봐 주시기 바랍니다.

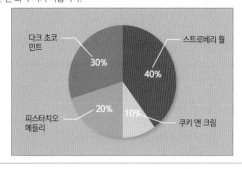

95. 청자들은 누구일 것 같은가?
(A) 금융 컨설턴트들
(B) 시장 조사 담당자들
(C) 영업 직원들
(D) 제품 디자이너들

정답 (D)

해설 담화 시작 부분에 화자가 제품 디자인 회의에 온 것을 환영한다고(Welcome to this morning's product design meeting) 청자들에게 인사하고 있으므로 (D)가 정답이다.

96. 해당 팀은 제품의 어느 측면을 짝을 이뤄 논의할 것인가?
(A) 포장
(B) 재료
(C) 가격
(D) 외관

정답 (D)

해설 짝을 이뤄 논의하는 일이 언급되는 중반부에 케이크 제품이 어떻게 보여야 하는지에 대한 아이디어를 제안하도록(I'd like you all to split into pairs and come up with some ideas for how the cake should look) 요청하고 있으므로 (D)가 정답이다.

97. 시각 자료를 보시오. 무엇이 신제품의 맛이 될 것인가?
(A) 스트로베리 휠
(B) 쿠키 앤 크림
(C) 피스타치오 메들리
(D) 다크 초코 민트

정답 (A)

해설 담화 후반부에 신제품은 가장 잘 판매되는 맛을 활용할 것이라고(the first cake in our range will use our best-selling flavor of ice cream) 알리고 있다. 시각 자료에서 가장 잘 판매되는 제품이 40%의 판매량을 보이고 있는 Strawberry Whirl이므로 (A)가 정답이다.

Questions 98-100 refer to the following talk and map.

Listen up, everyone. As you know, today is a very important day for us here at the convention center, as 98 it's our first time hosting a large pop concert. Tickets for this concert sold out within three days, so we should expect at least 10,000 fans to turn up tonight. 99 When attendees begin arriving this evening, you'll need to tell them where to go. Make sure they walk toward Hall 1, where the event is being held, and not toward Hall 2. Oh, and I almost forgot… Even though we will sell most band merchandise inside the hall, 100 I'd like to put another merchandise stall out on the street next to Car Park A. Who would be willing to operate the stall?

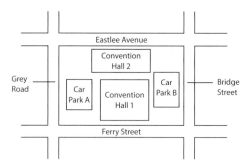

경청해 주십시오, 여러분. 아시다시피, 오늘은 이곳 컨벤션 센터에 근무하는 우리에게 있어 매우 중요한 날인데, 대규모 팝 콘서트를 처음으로 주최하기 때문입니다. 이 콘서트 입장권이 3일만에 매진되었기 때문에, 우리는 최소 만 명의 팬들이 오늘밤에 찾아 올 것으로 예상하고 있습니다. 오늘 저녁에 참석자들이 도착하기 시작할 때, 그분들에게 어디로 가야 하는지 말씀해 주셔야 합니다. 반드시 2번 홀이 아니라 해당 행사가 개최되는 1번 홀로 향해 가시도록 하기 바랍니다. 아, 그리고 거의 잊을 뻔 한 것이 있는데… 우리가 그 홀 내부에서 대부분의 밴드 관련 상품을 판매하기는 하지만, 주차장 A 옆에 있는 거리에 상품 판매대를 하나 더 두고자 합니다. 누가 이 판매대를 운영할 의향이 있으신가요?

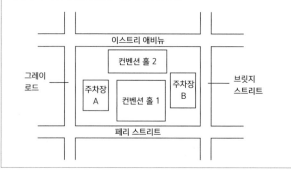

98.
화자는 주로 무엇을 이야기하고 있는가?
(A) 세미나
(B) 콘서트
(C) 모금 행사
(D) 거리 행진

정답 (B)

해설 담화를 시작하면서 오늘이 대규모 팝 콘서트를 처음 주최하는 날이라고(it's our first time hosting a large pop concert) 알리고 있으므로 (B)가 정답이다.

99.
사람들이 도착할 때 청자들은 무엇을 해야 하는가?
(A) 행사 가이드를 전해주는 일
(B) 입장권을 확인하는 일
(C) 가는 길을 알려 주는 일
(D) 간식을 제공하는 일

정답 (C)

해설 사람들이 도착할 때 할 일이 언급되는 중반부에, 참석자들이 도착하면 어디로 가야 하는지 말해 주도록(When attendees begin arriving this evening, you'll need to tell them where to go) 요청하고 있으므로 (C)가 정답이다.

100.
시각 자료를 보시오. 어디에 추가 상품 판매대가 위치할 것 같은가?
(A) 이스트리 애비뉴
(B) 그레이 로드
(C) 브릿지 스트리트
(D) 페리 스트리트

정답 (B)

해설 담화 마지막 부분에 화자가 주차장 A 옆에 있는 거리에 상품 판매대를 하나 더 두고자 한다고(I'd like to put another merchandise stall out on the street next to Car Park A) 알리고 있다. 시각 자료에서 왼편에 주차장 A가 있고 그 옆에 위치한 거리의 이름이 Grey Road로 표기되어 있으므로 (B)가 정답이다.

Part 5

101.
정답 (A)

해설 여러분의 최신 신용 점수를 확인하시는 일은 템포 텍스 소프트웨어를 이용하시면 쉽습니다.

정답 해설
be동사 is 뒤에 빈칸이 있으므로 보어가 필요하고, 주어가 지니는 특성을 나타내야 알맞으므로 형용사 보어인 (A) easy가 정답이다.

102.
정답 (C)

해설 그 직책에 대해 고려되기에는 켐퍼 씨의 지원서가 너무 늦게 도착했다.

정답 해설
부사 late를 앞에서 수식하면서 late 뒤에 위치한 to부정사와 짝을 이룰 수 있는 또 다른 부사가 빈칸에 필요하므로 'too ~ to do' 구조를 만드는 (C) too가 정답이다.

103.
정답 (D)

해설 모든 탑승객들은 보트를 탈 때 구명 조끼를 반드시 착용하셔야 합니다.

정답 해설
탑승객들이 해야 하는 일을 나타내는 문장이므로 'be required to do'의 구조로 '반드시 ~해야 하다'라는 의미를 나타낼 때 사용하는 (D) required가 정답이다.

104.
정답 (B)

해설 앤드류 젠킨스 시장은 멋진 폐회사를 하는 것으로 축제를 종료했다.

정답 해설
부정관사 a와 명사구 closing speech 사이에 위치한 빈칸은 명사를 수식하는 형용사 자리이므로 (B) beautiful이 정답이다.

105.
정답 (B)

해설 6월과 9월 사이에, 팜 그로브 리조트는 빈센트 비치에 있는 다른 어떤 호텔보다 더 많은 손님들을 맞이한다.

정답 해설
두 개의 기준 시점이 'A and B'로 쓰여 있으므로 이 구조와 함께 'A와 B 사이에'라는 의미를 나타낼 때 사용하는 전치사 (B) Between이 정답이다.

106.
정답 (D)

해설 마이클 진 씨의 다음 액션 영화에 대한 예고편이 많은 홍보 효과를 만들어 내왔다.

정답 해설
빈칸 앞뒤에 전치사구와 명사구만 있으므로 빈칸이 문장의 동사 자리이며, 빈칸 뒤에 목적어가 있으므로 능동태 동사가 쓰여야 한다. 또한, 단수주어 The trailer와 수 일치가 되어야 하므로 이 조건들을 모두 만족하는 형태인 현재완료 능동태 (D) has generated가 정답이다.

107.
정답 (D)

해설 램프 씨의 발표 후에, 관심 있으신 투자자들께서는 간단한 논의를 위해 자리에 남아 주시기 바랍니다.

정답 해설
전치사 for의 목적어 자리인 빈칸에 투자자들이 발표를 들은 후에 남아서 할 수 있는 일을 나타낼 명사가 쓰여야 하므로 '논의, 토론'을 뜻하는 (D) discussion이 정답이다.

108.
정답 (D)

해설 오헤어 웰컴 센터는 경험이 부족한 여행객들이 환승 시스템을 찾아 다니는 데 도움을 주기 위해 무료 교육 팸플릿을 제공한다.

정답 해설
환승 시스템을 찾아 다니는 일과 관련해 도움이 필요한 여행객들의 특성을 나타낼 형용사가 필요하므로 '경험이 부족한, 미숙한'을 뜻하는 (D) inexperienced가 정답이다.

109.
정답 (A)

해설 브룩스 씨에게 컨퍼런스 날짜와 일정이 겹치는 문제가 있었는데, 이미 휴가를 떠날 예정이었기 때문이다.

정답 해설
수동태 동사를 구성하는 was와 scheduled 사이에 위치할 수 있는 부사가 필요하므로 '이미, 벌써'라는 의미로 이와 같은 역할이 가능한 (A) already가 정답이다.

110.
정답 (A)

해설 여러 주요 엔터테인먼트 회사들이 점점 증가하는 고객들의 관심에 따른 결과로 가상 현실 콘텐츠를 개발하고 있다.

정답 해설

빈칸 뒤에 명사구만 있으므로 빈칸은 전치사 자리이며, 고객들의 관심 증가에 따른 결과로 특정 콘텐츠를 개발하는 것으로 판단할 수 있으므로 '~에 따른 결과로'라는 의미로 쓰이는 (A) as a result of 가 정답이다.

111.

정답 (D)

해석 경쟁 업체들이 일부 가장 유망한 법대 졸업생들을 모집하기 위해 공동 경영자가 될 수 있는 직책을 점점 더 많이 제공해 오고 있다.

정답 해설

현재완료시제 동사를 구성하는 have와 been offering 사이에 위치한 빈칸은 이 동사를 수식하는 부사 자리이므로 (D) increasingly가 정답이다.

112.

정답 (A)

해석 여러 해 동안, 라일리 플라스틱 사는 윌리엄스버그 지역에서 사회 봉사 프로젝트를 조직하는 데 활동적이었다.

정답 해설

be동사 뒤에 위치한 빈칸은 보어 자리이며, 주어 라일리 플라스틱 사의 특성과 관련된 형용사가 쓰여야 적절하므로 (A) active가 정답이다.

113.

정답 (C)

해석 주간 임원 회의 중에, 클리포드 씨는 사무실 업무 공간을 개편하는 것의 이면에 숨어 있는 이유를 설명했다.

정답 해설

빈칸과 콤마 사이에 명사구만 있으므로 빈칸은 전치사 자리이며, '~ 회의 중에'라는 의미가 되어야 자연스러우므로 '~ 중에, ~ 동안'을 뜻하는 (C) During이 정답이다.

114.

정답 (A)

해석 최근의 시장 경향 보고서는 대부분의 소비자들이 환경적으로 안전한 청소 용품이 더 바람직하다고 생각하고 있음을 시사한다.

정답 해설

빈칸 뒤에 목적어와 형용사(more desirable) 목적격보어가 있으므로 이 구조와 어울리는 동사로 '~를 …하다고 생각하다'라는 의미를 나타낼 때 사용하는 (A) find가 정답이다.

115.

정답 (A)

해석 주차장의 가장 높은 층에 주차하려면, 직원들은 반드시 유효한 사원증을 제시해야 합니다.

정답 해설

특정 공간에 주차하기 위해 제시해야 하는 사원증의 특성을 나타낼 형용사가 필요하므로 '유효한'을 뜻하는 (A) valid가 정답이다.

116.

정답 (A)

해석 시청자들께서는 주방장 호킨스 씨가 본인의 조리법 전반에 걸쳐 소중한 요리 관련 조언을 공유하고 있다는 점에 주목하셔야 합니다.

정답 해설

that절의 동사 shares의 목적어로 쓰이기에 빈칸 앞에 위치한 cooking만으로는 의미가 부족하므로 빈칸에 다른 명사가 추가되어 복합명사 구조를 이뤄야 한다. 또한 요리와 관련해 공유 가능한 것을 나타내야 하므로 '조언, 충고'를 뜻하는 (A) advice가 정답이다.

117.

정답 (D)

해석 토니 클라크 씨의 첫 소설에 대한 영화 판권이 지난주에 놀라울 정도로 높은 액수에 맘모스 스튜디오 사에 매각되었다.

정답 해설

비용 수준을 나타내는 명사를 목적어를 취해 '~의 액수에, 가격에'라는 의미를 구성할 수 있는 전치사가 필요하므로 이와 같은 역할이 가능한 (D) for가 정답이다.

118.

정답 (B)

해석 필요한 모든 서류들과 함께 제출된 출장 지출 비용은 그 서류들이 검토되는 대로 환급될 것이다.

정답 해설

빈칸 뒤에 주어와 동사가 포함된 하나의 절이 있으므로 절을 이끌 수 있는 접속사인 (B) as soon as가 정답이다.

119.

정답 (B)

해석 스윗 비 식료품점은 지난 10년 동안 무료 자택 배달 서비스를 계속 제공해 오고 있다.

정답 해설

과거에서 현재까지의 지속 기간을 나타내는 for the past decade와 어울리는 시제는 현재완료이므로 (B) has been offering이 정답이다.

120.

정답 (A)

해석 우리의 새 광고가 방송된 후에 수익이 급등했으므로, 마케팅팀이 광고 캠페인을 확대하는 일을 고려할 것이다.

정답 해설

새로운 광고 방송으로 인해 수익이 급등한 것에 따른 결과로 광고 확대를 생각하게 된 것이므로 빈칸 앞뒤가 '원인 + 결과'의 관계임을 알 수 있다. 따라서 결과를 나타내는 접속사인 (A) so가 정답이다.

121.

정답 (B)

해석 이제 새 종업원들이 완전히 교육을 받았으므로, 헉슬리 호텔은 대규모 공식 행사들을 주최하는 것을 시작할 수 있다.

정답 해설

직원 교육을 완료한 것이 공식 행사 주최가 가능한 이유에 해당되는데, 이렇게 상태 변화를 원인으로 말할 때는 '(이제) ~이므로'를 뜻하는 now that을 사용하므로 (B) Now that이 정답이다.

122.

정답 (C)

해석 창고 관리자의 주된 책무는 회사의 모든 제품들에 대한 정돈된 보관 상태를 유지하는 것이다.

정답 해설

형용사 orderly의 수식을 받음과 동시에 to부정사로 쓰인 동사 maintain의 목적어 역할을 할 명사가 빈칸에 필요한데, '보관 상태' 등을 나타내는 명사가 쓰여야 하므로 이를 뜻하는 (C) storage가 정답이다.

123.

정답 (A)

해석 테크웨이브 사에서 새로 나온 액션 라이프 카메라는 기능성을 잃지 않은 채로 60미터의 다이빙 깊이까지 도달할 수 있다.

정답 해설

깊이나 거리 등을 나타내는 명사를 목적어로 취할 수 있는 동사가 필요하므로 '~에 도 달하다, 이르다'를 뜻하는 타동사 (A) reach가 정답이다.

124.

정답 (B)

해석 비록 보안 카메라들이 최신 모델들에 비해 다소 구식이기는 하지만, 여전히 잘 작동되고 있다.

정답 해설

be동사 are 뒤에 빈칸이 있으므로 빈칸은 보어 자리이며, they가 지칭하는 보안 카메라의 특성을 나타낼 형용사가 필요하므로 (B) functional이 정답이다. 참고로 부사 still 은 보어가 될 수 없다.

125.

정답 (C)

해석 리갈 여행사는 해외 여행을 인솔하는 책임을 지는 투어 가이드들을 신중하게 선발한다.

정답 해설

빈칸 앞에 위치한 are responsible과 어울려 '~을 책임지다, 맡다'라는 의미를 나타낼 때 전치사 for를 사용하므로 (C) for가 정답이다.

126.

정답 (C)

해석 트레이서 산업 회사가 자사의 제조 부서를 매각할 수 있는지는 이번 분기 성과에 달려 있다.

정답 해설

빈칸 뒤에 두 개의 동사 is와 depends가 있으므로 빈칸은 접속사 자리다. its manufacturing division이 depends의 주어가 아니므로 division까지가 depends 의 주어 역할을 하는 명사절이 되어야 알맞다. depends 앞에 위치한 절에 빠진 요소 가 없으므로 완전한 절을 이끄는 명사절접속사인 (C) Whether가 정답이다.

127.

정답 (D)

해석 여가 활동을 조직하는 데 관심이 있는 분들은 인사부에서 제안서 양식을 받아 작성 완료해야 합니다.

정답 해설

빈칸 뒤에 위치한 전치사 in과 함께 사람명사 Individuals를 뒤에서 수식할 수 있는 형 용사가 필요하므로 '~하는 데 관심 있는'을 뜻할 때 사용하는 형용사 (D) interested가 정답이다.

128.

정답 (B)

해석 파커스버그 시 의회는 트루먼 광장을 위해 제안된 개조 공사에 관한 일반 대중 의 의견을 구하고 있다.

정답 해설

형용사 public과 어울릴 수 있으면서 동사 is seeking의 목적어로 적절한 명사가 필요 하므로 public과 함께 '일반 대중의 의견'이라는 의미를 구성하는 (B) comment가 정 답이다.

129.

정답 (B)

해석 자사의 레스토랑들에 대한 맥스 버거의 보건 안전 규정들은 대부분의 패스트 푸드 프랜차이즈 회사들의 규정들을 넘어선다.

정답 해설

빈칸 앞에 위치한 동사 extend와 어울리는 전치사가 필요하므로 '~의 수준을 넘어서 다, ~ 너머에까지 미치다'라는 의미를 나타낼 때 사용하는 (B) beyond가 정답이다.

130.

정답 (D)

해석 지역 문화 센터의 새 강좌는 주택 소유자들이 부동산 가치를 가늠해 유지하고 심지어 향상시키는 데 필요한 각자의 능력을 평가하는 데 도움을 줄 것이다.

정답 해설

'능력'을 뜻하는 ability를 목적어로 취하기에 적절한 동사가 필요하므로 '~하는 능력을 평가하다'라는 의미를 구성할 수 있는 (D) evaluate이 정답이다.

Part 6

131-134 다음 웹 페이지를 참조하시오.

아름다운 트윈 파인즈 국립 공원 옆에 위치한, 셔먼 비즈니스 개발 센터는 매우 성 공적인 기업 팀워크 구축 활동을 진행하는 데 필요한 시설을 갖추고 있습니다. **131** 저희 강사들은 여러분의 직원들이 최대한 능력을 발휘할 수 있게 하는 방법을 알고 있습니다.

저희 프로그램은 참가 그룹에게 많은 **132** 활동에 참여하도록 요청합니다. 여러분 의 직원들은 서로 합심해 숲 속에 쉼터를 짓거나 제한된 자원을 활용해 강 위에 다 리를 만들고, 다양한 경쟁 활동과 문제 해결 과제를 통해 다른 팀들을 상대로 경쟁 하게 될 것입니다. **133** 저희는 관련된 참가자들의 의사 소통 능력과 팀워크 능력을 강화하는 데 초점을 맞추며, 이 능력들은 업무 공간에서 직접적으로 적용 가능한 것들입니다. 저희 프로그램에 관한 상세 정보를 원하시거나 팀워크 구축 행사를 신 청하시려면, 555-8278로 전화 주시기 바랍니다. 그리고, 잊지 마시고 완전히 새 로운 저희 웹 사이트도 www.sbdc.org/home에서 확인해 보시기 바랍니다. 또 한 그곳에서 경험 많은 저희 직원들과 현대적인 **134** 시설에 관해서도 더 많은 것을 알아보실 수 있습니다!

131.

정답 (D)

해석 (A) 저희 전화 상담원은 매일 9시에서 5시까지 여러분의 전화를 받을 준비가 되어 있습니다.

(B) 여러분의 사업체는 행사를 통해 얻는 노출 효과로부터 혜택을 보게 될 것 입니다.

(C) 여러분께서는 아주 다양한 출장 요리 패키지 중에서 선택하실 수 있습니다.

(D) 저희 강사들은 여러분의 직원들이 최대한 능력을 발휘할 수 있게 하는 방법을 알고 있습니다.

정답 해설

앞 문장에는 기업이 팀워크 구축 시간을 개최할 수 있는 센터임을 소개하는 내용이 있고, 뒤에 이어지는 단락에는 해당 센터에서 할 수 있는 프로그램을 설명하고 있다. 따라서 이 센터의 강사들이 프로그램을 통해 할 수 있는 일을 하나로 요약한 (D)가 정답이다.

132.

정답 (D)

정답 해설

participate in의 목적어에 해당되는 빈칸은 프로그램을 통해 참가해 경험하는 것을 나 타내야 한다. 뒤에 이어지는 내용을 보면 프로그램을 통해 할 수 있는 다양한 일들이 예 시로 언급되어 있으므로 이를 하나로 나타낼 명사로 '활동'을 의미하는 (D) activities 가 정답이다.

133.

정답 (B)

정답 해설

빈칸 뒤에 이어지는 내용을 보면, 참가자들의 의사 소통 및 팀워크 능력을 강화하는 데 초점을 맞춘다고 되어 있는데, 이는 이 글을 쓴 센터에서 하는 일이다. 따라서 이 센 터를 지칭하는 대명사로 지문 후반부에 제시된 our brand-new Web site나 our experienced staff에 쓰인 것과 같은 인칭대명사가 빈칸에 주어로 쓰여야 하므로 (B) We가 정답이다.

134.

정답 (C)

정답 해설
빈칸 앞에 쓰인 find out more와 어울리는 전치사로서 '~에 관해 더 많은 것을 알아보다'라는 의미를 구성할 때 사용하는 (C) about이 정답이다.

135-138 다음 이메일을 참조하시오.

> 수신: inquiries@aceappliances.com
> 발신: mfowler@truemail.net
> 제목: 자바 프레스 500
> 날짜: 9월 14일
>
> 관계자께,
>
> 저는 자바 프레스 500라는 이름의 에스프레소 기계를 **135** 반품하고자 합니다. 새로운 제 주방 조리대가 처음 생각했던 것만큼 크지 않아서, 그저 이 제품을 놓을 공간이 충분하지 않습니다. 제가 귀사의 카탈로그에서 동일한 값어치의 다른 제품을 선택하는 것이 **136** 가능하기를 바라고 있습니다. **137** 제가 선호하는 것은 이 기기를 더 작은 것으로 교환하는 일입니다.
>
> 9월 18일 이전에 적합한 제품을 추천해 주시겠습니까? 귀사의 정책에 따르면, **138** 그날 이후에는 제가 환불이나 새 제품을 받을 수 없을 것입니다.
>
> 연락 주시기를 기다리고 있겠습니다.
>
> 메레디스 파울러

135.

정답 (B)

정답 해설
바로 뒤에 이어지는 문장들을 보면 주방 조리대에 놓을 공간이 없어서 다른 제품으로 바꾸고 싶다는 말이 있으므로 반품 및 교환을 원한다는 것을 알 수 있다. 따라서 '~을 반품하다, 반납하다'를 뜻하는 (B) return이 정답이다.

136.

정답 (D)

정답 해설
빈칸이 속한 that절은 가주어 it과 진주어 to 부정사로 구성된 절이므로 가주어-진주어 문장에서 보어로 쓰이는 형용사가 빈칸에 필요하며 제품 교환 가능성을 언급하는 내용이 되어야 적절하므로 (D) possible이 정답이다.

137.

정답 (D)

해석 (A) 이번 달에 그와 같은 카탈로그가 저에게 전달된 적이 없습니다.
(B) 귀하의 문의에 대단히 감사드리며, 즉시 답변해 드리겠습니다.
(C) 귀사의 웹 사이트에서 그것이 광고된 것을 본 적이 있습니다.
(D) 제가 선호하는 것은 이 기기를 더 작은 것으로 교환하는 일입니다.

정답 해설
앞선 문장들을 보면 조리대가 작다는 문제 때문에 제품을 놓을 수 없어 교환을 원한다는 내용이 쓰여 있으므로 교환을 통해 새로 받을 제품의 특성을 언급하는 (D)가 정답이다.

138.

정답 (C)

정답 해설
빈칸이 속한 문장은 특정 시점 이후에 환불이나 새 제품을 받을 수 없다는 의미를 나타낸다. 따라서 앞 문장에 언급된 날짜가 기준 시점임을 알 수 있으므로 이 날짜를 대신 지칭할 수 있는 대명사 (C) that이 정답이다.

139-142 다음 기사를 참조하시오.

> **컴플렉스 사, 신임 마케팅 이사를 공개하다**
>
> 에드먼턴 (11월 14일) – 어제 열린 기자 회견에서, 컴플렉스 사는 신임 인터넷 마케팅 이사로 클리브 젠킨스 씨를 소개했다. 젠킨스 씨는 새로운 고객들을 끌어들이기 위해 소셜 미디어 마케팅 캠페인을 **139** 만들어 내는 부서를 총괄할 것이다.
>
> 이 통신 회사의 설립자인 디미트리 아우구스투스 씨는 "젠킨스 씨를 입사시킬 수 있게 되어 흥분됩니다. 그분의 능력과 경험은 저희 회사가 잠재 고객들에게 다가가기 위해 노력하는 데 있어 한층 더 그리고 더욱 효과적으로 **140** 접근할 수 있게 해 줄 것입니다."라고 말했다. **141** 젠킨스 씨는 업계에서 쌓은 뛰어난 경력과 함께 컴플렉스 사에 입사한다. 이전에 재직한 회사인 텔레노바 사에서, 그는 매우 효과적인 온라인 마케팅 전략을 개발하고 수행하면서 12년의 시간을 보냈다.
>
> 컴플렉스 사는 모든 **142** 종류의 전화, 텔레비전, 그리고 광대역 인터넷 서비스를 제공하며, 최근에 캐나다에서 선도적인 공급업체가 되었다.

139.

정답 (D)

정답 해설
빈칸이 속한 that절은 바로 앞에 위치한 명사구 a division을 수식해 그 부서가 하는 일을 나타낸다. 따라서 일반적으로 발생되는 일을 나타낼 현재시제 동사가 쓰여야 하며, 빈칸 뒤에 위치한 명사구를 목적어로 취하려면 능동태가 되어야 하므로 능동태 현재시제인 (D) creates가 정답이다.

140.

정답 (A)

정답 해설
빈칸 뒤에 이어지는 '목적어 + to do'의 구조와 어울리는 동사가 필요하므로 이 구조와 함께 '~에게 …할 수 있게 해 주다'라는 의미를 나타낼 때 사용하는 (A) enable이 정답이다.

141.

정답 (A)

해석 **(A) 젠킨스 씨는 업계에서 쌓은 뛰어난 경력과 함께 컴플렉스 사에 입사한다.**
(B) 젠킨스 씨는 에드먼턴 지사에서의 업적에 대해 표창 받게 될 것이다.
(C) 젠킨스 씨는 자신의 부서 내에서 승진을 제안 받았다.
(D) 젠킨스 씨는 프로젝트가 성공한다면 컴플렉스 사에 남아 있을 것으로 예상된다.

정답 해설
빈칸 뒤에 이어지는 문장을 보면, 이전 직장에서의 오랜 경력 사항이 언급되어 있으므로 이와 같은 특징에 해당되는 내용이 제시된 (A)가 정답이다.

142.

정답 (D)

정답 해설
빈칸 뒤에 나열된 명사들은 컴플렉스 사에서 제공하는 서비스의 종류에 해당된다. 따라서 빈칸 앞뒤에 위치한 a full 및 전치사 of와 함께 '모든 종류의, 모든 범위의'라는 의미를 구성할 때 사용하는 (D) range가 정답이다.

143-146 다음 공지를 참조하시오.

> 래니 슈퍼마켓 쇼핑객 여러분께 알립니다.
>
> 계산대에서 제품 비용을 지불하실 때, 구입하신 식료품에 제공되는 각 비닐 봉지에 대해 50센트가 부과된다는 점에 유의하시기 바랍니다. 여러분의 영수증에 "비닐 봉지 요금"이라고 표기된 것을 확인하시게 될 것입니다. 비닐 봉지가 전혀 필요치 않다고 미리 계산대 직원에게 알리지 **143** 않으신다면, 계산대 직원이 필요에 따라 제공해 드리고 해당 요금을 부과할 것입니다.

비닐 쓰레기는 우리 생태계에 상당한 위협이 될 수 있으므로, 비닐 봉지가 환경 친화적인 방식으로 처리되도록 하는 것이 중요합니다. 저희는 매장 중앙 출입구에 오래된 비닐 봉지를 버리실 수 있는 쓰레기통을 놓아 두고 있습니다. 저희는 반드시 이 비닐 봉지들이 적절하게 **144** 재활용되도록 할 것입니다. 그 결과물은 다른 용도로 사용되어 쓰레기로 버려지지 않을 것입니다.

비닐 봉지를 사용하는 것은 **145** 선택적인 일이지만, 저희는 반복적으로 사용하실 수 있는 내구성이 좋은 3달러짜리 캔버스 쇼핑백을 대신 구입하시도록 권해 드리고자 합니다. **146** 계산대 직원들 중 한 명에게 하나 요청하기만 하시면 됩니다.

143.

정답 (C)

정답 해설
빈칸 뒤에 이어지는 두 절을 보면, '비닐 봉지가 필요치 않다고 미리 알리지 않는다면 봉지를 제공하고 요금을 부과할 것이다'와 같은 의미가 되어야 가장 적절하다. 따라서 빈칸이 속한 절이 '~하지 않는다면, ~가 아니라면'과 같은 부정 조건이 되어야 알맞으므로 이 의미로 쓰이는 접속사 (C) Unless가 정답이다.

144.

정답 (C)

정답 해설
빈칸 앞에 쓰인 be동사 are와 결합해야 하므로 동사의 형태가 아닌 과거분사 (C)와 현재분사 (D) 중에서 하나를 골라야 한다. that절의 주어 they가 앞 문장의 old plastic bags를 가리키는데, 이는 사람에 의해 재활용되는 것이므로 수동의 의미를 나타내는 과거분사 (C) recycled가 정답이다.

145.

정답 (B)

정답 해설
주어 Using plastic bags(비닐 봉지를 사용하는 것)가 지니는 특성을 나타낼 형용사가 필요한데, 앞선 단락들에서 알리는 바와 같이 요금을 지불하고 비닐 봉지를 이용하는 것은 고객의 선택에 달린 일이므로 '선택적인'을 뜻하는 (B) optional이 정답이다.

146.

정답 (A)

해석 (A) 계산대 직원들 중 한 명에게 하나 요청하기만 하시면 됩니다.
(B) 저희는 구매 가능한 아주 다양한 제품을 보유하고 있습니다.
(C) 기부금은 감사하지만, 자원 봉사가 훨씬 더 좋습니다.
(D) 이것이 바로 비닐 봉지에 구멍이 났는지 확인해 보셔야 하는 이유입니다.

정답 해설
앞 문장에 캔버스 쇼핑백 이용을 권하는 내용이 있으므로 이 가방을 대명사 one으로 지칭해 구입 방법을 알리는 의미를 지닌 (A)가 정답이다.

Part 7

147-148 다음 쿠폰을 참조하시오.

레이시 미용실
개업 기념 쿠폰

다음 번 헤어 커트나 매니큐어 또는 얼굴 트리트먼트 예약 시에 **147** 이 쿠폰을 가져오시면 무료로 머리 또는 어깨 마사지 서비스를 받으실 수 있습니다! 이 쿠폰은 일주일 중 어느 요일이든지 사용 가능하지만, 오직 브릿지 스트리트에 새로 개업한 저희 지점에서만 가능합니다.

저희는 여러분의 도움으로 성장할 수 있습니다!

148 저희 미용실 및 저희가 제공해 드리는 서비스에 관해 친구나 동료 직원, 또는 가족 중 한 분께 말씀해 주시고 다음 번 트리트먼트를 반값에 받아 보세요!**

이 할인 혜택을 받으시려면, 해당 고객께서 예약하실 때 반드시 여러분의 성함을 말씀해 주셔야 합니다.

** (이는 1회 한정 할인이라는 점에 유의하시기 바랍니다.)

---

147. 쿠폰은 무슨 무료 서비스를 받는 데 사용될 수 있는가?
(A) 얼굴 트리트먼트
(B) 매니큐어
(C) 헤어 커트
(D) 마사지

정답 (D)

해설 쿠폰의 용도가 설명된 첫 단락에 무료로 머리 또는 어깨 마사지 서비스를 받을 수 있다고(exchange it for a complimentary head or shoulder rub) 되어 있으므로 (D)가 정답이다.

148. 고객은 어떻게 50퍼센트 할인을 받을 수 있는가?
(A) 브릿지 스트리트 지점을 방문함으로써
(B) 개업 기념 행사에 참석함으로써
(C) 친구를 업체에 소개함으로써
(D) 여러 가지 다른 예약을 함으로써

정답 (C)

해설 질문에서 말하는 50퍼센트 할인과 관련된 정보는 두 번째 단락에 나타나 있다. 친구나 동료 직원, 또는 가족 중 한 명에게 레이시 미용실과 제공 서비스에 대해 이야기한다는 말은(Tell one of your friends, colleagues, or family members ~ your next treatment for half price!) 업체를 소개해 주는 것을 뜻하므로 이에 해당되는 (C)가 정답이다.

149-150 다음 이메일을 참조하시오.

수신: 펠리시아 무노즈 <fmunoz@mymail.com>
발신: 커티스 우드 <cwode@diamond.com>
제목: 슬리포드 아파트
날짜: 11월 2일

무노즈 씨께,

귀하께서는 지난 달에 저희 아파트 중의 하나를 임대하시는 데 관심을 나타내 주셨지만, **149** 당시에 저희에게 비어 있는 세대가 하나도 없었습니다. 막 저희 세입자들 중의 한 분께서 임대 계약을 일찍 종료하도록 요청해 오셨다는 점을 알려 드리게 되어 기쁘게 생각하며, 저희는 이달 말까지 입주할 의향이 있으신 분을 찾고 있습니다. 이 특정 세대는 5층에 위치해 있으며 가필드 공원의 아주 멋진 경관을 제공합니다. 가급적 빨리 이번 기회와 관련해 제게 다시 연락해 주실 수 있으시다면 감사하겠습니다. **150** 슬리포드 아파트로 이사하시는 데 더 이상 관심이 없으실 경우, 곧바로 이 세대를 저희 온라인 목록에 추가할 것입니다. 하지만 귀하로부터 연락을 받을 때까지는 그렇게 하는 것을 미뤄 두겠습니다.

안녕히 계십시오.

커티스 우드
다이아몬드 부동산

---

149. 우드 씨는 왜 무노즈 씨에게 연락하는가?
(A) 취업 기회에 관해 알리기 위해
(B) 부동산 회사에 관한 상세 정보를 제공하기 위해
(C) 한 아파트 건물의 빈 자리를 알리기 위해
(D) 부동산 임대 계약의 일부 수정 사항을 확인해주기 위해

정답 (C)

해설 연락 목적이 제시되는 시작 부분에, 아파트에 전에는 없던 빈 자리가 한 세입자의 계약 종료 요청으로 생겼다고(we did not have any vacant properties. ~ one of our tenants has just asked to end her lease early) 알리고 있으므로 이에 해당되는 (C)가 정답이다.

150. 우드 씨는 무엇을 하기를 기다릴 것인가?

(A) 목록을 업데이트하는 일
(B) 아파트를 청소하는 일
(C) 세입자에게 연락하는 일
(D) 견학 일정을 잡는 일

정답 (A)

해설 우드 씨는 이메일의 마지막 부분에 그렇게 하는 것을 미뤄 두겠다고(I will hold off on doing that) 말하고 있는데, 여기서 말하는 doing that은 앞선 문장에 언급된 빈 세대를 온라인 목록에 올리는 일(add this unit to our online listings)을 뜻한다. 따라서 목록 업데이트를 의미하는 (A)가 정답이다.

151-152 다음 문자 메시지를 참조하시오.

가일 와이너 [오전 10:21]
안녕하세요, 최 씨. 151 우리 온라인 쇼핑몰의 문제점과 관련해 여전히 당신 부서로부터 소식을 기다리는 중입니다. 혹시 그 부분을 자세히 살펴 보실 시간이 있으셨나요?

아서 최 [오전 10:23]
151 저희 새 프로그래머들 중의 한 분이 그 작업을 하고 있습니다. 그 분이 지금 새로운 검색 엔진과 그래픽에 마무리 손질을 하고 있어요.

가일 와이너 [오전 10:24]
그 얘기를 들으니 기쁘네요. 많은 고객들께서 좋지 않은 검색 기능에 대해 불만을 제기하고 계세요. 준비되시는 대로 제게 좀 알려 주시겠어요? 고객 서비스 부장님과 제가 시험해 보고 해당 문제들이 해결되었는지 확인하고 싶습니다.

아서 최 [오전 10:26]
좋습니다. 저희가 완료하는 대로 메시지를 보내 드리겠습니다. 그리고 152 새로운 디자인과 관련해서 질문이 있으시면 언제든지 연락 주세요.

가일 와이너 [오전 10:28]
꼭 그렇게 하겠습니다. 정말 감사합니다.

---

151. 최 씨는 어느 부서에서 일하고 있을 것 같은가?

(A) 웹 디자인
(B) 고객 서비스
(C) 마케팅
(D) 인사

정답 (A)

해설 지문 초반부에 와이너 씨가 최 씨의 부서로부터 온라인 쇼핑몰 문제점(the problems with our online shopping mall)과 관련된 소식을 기다리고 있다고 말하자, 최 씨가 소속 프로그래머 한 명이 그 일을 하고 있다고(One of our new programmers is working on it) 언급하고 있다. 이를 통해 웹 사이트 관련 부서에서 일하고 있는 것으로 생각할 수 있으므로 (A)가 정답이다.

---

152. 오전 10시 28분에, 와이너 씨가 "꼭 그렇게 하겠습니다"라고 말한 의도는 무엇인가?

(A) 최 씨를 돕기 위해 자신의 일정에서 시간을 낼 것이다.
(B) 한 업무가 오늘 오후에 반드시 완료되도록 할 것이다.
(C) 고객들이 만족할 것이라고 확신하고 있다.
(D) 문의 사항이 있을 경우에 최 씨에게 연락할 것이다.

정답 (D)

해설 count on은 보통 '~을 확신하다, 믿다' 등을 뜻하며, it은 앞선 문장에서 질문이 있으면 언제든지 연락하라고(feel free to get in touch if you have any questions) 말한 것을 가리킨다. 즉 연락하는 일과 관련해 확신해도 된다는 말로 꼭 그렇게 하겠다는 의미를 나타낸 것이므로 (D)가 정답이다.

153-154 다음 광고를 참조하시오.

나이츠브릿지 국제 영화제 (KIFF) (10월 3일-5일)

KIFF가 7년 전에 처음 개최된 이후로, 참석 인원이 매년 거의 두 배로 증가되어 왔으며, 올해의 행사는 지금까지 중에서 가장 많은 사람들을 끌어들일 것으로 예상됩니다. 유명 영화 제작자이자 KIFF 설립자이신 로드 리빙스톤 씨를 비롯해 153 세계적으로 유명한 여러 배우들과 함께 하는 영화 시사회, 영화 관련 세미나, 그리고 연례 시상식 행사에 참석해 보십시오. 올해의 축제에서는 과거 그 어느 때보다 더 많은 독립 영화 감독들의 작품을 선보일 것이며, 154 리사 게르만 씨와 같은 여러 아마추어 감독들이 저희 축제의 '최고 신인 감독상' 수상 후보로 지명되었습니다.

올해 KIFF는 154(A) 목슬리 강당에서 개최되며, 입장권은 여러 행사에 대해 다양하게 가격이 책정될 것입니다. 154(B) 모든 입장료 정보가 담긴 목록은 www.kiff.com/tickets에서 찾아보실 수 있습니다. 과거와 마찬가지로, 154(D) KIFF 회원은 모든 행사 요금에 대해 20퍼센트 할인을 받게 될 것입니다. 회원 가입과 관련된 상세 정보 또한 저희 웹 사이트에서 찾아보실 수 있습니다.

---

153. KIFF에 관해 알 수 있는 것은 무엇인가?

(A) 입장료가 인상되었다.
(B) 영화 제작 강좌를 포함하고 있다.
(C) 환영 연설과 함께 시작될 것이다.
(D) 영화 스타들이 참석한다.

정답 (D)

해설 첫 단락 중간 부분에 해당 행사에 참석하는 사람들이 언급되고 있는데, 이 중에 여러 세계적인 유명 배우들이(several world famous actors for movie premieres, film seminars, and the annual awards show) 언급되어 있으므로 (D)가 정답임을 알 수 있다.

---

154. 광고에 의해 제공되는 정보가 아닌 것은 무엇인가?

(A) 축제 장소
(B) 입장권 요금
(C) 한 수상 후보의 이름
(D) 회원에게 제공되는 할인율

정답 (B)

해설 두 번째 단락 첫 부분의 목슬리 강당에서 개최된다는(will be held in the Moxley Auditorium) 부분에서 행사 장소를 말하는 (A)를, 첫 단락 끝부분의 리사 게르만 씨와 같은 아마추어 감독들이 수상 후보로 지명되었다는(Lisa Gehrman have been nominated to win) 부분에서 수상 후보를 언급한 (C)를 확인할 수 있다. 또한 둘째 단락 중간에 KIFF 회원이 모든 행사 요금에 대해 20퍼센트 할인을 받게 될 것이라고(KIFF members will receive a 20 percent discount) 알리는 부분에서 (D)에 언급된 회원 할인율을 확인할 수 있다. 하지만 입장권 요금 정보는 웹 사이트에서 찾아볼 수 있다는 말만 쓰여 있으므로 (B)가 정답이다.

155-157 다음 이메일을 참조하시오.

수신: 토마스 버빌 <tverville@livemail.net>
발신: 캐롤 쿤츠 <ckoontz@weymouthmuseum.com>
제목: 일부 세부 사항
날짜: 5월 1일
첨부: 찾아오시는 길

버빌 씨께,

웨이마우스 과학 박물관을 대신해, 귀하께서 저희 단체의 투어 가이드 직책을 수락해 주셔서 대단히 기쁘다는 말씀 드립니다. 156 시의 교외 지역에 위치한 저희 새 건물 부지가 거의 준비된 상태이며, 현재 저희는 모든 상설 전시 물품들을 옮기고 설치하는 과정에 있습니다.

155 귀하의 첫 근무일이 되는 5월 11일 오전 8시 30분에, 앤디 잭슨 인사부장님께서 새로운 시설을 견학시켜 드릴 것입니다. 이후에, 글랜다 분 연구부장님과 만나게 될 것이며, 이분께서 저희 전시회 각각에 관해 더 자세히 말씀드릴 것입니다. 157 메모지와 펜을 챙겨 오셔서 내용을 적어 두시는 게 좋을 텐데, 귀하께서 나중에

참고하시기를 원할 수 있는 많은 중요 정보를 이분께서 제공하실 가능성이 클 것이기 때문입니다.

박물관을 찾는 데 이용하실 수 있도록 간단히 길을 설명한 약도를 첨부해 드렸습니다. 도착하시는 대로, 주차 안내원에게 성함을 말씀하시면, 방문객 주차 요금을 공제해 드릴 것입니다. 나중에, 매일 무료 주차를 위해 사용하실 수 있는 직원 주차증을 받으시게 될 것입니다.

안녕히 계십시오.

캐롤 쿤츠
수석 큐레이터
웨이마우스 과학 박물관

155. 쿤츠 씨는 왜 버빌 씨에게 연락했는가?
    (A) 일부 새로운 전시회를 설명해 주기 위해
    (B) 박물관 투어의 변동 사항을 알리기 위해
    (C) 일자리에 관한 정보를 제공하기 위해
    (D) 직책에 대해 한 사람을 추천하기 위해

정답 (C)

해설 첫 단락에서 일자리 수락에 대한 감사 인사를 한 후, 두 번째 단락부터 첫 출근을 하는 날에(At 8:30 A.M. on your first day, which will be May 11) 할 일을 상세하게 설명하고 있으므로 일자리 관련 정보 제공을 의미하는 (C)가 정답이다.

156. 웨이마우스 과학 박물관에 관해 알 수 있는 것은 무엇인가?
    (A) 새로운 건물로 이전하는 중이다.
    (B) 최근에 몇몇 신입 가이드를 고용했다.
    (C) 방문객 주차 요금을 인상했다.
    (D) 매달 다른 전시회를 주최한다.

정답 (A)

해설 첫 단락에 새 건물 부지가 거의 준비되어 현재 전시품들을 옮기는 중이라고(Our new premises ~ we are currently in the process of moving) 쓰여 있는데, 이는 현재 이전 작업 과정에 있음을 의미하는 것이므로 (A)가 정답이다.

157. 버빌 씨는 무엇을 하도록 권고 받는가?
    (A) 메모를 하는 일
    (B) 특정 출입구를 이용하는 일
    (C) 미리 분 씨에게 연락하는 일
    (D) 주차장에서 쿤츠 씨를 만나는 일

정답 (A)

해설 상대방에게 권하는 일이 처음 언급되는 두 번째 단락 중간에 메모지와 펜을 챙겨 와서 내용을 적어 두는 게 좋다고(It would be a good idea to bring a notepad and pen with you and write things down) 알리는 부분을 언급한 (A)가 정답이다.

158-160 다음 정보를 참조하시오.

텔포드 로지스틱스 사
158 제2회 연례 직원 워크숍, 5월 8일-10일
그랜드 케이만 리조트, 케이만 제도

기업 할인

우리 텔포드 로지스틱스 사는 아름다운 케이만 제도에 위치한 이곳 그랜드 케이만 리조트에서 워크숍을 개최하게 되어 기쁘게 생각합니다. 우리 회사의 첫 워크숍이 직원들에게 압도적으로 인기 있었던 것으로 드러났으며, 우리는 이번 워크숍이 훨씬 더 좋을 것으로 기대하고 있습니다. 워크숍 참가자로서, 여러분께서는 특별 할인 쿠폰북을 이용하실 수 있으며, 이는 토요일 오전 9시에 리조트 로비에서 열리는 환영 모임 행사 중에 받으실 수 있습니다. 여러분께서 이 쿠폰들을 사용하실 때, 회사에서 발급한 사원증도 반드시 제시하셔야 합니다. 쿠폰들은 오직 워크숍 마지막 날까지만 유효하며, 현금과 교환될 수 없습니다.

리조트 구역 내에서, 쿠폰들은 다양한 장소에서 할인을 받기 위해 사용될 수 있습니다. **159(D)** 해변 쪽에 위치한 스쿠버 다이빙 장비 대여소에서 20퍼센트의 할인을 받으실 수 있으며, 본관 로비 건물 뒤에 있는 **159(C)** 스포츠 센터에서 반값에 음료를 이용하실 수 있습니다. 추가로, 리조트 구내의 동쪽 끝에 위치한 **159(B)** 워터 파크에서 할인된 가격에 다양한 수영복과 고글도 구입하실 수 있습니다.

160 리조트 외부와 근처의 마을 쪽으로 과감히 나가 보시려는 분들은, 지역 내의 어떤 상품이나 서비스에 대해서도 이 쿠폰들로 교환해 이용하실 수 없다는 점에 유의하시기 바랍니다. 또한, 마을로 가시기 전에 반드시 신용카드를 챙겨 가시거나 로비에 있는 ATM을 이용하도록 하셔야 하는데, 그곳에서는 ATM을 찾는 것이 어렵기 때문입니다. 로비의 ATM 대기 구역은 오전 8시에서 오후 8시까지 이용하실 수 있습니다.

158. 텔포드 로지스틱스 사에 대해 알 수 있는 것은 무엇인가?
    (A) 직원들에게 여행 가이드 책자를 배부할 것이다.
    (B) 작년에 회사의 첫 번째 워크숍을 개최했다.
    (C) 본사가 케이만 제도에 연고를 두고 있다.
    (D) 워크숍 기간 중에 매일 아침에 회의를 열 것이다.

정답 (B)

해설 지문의 제목 부분에 제2회 연례 워크숍(2nd Annual Company Workshop)이라고 되어 있는데, 해마다 열리는 워크숍이 2회째라는 말은 작년에 첫 워크숍이 열렸음을 의미하는 것이므로 이를 언급한 (B)가 정답이다.

159. 워크숍 참가자들은 어디에서 할인 쿠폰을 사용할 수 없는가?
    (A) 리조트 로비에서
    (B) 워터 파크에서
    (C) 스포츠 센터에서
    (D) 해변에서

정답 (A)

해설 쿠폰 사용 가능 장소가 언급된 두 번째 단락에서, 끝부분의 워터 파크에서 할인된 가격에 다양한 수영복과 고글을 구입할 수 있다는(a variety of swimwear ~ at a discount in the water park) 정보에서 (B)를, 중간의 스포츠 센터에서 반값에 음료를 이용할 수 있다는 부분(get half-price beverages in the sports center)에서 (C)를, 그리고 초반부의 해변 쪽에 위치한 스쿠버 다이빙 장비 대여소에서 20퍼센트 할인을 받을 수 있다는(a twenty percent discount on ~ down on the beach) 정보에서 (D)를 각각 확인할 수 있다. 하지만 리조트 로비는 할인 쿠폰 사용 장소로 언급되어 있지 않으므로 (A)가 정답이다.

160. 리조트 부지 외부의 쇼핑 장소에 관해 무엇이 사실인가?
    (A) 신용카드로 지불 비용을 받는 것을 선호한다.
    (B) 특별 판촉 행사를 제공하고 있다.
    (C) 직원들의 쿠폰을 받지 않을 것이다.
    (D) 오후 8시까지 문을 연다.

정답 (C)

해설 리조트 외부의 쇼핑과 관련된 정보가 제시된 세 번째 단락을 보면 리조트 외부에서는 지역 내의 어떤 상품이나 서비스에 대해서도 쿠폰을 사용할 수 없다고(cannot be redeemed for any local goods or services) 알리고 있으므로 이에 해당되는 (C)가 정답이다.

161-163 다음 공지를 참조하시오.

직원 여러분,

161 10월 23일에, 우리 캔터 푸드 사는 손 씻기 실천 운동과 관련된 새로운 가이드라인을 시행할 것입니다. 행정 건물 또는 유통 창고에서 근무하는 직원들은 이 변동 사항에 영향 받지 않겠지만, **162** 생산 라인을 가동하고 식품과 직접적으로 접촉하게 되는 직원들은 영향을 받을 것입니다. 이 직원들은 여전히 교대 근무를 시작하기 전에 공장 출입구에서 손을 깨끗이 씻어야 할 것입니다. 하지만, **163** 기존처럼 손 세정용 비누를 이용하는 대신, 생산 라인 직원들은 이제 특정 위치에서 제공되는 특수 항균 물티슈를 이용하셔야 합니다.

이와 같은 변동 사항과 관련된 질문이 있으신 분은, 공장 관리 책임자이신 모리스 챔벌레인 씨에게 전달해 주시기 바랍니다. 우리 회사의 위생 관행을 개선하기 위한 이와 같은 노력에 대해 협조해 주셔서 감사드립니다.

짐 해밀턴
총무부장
캔터 푸드 사

161. 공지의 목적은 무엇인가?

(A) 직원 회의를 알리는 것
(B) 새로운 정책을 간략히 설명하는 것
(C) 직원들에게 마감 시한을 상기시키는 것
(D) 설치 작업에 관해 상세히 설명하는 것

정답   (B)

해설   첫 단락 첫 문장에 손 씻기와 관련된 새로운 가이드라인을 시행한다고 (On October 23, Cantor Foods will implement new guidelines related to hand washing practices) 알린 후에 관련 세부 사항을 전달하는 것으로 지문이 전개되고 있으므로 (B)가 정답이다.

162. 공지에 설명된 변동 사항에 의해 누가 영향을 받을 것 같은가?

(A) 행정 직원들
(B) 영업 사원들
(C) 생산 라인 직원들
(D) 창고 직원들

정답   (C)

해설   영향을 받지 않는 직원과 받는 직원이 언급된 첫 단락에 생산 라인을 가동하는 직원들이(workers who operate the production line and come into direct contact with food products) 영향을 받는 대상으로 언급되어 있으므로 (C)가 정답이다.

163. 해밀턴 씨는 캔터 푸드 사에 관해 무엇을 암시하는가?

(A) 자사의 생산 시설들 중 하나를 닫을 계획이다.
(B) 매달 자사의 보건 안전 절차를 검토한다.
(C) 고객들로부터 여러 불만 사항들을 받아왔다.
(D) 공장 내에서 더 이상 손 세정용 비누를 제공하지 않을 것이다.

정답   (D)

해설   첫 단락 마지막 부분에 기존처럼 손 세정용 비누를 이용하는 것이 아니라 특수 항균 물티슈를 이용해야 한다고(instead of using hand soap as before, ~ that will be provided in its place) 알리는 내용이 있는데, 이는 세정용 비누를 제공하지 않는다는 말과 같으므로 (D)가 정답이다.

164-167 다음 기사를 참조하시오.

메디나, AZ, 4월 23일 – 오늘 아침에 위무브 사는 내년에 지역 산업을 재편하게 될 소식 한 가지를 발표했다. 164 이 회사는 메디나 지역의 많은 주민들에게 일자리를 제공하고 있는 주요 공장을 새로운 곳으로 이전하기로 결정한 것으로 보인다.

위무브 사의 데릭 아얄라 대변인은 165 40년 전에 이 공장이 문을 연 이후로 이곳에서 근무한 모든 사람들에게 회사에서 감사의 인사를 전하고 싶다고 오늘 아침에 알렸다. 아얄라 씨는 자사의 많은 고객들이 아시아에서 찾아 오고 있었던 상황에 회사에서 더 이상 메디나 지역에 그 공장을 계속 운영하고 있을 여유가 없었다고 설명했다.

167 아얄라 씨는 "위무브 사는 7월에 공장 문을 닫고 아시아로 이전할 예정입니다"라고 말한 것으로 전해졌다. 공장의 정확한 위치는 머지 않아 향후 몇 주 이내에 발표될 것이다. 166 그곳의 많은 직원들은 미래가 어떤 것인지에 대해 확신하지 못하고 있으며, 회사가 해당 위치 이전 작업을 완료하지 못하게 할 목적으로 이미 조직적인 운동이 시작되었다.

164. 기사의 목적은 무엇인가?

(A) 새로운 고용 기회에 관해 보도하는 것
(B) 소비자들에게 한 제품의 명칭 변경을 알리는 것
(C) 한 지역 회사의 위치 이전을 알리는 것
(D) 공급 업체 변경의 위험성을 설명하는 것

정답   (C)

해설   기사의 핵심 정보가 제시되는 첫 단락에 위무브 사가 공장 이전을 결정한 사실을(the company has decided to move its main factory) 알리고 있으므로 위치 이전을 언급한 (C)가 정답이다.

165. 메디나에 있는 공장은 언제 문을 열었는가?

(A) 약 40년 전에
(B) 약 30년 전에
(C) 약 20년 전에
(D) 약 10년 전에

정답   (A)

해설   두 번째 단락의 'since it opened four decades ago'에 공장의 개장 시점이 언급되어 있는데, decade는 10년을 의미하므로 40년 전에 개장했음을 알 수 있다. 따라서 (A)가 정답이다.

166. 기사를 통해 무엇을 유추할 수 있는가?

(A) 회사가 매출 감소를 겪고 있다.
(B) 공장이 이미 문을 닫았다.
(C) 일부 직원들이 직책을 유지할 것이다.
(D) 많은 직원들이 해고될 것이다.

정답   (D)

해설   세 번째 단락 중간에, 많은 직원들이 미래를 확신할 수 없다는(Many of the workers are unsure of what the future will hold) 말이 있는데, 이는 위치 이전에 따른 영향으로 많은 직원들이 해고의 두려움을 겪고 있음을 의미하는 말이다. 따라서 (D)가 정답이다.

167. [1], [2], [3], [4]로 표기된 위치들 중에서, 다음 문장이 가장 잘 어울리는 곳은 어디인가?

"공장의 정확한 위치는 머지 않아 향후 몇 주 이내에 발표될 것이다."

(A) [1]
(B) [2]
(C) [3]
(D) [4]

정답   (D)

해설   제시된 문장은 공장의 정확한 위치가 발표되는 대략적인 미래 시점을 언급하는 내용이다. 따라서 공장 이전 시점이 언급된 세 번째 단락의 첫 문장(will be closing down the factory in July and moving it to Asia) 다음에 위치한 [4]에 들어가 그 시점과 장소 관련 정보를 함께 말하는 흐름이 되어야 적절하므로 (D)가 정답이다.

168-171 다음 온라인 채팅을 참조하시오.

다나 엘고트	리안 씨, 빅 씨, 168 170 171 우리가 만든 디자인 변경 사항들을 제시하기 위해 막 제 차에 타서 코비 사로 가려는 참인데, 그곳의 본사 건물에 대한 새로운 설계도를 깜빡 잊고 나온 것 같아요. 제가 그것을 제 책상에 놓아 두었나요? [오후 1:28]
리안 데니히	네, 여기 보이네요. 하지만 우리가 제안하는 수정 사항들을 말로 설명하실 수 있지 않으세요? [오후 1:30]
다나 엘고트	말은 그만큼 효과적이지는 않아요. 169 변경 사항들이 꽤 상세하기 때문에, 그쪽 사람들이 직접 볼 수 있다면 더 잘 이해할 가능성이 있을 거예요. [오후 1:32]
리안 데니히	그러시면, 사무실이 있는 위층으로 다시 올라 오셔서 가져 가시는 게 나을 겁니다. [오후 1:34]

빅 자코비　잠깐만요, 다나 씨... 엘리베이터를 기다렸다가 여기까지 다시 올라오실 필요 없어요. **170 171 제가 지하 주차장으로 내려 가면 됩니다.** [오후 1:36]

다나 엘고트　잘됐네요! 엘리베이터 앞에서 만나시겠어요? 지금 바로 그쪽으로 다시 걸어 갈게요. [오후 1:37]

빅 자코비　좋습니다. 지하 1층에 계신가요, 아니면 지하 2층이신가요? [오후 1:38]

리안 데니히　빅 씨, 그냥 인턴 한 명을 보내는 게 어때요? [오후 1:39]

빅 자코비　아, 어쨌든 제 차에서 휴대 전화 충전기를 가져 오고 싶었거든요. 오늘 아침에 급하게 오는 바람에 그걸 잊었어요. [오후 1:40]

다나 엘고트　다시 한 번 감사 드려요, 빅 씨. 저는 지하 2층에 있어요. 곧 이쪽으로 오시나요? [오후 1:41]

빅 자코비　몇 분 후에 뵙죠, 다나 씨. [오후 1:42]

168. 엘고트 씨는 누구일 것 같은가?
(A) 코비 사의 직원
(B) 데니히 씨의 고객
(C) 인사부장
(D) 건축가

정답　(D)

해설　첫 메시지에서 엘고트 씨는 자신들이 만든 디자인 변경 사항을 언급하면서 그것이 새로운 건물 설계도와 관련된 것임을(to present the design changes we made, but I seem to have forgotten the new blueprint) 알리고 있다. 이는 건축가들이 하는 일에 해당되므로 (D)가 정답이다.

169. 오후 1시 32분에, 엘고트 씨가 "말은 그만큼 효과적이지는 않아요."라고 말한 의도는 무엇인가?
(A) 고객에게 디자인을 보여 주고 싶어 한다.
(B) 발표를 할 자신이 충분히 있지 않다.
(C) 사업 회의가 형편 없이 진행되었다고 생각한다.
(D) 고객이 일부 변경 사항에 동의할 것이라고 생각한다.

정답　(A)

해설　해당 문장은 '말이 그렇게 효과적이지 않다'와 같이 해석할 수 있다. 그리고 바로 뒤이어 변경 사항의 상세함 때문에 그 사람들이 직접 보는 게 더 좋다는(so they'd have a better chance of understanding if they could see them for themselves) 말이 있으므로, 디자인을 직접 보여 줘야 한다는 점을 강조하기 위한 말이라는 것을 알 수 있다. 따라서 (A)가 정답이다.

170. 엘고트 씨는 어디에 있는가?
(A) 자신의 사무실에
(B) 주차장에
(C) 자신의 차에
(D) 엘리베이터에

정답　(B)

해설　지문의 첫 문장에 엘고트 씨는 막 차에 타려는 참이라고(I'm just about to get in my car) 했으며, 1시 36분 메시지에서는 자코비 씨가 도움을 주기 위해 엘고트 씨가 있는 지하 주차장으로 가겠다고(I can head down to the basement parking garage) 알리는 말이 있으므로 현재 엘고트 씨는 지하 주차장에 있다는 것을 알 수 있다. 따라서 (B)가 정답이다.

171. 자코비 씨는 무엇을 하겠다고 제안하는가?
(A) 인턴에게 엘고트 씨를 돕도록 요청하는 것
(B) 엘고트 씨가 기기를 빌려갈 수 있게 하는 것
(C) 엘고트 씨에게 문서를 갖다 주는 것
(D) 고객과의 회의에 엘고트 씨를 동반하고 가는 것

정답　(C)

해설　자코비 씨가 제안하는 일은 1시 36분에 '내가 직접 지하 주차장으로 내려 가겠다(I can head down to the basement parking garage)'고 쓴 메시지에서 확인 가능하다. 이는 지문 첫 부분에 엘고트 씨가 잊고 왔다고 말한 설계도를(I seem to have forgotten the new blueprint) 직접 가져다 주기 위한 방법이므로 (C)가 정답임을 알 수 있다.

172-175 다음 기사를 참조하시오.

새로운 생산 시설을 준비하는 하쿠나 사

프레토리아 (11월 16일) — 최근에 우리 시로 본사를 이전한 남아프리카의 자동차 제조사 하쿠나 모터스 사가 **173 카메룬의 두알라에 지은 새 생산 공장에 관한 세부 사항들을 제공했다. 이 공장은 하쿠나 CAF라고 불리는 자사 지역 총괄 지사에 의해 관리될 것이며, 173 11월 25일에 문을 열 것이다.**

172 이 새로운 공장은 중앙 아프리카 지역에서 시장 점유율을 높이려는 이 회사의 의도를 나타내는 것이다. 하쿠나 사의 넬슨 아간다 대표 이사의 말에 따르면, "**175 두알라에서 자동차를 생산하게 되면 저희가 그 지역에서 드는 많은 운송 비용과 유통 비용을 피할 수 있게 될 것입니다. 최초의 견적에는 일반적인 운송 지출 비용의 거의 50퍼센트가 감소되는 것으로 나타납니다.** 결과적으로, 저희는 매출과 관련해 해당 지역에서 보통 우위를 차지하고 있는 북아프리카 경쟁 업체들과 겨룰 수 있게 됩니다." **173 아간다 씨는 해당 공장의 개장식 행사에서 리본 커팅을 할 계획이다.**

하쿠나 사는 3년 전에 중앙 아프리카의 자동차 시장에 진출하려고 처음 시도했었다. 이 자동차 제조사는 지역 전체에 걸쳐 합리적인 가격과 인상적인 연비를 강조하면서 하쿠나 솔라로 자동차 모델을 대대적으로 광고했다. 안타깝게도, 매출은 저조했고, 신뢰성이 떨어지는 운송 경로는 고객들이 차량을 구입하는 데 몇 주를 기다려야 했음을 의미했다.

하쿠나 사는 현재 케냐의 나이로비와 앙골라의 루안다에서 생산 공장을 운영하고 있다. **174 아간다 씨는 알렉산드리아 지역에 제안된 공장에 대한 건축 허가를 신청하기 위해 최근 이집트 정부 관계자들에게 연락한 바 있다고 언급했다.** 그는 올 연말 전에 해당 프로젝트에 대한 확답을 받을 수 있기를 바라고 있다.

---

172. 하쿠나 모터스 사에 관해 알 수 있는 것은 무엇인가?
(A) 새로운 유형의 차량을 출시하기 위해 준비 중이다.
(B) 3년 전에 처음 설립되었다.
(C) 중앙 아프리카 시장에서 입지를 개선하고 싶어 한다.
(D) 한 프로젝트에 대해 북아프리카 자동차 제조사들과 협력할 것이다.

정답　(C)

해설　새로운 공장을 지은 목적이 언급된 두 번째 단락 첫 문장에, 중앙 아프리카 지역에서 시장 점유율을 높이려 한다는(the company's intention to increase its market share in Central Africa) 말이 있는데, 이는 입지를 개선하겠다는 말과 같으므로 (C)가 정답이다.

173. 아간다 씨에 관해 알 수 있는 것은 무엇인가?
(A) 두알라 공장에서 책임자 역할을 맡을 것이다.
(B) 하쿠나 솔라로가 성공작으로 드러날 것이라고 생각한다.
(C) 중앙 아프리카에서 근무하는 데 많은 시간을 보내고 있다.
(D) 11월에 카메룬으로 출장을 갈 계획이다.

정답　(D)

해설　아간다 씨의 이름이 언급된 두 번째 단락 끝부분에 공장 개장식에서 리본 커팅을 한다고 쓰여 있는데(Mr. Aganda plans to cut the ribbon at the factory's grand opening event), 첫 단락에 공장 위치가 카메룬으로 (the new production plant ~ in Douala, Cameroon), 개장 시점이 11월로(will open on November 25) 되어 있으므로 이 정보들을 통해 (D)가 정답임을 알 수 있다.

174. 하쿠나 모터스 사는 어디에 다음 제조 공장을 지을 것 같은가?
(A) 중앙 아프리카에
(B) 이집트에
(C) 앙골라에
(D) 케냐에

정답 (B)

해설 추가 공장 건설과 관련해, 네 번째 단락 후반부에 공장 건축 허가를 받기 위해 이집트 정부 관계자들에게 연락했다는(the firm has recently contacted members of the Egyptian government to request construction permission) 말이 있으므로 (B)가 정답임을 알 수 있다.

175. [1], [2], [3], [4]로 표기된 위치들 중에서, 다음 문장이 가장 잘 어울리는 곳은 어디인가?

"최초의 견적에는 일반적인 운송 지출 비용의 거의 50퍼센트가 감소되는 것으로 나타납니다."

(A) [1]
(B) [2]
(C) [3]
(D) [4]

정답 (A)

해설 제시된 문장은 운송 지출 비용이 거의 50퍼센트나 감소되는 것으로 나타난 견적서의 내용을 담고 있다. 따라서 두 번째 단락에서 운송 비용 절감 효과를 언급한 문장 다음에 위치한 [1]에 들어가 그 사실을 뒷받침하는 근거를 제시하는 흐름이 되어야 적절하므로 (A)가 정답이다.

176-180 다음 이메일과 예약 확인서를 참조하시오.

수신: 티나 브레이머 <tbraymer@worldmail.net>
발신: 이본 가니에 <ygagne@evehotels.com>
제목: 귀하의 객실 예약 (#438119)
날짜: 8월 10일

브레이머 씨께,

이달 말에, 저희는 올해의 스카이라인 소프트웨어 & 테크놀로지 컨벤션 행사와 관련된 아주 많은 발표자들과 행사 주최 관계자들을 수용할 것입니다. 귀하께서는 현재 2층에 있는 객실 하나를 예약해 두셨는데, 컨벤션 주최측에서 소속 직원들과 특별 손님들을 위해 그 층 전체를 예약하기를 원하고 있습니다. **176** 이에 따라, 저희는 귀하께서 50달러 상당의 식사 쿠폰과 함께 다른 객실로 변경하는 것이 괜찮으신지 여쭤 보기 위해 연락 드립니다. 이 쿠폰은 저희 모든 호텔 지점에 있는 어느 레스토랑에서도 사용될 수 있으며, **177** 올해 말까지 유효한 것입니다.

귀하께서 고려해 보시기를 바라는 세 가지 대체 객실들을 아래에서 확인해 보시기 바랍니다. 첫 두 가지 선택권은 귀하께서 애초에 예약하셨던 것과 동일한 유형에 같은 지점에 있는 것이지만, 다른 층에 위치해 있습니다.

406호실	이브 호텔 (포터 로드)	스탠다드 룸	체크인 시작 시간: 8월 28일, 오후 1시	체크아웃 마감 시간: 8월 30일, 오전 11시
519호실	이브 호텔 (포터 로드)	스탠다드 룸	체크인 시작 시간: 8월 28일, 오후 1시	체크아웃 마감 시간: 8월 30일, 오전 11시

세 번째 선택권은 디럭스 객실이지만, 이 객실은 포터 로드에서 북쪽으로 몇 블록 떨어진 곳에 위치한 다른 지점에 있습니다. 귀하께서는 스탠다드 객실 정상 요금이 부과될 것입니다.

| 427호실 | 이브 호텔 (클레멘트 스트리트) | **178 180** 디럭스 룸 | 체크인 시작 시간: 8월 28일, 오후 2시 | **180** 체크아웃 마감 시간: 8월 30일, 오후 12시 |

178 제안해 드린 객실 중의 한 곳을 이용하시는 데 문제가 없으실 경우, 555-0177로 저희 예약 관리 책임자인 해리 헨리 씨께 연락 주시기 바랍니다. 귀하께서 처음에 배정 받으신 객실을 그대로 유지하기를 원하실 경우에도 저희는 전적으로 이해합니다. 하지만, 이 사안과 관련된 귀하의 협조에 진심으로 감사 드릴 것입니다.

안녕히 계십시오.

이본 가니에
고객 서비스부
이브 호텔 그룹

호텔 예약 확인서

(예약 번호 #438119) *변경 완료

이브 호텔, 387 클레멘트 스트리트, 샌프란시스코, CA 94105

고객 성함: 티나 브레이머

178 180 예약 세부 사항: 디럭스 룸, 체크인: 8월 28일 / 체크아웃: 8월 30일, **178 179** 무료 아침 식사 포함

수납 지불액: $550 (신용카드 번호: 1867-****-****-2878)

체크인 시에 필요한 보증금: $100

---

176. 이메일의 목적은 무엇인가?

(A) 한 고객에게 객실을 변경하도록 권하기 위해
(B) 한 고객에게 호텔로 가는 방법을 제공하기 위해
(C) 고객들에게 컨벤션에 참석하도록 권장하기 위해
(D) 호텔 체인의 새 지점을 홍보하기 위해

정답 (A)

해설 이메일의 첫 단락에 다른 객실로 변경하는 것이 어떨지 묻기 위해 연락한다는(we are contacting you to ask whether you would mind switching to a different room) 말로 목적을 언급하고 있으므로 (A)가 정답임을 알 수 있다.

177. 식사 쿠폰에 관해 알 수 있는 것은 무엇인가?

(A) 오직 포터 로드 호텔에서만 유효하다
(B) 반드시 12월 31일까지 사용되어야 한다.
(C) 현금으로 교환될 수 있다.
(D) 브레이머 씨에게 우편으로 보내질 것이다.

정답 (B)

해설 식사 쿠폰의 특징이 언급된 첫 지문 첫 단락의 마지막 부분에, 올해 말까지 유효하다는 말이(is valid until the end of this year) 있는데, 이는 12월 31일이 사용 기한임을 뜻하는 말이므로 (B)가 정답이다.

178. 브레이머 씨는 이메일을 받은 후에 무엇을 했을 것 같은가?

(A) 행사 주최 담당자에게 연락하는 일
(B) 비용을 지불하는 일
(C) 이메일에 답장하는 일
(D) 헨리 씨에게 전화하는 일

정답 (D)

해설 마지막 단락에 객실을 변경하려면 Harry Henley 씨에게 전화 연락하라고 (please contact our reservations manager, Harry Henley, at 555-0177) 알리고 있다. 그리고 두 번째 지문에, 변경 제안을 할 때 언급한 디럭스 룸(Deluxe Room)이 표기되어 있어 객실 변경을 위해 Henley 씨에게 전화했음을 알 수 있으므로 (D)가 정답이다.

179. 예약 확인서는 브레이머 씨의 새로운 객실 예약과 관련해 무엇을 나타내는가?

(A) 현금으로 객실 비용을 지불했다.
(B) 도착 시에 반드시 550달러를 지불해야 한다.
(C) 무료 식사 서비스를 받을 것이다.
(D) 해당 호텔에서 3박을 하면서 머무를 것이다.

정답 (C)

해설 두 번째 지문 중간의 'Complimentary Breakfast Included'를 통해 무료 아침 식사를 할 수 있다는 점을 알 수 있으므로 (C)가 정답이다.

180. 브레이머 씨는 호텔에서 몇 시까지 체크아웃해야 하는가?

(A) 오전 11시
(B) 오후 12시
(C) 오후 1시
(D) 오후 2시

정답 (B)

해설 두 번째 지문 중간에서 브레이머 씨의 객실이 디럭스 룸(Deluxe Room)임을 알 수 있고, 첫 지문의 두 번째 도표에서 디럭스 룸 체크아웃 시간이 12시임을 (Check-out by: 12 P.M., August 30) 확인할 수 있으므로 (B)가 정답이다.

181-185 다음 광고와 양식을 참조하시오.

> **다가오는 리얼 토크 베스트셀러 도서 낭독 행사**
>
> 여러분은 일부 인기 있는 책에서 발췌한 내용을 읽는 유명한 분들의 목소리를 들어 보고 싶으신가요? 그러시다면, **181** 93.1 FM에서 방송되는 리얼 토크에 채널을 맞춰 저희가 새로 시작하는 유명인 도서 낭독 행사 시리즈를 즐겨 보시기 바랍니다. **183** 저희는 현재 서점에서 구매 가능한 몇몇 가장 인기 있는 소설의 발췌 내용을 읽어 드리기 위해 무대와 스크린에서 활약하는 몇몇 인기 스타들을 스튜디오로 모실 것입니다. 이 낭독 행사는 3월에 3주 연속으로 수요일마다 오후 2시에 라이브로 방송됩니다.
>
> 이 행사 시리즈는 세 번의 도서 낭독 시간으로 구성됩니다.
>
> - "미래의 증거"
>   – 앵거스 프링 씨가 쓴 공상 과학 소설로, 케네스 포스터 씨가 읽어 드립니다.
> - "카이로의 어두운 밤"
>   – **184** 제이드 레비 씨가 쓴 스릴러/미스터리 소설로, 알렉스 나이트 씨가 읽어 드립니다.
> - "구불구불한 강"
>   – 안젤라 마스터스 씨가 쓴 로맨스 소설로, 마가렛 카엘 씨가 읽어 드립니다.
>
> **182** 이 작가들에게 질문하고 싶은 것이 있으신가요? 낭독 시간 후에 리얼 토크의 진행자이신 안나 하그리브스 씨께 555-0133으로 전화 주십시오.
>
> 저희 낭독 시간들 중의 어느 것이든 들어 보실 계획이시라면, 저희 웹 사이트 www.realtalkradio.com을 통해 여러분의 의견을 알려 주시기 바랍니다. 이 행사가 긍정적인 반응을 얻을 경우, 저희 방송 프로 편성 일정에 정규 고정 프로그램으로 만들어 보겠습니다.

> 최근에 있었던 저희 도서 낭독 시간을 즐겁게 청취하셨기를 진심으로 바랍니다. 저희 방송 프로 편성의 모든 측면들에 대한 것과 마찬가지로, 저희는 청취자 여러분의 의견에 감사 드립니다. 잠시 시간 내셔서 아래의 설문 양식을 작성 완료해 주시기 바랍니다.
>
> **184** 성명: 프렌크 미라비토
>
> 도서 낭독 시간과 관련해 특히 무엇이 마음에 드셨나요?
>
> **184** 제 생각에, 나이트 씨의 낭독 시간이 가장 즐거웠던 것 같아요. 그분의 목소리는 매우 표현력이 좋고 소설을 읽는 데 완벽하게 어울립니다. 추가로, 그분께서 읽으신 책은 지난 10년 남짓한 기간 중에서 어렵지 않게 제가 가장 좋아하는 소설 중 하나가 된 것입니다. **184** 제가 가장 즐겨 읽는 경향이 있는 장르거든요.
>
> 저희가 앞으로 어떻게 도서 낭독 행사를 개선할 수 있을까요?
>
> 낭독 행사 시간 중에, 특히 3월 27일에 있었던 시간은, **185** 제가 느끼기에 읽어 주시는 분들의 목소리가 종종 약간 듣기 어려웠어요. 마치 마이크나 앰프 기기에 결함이 있어서 볼륨이 일관적이지 않게 만든 것 같았어요. 다음 번에는 업그레이드 작업을 고려해 볼 만한 부분일 것 같아요.

181. 도서 낭독 행사와 관련해 알 수 있는 것은 무엇인가?
(A) 서점에서 개최될 것이다.
(B) 라디오에서 방송될 것이다.
(C) 장차 작가가 되려는 사람들을 대상으로 한다.
(D) 같은 날에 열릴 것이다.

정답 (B)

해설 첫 지문의 첫 단락에, 해당 행사를 이용하는 방법으로 93.1 FM에 채널을 맞추라는(tune in to Real Talk on 93.1 FM) 말이 있는데 이는 라디오 방송을 뜻하는 것이므로 (B)가 정답이다.

182. 광고 내용에 따르면, 사람들은 왜 하그리브스 씨에게 연락해야 하는가?
(A) 경연 대회에 참가하기 위해
(B) 질문을 제출하기 위해
(C) 작가를 추천하기 위해
(D) 서평을 제공하기 위해

정답 (B)

해설 하그리브스 씨의 이름이 언급된 첫 지문 세 번째 단락에, 질문할 것이 있으면 안나 하그리브스 씨에게 전화하라고(Have something you'd like to ask the authors? Call Real Talk's host, Anna Hargreaves) 알리고 있으므로 (B)가 정답이다.

183. 책을 읽어 주는 사람들에 관해 암시된 것은 무엇인가?
(A) 모두 출간된 소설을 보유하고 있다.
(B) 리얼 토크에서 정규직으로 근무한다.
(C) 모두 인기 있는 배우들이다.
(D) 하그리브스 씨와 인터뷰를 할 것이다.

정답 (C)

해설 책을 읽어 주는 사람들의 신분이 언급된 첫 지문 첫 단락에, 무대와 스크린에서 볼 수 있는 스타들을 초대한다고(We will welcome some popular stars of stage and screen to our studio to read excerpts) 했으므로 (C)가 정답임을 알 수 있다.

184. 미라비토 씨에 관해 알 수 있는 것은 무엇인가?
(A) 낭독 시간 중의 하나를 청취할 수 없었다.
(B) 최근에 '구불구불한 강'을 구입했다.
(C) 다음 번 도서 낭독 행사 시리즈에 참여할 것이다.
(D) 미스터리 소설을 즐겨 읽는다.

정답 (D)

해설 미라비토 씨의 의견이 제시된 두 번째 지문 중간에, 나이트 씨의 시간이 가장 좋았고(Mr. Knight's reading was the most enjoyable one) 그 책이 가장 좋아하는 장르라고(That's the genre I tend to enjoy the most) 알리고 있다. 첫 지문의 중간에 나이트 씨가 읽은 책이 스릴러/미스터리 소설(a thriller/mystery novel ~ read by Alex Knight) 작품으로 되어 있으므로 (D)가 정답이다.

185. 미라비토 씨는 도서 낭독 행사의 어느 측면을 변경하도록 제안하는가?
(A) 낭독 일정
(B) 특별 손님
(C) 오디오 장비
(D) 책의 종류

정답 (C)

해설 미라비토 씨는 두 번째 지문 마지막에 목소리를 듣기 어려웠고 그것이 마이크나 앰프 문제인 것 같다고(the readers were occasionally a little hard to hear. ~ the microphone or amplification devices were faulty) 알리고 있다. 이는 오디오 장비의 문제점이므로 (C)가 정답이다.

186-190 다음 대여 정책, 차량 평가서, 그리고 이메일을 참조하시오.

> **버논 차량 대여 회사 - 대여 정책**
> 토레스 메가노, B49 VGA
>
> **정책**
> 이 서비스는 매일 52달러, 총액 364달러의 요금으로 4월 11일부터 17일까지, 7일간의 대여 서비스에 해당됩니다. 지불 비용은 대여 기간 첫째 날에 수납되었습니다. **189** 차량 반납 지연 시에는 하루에 75달러의 추가 청구 요금이 발생됩니다. 대여된 차량에는 가득 채워진 연료, CD/DVD 플레이어, 그리고 TV 스크린이 딸려 있습니다. **186** 기기 충전용 케이블은 포함되어 있지 않습니다. 위성 네비게이션 장치는 하루에 15달러의 요금으로 추가될 수 있습니다. **187** 차량은 반드시 저희 베이필드 에비뉴 지점에서 받아 가셔야 하며, 동일한 지점으로 반납되어야 합니다.
>
> **차량 손상 처리 비용**
> 500달러의 손상 처리 비용 또한 4월 11일에 수납되었습니다. 이는 반납된 차량에 대한 점검을 마친 후에 일부 또는 전액 대여자에게 반환될 것입니다. 저희 버논 차량 대여 회사는 차량 출고 전에 모든 점검을 실시했으며, 점검 알림표 사본이 대여자에게 제공되었습니다.

날짜: 4월 11일
차량 종류: 승용차
차량 모델: 토레스 메가노
차량 등록 번호: B49 VGA

점검 내용:
전자 장치, 브레이크 및 조종 장치, 그리고 엔진까지 모두 완전히 점검 완료되었으며, 188 완벽한 작동 상태인 것으로 확인되었습니다. 하지만, 190 차량 뒷좌석 커버에 약간의 찢긴 자국이 있고, 앞 유리 왼쪽 아래 구석 부분에 작은 금이 가 있습니다. 버논 차량 대여 회사는 이와 같은 흠을 인지하고 있으며, 이 부분들에 대해 전적으로 책임을 질 것입니다.

버논 메이슨　　　　　　　　엘사 부캐넌
회사 대표　　　　　　　　　차량 대여자

수신: vmason@vernonsrental.com
발신: ebuchanan@ecity.net
제목: 차량 손상 처리 비용
날짜: 4월 19일
첨부: 점검표B49VGA.pdf

메이슨 씨께,

제가 며칠 전에 귀사로 토레스 메가노를 반납했으며, 차량 손상 처리 비용에 대해 제가 지불했던 보증금의 일부를 막 환불 받았습니다. 저는 최초의 지불 비용에서 200달러의 청구 요금을 떼어 가셨다는 것을 알고 놀랐습니다. 189 귀사의 대여 정책에 따라서 75달러의 액수가 공제될 것이라는 점은 알고 있었지만, 추가로 125달러가 공제되어야 하는 이유는 없었습니다. 분명, 190 이는 제가 차를 받아 갔을 때 이미 존재하고 있었던 찢긴 자국에 대한 것으로 보입니다. 이는 첨부해 드린 점검 알림표에 설명되어 있습니다. 제가 그 차를 받아 갔을 때, 귀사의 직원이 심지어 제게 그 찢긴 부분을 지적해 주기까지 했습니다. 실수가 발생했음을 인정하고 제게 잘못 청구된 125달러를 되돌려 주시기를 바랍니다.

안녕히 계십시오.

엘사 부캐넌

---

186. 대여 정책에 관해 알 수 있는 것은 무엇인가?
　(A) 차량에 연료가 가득한 채로 반납되어야 한다.
　(B) 하루에 75달러의 요금으로 대여될 것이다.
　(C) 업체 소유주가 최근에 약관을 변경했다.
　(D) 대여자가 반드시 자신 소유의 충전 케이블을 사용해야 한다.

정답 (D)

해설 첫 지문의 첫 단락 중간에 기기 충전용 케이블이 포함되어 있지 않다는 (Device charging cables are not included) 말이 있는데, 이는 각자 알아서 충전해야 한다는 뜻이며 그 방법의 하나에 해당되는 (D)가 정답이다.

187. 버논 차량 대여 회사에 관해 알 수 있는 것은 무엇인가?
　(A) 한 곳이 넘는 사업장을 보유하고 있다.
　(B) 최근에 보유 차량에 신차들을 추가했다.
　(C) 재이용 고객들에게 우대 서비스를 제공한다.
　(D) 스포츠카 대여를 전문으로 한다.

정답 (A)

해설 첫 지문의 첫 단락 마지막에, 반드시 특정 지점에서 차량을 받아 가고 반납해야 한다는(The vehicle must be picked up at our Bayfield Avenue branch and returned to the same location) 말이 있는데, 이는 여러 지점이 있음을 암시하는 것이므로 이에 해당되는 (A)가 정답이다.

188. 점검 알림표에서, 1번째 단락의 2번째 줄에 있는 단어 "order"와 의미가 가장 가까운 것은 무엇인가?
　(A) 요청
　(B) 상태
　(C) 배송(품)
　(D) 명령

정답 (B)

해설 해당 단어가 사용된 in perfect working order는 기계 등이 완벽한 작동 상태에 있음을 나타내는 표현이다. 따라서 '상태'를 뜻하는 또 다른 명사인 (B)가 정답이다.

189. 부캐넌 씨는 왜 75달러의 벌금을 부과 받았는가?
　(A) 엉뚱한 장소로 차를 갖다 주었다.
　(B) 차량 운전 중에 도로에서 사고를 당했다.
　(C) 일부 차량 부대 용품을 분실했다.
　(D) 차량을 하루 늦게 반납했다.

정답 (D)

해설 세 번째 지문 초반부에 75달러의 공제 비용이 발생한 사실이(I knew that a deduction of $75 would be made ~) 언급되어 있는데, 첫 지문 초반부에 반납 지연 시 하루에 75달러의 추가 요금이 발생된다고(Late return of the vehicle ~ of $75 per day) 쓰여 있으므로 하루 늦게 반납했음을 알 수 있다. 따라서 (D)가 정답이다.

190. 부캐넌 씨는 무엇을 주장하는가?
　(A) 앞 유리의 금이 사고로 인해 초래되었다.
　(B) 좌석 손상이 자신의 책임이 아니다.
　(C) 차량의 성능이 만족스럽지 못했다.
　(D) 대여 담당 직원이 자신에게 엉뚱한 정보를 주었다.

정답 (B)

해설 부캐넌 씨의 이메일인 세 번째 지문에, 부캐넌 씨는 비용 문제를 언급하면서 그 원인이 차에 원래 있었던 찢긴 자국 때문인 것으로 생각된다고(this is for the tear that was already present) 말하고 있고, 두 번째 지문에 이 자국이 뒷좌석에 있는 것이라고(a slight rip ~ of the vehicle's back seats) 쓰여 있다. 따라서 원래 있었던 그 자국은 자신의 잘못이 아님을 알리려 한다는 것을 알 수 있으므로 이에 해당되는 (B)가 정답이다.

191-195 다음 웹 페이지, 양식, 그리고 메시지 보드 게시글을 참조하시오.

영국 조류 관찰 메시지 보드
이미지 업로드 가이드라인

1. 저희 메시지 보드 정책에 따라 194 메시지 길이를 70단어 미만으로 유지해 주시기 바랍니다. 이는 관련 없는 세부 내용 없이 정보가 확실히 간결하고 정확하게 제시되도록 해 줍니다.

2. 이미지 설명은 "새의 종 – 시간 – 장소"의 구성 방식을 준수하셔야 합니다. 191 저희 회원들은 모두 열렬한 새 관찰자들이므로, 복잡하지 않게 이미지의 상세 정보를 찾아 신속히 훑어 볼 수 있도록 하는 데 특히 관심이 있습니다. 정체 불명의 새 이미지에 대해서는 별도의 페이지가 있습니다.

"알락딱새 – 오전 6시 – 요크셔의 스펀 포인트에서"와 같이 설명을 추가해 주시기 바랍니다.

"시골 지역의 작고 갈색으로 된 새"와 같이 모호한 설명을 추가하는 것은 피해 주십시오.

3. 이곳은 주로 이미지 공유를 위한 메시지 보드로 사용되므로, 여러분의 게시글은 최소 1개의 새 이미지를 포함해야 하며, 그 이미지는 반드시 여러분이 직접 촬영한 것이어야 합니다. 저희는 여러분이 직접 촬영하지 않은 이미지에 대한 공유를 허용하지 않을 것입니다.

영국 조류 관찰 메시지 보드
신규 회원 등록 신청서

성명: *아서 베드포트*　　　이메일: *abedford@homenet.com*

191 새 관찰 경험 기간: *10년*
현재 재직 중인 회사: *내추럴 월드 위클리*
선호하는 카메라: *제넌 650*

영국 조류 관찰 회원들을 위해 주최되는 분기 모임 행사에 관한 소식을 듣는 데 관심이 있습니다. 네 (√) 아니오 ( )

이미지 사용 관련 조항:
메시지 보드에 업로드되는 이미지들은 우리 웹 사이트의 '갤러리' 섹션에 추가될 수 있다는 점에 유의하시기 바랍니다. **192** 저희가 업로드된 사진들을 사용할 수 있는 권리를 지니고 있기는 하지만, 다른 업체들이 사용하도록 허용하지 않습니다.

영국 조류 관찰 메시지 보드

메시지 보드 회원: **195** 아서 베드포드

이미지 설명: 쇠오색 딱다구리 – 오전 5:45 – 컴브리아의 커비 숲

날짜: 5월 15일

메시지: **193 195** 여러분들 중의 일부가 제 새로운 집 근처의 숲에서 살고 있는 것으로 소문이 난 쇠오색 딱다구리를 담은 몇몇 사진을 요청하셨습니다.

저, 제가 오늘 아침에 제 개들을 산책시키러 나가 있던 중에 그 새들 중 한 마리를 아주 운 좋게 사진으로 담을 수 있었습니다. 겨우 한 마리 밖에 볼 수 없었지만, 제 이웃 주민들이 최근 몇 주 동안 지역 내에서 여러 마리 보인 적이 있었다고 제게 말해 주었습니다. 제가 계속 두 눈을 크게 뜨고 카메라를 준비해 두겠습니다! **194**
(72단어)

첨부 이미지 파일: 쇠오색_딱다구리_05.15

---

191. 웹 페이지는 메시지 보드에 관해 무엇을 암시하는가?
(A) 경험이 많은 새 관찰자들이 이용한다.
(B) 회원들에게 연간 회비를 내도록 요구한다.
(C) 회원들이 자신만의 이미지 갤러리를 만들 수 있다.
(D) 일정 길이의 동영상이 허용된다.

정답　(A)

해설　첫 지문 2번 항목에서 회원들이 열렬한 새 관찰자라고(Our members are all avid bird watchers) 말한 것과, 두 번째 지문에서 가입자의 새 관찰 기간이 10년(Years spent bird watching: 10 years)이라고 되어 있는 것으로 볼 때 해당 경험이 많은 사람들이 이용하는 것으로 판단할 수 있으므로 (A)가 정답이다.

192. 영국 새 관찰 메시지 보드가 회원들에게 약속하는 것은 무엇인가?
(A) 웹 갤러리에 이미지를 싣지 않을 것이다.
(B) 새를 사진 촬영하는 것에 관한 팁을 제공한다.
(C) 매달 한 번 회원들을 위한 행사를 개최한다.
(D) 다른 업체들과 이미지를 공유하지 않는다.

정답　(D)

해설　이미지 사용 조항이 제시된 두 번째 지문 하단에, 다른 회사들이 이미지를 사용하도록 허용하지 않는다는(we will not permit other companies to use them) 말이 있으므로 이에 해당되는 (D)가 정답이다.

193. 베드포드 씨는 왜 메시지 보드에 글을 게시했는가?
(A) 새 관찰 장소에 대한 추천 정보를 찾기 위해
(B) 한 회원이 업로드한 이미지에 대해 의견을 작성하기 위해
(C) 다른 회원들의 요청에 대응하기 위해
(D) 한 가지 새의 정체를 확인하는 데 도움을 요청하기 위해

정답　(C)

해설　세 번째 지문 중간에, 베드포드 씨는 일부 회원들이 사진을 요청했다는(Some of you asked for some pictures) 말과 함께 그 사진을 찍은 과정을 언급하고 있으므로 요청에 대한 대응을 의미하는 (C)가 정답이다.

194. 베드포드 씨는 메시지 보드의 규칙을 어떻게 준수하지 못했는가?
(A) 이미지 설명이 충분히 상세하지 않다.
(B) 필요한 개수의 이미지를 업로드하지 않았다.
(C) 보드 내의 엉뚱한 섹션에 글을 게시했다.
(D) 메시지가 단어 제한을 초과했다.

정답　(D)

해설　첫 지문 1번 항목에 메시지 길이를 70단어 미만으로 해 달라는(Please keep your message under 70 words) 말이 있는데, 세 번째 지문에 베드포드 씨가 쓴 메시지는 72단어라고(72 words) 되어 있으므로 단어 제한 초과를 언급한 (D)가 정답이다.

195. 베드포드 씨에 관해 무엇이 사실일 것 같은가?
(A) 최근에 새로운 집으로 이사했다.
(B) 잡지사에서 새로운 일을 막 시작했다.
(C) 메시지 보드의 운영 조정 책임자이다.
(D) 최근에 새로운 카메라를 구입했다.

정답　(A)

해설　마지막 지문에서 메시지 보드 작성자인 베드포드 씨는 메시지 보드 회원들 중 일부가 자신의 새로운 집 근처의 숲에서 살고 있는 것으로 소문이 난 쇠오색 딱다구리를 담은 몇몇 사진을 요청했다고(Some of you asked for some pictures of the lesser spotted woodpeckers that are rumored to live in the forest near my new house) 밝히고 있다. 이를 통해, 최근에 그 지역으로 이사한 것으로 생각할 수 있으므로 (A)가 정답이다.

196-200 다음 구인 광고, 정보, 그리고 이메일을 참조하시오.

직책: 수영장 활동 진행 책임자
지역: 로스엔젤레스 서부

로스 엔젤레스 서부 지역에 있는 산타 모니카의 고지대에 위치한 이글 아파트가 아이들을 위한 재미있는 수영장 활동을 만들고 진행할 외향적인 분을 찾고 있습니다. **197** 해당 강사는 정규 이용을 위해 오전 9시 30분에 수영장이 문을 열기 전에 주말 수영장 활동을 진행할 시간이 반드시 나는 분이어야 합니다.

면접 중에 아파트 관리 책임자이신 토렌스 씨와 적절한 지급액이 협의될 것입니다. **196** 이 활동 진행 책임자는 수영장 활동 시간을 위해 자신만의 프로그램을 얼마든지 만들어도 좋지만, 반드시 토렌스 씨의 승인을 받아야 합니다.

이 직책에 지원하는 데 관심이 있으신 분은, management@eaglecondos.com으로 이메일을 보내 주시기 바라며, 제목에 "수영장 활동 진행 책임자"라고 기재해 주십시오.

이메일에, 보유하고 계신 어떠한 관련 경력이든 반드시 설명해 주시고 최근 사진 한 장도 꼭 첨부해 주십시오.

이글 아파트
수영장
수영장 활동 일정

이 수영장은 세척 작업을 마치고 오전 10시 30분에 문을 여는 매주 목요일과 금요일을 제외하고, 오전 9시 30분부터 오후 7시 30분까지 일반적인 용도로 개장됩니다. 아래의 활동들은 아이들이 이용 가능한 것이며, 정규 수영장 운영 시간 외에 진행될 것입니다. 능숙하게 수영을 하기만 하면 아이들은 누구나 참여할 수 있습니다. 부모님들께서는 수영장 옆쪽에서 지켜 보셔도 좋습니다.

시간	활동	진행 책임자
200 오전 8:30 – 오전 9:30 (매주 월요일, 수요일, 금요일)	물건 찾기 다이빙	스티븐 샤펠

오후 7:30 – 오후 8:30 (매주 월요일, 수요일, 금요일)	수중 에어로빅	케이트 언더우드
197 오전 8:30 – 오전 9:30 (매주 토요일과 일요일)	수영 경주	**197** 루이스 심슨
오후 7:30 – 오후 8:30 (매주 토요일과 일요일)	수중 폴로	나탈리 리만

현재 이글 아파트에 거주하고 있는 모든 아이들은 사전 예약 없이 어느 시간대든지 참여하실 수 있습니다. **198** 인근의 리브웰과 아고스티노 아파트 건물에 거주하는 아이들도 부모님께서 저희 안내 데스크에 미리 일정 조정만 하시면 함께 저희 수영장 활동 시간에 참석하실 수 있습니다.

수신: 베티 아담스, 행정 관리 책임
발신: **199** 닐 토렌스, 아파트 건물 관리 책임자
날짜: **199** 8월 12일, 금요일
제목: 회신: 새로운 수영장 활동

안녕하세요, 베티 씨,

아이들을 위해 수영장에서 진행되는 우리의 새 활동이 어떻게 되어 가는 중인지 제게 알려 주셔서 감사합니다. 아이들과 부모님들이 우리가 마련한 새로운 활동에 기뻐하고 있는 것 같습니다. 하지만, **199 200** 어제 열린 주민 회의에서, 주중 아침 활동 중에 생기는 소리에 불만을 제기하신 분이 있었습니다. 따라서 해당 활동 진행 책임자와 얘기를 나눠 보시고 그분에게 소음이 덜한 다른 활동을 생각해 보도록 요청해 주셨으면 합니다. 도와 주셔서 감사합니다.

안녕히 계십시오.

닐 토렌스
아파트 건물 관리 책임자
이글 아파트

196. 구인 광고에 따르면, 해당 진행 책임자는 무엇을 결정해야 하는가?
(A) 무슨 종류의 활동을 제공할 것인지
(B) 몇 시에 활동 시간을 시작할 것인지
(C) 얼마나 많은 아이들이 참가할 수 있는지
(D) 어디에서 활동이 진행될 것인지

정답   (A)
해설   구인 광고인 첫 지문 두번째 단락 끝부분에, 자신이 원하는 프로그램을 얼마든지 만들어도 좋다는(The activity coordinator is free to create his or her own program) 말이 있으므로 제공되는 활동의 종류를 언급한 (A)가 정답이다.

197. 누가 가장 새로운 수영장 활동 진행 책임자일 것 같은가?
(A) 샤펠 씨
(B) 언더우드 씨
(C) 심슨 씨
(D) 리만 씨

정답   (C)
해설   신입 강사 구인 광고인 첫 지문 첫 단락의 중간에, 주말 오전 9시 30분 이전에 시간이 나야 한다는(available to lead a weekend pool activity before the pool opens for regular use at 9:30 A.M.) 조건이 있다. 이와 관련해, 두 번째 지문 도표에서 주말 오전 8시 30분에서 9시 30분까지의 시간대를 맡은 사람이 루이스 심슨 씨임을 확인할 수 있으므로 (C)가 정답이다.

198. 일정표에서 무엇을 알 수 있는가?
(A) 아이들은 반드시 항상 부모 중 한 명을 동반해야 한다.
(B) 이글 아파트의 아이들은 미리 등록해야 한다.
(C) 다른 주거지에서 온 아이들도 수영장을 이용할 수 있다.
(D) 아이들이 특정 장비를 챙겨 오도록 권장된다.

정답   (C)
해설   일정표가 포함된 두 번째 지문 마지막 단락에, 리브웰과 아고스티노 아파트에 거주하는 아이들은 부모님의 조치에 따라 이용할 수 있다고(Children living in the adjacent Livewell and Agostino condo buildings may also attend) 되어 있으므로 (C)가 정답이다.

199. 이메일 내용에 따르면, 토렌스 씨는 8월 11일에 누구와 이야기했는가?
(A) 구직 지원자
(B) 아파트 건물 관리 책임자
(C) 수영장 활동 진행 책임자
(D) 건물 주민

정답   (D)
해설   8월 12일에 작성된 이메일인(상단의 날짜가 Friday, August 12) 세 번째 지문에 어제 열린 주민 회의에서 불만을 제기한 사람이 있었다고(However, at the residents meeting yesterday, somebody complained) 되어 있으므로 8월 11일에 주민의 불만이 제기되었음을 알 수 있다. 또한 이메일 상단에 토렌스 씨가 건물 관리 책임자라고(Neil Torrance, Condominiums Manager) 되어 있어 그 주민과 얘기를 나눈 것으로 볼 수 있으므로 (D)가 정답이다.

200. 무슨 수영장 활동이 변경될 것 같은가?
(A) 물건 찾기 다이빙
(B) 수중 에어로빅
(C) 수영 경주
(D) 수중 폴로

정답   (A)
해설   세 번째 지문에, 주중 아침 활동과 관련된 불만이 제기되었다고 (complained about the noise during our midweek morning activity) 말하면서 그에 대한 조치를 요청하고 있는데, 두 번째 지문의 도표에 주중 아침 시간대인 월/수/금 오전 8시 30분부터 9시 30분까지 열리는 활동이 Diving For Objects로 쓰여 있으므로 (A)가 정답이다.

시원스쿨 토익
실전 모의고사 3회분

초판 1쇄 발행 2020년 1월 2일
초판 12쇄 발행 2025년 1월 24일

지은이 시원스쿨어학연구소
펴낸곳 (주)에스제이더블유인터내셔널
펴낸이 양홍걸 이시원

홈페이지 www.siwonschool.com
주소 서울시 영등포구 영신로 166 시원스쿨
교재 구입 문의 02)2014-8151
고객센터 02)6409-0878

ISBN 979-116150-3028
Number 1-110701-02021800-06

Start!

3회분 전 문항
프리미엄 해설 강의
무료 제공의 특별 구성!

POINT
01 모든 문항 해설 강의 **무료 제공!**
토익 만점 최서아 강사의 명쾌한 해설 강의

POINT
02 토린이도 이해 가능한 **오답 해설 수록!**
정답의 이유 뿐만 아니라 오답의 이유까지 분석

POINT
03 **QR 코드로 편리하게!**
해설 강의, LC 음원, 정답 및 해설까지 한 번에 해결

시원스쿨 LAB

시원스쿨 토익
최종 마무리 실전 모의고사 3회분

| 15강 | TEST 2 [32번 - 52번] |

토익 여신 최서아 강사의
밀착 코칭 강의!